21世纪

旅游心理学
Tourism Psychology

主编/霍淑芳

中国海洋大学 出版社

·青岛·

图书在版编目(CIP)数据

旅游心理学/霍淑芳主编. —青岛:中国海洋大学出版社,2010.8
(21世纪旅游管理规划教材/张广海总主编) (2021.2重印)
ISBN 978-7-81125-425-9

Ⅰ.①旅… Ⅱ.②霍… Ⅲ.③高等学校-教材 Ⅳ.④F590

中国版本图书馆 CIP 数据核字(2010)第 147589 号

出版发行	中国海洋大学出版社		
社　　址	青岛市香港东路 23 号	邮政编码	266071
网　　址	http://pub.ouc.edu.cn		
电子信箱	junpingeng@yahoo.com.cn		
订购电话	0532-82032573(传真)		
责任编辑	滕俊平	电　　话	0532-85902342
印　　制	日照报业印刷有限公司		
版　　次	2010 年 8 月第 1 版		
印　　次	2021 年 2 月第 3 次印刷		
成品尺寸	185 mm×236 mm		
印　　张	22.5		
字　　数	410 千		
定　　价	55.00 元		

21世纪旅游管理规划教材

编委会

旅游心理学

主　　编　霍淑芳

副 主 编　李宗明　胡秀丽　樊小兰　李秋颖　赵全科　张成旺

编　　者　徐　艺　韩洪凌　付坤伟　蒋　翠　陈彩虹　刘　建

朱　岩　王欣慈　王贞洁　宋会兴　刘玉孔　王京传

邢晓玉　孔令艳　冯茂娥　陈彩虹

联合编写院校名单

（按英文字母先后排序）

东北财经大学 四川大学

德州学院 四川农业大学风景园林学院

德州职业技术学院 西南林业大学

桂林理工大学南宁分校 山西运城学院

　　高等职业技术学院 山东大学

黑龙江旅游职业技术学院 山东师范大学

湖南文理学院 山东旅游职业学院

华侨大学 山东理工职业学院

济南大学 山东青年政治学院

济宁学院 山东商业职业技术学院

莱芜职业技术学院 山东省商贸学校

聊城大学 山东外贸职业学院

聊城职业技术学院 泰山学院

聊城高级财经职业学校 泰山医学院

辽东学院 潍坊学院

临沂师范学院 潍坊教育学院

青岛大学 威海职业学院

青岛大学旅游职业学院 云南大学

青岛酒店管理学院 烟台旅游学校

青岛职业技术学院 枣庄学院

青岛滨海学院 枣庄职业学院

青岛求实学院 中国海洋大学

青岛恒星学院 中华女子学院山东分院

曲阜师范大学 淄博职业学院

日照职业技术学院

　　近年来,随着旅游教育的迅速发展,我国旅游教材的建设也逐渐走向繁荣。从旅游教材的系列与品种来看,已由旅游管理专业一个系列几十个品种,发展并细化到现今旅游管理、饭店管理、旅行社管理、会展管理及景区管理等若干系列上百个品种;从出版旅游教材的出版社数量来看,已由过去两三家发展到近百家。但由于学科建设时间短、师资多元化以及教材编写质量等问题,很多旅游院校使用的教材不可避免地存在着数据陈旧、内容纷杂、缺乏针对性、没有地方特色等问题。

　　作为旅游业大省与强省,山东省的旅游教育正在蓬勃发展,汇集了一大批优秀的旅游院校和教师。在山东省旅游行业协会教育分会的指导下,我们以山东为中心,联合全国一批致力于旅游教育的院校,成立了"21世纪旅游管理规划教材编委会"。编委会以交流教学改革成果及经验、研讨旅游教育教学改革方向为宗旨,以"立足山东,面向全国"为目标,以中国海洋大学出版社为平台,以教材为载体,进行分享与传播,期望进一步向全国推广,为我国的旅游教育尽一份力量。

　　编委会根据既定的方针,邀请具有丰富教学经验的一线教师、具有相关行业工作背景的双师型教师以及企业一线工作者联合编写了"21世纪旅游管理规划教材"。教材遵循"从实际出发、学以致用"的基本原则，凸显旅游行业相关知识的应用性和前瞻性，以实用性为基础，以市场需求为导向，以任务为驱动，以学生为主体，以案例教学为特色，突出实践教学环节，并通过大量的案例分析和实践技能操作训练窗口等内容，确保培养内容与就业市场的需求达到无缝对接。本套教材涵盖旅游管理专业的主干课程，首批出版《旅游概论》、《旅游资源概论》、《旅游文化》、《旅游心理学》、《旅游市场营销》、《旅游政策与法规》、《中国旅游地理》、《民俗旅游》、《旅游公共关系》、《菜点酒水知识》等。本套教材被中国海洋大学出版社列为"十二五"期间重点发展的教材，将会在实践中逐步完善整个教材体系，同时将参评山东省"十二五"省级规划教材。

在编委会运作及教材编写出版期间，得到了国家旅游局政策法规司、山东省旅游局等旅游主管部门的悉心指导，得到了山东省旅游行业协会教育分会及各会员单位的鼎力相助，得到了一大批优秀院校和教师的全力支持，在此致以最衷心的感谢！

同时，恳请广大读者对教材提出宝贵意见和建议，以便修订时加以完善。

21世纪旅游管理规划教材编委会

中国海洋大学出版社

2010年6月

Foreword | 前言

改革开放以来,我国旅游业迅猛发展,已成为最具发展活力和潜力的产业之一,这对旅游从业人员提出了更新更高的要求。《旅游心理学》是从心理学角度研究旅游和旅游业的一门新型学科;是利用心理学知识针对旅游者心理及行为开展有效服务与管理的一门应用性学科;是旅游管理专业学生必修的一门职业基础课程。

本书旨在使学生掌握心理学的基本知识,并培养学生运用这些知识分析实际旅游行为的能力。教材结合现代旅游的实践,全面、系统地介绍了旅游心理学的基本原理以及解决旅游实践中有关心理学问题的方法,把旅游心理学的理论与实践融为一体。作为高职高专教材,《旅游心理学》既兼顾了理论性,又突出了教育部《关于全面提高高等职业教育教学质量的若干意见》的精神,立足岗位实际,突出旅游行业具体心理现象的分析能力和具体心理应对能力的培养,充分体现出旅游心理学研习过程的真实、生动与趣味性,使高深的旅游心理学理论通俗易懂。本教材与同类教材相比有以下特点。一是知识的系统性,在体系架构上涵盖了整个旅游活动的始终,构成了一个完整的心理学应用体系。二是知识的综合性,注重了心理学、旅游学、社会学、管理学等知识的融合。三是信息的时代性,通过案例等形式引入了最新的行业发展动态,使内容贴近行业发展的前沿。四是实践的操作性,着重从旅游心理的角度对有关知识进行取舍和扬弃,针对旅游活动中的实际问题分析根源,论证应对策略,增强了实战性。

本书内容由四大模块组成:一是心理学基本原理和方法,主要介绍心理学的一般知识及其与旅游行业的密切关系;二是消费心理和服务心理,主要分析了旅游者在各个旅游环节的心理特征和形成的根源,并以"优质服务"的实现为中心,从服务态度、服务语言、服务技术、服务时机等方面阐述了旅游服务者的应对策略;三是管理心理,从管理学的角度阐述了员工的心理保健和激励问题;四是社会心理,将旅游活动放到社会人际关系和群体规范之中,以体现人类心理现象的共性。本书不仅可以作为高等旅游类专业学生旅游心理学的教材,而且也可作为旅游业从业人员学习旅游心理学知识的参考用书和培训教材。

本书在编写过程中参阅了相关的著作,引用了一些网站、报刊和书籍中的案例及相关信息,在此向这些作者表示诚挚的谢意! 向给予编者提供各方面帮助和支持的领导、同事表示衷心的感谢!

限于水平,书中不足甚至谬误之处在所难免,敬请读者批评指正。

编者

2010 年 6 月

目 次

第 一 章

绪 论

学习目标

知识要点：了解心理学的产生和发展过程；了解旅游产品的特点；理解旅游心理学的定义及其研究对象；掌握旅游心理学的主要研究方法。

技能训练：利用心理学研究中常用的观察法，观察某一同学或某一影视作品中的人物行为，并写出一个关于观察对象的心理描述。

能力拓展：做一份问卷调查，主要调查在旅游活动中旅游从业人员对于心理学知识的需求程度以及应用程度。

引 例

苏格拉底的苹果

苏格拉底的学生，曾向苏格拉底请教怎样才能获得真理。

苏格拉底用手指捏着一个苹果，慢慢地，从每个同学的座位边走过，一边走一边说："请大家集中精力，注意品味空气中的味道。"

然后，他回到讲台上，把苹果举起来，左右晃了晃，问："哪位同学闻到了苹果的味道？"

有一位同学举手回答说："我闻到了，是香味儿！"

苏格拉底再次走下讲台，举着苹果，从学生的座位旁边走过，一边走一边叮嘱："你们务必集中精力，仔细嗅一下空气中的味道。"

稍停，苏格拉底第三次走到学生中间，让每位学生都嗅一下苹果。这一次，除了一位同学外，其他学生都举起手来。那位没有举手的学生，突然左右看了看，也慌忙举起手来。

苏格拉底脸上的笑容不见了，他举起苹果，缓缓地说："非常遗憾，这是一个假苹果，什么味道也没有。"

案例引发的问题：案例中,学生们的心理经历了一个怎样的变化过程?

资料来源:http://www.xuerwx.com/Html/Book/20/20020/1320400.html(雪人文学社)

第一节　心理学概述

一、心理学的定义及其研究对象

1.心理学的定义

心理学发展到现在,对其定义的各种描述大致相同,即心理学是研究人与动物的心理活动及其发生、发展规律的科学。心理学主要研究人的心理活动,人的心理是以不同的形式能动地反映客观事物及其相互关系的活动。

2.心理学的研究对象

作为一门学科,心理学的研究对象是心理现象及其规律,而心理现象包括心理过程和个性心理两个方面。

（1）心理过程

心理过程是指人脑对客观事物不同方面及其相互关系的反映过程,是不断变化、暂时性的心理现象,包括认识过程、情感过程和意志过程三个方面。

认识过程。在认识过程中,人们通过感觉、知觉、记忆、思维、想象和注意等心理活动对客观事物形成大概的了解。例如,一个香蕉,用眼睛看它是弯的、黄色的,用鼻子闻它是香的,用手摸它是光滑的,用口尝它是甜的。这些零散的反映就是我们对香蕉的感觉。它是认识事物的开端。如果我们在以上这些感觉的基础上,把它复合成一个香蕉,这个过程就是知觉,它是在感觉的基础上形成的。我们知觉到的香蕉能够以经验的形式在头脑中留下痕迹,必要时我们能够回忆起它的形象、特征及名称,这就是记忆。而思维是人们在感知的基础上对事物进行分析思考,做出判断。人还能在感知、记忆、思维的基础上创造出新事物的形象,那就是想象。

情感过程。在认识基础上,人对客观事物能否满足人的需要而产生的心理体验,如满意、厌恶、喜欢、反感等心理活动,由此形成人们的情感过程。

意志过程。经过情感过程,人们需要对所认识的事物进行处理,并为此而采取一定的措施,克服一定的困难,以便达到自己的某种目的。人根据预定的目的,主观能动地去行动,与克服困难相联系的心理过程就是意志过程。

人的三大心理过程并不是彼此独立、毫无联系的,而是统一的心理过程的不同方面。

(2)个性心理

心理过程是人的心理的共性,而个性心理是在心理过程中发生、发展而形成的;已经形成的个性心理又对心理过程起着调节作用。心理过程和个性心理是统一的心理活动的两个方面,两者相互影响、相互制约。个性心理包含两方面的内容:

个性心理特征,即个体经常地、稳定地表现出来的心理特点,主要包括气质、性格和能力。气质是一个人典型的、稳定的个性心理特征,是指一个人在心理活动和行为表现的强度、速度、稳定性和灵活性等动态方面的特征。例如,人们常说,有的人活泼好动,有的沉默寡言;有的性急,有的则是慢性子;有的暴躁,有的性情温和;有的善交际,有的则孤僻;有的反应灵活,情感明显外露,等等。这些就是个人的气质特点。性格是指人对客观现实的稳定态度以及与之相适应的习惯化了的行为方式,如坚毅、勇敢、顽强、热情、公而忘私、与人为善、冷酷无情、自尊、虚荣、谦虚、傲慢等。能力是指人能顺利地完成一定活动所必须具备的心理特征,如观察能力、记忆能力、想象能力、思维能力和注意力、试听能力、运算能力、鉴别能力、组织能力等。

个性倾向性,即个人在社会生活过程中逐渐形成的思想倾向,主要包括需要、动机、兴趣、态度、理想、信念、世界观等。个性倾向性制约着人的全部心理活动的方向,是人的行为的动力。

二、心理学的产生及其发展

心理学是一门具有长远历史但又很年轻的科学。"心理学"一词源于希腊文,意思是"关于灵魂的科学"。古希腊学者亚里士多德(公元前 384—公元前 322)的《灵魂论》一书,是人类文明史上有关心理现象研究的专著。在我国,两千多年前,思想家孔子(公元前 551—公元前 479)和孟子(约公元前 372—公元前 289)的著作、《黄帝内经》等古籍中,已蕴含着丰富的心理思想。

从亚里士多德起在长达十几个世纪的时期内,心理现象大多是由哲学家作为哲学问题加以研究,心理学一直处于哲学的怀抱之中。1825 年德国哲学心理学家赫尔巴特(1776—1841)的《作为科学的心理学》一书的问世,第一次庄严宣布心理学是科学。同时,他还主张将心理学与哲学、生理学区别开来。

心理学从哲学中真正分离出来而成为一门独立的科学,主要由德国生理心理学家冯特(1832—1920)完成。1879 年,冯特在德国的莱比锡大学创立了世界上第一个心理实验室,用实验的手段来研究心理现象,这被公认为是心理科学独立的标志。冯特是科学心理学的奠基人,也是心理学史上第一位专业心理学家。

三、现代心理学的三大学派

1.行为主义心理学

(1)行为主义心理学的产生和发展

20世纪初期,行为主义心理学学派盛极一时,从根本上改变了心理学的发展进程。行为主义心理学的代表人物是美国心理学家华生(1878—1958)。华生认为心理学作为一门科学,只能研究可观察的行为。这是因为科学的研究成果必须是能够重复的,而心理带有主观的性质,不能直接观察,也不能重复,这样就不如把心理看作是一个黑箱,我们不必去管里面装了什么和如何活动,只需要知道输入和输出之间的联系就可以了。在刺激影响有机体的情况下,只有作为反应活动的外部行为是可观察的,因此,心理学应该以行为作为研究对象。于是,华生的研究路线可以用"刺激—反应"公式(S—R)来表示,他坚持心理学是研究行为的科学。

华生式行为主义心理学的影响在20世纪20年代达到最高峰。它的一些基本观点和研究方法渗透到很多人文科学中去,从而出现了"行为科学"的名称。直至今天,其涉及的领域仍日益扩大。它们尽管不全以行为主义为指导观点,但名称的起源则不能不归之行为主义。华生的环境决定论观点影响美国心理学达30年。他的预测和控制行为的观点促进了应用心理学的发展。

华生过分简化的"刺激—反应"公式不能解释行为的最显著特点,即选择性和适应性。20世纪30年代以后,他的一些后继人在操作主义的指引下试图克服这一致命缺点,从而形成多种形式的新行为主义。

行为主义后期的另一著名代表人物是美国心理学家斯金纳。由于斯金纳的理论对华生的行为主义有所发展,通常把他的理论称为新行为主义,而把华生的行为主义称为古典行为主义。斯金纳坚持行为主义的基本原理,他明确指出:任何有机体都倾向于重复那些指向积极后果的行为,而不去重复指向消极后果的行为。斯金纳与华生思想的区别在于,他并不否认人的内部心理活动的存在,但是他坚信人的一切行为都是由外部环境决定的。

(2)行为主义心理学的影响

从现代心理学的观点看,我们可以从下述两点对行为主义做出公正的评论:其一,为使心理学符合科学的标准,行为主义者刻意将之限定为外显行为,将传统心理学中一切有关"心"的成分完全排除,致使心理学内涵窄化,难免有削足适履之缺失。20世纪70年代以后,现代心理学界说"心理学是对行为与心理历程的科学研究",又把失去了多年的"心"找回来,显然是对行为主义偏激取向的匡正。其二,行为主义的严格科学取向,使心理学在研究上提高了方法与工具的品质,使心理学在社会科学的同辈中形象突出,40年代行为科学(behavioral science)兴起,其名称之由来,就是受了当时行为主义心理学的影响。因此,在科学心理学的发展上,行为主义仍然是有贡献的。

行为主义理论能够解决一些实际的问题,因此,在实用主义思想指导下,行为主义心理学在美国很快就盛行起来。行为主义从20世纪20年代兴起,一直流行到50年代才逐渐衰落,但是它的影响深远,不仅其客观研究方法得到了肯定,而且在当前的行为改造、心理治疗中,行为主义的方法仍占有重要地位。

2. 精神分析学说

(1)精神分析学说的产生和发展

精神分析学派于19世纪后期产生于欧洲,其创始人是奥地利精神病医生弗洛伊德(1856-1939)。这一理论主要源于弗洛伊德治疗精神病的实践,重视对人类异常行为的分析,强调心理学应该研究无意识现象。弗洛伊德认为,要用精神分析的方法来寻找病人疾病的根源,通过病人的自由联想,对其谈话做出分析,找出其疾病的根源。他还认为人除了有意识的活动——即人所表现出来的行为活动,还有无意识活动。它们常常是一些由于环境的要求和社会的限制,而不能表现出来的思想意识,因为种种原因长期被压抑着处在被知觉的意识下层,形成下意识,但对于意识仍然发生影响。这些处于下意识中的个人心理冲突,正是发生心理障碍的原因。精神分析主要就是试图用各种方法发现和揭示病人在下意识中存在的问题。由于弗洛伊德过分强调人的性本能在下意识中的作用,认为人在性方面的压抑是多种心理障碍产生的原因,因此在理论上曾引起争论,在我国更受到过长期的批判。精神分析的方法至今在精神病患者的治疗中仍然继续使用,而且其理论对人格、动机等心理学的研究方面也起到一定积极作用。目前,有些精神分析的概念,如无意识、下意识、自我等已经渗入到心理学主流之中。

(2)精神分析学说的内容

弗洛伊德把人格分为本我、自我、超我三部分,其中本我与生俱来,包括先天本能与原始欲望;自我由本我分出,处于本我与外部世界之间,对本我进行控制与调节;超我是"道德化了的自我",包括良心与理想两部分,主要职能是指导自我去限制本我的冲动。三者通常处于平衡状态,平衡被破坏,则导致精神病。

具体来说,弗洛伊德认为:

本我:是个体原始的意识状态,它遵循简单快乐原则。也就是说它需要满足时就马上希望得到满足。

自我:是指个体为了调和周围世界和内部驱力,通过暂停或停止快乐原则,追随客观环境的现实原则而发展出来的意识状态。它需要满足时会愿意有一个等待的过程,它遵循现实主义原则。

超我:是来自外在环境的道德等影响而产生的意识状态,它遵循理想原则和完美主义原则。超我是社会性的,它会以良心等形式表现。

3. 人本主义心理学

(1)人本主义心理学的产生和发展

20世纪中期,美国一些学者出于对当时影响最大的两个心理学派别——行为主义和精神分析的不满,提出了一种新的理论——人本主义心理学,这一理论的代表人物是马斯洛(1908-1970)和罗杰斯(1902-1987)。在人本主义心理学看来,精神分析学说认为行为受原始的性冲动所支配,行为主义理论的许多结论来自对简单动物行为的研究,这两种理论都没有把人看作是自己命运的主人,失掉了人的最重要特性。人本主义是注重人的独特性,主张人是一种自由的、有理性的生物,具有个人发展的潜能,与动物本质上完全不同。他们认为人的行为主要受自我意识的支配,要想充分了解人的行为,就必须考虑到人们都有一种指向个人成长的基本需要。

(2)人本主义心理学的内容

人本主义心理学比以往心理学派的革命性就在于:

提出了一种积极的人的模式;它的倡导者承认他们自己的存在,认为生活是主观进行的,就像它产生的那样;人本主义心理学家首先是人,其次才是科学家。

人本主义心理学批判传统心理学把人兽性化、非人格化和无个性化的倾向,阐明了动机的巨大作用和层次理论,突出了人的高级需要所具有的更大价值。

人本主义心理学作为一种思潮已在西方社会引起重视,但在美国心理学界内部的评价却很不一致。具有代表性的心理学史家和体系学家的评价是:人本主义心理学实际上是一种把心理学研究范围扩展到包括人类所特有的多方面精神生活的研究,它对近代传统心理学的批判是有力的,但对自身理论的论证尚嫌不足。

总之,人本主义心理学强调人的社会性特点,给人的心理本质做出了新的描绘,为心理治疗领域孕育了一条新的人本主义路线和方法。不过人本主义理论不能用实验来加以证明,它主要是理论上的推测,运用的是一种思辨的方法,风格与自然科学研究不同。

◆ 专题笔谈 1.1

罗杰斯在教育上的基本理念和他的学习理论

1. 学生为中心的教育理念

罗杰斯所创的人本心理治疗,在理念上是以当事人为中心的(故而又称为患者中心治疗法)。罗杰斯在教育上的主张,仍然秉持他一贯的理念,将学生视为教育的中心:学校为学生而设,教师为学生而教,故而罗杰斯的教育主张一向被称为学生中心教育。

2. 自由为基础的学习原则

在《学习的自由》一书中,罗杰斯详细解释了他所坚持的以自由为基础的自由学习的原则。其要点主要有:

① 人皆有其天赋的学习潜力;

② 教材有意义且符合学生目的者才会产生学习;

③ 在较少威胁的教育情境下才会有效学习;

④ 主动自发全心投入的学习才会产生良好效果;

⑤ 自评学习结果可养成学生独立思维与创造力;

⑥ 除知识外,重视生活能力学习以适应变动的社会。

资料来源:http://bbs.xlzx.com/dispbbs.asp? boardid=137&ID=141006(中国心理咨询网心理人社区)

◉ 本节相关知识链接

斯金纳箱

操作条件作用的学习理论是由美国心理学家斯金纳根据动物学习实验提出的。斯金纳用动物做实验的装置称为斯金纳箱(Skinner box),如图所示。该装置是一种特殊条件的控制箱。箱内隔光、隔音,并装有自动控制和记录的光、声系统及一套杠杆和喂食器。只要在箱内按下杠杆,喂食器就自动供给食丸。在进行实验时,首先调试好实验装置,保证白鼠偶尔按压杠杆后即可获得一粒食丸。开始白鼠进入箱里时到处乱跑并向四周攀附,当它偶然触压杠杆时可以得到一粒食丸,在几次偶尔的按压杠杆后,白鼠会频繁地按压杠杆,每次都获得一粒食丸。食物奖赏强化了白鼠按压杠杆的行为,并减弱了其他行为(如在箱子四周乱转)。对于该装置,实验者还可以添加其他设施。如装配电控的杠杆和食物分发器,以控制白鼠必须按压几次杠杆才可获得食丸,或者某些按压反应可以获得食丸,而其他的按压反应则不能获得食丸,或者按压活动不再出现食丸。每次实验都能记录白鼠的行为。斯金纳箱的最大优点是研究者在可控的环境中对行为进行细致的科学研究。任何人使用这种装置都可以重复斯金纳所做的实验。

斯金纳研究发现,有机体做出的反应与其随后出现的结果对行为起着控制作用,它能影响以后反应发生的概率。操作条件作用(operant conditioning)是指在一定的刺激情境中,有机体的某种反应结果能满足其某种需要;以后在相同的情境中其反应概率就会提高的现象。

资料来源:黄希庭.心理学导论(第一版)[M].北京:人民教育出版社,2007:317.

第二节　旅游心理学概述

一、旅游心理学的定义及其研究对象

1.旅游心理学的定义

关于旅游心理学的定义,目前主要有以下几种说法。

①旅游心理学是心理学的分支学科,属于应用心理学,是将心理学的研究成果及其一般原理运用到旅游工作而形成的一门学科。

②旅游心理学是研究旅游者心理现象发生和发展规律的科学。

③旅游心理学有广义和狭义之分。狭义的旅游心理学是指研究旅游者的心理的科学;广义的旅游心理学是指研究旅游者的心理,旅游业开发、经营与管理的心理的科学。

在这里,我们把旅游心理学作如下定义:旅游心理学是研究旅游者的心理特点及行为规律、旅游服务人员的心理特点及行为规律和旅游企业管理心理的科学。

2.旅游心理学的研究对象

旅游心理学的研究对象主要有如下方面:

(1)旅游者心理

旅游者是旅游活动的主体,旅游心理学研究的主要内容是旅游者的心理活动与行为规律。旅游者心理与行为是指旅游者在一系列心理活动支配下,为实现预定旅游活动目标而做出的各种反应、动作、活动和行动,包括旅游知觉、旅游动机、旅游态度、旅游学习、旅游活动中的情绪情感、旅游者人格等。在旅游活动中,旅游者选择哪个地方作为旅游目的地,确定什么样的旅游内容,采取何种方式旅游,逗留多长时间,选购何种旅游商品,决定花费多少等,其中每一个环节、步骤都需要旅游者做出相应的心理反应,进行分析、比较、选择、判断。旅游心理是旅游者根据自身需要与偏好,选择和评价消费对象的心理活动,它支配着旅游者的旅游行为,并通过旅游行为加以外现。

(2)旅游工作者心理

在了解旅游者心理活动规律的基础上,旅游心理学要在酒店服务、导游服务、旅游商品服务和旅游交通服务及旅游资源开发等方面,即在旅游过程中的食、宿、行、游、购、娱等方面,总结出迎合旅游者心理的服务规律,帮助旅游工作者有效地开展工作,争取最佳的服务效果。旅游服务工作具有工作时间长、体力脑力负荷量大、突发事件多、心理压力大、工作要求高、与旅游者处于互动关系中等特点,旅游工作者的心理素质、服务质量、工作效率、技术技巧的好坏直接关系到旅游服务产品质量、旅游者的心理感受等问题。因此,旅游心理学必须研究旅游企业从事具体服务工作的旅游工作者的心理活动特点、应具备的心理品质,以及怎样锻炼和培养良好的心理品质。

(3)旅游服务心理

旅游服务心理通过分析存在于旅游业服务过程中旅游者的心理因素,旨在揭示并遵循旅游者的心理和行为规律,采取相应的、积极的服务措施,从而不断改进和提高质量。旅游业的宗旨是"顾客至上,宾至如归",必须研究旅游者在游览过程中的心理需求和行为特点,根据旅游业的实践,提出一套旅游服务心理的原理和艺术,迎合和满足旅游者的需求心理,提供优质产品,保证服务质量。

(4)旅游管理心理

旅游业服务质量的提高和工作成败的关键,在于科学的管理。管理就是"管事理人"。旅游心理学研究组织内成员在心理和行为方面的特点,在个体行为、团体行为、领导行为等方面如何调节和引导,从而发挥管理的最佳效能。调动员工的工作积极性,提高战斗力,增强团队的凝聚力,创造性地实现组织的目标,关键在于领导的影响力。

(5)旅游资源开发及旅游设施建造中的心理问题

从分析旅游者对旅游资源开发及旅游设施建造的需求入手,研究旅游者的心理需求与旅游资源开发、旅游设施建造等问题。旅游资源是吸引旅游者产生旅游行为的吸引物,旅游设施是旅游者赖以休息、休闲、娱乐的必备物质条件,这些"硬件"对旅游者的旅游行为和消费动机有着直接的影响。研究运用心理学原理精心考虑和建造旅游设施、开发旅游资源,使旅游者更舒适、更愉快,这一重要论题应该纳入旅游心理学的研究领域。

二、旅游心理学的研究方法

任何科学研究都离不开一定的方法。旅游心理学的研究方法就目前来说,主要有如下几种:

1. 观察法

观察法是指在旅游活动中通过感官或仪器,有目的、有计划地观察和记录旅游活动中人的行为、动作、表情、言论等方面的表现,分析其内在原因、了解其内心活动的基本规律的方法。在现代科学技术发展的情况下,调查者可以通过自己的视听器官与先进的技术和仪器设备,如视听器材(包括摄像机、监测器、照相机等)的结合,对旅游者的心理表现进行观察,以增强观察效果。观察法可获取第一手资料。观察法是科学研究中最一般、最方便使用的研究方法,也是心理学的一种最基本的研究方法。

旅游消费者在旅游活动中,会处在一种放松状态,因此他们在活动时是无拘无束的。这样通过观察获得的材料比较真实。但是,通过观察获得的也往往只是表面现象,很难解释现象背后的本质或因果规律,所以,观察法最好与其他方法结合使用。

2. 访谈调查法

访谈调查法简称访谈法。它是通过调查人员面对面地与调查对象进行交谈、收集口头资料的一种调查方法。此种方法具有直接性、灵活性、适应性、回答率高、效率高等特点。当然,访谈人员的谈话技巧、人格气质、性格等特征会直接影响调查的结果。

在实际应用中需注意:明确访谈目标,讲究访谈方式,争取受访者的信任,言简意赅。

3. 问卷调查法

问卷是研究者用来收集资料的一种技术,经由填答者填写问卷后,从而得知有关被调查者对某项问题的态度、意见,然后比较、分析大多数人对该项问题的看法,以作为研究者的参考。在了解旅游者、旅游从业者的心理活动方面,很多问题无法直接测量,只能通过问卷的方法进行间接测量。

问卷的质量高低对调查成功与否起着决定作用,只有设计出高水平、高质量的问卷,才会使调查得以顺利完成,并获得令人满意的数据。

4. 测验法

测验法是根据测试目的和需要,选择合适的测试量表,让被测试者根据量表的每个问题进行回答,主试者在事后对测试结果进行分析、评定,给出一定结论的方法。通常用在对旅游工作人员的心理测试上,用以研究员工的心理品质(人格、智力、能力)与服务行为的关系,有时也用于高管招聘,以便选择符合企业要求的管理者。

心理学的研究方法还有很多,诸如活动分析法、个案研究法、投射法、实验法、资料分析法等。各种方法都各有特点,也各有局限性。由于人的心理现象和行为十分复杂,因此,在进行研究时不能单纯地使用某一种方法,而应根据对象与任务的不同,在使用某一种方法时辅之以其他方法,使之相互补充,以使其更准确、更客观地反映人心理活动的规律与特点。

三、旅游心理学的研究意义

1. 有助于旅游事业的发展和服务质量的提高

旅游企业要想兴旺发展,必须赢得更多的旅游者,而良好的服务态度是提高服务质量的基础,高超的服务技术水平是实现高质量服务的技术保证。也就是说要给予旅游者富有人情味的接待,给予他们友谊、尊重、理解和美感交织在一起的美好享受。这样不仅可以让他们舒心愉悦,而且能给他们带来宾至如归的感觉,还能吸引大量的回头客。

旅游心理学通过研究旅游者的心理和行为规律,从而把握旅游者的心理和行为特征,清楚地了解旅游者所需要的是什么,所要求的是什么样的旅游服务。旅游从业者从而能为旅游者提供满意的服务,以减少工作的盲目性,增强针对性。因此,学习、研究旅游心理学有助于提高旅游服务质量,促进旅游业健康发展。

2. 为旅游企业经营管理提供心理依据

在市场经济社会中,旅游企业要想生存、发展、立于不败之地,必须针对市场需要,及时调整经营方针,改善经营措施,制定经营策略,以吸引更多的旅游者,保持充足的客源,并不断扩大自己的市场份额。另外,旅游心理学对旅游者的心理和行为规律的研究,可以帮助旅游从业者科学地预测旅游者的心理和行为发展与变化的趋势,并开展有针对性的旅游产品生产与销售活功,提高经营效果。

3. 为科学合理地安排旅游设施和开发旅游资源提供心理依据

旅游设施的配置和旅游资源的开发,一定要考虑旅游者的心理活动规律,否则就会事倍功半,使设施、资源发挥不出应有的效益。成功的旅游产品在其硬件建设上都十分注重旅游者的心理因素,使旅游者在旅游活动中心理得到极大满足,并吸引更多的客人。

4. 有利于提高员工的心理素质及职业素养

旅游从业者要为旅游者提供优质的服务,自身必须具备良好的心理素质和职业素养。旅游企业员工应系统地学习旅游心理学,并在实践中灵活运用,把握工作对象的心理特点和差异,正确认识服务对象,正确处理客我关系,在真正做到个性化服务和优质服务的同时,提高自身的素质和服务水平。

◆ **本节相关知识链接**

调查问卷一份:

大家好,我是10年毕业在校大学生,现在准备毕业论文,要做一下调查,麻烦有兴趣的朋友帮我填这份调查问卷。谢谢大家!

1.您的性别?

　　A.男　　B.女

2.您的年龄?

　　A.20岁以下　　　　　　　B.20岁～30岁

　　C.30岁～40岁　　　　　　D.40岁～50岁　　　　　　E.50岁以上

3.您所能接受的旅游费用大概是多少?

　　A.200元以下　　　　　　　B.200元～400元

　　C.400元～600元　　　　　　D.600元～800元　　　　　　E.800元以上

4.您喜欢的出游方式:

　　A.跟团旅行

　　B.自助游

　　C.具体景点游览自定,旅行社安排住宿、交通等

　　D.其他

5.您是否有过不愉快的旅游经历?

　　A.有

　　B.没有

6.您不愉快的经历是什么原因造成的?

　　A.降低服务标准　　　　B.行程缩水

　　C.延误时间　　　　　　D.其他原因

7.您最追求的旅游产品大体是怎样的?

　　A.价格合理且较低。

　　B.质量高但不提升价格

　　C.时刻追求突破和创新

D. 可以把尽情游玩和增长见识统一起来

8. 您更喜欢哪一种旅游路线？

　　A. 自定义旅游路线

　　B. 旅行团规定的

　　C. 无所谓

9. 在旅游途中,旅行社有安排专门的购物活动吗?（可多选）

　　A. 有

　　B. 没有

　　C. 相对满意,没有什么问题

　　D. 安排的购物次数较多

　　E. 商品价格贵

　　F. 擅自增加购物点或强制购物

　　G. 商品质量没保证,容易买到假货或次品

　　H. 购物时间过长,景区游玩时间短

10. 在旅游购物中,您是怎样做的?

　　A. 讨厌导购服务

　　B. 认为都是骗人的,不会买

　　C. 价格太高,不会买

　　D. 可以听听导购员的介绍,喜欢就买,不喜欢就不买

　　E. 多多少少都会买些带回去做礼物

11. 您对导购服务有什么意见或建议?

第三节　现代旅游及旅游产品

一、现代旅游的发展状况及其特点

　　旅游是一项很古老的活动,中外历史上都有不少关于古代旅行家的记载。两千多年以前,我国就有"仁者乐山"、"智者乐水"之说。古代的旅游常常是伴随着贸易、战争、宗教活动、探险、求知以及文化交流等活动进行的,只有一部分达官显贵是为了娱乐而去旅游。

　　世界最早的旅游活动出现在大约公元前 4000 年,当时的巴比伦王国发明了钱币、文

字和车轮,人们既可以用货币,也可以用货物来支付他们的交通和食宿费用。这时的旅游活动是伴随着贸易的发展而产生的。

我国历史记载最早、行程最远的旅行家应属西汉的张骞。他于公元前 139 年奉汉武帝之命出使西域,在外共 13 年。他这次旅行探明了亚洲内陆通道,加强了中原和西域少数民族的联系,进一步发展了汉朝与中亚各地的友好关系,促进了东西方的经济、文化交流。

国际上公认,现代旅游业的创始人是英国的托马斯·库克。他在 19 世纪 40 年代组织了世界上最早的旅游活动。

国际旅游业近年来发展速度,已超过了其他许多产业,旅游业已成为世界第二大产业。据有关研究分析,在不久的将来,旅游业有可能超过石油工业而成为世界第一大产业。

与其他产业相比,旅游业具有以下特点:

1. 旅游业的依赖性

旅游业是一个依赖性很强的产业。这主要表现在三个方面:第一,旅游业是建立在旅游资源的基础上的。旅游资源是发展旅游业的客观基础,旅游资源的特点,在很大程度上影响到旅游业的发展。如果某地的旅游资源非常丰富,那么该地的旅游业就有一个很好的发展基础。第二,旅游业的发展依托于国民经济的发展,国民经济的发展水平决定了人们可自由支配收入水平的高低以及闲暇时间的长短,从而决定了旅游者的数量以及他们的旅游需求水平,同时,国民经济的发展水平也决定了旅游目的地的旅游供给水平。第三,旅游业依赖于各有关部门和行业的协调合作,任何一个环节出问题都会影响到旅游经营活动的正常进行。

2. 旅游业的综合性

第一,旅游者在外出旅游期间,对食、住、行、游、购、娱等方面都有需要,在外出的形式上也多种多样,对旅游活动的内容的要求千差万别。为了满足旅游者的各种综合需要,旅游业必须要提供综合服务,提供多种多样的旅游产品满足不同旅游者的需要。第二,多样的旅游产品是由多样的旅游资源决定的,这些旅游资源既有自然的,又有人文的,既有物质的,又有精神的。第三,旅游业要借助多项设施,如旅行社设施、餐饮设施、住宿设施、交通运输设施、邮政电信设施、会议设施、商场等。第四,旅游业所提供的旅游产品不同于普通的产品,它不是某一单项产品,更不是某一具体物品,而是各种服务项目的综合体。第五,旅游产品涉及的企业或行业非常多,有轻工业、建筑业、装饰业、农业、畜牧业、水产业等等,也包括一些非物质资料生产部门,有文化、文物、宗教、园林、卫生、科技、邮电、教育、商业、金融、海关、公安、环保、保险等。因此,旅游业的重要特征之一就是综合性。

3. 旅游业的脆弱性

旅游业对自然、经济、社会等各种因素的变化,具有较强的敏感性,从而导致旅游需求的波动。能够给旅游业带来波动的各种因素有:自然因素中的自然灾害、恶劣天气、瘟疫等,社会因素中的国家关系恶化、政策变化、政局不稳、社会动乱、恐怖活动、战争、社会时尚变化等。经济因素中的经济危机、经济衰退等。2001 年的"9.11"事件使美国甚至世界的旅游业受到了重创,2003 年的 SARS 疫情给我国旅游业造成了 2700 亿元的损失。

4. 旅游业的涉外性

当代旅游是一种跨地区、跨国界的广泛的人际交往活动,具有涉外性。旅游业包括入境旅游和出境旅游,在这些旅游活动中,旅游从业人员担负着国家"形象大使"的身份。尤其我们作为社会主义国家的旅游业,既要讲究经济效益,又要重视通过旅游活动来促进各国人民之间的相互了解、增进友谊。因此,旅游从业人员必须加强政治责任感,自觉遵守外事纪律。

二、旅游产品的定义及其特点

1. 旅游产品的定义

任何行业都有自己特定的产品,旅游业也不例外。旅游产品是指旅游企业经营者为满足旅游者在旅游活动中的各种需求而面向市场提供的各种物品和服务的总称。

旅游产品可以分为整体旅游产品和单项旅游产品。整体旅游产品是指旅游经营者将航空、铁路、饭店、旅游景点和娱乐场所等企业部门的产品编排组合而成的,满足旅游者一次旅游活动全部所需的综合服务产品,通常称之为旅游线路。单项旅游产品是指构成整体旅游产品中的各项旅游产品,如饭店服务、交通运输服务、游览景区服务等,就是单项旅游产品。

另外,根据其表现形式,旅游产品还可以分为服务形式的旅游产品、实物形式的旅游产品和两者结合的旅游产品。

2. 旅游产品的特点

旅游产品有以下特点:

(1)综合性

由旅游产品的定义我们知道,旅游产品是物质产品和服务产品的综合,其中服务成为产品构成的主体。这里的服务包括：交通服务、游览服务、住宿服务、餐饮服务、购物服务、娱乐服务等。这些环节由旅游经营组织者编排组合在一起，与旅游吸引物共同构成旅游产品，通过一定的销售渠道，销售给旅游者。因此，旅游产品具有综合性。

（2）不可分离性

旅游产品的生产与消费过程同时进行，也就是说，服务人员为消费者提供服务的过程，也正是消费者消费服务的过程，二者在时间上不可分离，或者说生产和销售具有同步性。

旅游者旅游活动的全过程就是其消费的过程，也是旅游产品供应商生产该产品的过程。旅游者结束旅游活动时，该旅游产品的消费即告结束，该产品的生产也告结束。

（3）不可储存性

旅游产品，只有旅游者购买它，并在现场消费它时，其各种资源、设施及服务相结合才表现为产品，才能有收益。如果没有人消费，就没有收益。旅游产品不像其他物质生产部门所生产的商品那样，可以储存起来供以后慢慢出售。旅游产品在时间上是不可储存的。如果当天不能出售，其当天的价值就浪费掉了。例如，如果在某年某月某日，某风景区一日游没有游客参加，该一日游产品就不能产生任何价值；某餐厅没有人用餐，该餐厅就不产生任何价值；某客运班车没有人乘坐，该班车也不产生任何价值。

（4）缺乏所有权

缺乏所有权是指在服务的生产和消费过程中，不涉及任何所有权的转移。既然服务是综合的，又不可储存，服务在交易完后便消失了，消费者并没有实质性地拥有服务。比如，乘飞机之后，旅客从一个地方被运送到另一个地方，而此时旅客手里除了握有机票和登机牌之外，不再拥有任何东西，同时航空公司也没有把任何东西的所有权转让给旅客。

缺乏所有权会使消费者在购买服务时，有可能会感受到风险。如何克服服务消费者的这种风险心理，促进服务销售，是营销管理人员所面对的问题。

三、中外旅行社在旅游产品策略方面的差异

旅游产品是旅行社赖以生存的基础，没有旅游产品，旅行社的经营管理便无从谈起。随着旅游业的不断发展，各国的旅行社由于成熟程度不同，所以其产品策略也不尽相同。

中外旅行社产品策略有相同之处，那就是他们的旅游产品都具有以下特点：综合性、不可分离性、不可储存性和缺乏所有权。但是从很大程度来说，中外的旅行社在产品策

略方面还是存在较大差异的,主要体现在:

1.产品开发体系不同

以美国为例,旅游批发商和旅游经营商都是产品开发的主体。旅行社行业采取垂直分工体系运作。根据旅行社业务的类型分为旅游经营商、旅游批发商和旅游零售商。旅游批发商专门从事旅游产品的设计、组装;旅游经营商从事旅游产品的设计、组装,并提供旅游接待服务;旅游零售商则专门负责旅游产品的代理销售,它不具备生产的职能,充当的是销售中介的作用。因此,美国的旅游批发商和经营商都具有生产职能,都是产品开发的主体。旅游代理商不具有生产职能,不是产品开发的主体。

在我国,旅行社行业采取政府主导下的水平分工体系运作。在政府行业管理力量的干预下,旅行社被分为国内旅行社和国际旅行社,分别经营不同的旅游市场。但不管是国际社还是国内社,其业务范围都很广,几乎包揽了从初期产品构想到零售代理的全过程业务的综合运作。因此,我国所有的旅行社都有生产职能,都是产品开发的主体。

2.产品类型不同

(1)外国旅游产品类型多

外国旅行社发展的历史比较悠久,市场相对成熟,产品体系比较完善,包括现成的系列旅游产品、临时按旅游者的要求设计的产品、各种单项服务产品和特色旅游产品等。

我国的旅游产品类型比较单一,仍然以包价旅游和文化观光旅游为主。

(2)外国的国内旅游产品与国际旅游产品之间的差别很小

这主要是由于其旅游市场起步较早,较成熟,在发展国内旅游的过程中,各种接待服务设施逐渐成熟,推出的产品逐渐向系列化、完善化、全面化和多样化方向发展。在随后发展的国际旅游中,多样化的产品形势仍然适合国外游客。

我国的国内旅游产品和国际旅游产品差别很大。国内游客对旅游产品的选择余地很大,国内游客完全可以根据自己的情况来选择旅行社产品。国际旅游者选择余地却较小,多以团队形式为主,散客很少。

3.产品的售后服务完善程度不同

旅行社的售后服务,对于补救旅游活动中的不足给旅游者造成的负面影响、完善旅游服务内容、提高旅游服务质量有着很重要的作用。

外国的旅行社十分重视售后服务,售后服务意识较强。他们认为售后服务对促销起着至关重要的作用。我国的旅行社在售后服务方面尚处于较低的水平,售后服务意识不强,没有设立专门的岗位或专人进行售后服务。

4.产品开发程序不同

以美国为例,旅行社新产品开发从酝酿到推向市场需要一个较长的开发阶段,一般为2年。主要阶段有①关于客源市场、目的地等方面进行详细的市场调查;②与主要供应商进行合作事宜的谈判;③行政管理,这一阶段的工作包括确定兑换率、必要的人员培训、确定最终价格、印制旅游小册子和建立预订系统;④开展大量营销活动将旅游新产品推向市场,包括:旅游小册子的分发,旅游产品向旅游代理商的促销、试销、广告和促销策略的运用,导游人员的招聘和培训,首次出团。①

我国旅行社进行旅游产品开发的过程也经历了市场研究、与供应商谈判、市场营销三个阶段,但是阶段划分模糊,开发过程粗糙。

◆ **专题笔谈 1.2**

旅游产品开发的原则

1.旅游产品开发先重点后一般的原则

"七五"时期,通过国家和地方政府投资导向的引导,到"七五"末期,已初步形成了一个重点突出、区域和线路相结合的旅游产品总体格局。

2.以旅游资源为基础,市场需求为导向的原则

旅游资源是旅游业发展的客观物质基础,任何旅游产品的开发都应紧紧依托于旅游资源,才能开发出具有吸引力的旅游产品;同时,旅游者对旅游产品的需求也是千差万别的,因此,对旅游产品的开发也应该根据旅游市场的变化安排对不同类型旅游产品的开发空间、时序和重点,并科学配置旅游线路,培育名牌精品。

3.旅游产业总体发展的原则

旅游产品的整体性决定了旅游产品的开发应根据旅游产业食、住、行、游、购、娱六大要素配套发展的要求组合旅游产品。任何产业要素的短缺或形成瓶颈,都会直接影响到旅游产品的质量。

4.旅游产品开发以国际市场为导向,国内市场为基础的原则

"七五"、"八五"时期,为了多创外汇,平衡外汇收支,我国确立了以国际市场为导向,国内市场为基础的旅游产品开发原则,并开发出一批在海内外极具吸引力的旅游产品。

5.优化传统的观光型产品,大力发展度假、专项旅游产品

---

① 杨亚芹,梁智.中美旅行社产品策略比较研究[J].商业经济,2008(2):101-103.

为了满足客源市场多方面的需求,"八五"末期、"九五"时期,中国旅游业加速旅游产品结构的调整,实现产品升级换代,由提供单一的观光型产品转向提供观光与度假相结合的旅游产品,并进一步推出滑雪、探险、温泉疗养、生态旅游等多种专项旅游产品。

6."旅游精品战略"原则

为广泛吸引海内外客商对旅游业的投入,国家旅游局在"九五"时期推出了一批对地方旅游业发展具有重大影响的旅游项目,以引导社会投资,开发新的旅游产品。

7.有利于树立总体旅游形象的原则

在旅游产品的开发过程中,紧紧围绕一区或一地旅游总体形象的树立来进行。在对旅游产品的开发、设计、包装、促销等方面,根据统一的主题组合旅游产品。

8.旅游资源类型的相似性和差异性相结合的原则

在旅游产品开发的过程中,既要考虑到旅游资源本身的价值,又要根据旅游资源的类型进行组合,既要把同类的旅游资源进行组合,又要把不同类型的旅游资源搭配组合,使所形成的旅游产品能满足不同层次、各种需求的旅游者的需要。

资料来源:http://blog.sina.com.cn/s/blog_4b2af8ae01009j34.html(新浪博客)

◆ **本节相关知识链接**

1.http://www.17u.net(同程网)

2.http://zhidao.baidu.com(百度知道)

◆ **本章小结**

1.本章结语

从最初哲学范畴里的心理学,到引入科学研究方法的心理学,再到旅游心理学的研究,是一个漫长而复杂的过程。我们在研究旅游心理学的过程中,就要借鉴心理学的研究方法,结合心理学的研究成果,对在旅游活动中旅游者、旅游从业人员及旅游管理人员的心理及行为规律进行研究。

2. 本章知识结构图

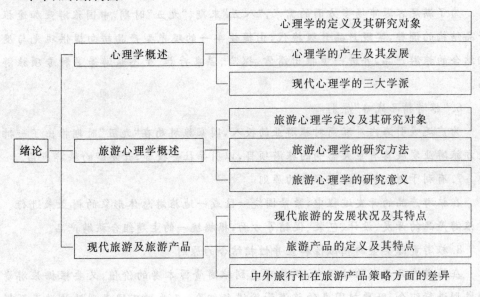

3. 本章核心概念

心理学　旅游心理学　心理过程　个性心理　旅游产品

◈ **实训练习**

利用心理学研究中常用的观察法,观察某一同学或某一影视作品中的人物的行为,最终给出一个关于观察对象的心理描述。并充分利用所学的问卷调查法的知识,针对本地的旅游客源市场设计一份调查问卷。

◈ **延伸阅读**

酒店服务心态分析

王小姐和她的朋友乘坐的出租车刚刚停在国际大酒店大堂门口,面带微笑的门童立刻迎上前去,并躬身拉门问候道:"欢迎光临!"王小姐和她的朋友们谈笑风生地走下了出租车,当门童正准备关门时,忽然发现前座上遗留了一部漂亮的手机,于是扭头对正准备进酒店的王小姐说:"小姐,您是否遗忘了手机?"王小姐一听,停止了说笑,忙说:"哎哟,是我的手机,谢谢,谢谢。"门童将手机递还给客人,同时又写一张小条子递给了王小姐,这张小条上写着这辆出租车的号码,然后门童迅速引领客人进入了酒店大堂。

王小姐来到前厅接待处,接待员礼貌地问候道:"你们好,欢迎光临国际大酒店,请问有没有预订?"王小姐说:"我们早在十天前已经预订了一个三人间。"接待员随即请王小姐出示证件,并熟练地查阅预订,立即为客人填写了入住登记表上的相关内容,并请王小姐预付押金和签名,最后说:"小姐,你们住在 1501 房,这是你们的房卡与钥匙,祝你们入住愉快。"在王小姐办理入住登记手续时,行李员谦恭立在她们的身后,为客人看护着行李箱。

行李员带着客人刚来到 1501 房间的门口,客房服务员便迅速走了过来,笑容可掬地躬身说,"你们好,欢迎光临,请出示房卡","请这边走",服务员来到 1501 房门口敲门并报:"Housekeeping、Housekeeping、Housekeeping",王小姐诧异地说:"不是没有人吗?""这是我们的服务规范。"客房服务员打开房门后,开始介绍客房设施与服务,行李员将客人的行李放到了行李架上,同时发现客人将西装脱下随手扔在了床上,便走过去将客人西装挂进了壁橱。客房服务员和行李员询问道:"王小姐还有何需要帮助?"王小姐高兴地说:"不用了,谢谢你。""祝你们在本酒店居住愉快!"然后两个服务员告辞退出。

王小姐和她的朋友经过了一天的旅行,已经非常疲惫了。当她们躺在柔软的床上,听着悠扬的音乐,欣赏着舒适豪华的室内装潢,回忆着进入酒店的整个过程时,王小姐满意地对朋友们说:"这真是星级酒店的服务啊! 我们要的不就是这种感觉吗?"

思考:案例中的服务员是如何满足客人心理需求的?

案例来源:http://forum.yidaba.com/thread-2257167-1-1.html(一大把论坛)

◆ **本章试题与知识训练**

一、填空

1.心理学是研究_____及其发生、发展规律的科学。

2.心理过程包括_____、_____和_____三个方面。

3.1879 年,_____在德国的莱比锡大学创立了世界上第一个心理实验室,用实验的手段来研究心理现象,这被公认为是心理科学独立的标志。

4.旅游心理学的研究方法有:_____、_____、_____、_____等。

5.旅游业的特点有:_____、_____、_____和_____。

二、选择

1.下列属于行为主义心理学的代表人物是_____?

A.华生　　　B.弗洛伊德　　　C.亚里士多德

★ **说明:**本书练习题参考答案见中国海洋大学出版社网站 www.ouc-press.com

2.问卷调查法可以分为_____。

A.选择式   B.排列式   C.是非判断式   D.面对面法

三、简答

1.简述旅游心理学的产生和发展过程。

2.简述现代心理学的流派。

3.中外旅行社在旅游产品策略方面的差异主要体现在哪些方面?

第 二 章

旅游的感知觉规律

学习目标

知识要点:掌握旅游知觉的内涵、分类、特点及影响因素;理解旅游者对他人、人际、时间、目的地知觉的含义、途径与影响;了解旅游知觉的研究意义及旅游者对自我、距离的知觉。

技能训练:以自己所在城市为例,制订一份"旅游目的地营销计划",以改变旅游者对旅游目的地的知觉。

能力拓展:能够通过情景模拟等方式表演出包含感知觉知识的旅游活动中的情景,加深对知觉知识的认识。

引 例

旅　行

我坐在靠窗的位子上,窗外的风景很美。有山有水。时至春末,这北方才方显春日之色。偶见几条弯曲的小河向远处漫延,山上的树整整齐齐地排列着,远远望去,就像一条毛茸茸的曲线挡住了山的那头,从而使得那无边无际的天戛然而止。对于我这个出生在平原且没见过什么名山名水的人来说,能在疲惫旅途中欣赏到这样的景色,也该知足了。

案例引发的问题:作者对旅游对象的知觉有何特点? 他是怎样知觉周边事物的?

资料来源:http://okzjj.com/youji/10253716114.shtml(张家界旅游网)

第一节　感觉与旅游行为

一、感觉的定义及分类

每个人都生活在一个丰富多彩的世界里,当人们认识一种事物时,首先认识事物的颜色、声音、气味、温度、硬度等个别属性。客观事物的这些个别属性通过我们的各种感觉器官反映到大脑中,大脑便获得了外部世界的各种信息,我们也就产生了相应的感觉。所以,感觉是人脑对直接作用于感觉器官的客观事物的个别属性的反映。感觉不仅反映事物的外部属性,而且反映肌体的变化和内部器官的状况,如人体的运动、干渴、饥饿、疼痛等内部信息。感觉是大脑反映现实的最简单的心理过程。

根据感觉器官在机体的不同部位和接受刺激的特点不同,人的感觉可以分成两类,即外部感觉和内部感觉。外部感觉包括视觉、听觉、嗅觉、味觉和皮肤感觉。内部感觉包括机体觉、平衡觉和运动觉等。

1.外部感觉

外界事物刺激体表感受器所产生的感觉属于外部感觉,它们反映的是外界环境中的对象与现象的特征。

（1）视觉

视觉是可见光波刺激视分析器所产生的感觉。视觉的适宜刺激物是波长 380～760 纳米的电磁波,也叫可见光波。可见光波只占电磁波范围的 1/70。380 纳米以下的紫外线,760 纳米以上的红外线,人的眼睛都不能感觉到。视觉中的色调、明度、饱和度,是由光波的物理性质决定的。

视觉在人类的感觉世界中占主导地位,不仅人类的绝大多数（80%以上）信息通过视觉得到,而且当视觉信息与其他同时传入的信息相互矛盾时,大多数人会根据视觉信息做出反应,其他的信息则会被忽略。

（2）听觉

听觉是声波作用于听分析器所产生的感觉。人的听觉是仅次于视觉的一种重要的感觉。人类的语言及其他所有与声音有关的信息都是靠听觉获得的。引起听觉的适宜刺激是 20 赫兹～20000 赫兹之间的声波。低于 20 赫兹的次声和高于 20000 赫兹的超声,人耳都不能听见。40 岁以上的人的听力上限通常降至 12000 赫兹。人最敏感的声波频率为 1000 赫兹～4000 赫兹。

人所听到的音高、音强、音色,都是由声波的频率、振幅与波形等物理特性所决定的。

频率高的声音,使人听到的是高音;频率低的声音,使人听到的是低音。振幅大的声音,使人感到的是强音;振幅小的声音,使人感到的是弱音。不同物体(如各种乐器)发出的不同波形,使人听到不同的音色。

听觉也是人类重要的信息通道,它接受 10% 以上的信息,对我们的生活和学习也有很重要的作用。

(3)肤觉(皮肤感觉)

皮肤感觉包括触压觉、温度觉(冷觉与热觉)和痛觉等,这几种感觉常常混在一起,在感觉上将它们严格地区分开来是相当困难的。它们的感受器呈点状不均匀地分布于全身。在体表的同一部位,痛点最多,压点其次,温点最少,从全身来看,各种感觉点的分布也各不相同。鼻尖的压点、冷点和温点最多,胸部的痛点最多。

(4)嗅觉和味觉

嗅觉的刺激物是空气中散布的或挥发性的化学物质。它们主要通过鼻腔,同时也能通过口腔后部传入到位于鼻腔上部的嗅觉细胞,然后经嗅神经直接传入大脑。据估计人的嗅觉感受细胞有 1000 万个;而德国牧羊犬则有 2.24 亿个嗅觉感受细胞。嗅觉对动物维持生命、相互交往有重要意义。对于人类,由于视觉和听觉的发展,嗅觉似乎不甚重要了。科学家们至今也尚未对人类嗅觉做出科学的分类。

味觉是指辨别物体味道的感觉,它的适宜刺激是溶于水的化学元素物质。味觉的感受器是味蕾,基本的味觉有酸、甜、苦、咸四种,舌尖感觉甜,舌的两侧感觉酸,舌根感觉苦,舌两侧前部对咸最敏感。人对味的偏爱往往受水土气候及生活条件的影响,俗有"南甜、北咸、东辣(蒜、葱)、西酸"之说。

嗅觉和味觉都是对化学物质进行反应,并且二者经常联系起来共同发挥作用。通常说某种菜肴味道好,主要是嗅觉在起作用。当你感冒严重时嗅觉失灵,再好的菜肴对你也会失去味道了。因此有时也将嗅觉与味觉视为一个感觉系统的两个成分,合称味道觉。

2.内部感觉

内部感觉是指感受内部刺激,反映机体内部变化的感觉。它主要包括机体觉、平衡觉和运动觉三类。

机体觉是有机体内部环境变化,作用于内脏感觉器官而产生的内脏器官活动状态的感觉,也叫内脏感觉。其感受器分布于各脏器壁内。它可将内脏的活动及其变化的信息,经传入神经传向中枢。机体觉一般包括饿、饱、渴、痛、恶心、便意感觉等。一般情况下,人的内脏活动不为人所意识,也不受人的随意支配。只有在生理节律发生超乎常态或处于病理状态下,才能产生明显的感觉,而且常常带有不适感。机体觉有保护性功能。

　　平衡觉是有机体在做直线加减速运动或旋转运动时,能保持身体平衡并知道其方位的一种感觉。其感受器是内耳前庭器官。前庭器官同内脏有密切联系,在前庭器官发生超强兴奋的时候,会发生晕船或晕车病。失去平衡觉的人最初会难于调整姿势,易摔倒,还可能感到眩晕。平衡觉对保持身体平衡有重要作用。

　　运动觉是反映身体运动和位置状态的感觉,也叫本体感觉。其感受器位于肌肉、肌腱和关节中。人一般不能直接觉察到动觉信息,但是对于优秀的运动员来说,他们对身体肌肉、肌腱和关节的运动十分敏感,他们对运动速度、动作准确度的估量和稳定性有精细的自我感受。运动觉敏感是运动员和舞蹈演员、杂技演员选拔的重要条件之一。运动觉是人从事正常活动的保证。

二、感觉的规律

1. 感受性和感觉阈限

　　感觉的产生,首先必须有作用于各种感受器的适宜刺激。外界某种性质的刺激,只能引起某种感觉器官的反映,也就是说,每一种感受器只对一种形式的能量特别敏感,而这种能量就是这种感受器的适宜刺激。适宜刺激引起相应的感觉,需要一定的强度,如果达不到一定的刺激强度,便不能产生感觉,这就是感受性和感觉阈限问题。

　　有机体对刺激物的感受能力,叫感受性。感受性的大小是用感觉阈限的大小来度量的。所谓感觉阈限是指能引起感觉的持续了一定时间的刺激量。每一种感觉都是有两种类型的感受性和感觉阈限,即绝对感受性和绝对感觉阈限;差别感受性和差别感觉阈限。

　　(1)绝对感受性和绝对感觉阈限

　　绝对感受性就是指能够感觉出来最小刺激量的能力。

　　绝对感觉阈限是指最小可觉察的刺激量,即光、声、压力或其他物理量为了引起刚能觉察的感觉所需要的最小数量。绝对感受性和绝对感觉阈限在数量上成反比关系。绝对感觉阈越小,则绝对感受性越大,两者成反比关系。

　　当一个人在森林中迷路时,他是否感觉灵敏,能够看得出四周远处有微弱亮光借以辨别方向,或能够听到搜寻人员的轻微呼唤,对于他的安全有重要影响。然而不同的人在这方面的感觉能力,即感受性有很大差异,并且它是能够通过训练而改变的。

　　人类各种感觉的绝对阈限都是很低的,这对于保障生命安全有积极作用。晴朗的黑夜中,40千米处的烛光,能引起人们的视觉;安静状态下,6米处表的滴答声,能引起人们的听觉;2加仑水中,加1茶匙蔗糖,能引起人们的味觉;1滴香水扩散到1幢六层楼公寓,能引起人们的嗅觉;从1厘米外,1片蜜蜂翅膀落在脸颊上,能引起人们的触觉。

（2）差别感受性和差别感觉阈限

差别感受性是指刚刚能够感觉出两个同类刺激物间的最小差异量的能力。

人们生活中需要确定一个刺激的情况并不很多，更常遇到的情况是要去确定两个刺激相同还是不同。例如，音乐家需要确定发自两个声源的声音高度是否相同；喷漆工在粉刷墙壁时需要仔细观察两次调出的颜色是否有差异；调味师要能够分辨出多种不同菜肴味道的细微差别；医生从 X 光照片上看得出微弱的阴影更会有助于肿瘤疾患的早期诊断与治疗。这种觉察刺激之间微弱差别的能力称为差别感受性。它在生活实践中有重要意义，可以通过实践锻炼而提高。差别感受性越高的人，引起差别感觉所需要的刺激差别越小，即差别感觉阈限越低。那种刚能引起差别感觉的两个刺激之间的最小差异量称为差别感觉阈限。

差别感觉阈限与差别感受性之间也成反比关系：人的差别感觉阈限越大，差别感受性越低；差别感觉阈限越小，则差别感受性越高。

产生最小差别感觉，刺激物的变化量与原刺激量之间的关系在一定范围内是一个常数，用公式表示为：

$\Delta I / I = K$（I 为原刺激量，ΔI 为刺激物的变化量，K 为常数）

这一公式就是著名的韦伯定律。研究证明，韦伯定律只是在中等刺激强度的范围内才是正确的，且不同的感觉，韦伯常数（K）是不同的。如重量在 300 克左右时为 1/50；盐水的味觉每公斤为 1/5。

◆ **案例驿站 2.1**

韦伯定律

在 1 个信封里放进 1 枚 1 元的硬币，另 1 个放两枚。你可以觉察到两个信封的重量差别。然后把两个信封分别放进两只同样的皮鞋，再拿起鞋。你现在能判断哪只鞋里有两枚硬币吗？韦伯定律又在起作用了。

案例来源：http://www.docin.com/（豆丁网）

2.感受性的变化

人的各种分析器的感受性会随条件和机体状态的不同而发生变化。引起感受性变化的主要因素有以下几个方面：

（1）感觉适应

由于刺激物的持续作用而使感受性发生变化的现象叫感觉的适应。这是在同一感受器中,由于刺激在时间上的持续作用导致对后来刺激的感受性发生变化的现象。感觉的适应可以引起感受性的提高,也可以引起感受性的降低。通常,强刺激可以引起感受性降低,弱刺激可以引起感受性提高。此外,一个持续的刺激可引起感受性下降。

适应是较普遍的感觉现象。俗话说:"入芝兰之室,久而不闻其香;入鲍鱼之肆,久而不闻其臭。"就是嗅觉的适应现象。视觉适应可分为明适应和暗适应。从光亮处走进已灭灯的电影院时,开始什么也看不清,过一段时间,就能分辨物体的轮廓,这是视觉感受性提高的暗适应。反之,离开电影院,从暗处到光亮的地方,开始时也是耀眼发眩,一片明亮,但过一会儿就能看清周围的物体,这是视觉感受性降低的明适应。除此之外,肤觉、味觉的适应也特别明显,听觉的适应不太明显,痛觉的适应则极难产生。正因为如此,适应现象具有很重要的生物学意义,使人能在变化万千的环境中,做出精确的反应。

◆ **案例驿站 2.2**

水果为什么是酸的?

实习生小刘第一天到中餐厅上班,就碰上了一个大型的婚宴,餐厅里坐满了客人,非常热闹。一道菜刚上完另一道菜又上来了,还要把用完的餐具撤换,同时又要给客人斟酒水,小刘忙得有点应接不暇。终于,当主菜都上齐后宴会也快接近尾声了。过了一会,象征吉利的"百年好合"莲子百合糖水送到了每位客人的面前。小刘见客人差不多将糖水吃完后,连忙将新鲜的水果盘摆在餐桌的中央,客人们都意犹未尽

地纷纷拿起了水果品尝起来,但是刚一入口客人们又都皱起了眉头,有一位客人甚至将没吃完的水果扔在了餐桌上,并大声对小刘说:"你们的水果怎么这么酸啊!"本来还是喜气洋洋的气氛一下子减弱了很多,果盘上剩下的水果再也没人动了。小刘看了看其他餐桌的客人却没有不满的反应,反而是津津有味地吃完了水果。这是为什么呢,难道是水果有问题吗?小刘百思不得其解,就请教了师姐小王。小王想了想,问小刘:"你上完糖水后,有没有为客人上一道茶呢?"小刘回答说:"啊,刚才太忙,我一时忘记了。""这就是客人觉得水果酸的原因了。"小王说完走开了。茶和水果酸有什么关系呢?小刘还是没有想明白。

案例来源:李灿佳.旅游心理学(第三版)[M].北京:高等教育出版社,2005:40.

（2）感觉对比

感觉对比是同一感受器接受不同的刺激而使感受性发生变化的现象。感觉的对比可以分为两种：同时对比和继时对比。

几个刺激物同时作用于同一感受器时产生同时对比。例如，"月明星稀"、"月暗星密"。

刺激物先后作用于同一感受器时产生继时对比。例如，吃过糖之后，接着喝白开水，觉得淡淡的；吃了苦药之后，再喝白开水，觉得甜甜的。

（3）感觉的相互作用

人的各种感觉不是孤立存在的，在一定条件下，各种感觉都会发生程度不同的相互影响，其规律是：弱刺激能提高另一种感觉的感受性，而强刺激则使另一种感觉的感受性降低。

在现实生活中，人接受环境的信息常常是多通道同时进行的，不同感觉的相互作用时有发生。例如，强烈的声音刺激会使牙痛更甚；重的物体在轻松的音乐声中感觉会轻些；在绿色光照条件下会提高人的听力，而在红色光照下会增强人的握力等等。

（4）联觉

联觉是指一种感觉兼有另一种感觉的现象，是感觉相互作用的一种特殊形式。颜色感觉容易产生联觉。如对我们中国人，红色象征吉庆，红色的旗帜会使人感到威武庄严；绿色象征春天，表示青春和健美，使人感到一派生机，给人以喜悦和宁静的感觉。红、橙、黄等色，类似于太阳和烈火的颜色，往往产生温暖的感觉，称之为暖色。蓝、青、绿等色，类似于蓝天、海水和树林的颜色，往往产生寒冷、凉爽的感觉，称之为冷色。

在其他感觉中也能产生联觉。例如，人们经常说"甜甜的嗓音"、"沉重的乐曲"等，这些都是一种感觉兼有另一种感觉的心理现象。

联觉现象在绘画、建筑、花布设计、环境布置等方面经常得到应用。

3.感受性的发展

人的感受性，无论是绝对感受性，还是差别感受性，都具有极大的发展潜力。人的感受性的发展受以下条件的影响。

（1）社会生活条件和实践活动是感受性发展的基本条件

专门从事某种特殊职业的人，由于长期使用某种感觉器官，相应的感受性就得到较高的发展。如炼钢工人能够根据钢水的火花判断炉火的温度；印染工人能够分辨出几十种浓淡不同的黑色；熟练的汽车司机，侧耳一听，就能听出机器运转的异常声音，等等。以上这些人的感觉能力有如此惊人的发展，并不是他们先天具有特异功能，而主要是在后天生活和劳动实践中长期锻炼发展起来的。

（2）有计划的练习可以提高感受性

实验证明，一个人只要有健全的感觉器官，其各种感觉都有很大发展的可能性。为了发展学生的各种感受性，教师应对学生的各种感觉进行有目的的训练。例如，音乐、绘画、雕刻、诗歌、戏剧等艺术活动都能训练学生的感觉，使他们的感觉能力得到发展。

（3）感官的机能补偿作用

感觉的补偿作用是指某种感觉缺失以后，可以由其他感觉来弥补。例如，有些盲人有高度发达的听觉和触觉，可以通过自己的脚步声或拐杖击地时的回响来辨别附近的建筑物、河流、旷野等地形，可以通过触摸觉"阅读"盲文。有些聋哑人振动觉特别发达，他们甚至可以把手放在钢琴上感受振动，来欣赏乐曲等。

◈ **本节相关知识链接**

什么是感觉统合、感统失调？

人类大脑有 140 亿个神经细胞，分为 100 多万个感觉区。儿童在成长过程中通过视、听、嗅、味、触、重力感、摩擦等，使感觉器官接受外界的刺激，通过感觉神经传达到大脑，经由大脑的感觉区协调、整合、统一后做出正确的反应即为感觉统合。反之，如果出现障碍，行为上将会出现一系列症候群，即所谓的感觉统合失调。感统理论由美国南加州大学爱尔丝博士于 1972 年首次提出。

现代科学研究证实"儿童潜能递减法则"，人的潜能都有自己的发达期，而这种发达期是固定不变的。不论哪一种潜能，如果不让它在发达期发展的话，那么就永远也不能再发展。

为什么越来越多的儿童出现学习障碍？

社会在发展，人类在进步，但是越来越多的儿童出现注意力不集中，心不在焉；厌学、害怕去幼儿园；无耐心、做事有始无终；记忆能力、表达能力差，做作业故意磨蹭；这些儿童经医院检查身体并无器质性病变，而他们的学习能力和智能发展又明显不足，其原因就在于他们均有不同程度的感统失调。

人体的三个主要感觉：一般概念能理解的感觉有视觉、听觉、味觉、嗅觉、触觉；然而，人类生存实际需要的最基本最重要的感觉是——前庭平衡觉、运动觉、触觉。

（1）前庭平衡觉：前庭平衡系统由内耳的两个前庭的接收器、脑干、小脑、前庭神经核组成，和大脑有密切的关系；人体利用内耳三对半规管及耳石（碳酸钙结晶体）来探测地心引力并控制头部在活动中的方位，保持身体的平衡。

人一生中对重力会有持续的信息输入,如果缺乏重力感,会无法判断视觉空间,无法判断距离和方向。

前庭随时告诉我们头和身体的方向使我们的眼球移动平稳视觉信息有意义;前庭神经会将信息传到身体各个部分,通知肌肉的收缩和运动,同时也将肌肉关节的信息传到前庭神经核及小脑,使我们保持适度的清醒。

(2)运动觉(本体觉):是指来自于我们身体内部的肌肉、关节的感觉,是了解肢体的位置与运动的感觉,也是大脑充分掌握自己身体的能力;运动觉是人的一种深度感觉,是一种复杂的神经应变能力。运动觉成熟最慢最晚,和胎位有关。

(3)触觉:指分布于全身皮肤上的神经细胞接受外界的温度、湿度、疼痛、压力及震动的感觉。

第二节　知觉与旅游行为

一、什么是知觉

在旅游这个"游戏世界"里,可供人们旅游的国家、地区、景点数不胜数,究竟你是去哪里,必须对摆在你面前的诸多选择按照你心目中的要求进行主观评价,然后做出决定。人们对摆在面前的诸多选择所作的主观判断与评价取决于许多因素,其中一个最重要的因素就是人们对每个选择满足人们需求程度的感知。因此,要理解人们的旅游行为,就要首先懂得知觉。

在实际生活中,物体的个别属性并不能脱离具体的物体而独立存在。因此,人对物体个别属性的反映是作为物体的一个方面而与整个物体同时被反映的。人在认识客观世界的过程中,不仅形成了属性和物体间关系的经验,而且也形成了物体各属性间关系的经验。当物体直接作用于人的感觉器官时,人不仅能够反映这个物体的个别属性,而且能够通过各种感觉器官的协同活动,在大脑里将物体的各种属性按其相互的联系和关系整合成一个整体,从而形成该事物的完整映象,这就是知觉。因此,知觉是人脑对直接作用于感觉器官的客观事物的整体的反映。知觉对事物的反映不是指对事物各种感觉刺激的简单总和,而是对事物多种属性和各部分之间相互关系的综合反映,是比感觉复杂的心理过程。例如,看到一个苹果,听到一首乐曲,闻到一种花的芳香等,这些都是知觉现象。

感觉和知觉在日常生活中是密切联系着的。感觉是知觉的基础,没有感觉就没有知觉。知觉是多种感觉的有机结合,感觉越多样,知觉越丰富越完整。但它不是个别感觉成分的简单总和。知觉包含了按一定方式来整合个别感觉成分的作用,形成一定的结构,并根据个体的经验来解释由感觉提供的信息。它比个别感觉的简单相加要复杂得多,也丰富得多。

感觉也不能脱离知觉而孤立存在。红色作为事物的个别属性绝不能脱离苹果、花朵、衣服等整体事物而被人看见,红色总是某种具体事物的红色。香气作为事物的个别属性绝不能脱离食物、鲜花等整体事物而被人嗅到,香气总是某种具体事物的香气。日常生活中,当我们感觉到事物个别属性时,就同时知觉到具体事物的整体。任何整个事物及其个别属性都是密切联系的。知觉与感觉也是密不可分的,所以统称感知。

二、知觉的规律

知觉是一个复杂过程,它要经过生理和心理两个历程。人对客观事物的知觉,受主客观条件影响,有其特殊的活动规律。

1.知觉的选择性

知觉的选择性是指知觉在一定的时间内并不感受所有的刺激,而仅仅指向能够引起注意的少数刺激。客观事物每时每刻都在影响着我们的感觉器官,但并不是所有的对象都同样被知觉。人们总是有选择地以少数对自己有重要意义的刺激物作为知觉的对象。知觉的对象能够得到清晰的反映,而背景只能得到比较模糊的反映。例如,在街上同友人谈话,我们所听见的不只是对方的话语,而且还可以听到汽车发动机的噪声,行人的说话声,等等。在这种情况下,友人的说话声是我们知觉的对象,他的讲话你听得很清楚。而其他声音则是这种谈话声的背景,听不清楚。再如,在教学课堂上,老师在黑板上写字,黑板上的字是学生的知觉对象,而附近的墙壁等则是背景。当老师讲解挂图时,挂图便成了知觉对象,而黑板上的字则又变成了背景。知觉中的对象和背景是相对的,可以变换的,双关图形很好地说明了这一点,见图2.1。

a 老妇少女双关图

b 人头花瓶双关图

图 2.1 背景的变化

影响知觉选择性的因素主要有:

（1）知觉对象本身的特性

①对象和背景本身的特点。一般来说,明亮的光线、巨大的声音、轮廓清晰、特征明显的物体容易成为知觉的对象。而暗弱的光线、细小的声音、轮廓模糊、特征不明的物体则不易成为知觉的对象。例如,公鸡母鸡外部特征明显,容易分辨;而雌兔雄兔就扑朔迷离了。②对象和背景的差别。对象和背景的差别越明显越容易成为知觉的对象。"万绿丛中一点红",很容易成为知觉对象;白兔跑到雪地里很难找到。③对象的运动和变化。在相对静止的背景上,运动的物体容易成为知觉的对象。如漆黑的夜空里,流星很容易成为知觉的对象。

（2）主体本身的特性

生活与旅游环境是客观存在的,这些客观事实只有透过人的感觉器官,以及在头脑中所形成的意识倾向才能产生知觉作用。旅游者的生理条件不同,意识倾向不同,在接受旅游环境的刺激时会有所不同。一般来讲,感觉器官有缺陷者,他所见到的事情必然有异于常人。体弱多病者,面对高山、大海和活动量大刺激性强的游览活动项目,心中必然充满着危机感。反之,强壮有力者,大多无所畏惧并充满自信。人们的意识倾向不同,知觉的选择性也是相当明显的。例如,同乘一架飞机,有人认为这是地位的象征,有人认为这是冒险行为,有人认为它只是一个交通工具而已,等等。个人的期望与经验不同也影响人的知觉选择。人们经常察觉自己所期望的东西,而期望的东西总是建筑在自己熟习或先前经验的基础上。一般来说,期望会推动一个人去感知他所追求的东西。经验会影响他所感知的准确性。

2. 知觉的整体性

人们对旅游环境中的刺激进行选择时,并非凌乱无系统的,而是倾向于把他们组织成一个整体,或一个有意义的东西。哪怕是最简单的特性,人们也要把它作为刺激所属的整体的一种机能。常见的有关知觉整体性的原则有:

（1）接近原则

接近原则是指两个或两个以上的刺激若在空间上彼此接近时,每一个物体都有被视为整个知觉组一分子的倾向,如图2.2,接近的平行线容易被知觉为四组平行线。

图 2.2　接近原则

（2）相似原则

相似原则是指多种物体在形状与性质上具有相似特征时，人们在知觉上有将其归类的倾向。如图 2.3，容易被知觉为圆圈和圆黑点横行而不是纵列的图形。

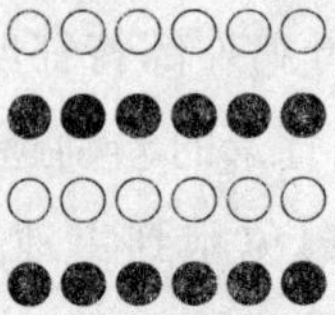

图 2.3　相似原则

（3）封闭原则

封闭原则是指若干个刺激共同包围一个空间，有形成同一知觉形态的倾向。如图 2.4，人们倾向于将缺损的轮廓加以补充，使知觉成为一个完整的封闭图形——三角形。

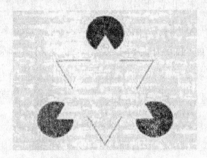

图 2.4　封闭原则

3.知觉的理解性

知觉的理解性指的是人在知觉某一客观对象时，总是利用已有的知识经验（包括语言）去认识它。人在知觉过程中并不单单是分析器对新事物的照相式的反映，而且还有过去经验参与，对新事物加以理解。对事物的理解是产生正确知觉的必要条件。知觉的理解性，表现在运用已有经验把当前的知觉对象纳入已知的相应的一类事物的系统之中，知道它是什么。例如，这是书，那是桌子……

语言的指导，可以帮助学生理解知觉对象。在对象外部特征不够明显时语言的指导可以唤起过去的有关经验，促使对知觉对象的理解，使人们的知觉更加准确更加迅速。下图我们一时很难理解这个图形的内容，如果我们得知这是英文 FLY，我们知觉它的内容就容易了，见图 2.5。

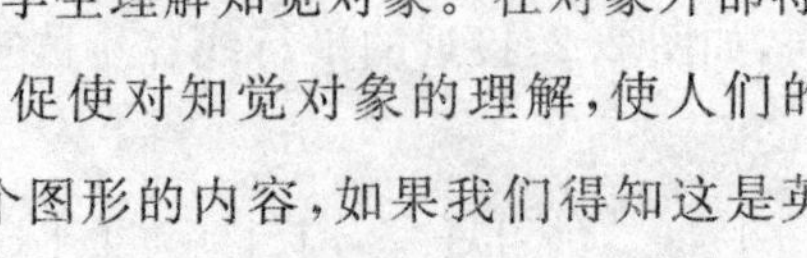

图 2.5　这是什么图形

4.知觉的恒常性

当客观事物在一定范围内其物理特性发生变化的时候,但知觉映象仍保持相对不变的特性称为知觉的恒常性。

知觉的恒常性在视觉中最为明显,主要表现为当物体的大小、形状、亮度、颜色、角度等条件发生变化时,我们的知觉仍保持认知的原样。如阳光照射下的白色墙壁与阴影中的角落,其反射出来的亮度差别很大,但人们却把它们感知成亮度相等的白色,这是亮度恒常性。学生坐在教室第一排座位上看老师与坐在最后一排座位上看老师,老师在他们视网膜上的视像大小不一,但学生总是把老师看成具有特定大小的形象,这是大小恒常性。学生无论在教室的哪个地方看教室的门,也无论教室的门是开还是关,总把教室的门看成是矩形的,这是形状恒常性等,见图 2.6。

一扇门从不同的角度看形状应该有所不同,但我们主观上认为它是矩形的。

图 2.6　知觉的恒常性

知觉的恒常性能够使人不受外界条件变化的影响精确把握物体的本身特点,正确反映客观事物,这样就保证了人能够根据物体的实际意义来适应环境。恒常性消失,人对事物的认识就会失真。那么,人类适应环境的活动就会变得十分困难。因此,知觉的恒常性是人有效从事社会活动的必要条件。

三、错觉

错觉是在外界条件的干扰诱导下,在人的主观状态的影响下,对知觉对象所做出的不正确的反映或失真的反映。错觉的种类很多,几乎在各种知觉中都会发生,如视错觉、时间错觉、形重错觉、运动错觉、方位错觉,等等。

1.视错觉

如把挂在衣架上的大衣看成是躲在门后的人;一个安装在天花板上的吸顶灯看成是挂在天花板上的人头等。这都是错觉的例子。另外还有一种特殊的错觉是幻想性错觉,意思是病人把实际存在的事物,通过自己的主观想象作用,错误地感知为与原事物完全不同的一种形象,如病人把天上的彩云,通过想象感知为飞舞的仙女的形象;有的病人把墙上的裂纹,通过想象错误地感知为一些美丽的图案或张牙舞爪、面目狰狞的凶恶怪兽。

2.形重错觉

形重错觉是指由于视觉而对重量感发生错觉。比如,用手比较1千克铁与1千克棉花,总会觉得1千克铁重些。这是受经验定势的影响,由视觉而影响到肌肉的错觉。

3.时间错觉

在某种情况下,同样长短的时间,由于主体的主观情绪和态度,会发生不同的估计错觉,觉得有快有慢。这就是时间错觉。

4.运动错觉

运动错觉是指对主体或客体在运动知觉方面的错觉。比如,黑夜中,人走路总觉得是月亮跟着人走。

5.对比错觉

同一物体在不同背景下,会产生不同的错觉。比如,跳高时同样高度的横杆,人们在室内比赛会觉得比室外比赛高度要高。这就是对比错觉。

6.方位错觉

在一个会场里听报告,我们所听到的声音分明是从旁边的扩音器里传来的,但我们总觉得它是从讲话者那里传来的。这就是方位错觉。

◆ **本节相关知识链接**

利用颜色对比错觉,提高经济效益

日本三叶咖啡店的老板发现不同颜色会使人产生不同的感觉,但选用什么颜色的咖啡杯最好呢? 于是他做了一个有趣的实验:邀请了30多人,每人各喝4杯浓度相同的咖啡,但4个咖啡杯分别是红色、咖啡色、黄色和青色。最后得出结论:几乎所有的人认为使用红色杯子的咖啡调的太浓了;使用咖啡色杯子认为太浓的人数约有2/3;使用黄色杯子的感觉是浓度正好;而使用青色的杯子的都觉得太淡了。从此以后,三叶咖啡店一律改用红色杯子盛咖啡,既节约了成本,又使顾客对咖啡质量和口味感到满意。

第三节　影响社会知觉的心理效应

一、什么叫社会知觉

普通心理学研究的知觉大多是物知觉或一般知觉,而社会心理学所研究的社会知觉,是指个体对他人、群体以及自己的知觉。它包括感知、判断、推测和评价在内的社会心理活动。

社会知觉的研究始于 20 世纪 40 年代。此前,心理学家大多局限于对物体知觉的研究过程,忽视了知觉主体本身的欲望、价值、情感等因素对知觉的影响。1947 年,心理学家布鲁纳最先提出"社会知觉"的概念,指出知觉不仅决定于客体本身,也决定于知觉者的目的、需要、态度与价值观,即知觉者的社会决定性。50 年代之后,社会知觉研究得到了进一步的发展。随着认知心理学的兴起和发展,80 年代之后,社会认知已经成为社会心理学的一个主要研究领域。社会认知更侧重于认知结构或图式的概念来探讨社会知觉的过程。社会认知的研究给传统的社会知觉研究领域注入了新的活力,使我们更能了解社会知觉背后的认知过程。

二、首因效应(第一印象)

当一个人第一次进入某旅游地,第一次和当地人接触,第一次品尝当地风味,第一次游览某一名胜,留下深刻印象,形成了一种心理定势而难以改变,这种现象成为首因效应或第一印象。

首因效应指的是在社会认知过程中,最先的印象对人的认知具有极其重要的影响。第一印象往往是通过对别人外部特征的知觉,进而取得对他们的动机、感情、意图等方面的认识,最终形成关于这个人的印象。这些外部特征包括人的面部表情、身体姿态、眼神、仪表等。如某人在初次会面时给人留下了良好的印象,这种印象就会在很长一段时间内左右人们对他以后的一系列心理与行为特征进行解释。由于首因效应的存在,使得人们对他人的知觉往往表现出这样的倾向,即当人们只获取了有关他人的少量信息时,就力图对他人的另外一些特征进行推理、判断,以期形成有关他人的统一、一致的印象。

对某人的第一印象一旦形成,就会影响到人们对他以后一系列行为的解释。第一印象既有积极的作用,也有消极的作用。一位新上任的管理人员若能使他的下属获得较为满意的第一印象,这就能为日后彼此间接触交往、搞好人际关系和进行有效管理打下良好的基础,良好的第一印象也有助于建立管理人员的威信。

◆ **案例驿站 2.3**

第一印象

那天上午,马鸣赶到鸿达公司参加最后一轮应聘,主考官正是鸿达公司的谢老总。临到考试快要结束,马鸣才满头大汗地赶到了考场。谢老总瞟了一眼坐在自己面前的马鸣,只见他大滴的汗珠子从额头上冒出来,满脸通红,上身一件红格子衬衣,加上满头乱糟糟的头发,给人一种疲疲沓沓的感觉。谢老总仔细地打量了他一阵,疑惑地问道:"你是研究生毕业?"似乎对他的学历表示怀疑。马鸣很尴尬地点点头回答:"是的。"接着,心存疑虑的谢老总向他提出了几个专业性很强的问题,马鸣渐渐静下心来,回答得头头是道。最终,谢老总经过再三考虑,决定录用马鸣。第二天,当马鸣第一次来上班时,谢老总把马鸣叫到自己的办公室,对他说:"本来,在我第一眼看到你的时候,我就不打算录用你,你知道为什么吗?"马鸣摇摇头。谢老总接着说:"当时你的那副尊容实在让人不敢恭维,你给我的第一印象太坏。要不是你后来在回答问题时很出色,你一定会被淘汰。"

马鸣听罢,这才红着脸说明原因,原来是因为救助出车祸的伤员才那样狼狈。谢老总这才点点头说:"难得你有助人为乐的好品德。不过,以后与陌生人第一次见面,千万要注意自己给别人的第一印象啊!"

马鸣的工作很出色,不出半年,就被升为业务主管,深得谢老总的器重。

案例来源:http://baike.baidu.com/view/120073.htm(百度百科)

三、晕轮效应

晕轮效应是指从对象的某种特征推及对象的整体特征,从而产生美化或丑化对象的印象。晕轮效应是一种"以偏概全"的评价倾向,即在社会认知时,人们常从对方所具有的某个特征而泛化到其他一系列的有关特征,也就是从所认知到的特征泛化推及到未被认知的特征,从局部信息而形成一个完整的印象。根据一个人的个别品质做出对其全面的评价。

好恶评价是印象形成中最重要的方面,在知觉他人时,人们往往根据少量的信息将人分为好或坏两种,如果认为某人是"好"的,则被一种好的光环所笼罩,赋予其一切好的品质;如果认为某人"坏",就被一种坏的光环笼罩住,认为这个人所有的品质都很坏。人的社会知觉往往受到个人"内隐人格理论"的影响,他们常常从个人具有的一种品质去推断他的另一种品质。尤其当存在"核心"品质时,人们更具有这种推论倾向,这使得在社会知觉中人们对他人的评价往往具有很高的一致性,即认为好者十全十美、坏者一无是处。

从旅游业角度讲,为了使旅游者对旅游业产生一个好的印象,在提供旅游产品和服务时要避免劣质产品和劣质服务的出现,以防由于晕轮效应使旅游者把劣质产品和劣质服务扩大到企业的整个产品和服务中去。当然,对旅游业来说,一定要提供优质产品和优质服务,使人们同样通过晕轮效应把企业的整个产品和服务视为优质的。但要注意,绝不能利用旅游者的晕轮效应来蒙骗和坑害旅游者。

四、刻板印象

刻板印象是指社会上部分人对于某类事物或人物所持有的共同点、固定的、笼统的看法和印象。人们把在头脑中形成的对某类知觉对象的形象固定下来,并对以后有关该类对象的知觉产生强烈影响。比如,中国人勤劳勇敢,美国人敢于冒险;山东人豪放,上海人精明;已婚员工比未婚员工更稳定;学习、工作就要认真努力,休息、娱乐就要轻松愉快等等,这都是刻板印象的例子。

刻板印象是我们在认识他人时经常出现的一种相当普遍的现象。刻板印象一经形成,就很难改变,因此,在日常生活中,一定要考虑到刻板印象的影响,例如,市场调查公司在招聘入户调查的访员时,一般都选择女性,因为在人们心目中,女性一般来说比较善良、较少攻击性、力量也比较单薄,因而入户访问对主人的威胁较小;而男性,尤其是身强力壮的男性如果要求登门访问,则很容易被拒绝,因为他们更容易使人联想到一系列与暴力、攻击有关的行为使人们增强防卫心理。但是,"人心不同,各如其面",刻板印象毕竟只是一种概括而笼统的看法,并不能代替活生生的个体,因而"以偏概全"的错误总是在所难免。如果不明白这一点,在与人交往时,"唯刻板印象是瞻",像"削足适履"的郑人,宁可相信作为"尺寸"的刻板印象,也不相信自己的切身经验,就会出现错误,导致人际交往的失败,自然也就无助于我们获得成功。

五、期望效应

传说古希腊塞浦路斯岛有一位年轻的王子,名叫皮格马利翁,他酷爱艺术,通过自己的努力,终于雕塑了一尊女神像。对于自己的得意之作,他爱不释手,整天含情脉脉地注视着它。天长日久,女神终于神奇般地复活了,并乐意做他的妻子。这个故事蕴含了一个非常深刻的哲理:期待是一种力量,这种期待的力量被心理学家称为皮格马利翁效应。

人们通常这样来形象地说明皮格马利翁效应——期望效应:"说你行,你就行;说你不行,你就不行。"要想使一个人发展更好,就应该给他传递积极的期望,因为期望对人的行为会产生巨大影响。积极的期望促使人们向好的方向发展,消极的期望则使人向坏的方向发展。

罗森塔尔及其同事,要求教师们对他们所教的小学生进行智力测验。他们告诉教师们说,班上有些学生属于大器晚成者,并把这些学生的名字念给老师听。罗森塔尔认为,这些学生的学习成绩可望得到改善。自从罗森塔尔宣布大器晚成者的名单之后,罗森塔尔就再也没有和这些学生接触过,老师们也再没有提起过这件事。事实上所有大器晚成者的名单,是从一个班级的学生中随机挑选出来的,他们与班上其他学生没有显著不同。可是当学期之末,再次对这些学生进行智力测验时,他们的成绩显著优于第一次测得的结果。这种结局是怎样造成的呢?罗森塔尔认为,这可能是因为老师们认为这些大器晚成的学生,开始崭露头角,予以特别照顾和关怀,以致使他们的成绩得以改善。

皮格马利翁效应和罗森塔尔效应都反映了期望的作用,所以又称为期望效应。

◉ 本节相关知识链接

对美貌的刻板印象及美貌的相对性

戴恩让大学生被试观察 3 个与他们年龄相近的人的照片,有魅力、中等魅力、缺乏魅力。要求被试在 27 项人格特质上逐个评价 3 个人(婚姻、事业),结果发现人们对长相漂亮的人的评价要高于一般的人,人们往往认为漂亮的人婚姻幸福,职业较好,威望也高。与不漂亮的人相比,漂亮的个体更为自信、温暖、诚实、强壮、谦虚、友好、合群和有知识。这恰恰表明了对美貌的刻板印象,也即人们认为美的就是好的。

但是美貌并不是绝对的。比如影视世界往往被漂亮的人所占据,一些人认为这些完美的形象产生了一种不切实际的标准,很少有人能达到。这些传播媒体所造成的漂亮标准,在日常生活里是否确实会影响我们对他人的反应方式呢?为了验证这一点,肯贝利等人(1989)设计了一项现场研究。他们在男性大学生看一部《霹雳娇娃》(由 3 位漂亮女士主演的电视剧)的前后访问这些大学生。实验中两名实验者的助手到大学生宿舍,请他们帮忙解决一项私人争论,让大学生评定照片(这张照片事先已被评定为中等,在 1 个

7 分量表上得 4 分)上的女孩的漂亮程度。正如预测的一样,刚刚看过《霹雳娇娃》的男学生对相片上女孩的评价比未看过的低。该研究揭示了漂亮的对比效果:外貌一般的人常因为另一个刚出现过的异常漂亮者,而被认为较不具吸引力。

肯尼斯和维勒进行了进一步的研究,他们想知道对比效果在什么情况下产生,而与其相反的辐射效应又在什么情况下产生? 他们假设是由于长相一般的人和漂亮者之间的关系造成了这种差异。为此,肯尼斯设计了一项研究,实验中被试看到两个人,其中一位是长相一般的目标个体,另一位是外貌较好或是其貌不扬的比较个体,这两个人有时扮作朋友,有时为陌生人。这两种不同的人际关系产生了不同的效果(陌生人、朋友);当他们被认为是陌生人时,产生对比;而当两人是朋友时,则产生辐射效应。

资料来源:http://course. zjnu. cn/fz66/elearning/resource/news_view. asp? newsid＝118(浙江师范大学课程网)

第四节　如何感知旅游者的特点

一、观察旅游者的体貌特征

表情是态度、情绪、动机等心理活动的外在表现形式,是探索这些心理活动的基本线索。目瞪口呆,反映一个人的惊恐心理;眉飞色舞,反映一个人的欢乐心理。

衣冠服饰能显示人的社会等级、工作职业、性情爱好、文化修养、信仰观念、生活习惯及民族地域等信息。如文化修养较高的学者、教授,因长期从事脑力劳动,戴眼镜的较多,有书卷气,衣着款式不随波逐流,喜欢深色的衣服;政府公务员、公司职员或企业家、商人讲究效率,给人以精明能干、守信、处事严谨的印象,衣着多为挺括的西服或夹克;演艺界人士大多衣着高雅华丽,显得光彩照人。顾客所佩戴的饰品也是其身份的象征。如戒指的戴法更是一种讯号和标志,戴在中指是"在恋爱中",戴在无名指上是已婚,戴在小指上则表示"独身"。

二、倾听旅游者的语言表达

言语是思维的工具,"欲知心腹事,但听口中言"。不仅其内容反映一个人的心理活动、行为趋向、民族国籍等,语音、语调、语速的形式变化也能充分反映一个人的某一方面真实状况。

"三句话不离本行"的人,表明他对自己所从事的工作特别专注和熟悉;讲话准确、洗练,注意词语修饰的是文化修养较高的人;讲话快速,性格外向;慢条斯理,阴声细气,性格内向;豪放的人,语多激扬而不粗俗;潇洒的人,言谈举止生动而不随便;谦虚的人,语言含蓄而不装腔作势;宽厚的人,言必真诚直爽而多赞扬;善交的人,言谈开朗而好说话;博学的人,旁征博引、话有重点而简要;图虚名的人,言好浮夸;刻薄妒恨的人,言好中伤。所以,我们可以通过言语知觉旅游者。

三、理解旅游者的肢体语言

观察体态动作。谦虚的人,躬身俯首,微缩双肩,力求不引人注目;高傲的人,挺胸腆肚,摇头晃脑;矫揉造作的人,娇滴滴地装模作样;谄媚的人,卑躬屈膝,面露奸笑。人的手势也能反映丰富的含义,人激动时手舞足蹈,不安时手足无措,平静时动作很小。手脚麻利、步态轻捷的人,多为性格外向、豪爽明快的人;步态正规而精神,则可能是政府公务员或军人出身;步履轻盈、挺胸收腹者,可能是演艺人员;步态缓慢而无力,表明此人此时生理或心理上有疲惫感;步态轻松自如,则表明其心情愉快。

◆ 案例驿站 2.4

客人为什么不满意

住店的某大公司经理外出以后回客房时,一走出电梯,就有一位客房部的女服务员倒背着双手,面带微笑,用亲切的话语向他问好。这位客人虽也很客气地回答了服务员的问候,却带着一种不满意的表情看了服务员一眼。这位服务员也看出了客人的不满意,但她有点想不通。她不知道自己面带微笑,亲切地向客人问好有什么不对?

案例来源:吴正平,闫刚.旅游心理学[M].北京:旅游教育出版社,2006:71.

四、研究旅游者的个人习惯

行为方式也是形成一个人知觉印象的重要途径。"欲知其人,观其所行"。行为是心理活动的外化结果,人的心理特点必然在其外部行为上有所反映。办公用品与生活用品摆放整整齐齐、井然有序,体现此人有条理性、效率高、组织能力强、办事细心认真,但也可能是刻板固执的人;用品凌乱,说明此人个性随便、要求不高,或自由散漫、工作欠条理、有头无尾;有客人来时整理有序,过后就不然,说明此人个性聪明,但很懒惰,或较随便。

五、锻炼和培养自己的观察力

旅游从业人员对一个人的心理、行为的判断，往往不是单靠某一方面的观察，而是综合观察并联系当时的背景。因为人是复杂的动物，表里不一的情况也是普遍存在的，单靠某一方面的观察是远远不够的，需综合观察并联系当时的背景才有可能判断准确。

◆ **本节相关知识链接**

怎样锻炼观察力

你是不是经常对眼前的事物视而不见？你是不是经常走在街上，却对交通信号灯的排列回想不起来？你是不是对一个人非常感兴趣，但想向别人介绍时却说不出来或写不出来？你写作文是不是总觉得无话可说、无事可写，短短结束？那是因为没有养成观察事物的好习惯。经常进行观察力的练习可以帮助改善你的注意力、记忆力、学习能力。

一、静视——目了然

①在房间里或屋外找一样东西，比如表、自来水笔、台灯、一张椅子或一棵花草，距离约60厘米，平视前方，自然眨眼，集中注意力注视这一件物体。默数60下～90下，在默数的同时，要专心致志地仔细观察。闭上眼睛，努力在脑海中勾勒出该物体的形象，应尽可能地加以详细描述，最好用文字将其特征描述出来。然后重复细看一遍，如果有错，加以补充。

②熟练后，逐渐转到更复杂的物体上，观察周围事物的特征，然后闭眼回想。重复几次，直到每个细节都看到。可以观察地平线、衣服的颜色、植物的形状、人们的姿势和动作、天空阴云的形状和颜色等。观察的要点是，不断改变目光的焦点，尽可能多地记住完整物体不同部分的特征，记得越多越好。之后，闭上眼睛，用心灵的眼睛全面地观察，然后睁开眼睛，对照实物，校正你心灵的印象，然后再闭再睁，直到完全相同为止。还可以在某一环境中关注一种形状或颜色，试着在周围其他地方找到它。

③然后再去观察名画。必须把自己的描述与原物加以对照，力求做到描写精微、细致。在用名画作练习时，应通过形象思维激发自己的感情，由感受产生兴致，由兴致上升到心情。

这样，不仅可以改善观察力、注意力，而且可以提高记忆力和创造力。因为在你制作新的形象的过程中，吸收使用了大量清晰的视觉信息，并且把它储藏在你的大脑中。

二、行视——边走边看

以中等速度穿过你的房间、教室、办公室，或者绕着房间走一圈，迅速留意尽可能多的物体。回想,把你所看到的尽可能详细地说出来,最好写出来,然后对照补充。

在日常生活中,眼睛像闪电一样看。可以在眨眼的功夫,即 0.1～0.4 秒之间,去看眼前的物品,然后回想其种类和位置;看马路上疾驶的汽车牌号,然后回想其字母、号码;看一张陌生的面孔,然后回想其特征;看路边的树、楼,然后回想其棵数、层数;看广告牌,然后回想其画面和文字。所谓"心明眼亮",这样不仅可以有效锻炼视觉的灵敏度,锻炼视觉和大脑在瞬间强烈的注意力,而且可以使你从内到外更加聪慧。

三、抛视——天女散花

取 25 块～30 块大小适中的彩色圆球,或积木、跳棋子,其中红色、黄色、白色或其他颜色的各占 1/3。将它们完全混合在一起,放在盆里。用两手迅速抓起两把,然后放手,让它们同时从手中滚落到沙发上,或床上、桌面上、地上。当它们全部落下后,迅速看一眼这些落下的物体,然后转过身去,将每种颜色的数目凭记忆而不是猜测写下来。检查是否正确。

重复这一练习 10 天,在第 10 天看看你的进步。

四、速视——疏而不漏

取 50 张 7 厘米见方的纸片,每一张纸片上面都写上一个汉字或字母,字迹应清晰、工整,将有字的一面朝下。也可用扑克牌。取出 10 张,闭着眼使它们面朝上,尽量分散放在桌面上。睁眼,用极短的时间仔细看它们一眼。然后转过身,凭着你的记忆把所看到的字写下来。紧接着,用另 10 张纸片重复这一练习。每天这样练习 3 次,重复 10 天。在第 10 天注意一下你取得了多大进步。

五、统视——尽收眼底

睁大你的眼睛,但不要过分以至于让你觉得不适。注意力完全集中,注视正前方,观察你视野中的所有物体,但眼珠不可以有一点的转动。坚持 10 秒钟后,回想所看到的东西,凭借你的记忆,将所能想起来的物体的名字写下来,不要凭借你已有的信息和猜测来做记录。重复 10 天,每天变换观察的位置和视野。在第 10 天看看你的进步。

数秒数的过程一般会比所设想的慢。你可以在练习前先调整一下你数数的速度。一边数一边看着手表的秒针走动,1 秒数 1 下,在 1 分钟结束的时候刚好数出"60",也可以 1 秒数 2 下～3 下。

资料来源:http://blog.sina.com.cn/s/blog_04cf417d0100gkfx.html(新浪博客)

第五节　旅游者如何感知旅游环境

一、旅游者对旅游时间的知觉

时间知觉是个体对客观现象的延续性和顺序性的反映,即对事物运动过程的先后和长短的知觉。时间知觉也是人对客观世界的主观印象,它主要受到两方面因素的影响:活动的内容;情绪和态度。

旅游者对时间知觉不同,对时间的要求也不同。认为时间漫长往往要求缩短时间;认为时间短暂,往往要求延长时间。一般来说,旅游者多认为旅途时间漫长,游览时间短暂,所以总体来说,旅游者对旅游时间的要求是:旅途要快,游览要慢,活动准时。

1.旅途要快

即要用较短的时间完成由甲地到乙地的行程,利用有限闲暇时间完成计划内的所有旅游安排。因为旅途这段时间常常被认为是没有意义的,感觉枯燥乏味而且容易引起肌体疲劳。为了降低旅游者的这种不良感觉,导游人员可以在旅途中安排一些有趣的活动,做一些游客感兴趣的沿途讲解。

2.游览要慢

游览要慢,即活动时间要充足,能从容观赏,能有时间慢慢体味。如果我们把旅行作为旅游的一种手段,那么,游览观赏则是旅游要达到的目的。为此,游览内容越丰富,就越发使人不惜时间去观赏,就越要从其他方面去挤时间。

3.活动准时

要求活动的准时,一方面有计划的原因,一方面则是时间的压力。按常规理解,既是闲暇时间,似乎就不存在压力。其实并非如此,在工业化的社会里,人们已养成守时习惯,闲暇会引起人们内心的种种不安。因此,活动的不准时,会使人感到浪费了时间。所以,在闲暇活动中,常看到人们尽快从一地赶到另一地。

二、旅游者对旅游距离的知觉

旅游是在时间和空间中发生的。旅游既可以用时间计算,也可以用距离来度量。人们对距离的知觉,会影响人的旅游态度和行为。

1.距离对旅游行为的阻止作用

所有的旅客都知道,旅游是要付出代价的,代价包括时间、金钱、体力和情感等。旅游距离越远,人们付出的代价越大。这些代价往往使一部分游客产生畏惧的心理。如果人们从旅游中得不到好处,他就不会下决心去旅游,旅游行为就不会发生。

2.距离对旅游行为的吸引作用

远距离的目的地无形中有一种特殊的吸引力,能使游客产生一种神秘感。此外,从心理学的角度看,远距离会使人产生一种朦胧感,给人以更广阔的想象空间。正是由于这种神秘感和"距离美",常会把人吸引到远距离的旅游目的地去。

三、旅游者对旅游目的地的知觉

对旅游目的地的知觉是指人们在前往某一旅游目的地之前对该目的地的知觉,也包括对亲眼所见并身临其境的旅游目的地的知觉。前者的知觉结果影响对目的地的选择,后者的知觉结果影响它的消费行为和后续行为。人们对旅游目的地知觉的形成,主要来源于三个方面的影响:媒体的宣传和信息、亲朋好友的口头介绍和自己的亲身经历。但无论是通过单方面还是多方面信息渠道形成的旅游地知觉,都可能是不全面,甚至是不正确的。千万不要轻易地认为某个旅游地客观上是什么样的,人们就会把它知觉成什么样的。

为了使自己所经营的旅游目的地能够在人们心目中形成一个良好的视觉形象,必须要通过广泛的调查研究,了解自己所经营的旅游目的地在人们心目中究竟是一个什么样的形象,这样才能有针对性地开展主题鲜明、形式多样的宣传、公关工作,使人们对自己所经营的旅游目的地的知觉,变得完全符合和更加接近于人们为自己制定的旅游决策标准。

◈ **本节相关知识链接**

旅游距离与时间知觉

英国一家机场的设计是这样的:客人下飞机后只需走2分钟的路就能到取行李的地方,但在那里要等5分钟以上才能拿到行李。旅客纷纷投诉,说机场工作效率太低,耽误了旅客的时间。机场方面在增加雇员和设施都有困难的情况下,采取了将行李领取处迁移的措施。使旅客走5分钟才能到达行李领取处,等候时间缩短到了3分钟。机场方面的工作效率并没有提高,客人仍需用7~8分钟时间才能取到行李,但由于感知时间被缩短,客人不满意的现象大大减少。

还有人利用同样原理,在需要客人排队等候的地方把路线设计成"S"型,使人总感觉是在走动,不致因感觉等候时间过长而产生不满。

◆ 本章小结

1. 本章结语

　　旅游者的旅游过程就是对旅游目的地的社会环境、自然和人文景观等的认识、审美过程。旅游者的认识和审美是以感觉和知觉为基础，所以，分析和研究旅游知觉是揭示旅游行为、心理的重要开端。

2. 本章知识结构图

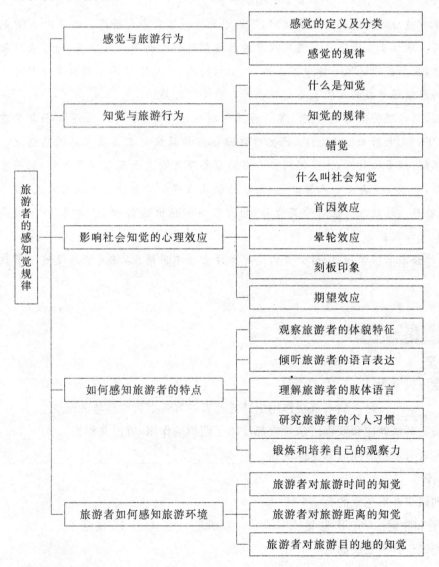

3. 本章核心概念

　　感觉　知觉　错觉　社会知觉　首因效应　晕轮效应　刻板印象　期望效应

◆ **实训练习**

针对旅游者对旅游时间、旅游距离、旅游目的地等条件的知觉特点,制定出旅游企业的相关营销策略,以改变旅游者对以上相关旅游条件的知觉。

◆ **延伸阅读**

案例分析

一位很有身份的西欧女士来华访问,下榻于北方一家豪华大酒店。酒店以 VIP 的规格隆重接待。这位女士很满意。陪同入房的总经理见西欧女士兴致很高,为了表达酒店对她的心意,主动提出送她一件中国旗袍,她欣然同意,并随即让酒店裁缝量了尺寸。总经理很高兴能送给尊敬的西欧女士这样一份有意义的礼品。

几天后,总经理将做好的鲜艳、漂亮的丝绸旗袍送来时,不料这位洋女士却面露愠色,勉强收下。几天后女士离店了,她把这件旗袍当作垃圾扔在酒店客房的角落里。总经理大惑不解,经多方打听,才了解到客人在酒店餐厅里看见女服务员多穿旗袍,而在市区大街小巷,时髦女士却无一人穿旗袍,因此她误认为那是侍女特定的服装款式,故生怒气,将旗袍丢弃。总经理听说后啼笑皆非,为自己当初想出这么一个"高明"点子懊悔不已。

问题:结合本章所学知识,请你评析是那个洋女士不讲情理,还是酒店没有了解顾客心理?

◆ **本章试题与知识训练**

一、填空

1.感觉可以分为_____和_____。

2._____是人脑对直接作用于感觉器官的客观事物的整体的反映。

3.皮格马利翁效应和罗森塔尔效应都反映了期望的作用,所以又称为_____。

4.旅游者对旅游时间的知觉体现在_____、_____、_____。

二、选择

1.下列属于外部感觉的有_____?

A.嗅觉和味觉　　　　B.肤觉　　　　　C.听觉　　　　　　D.视觉

2.下列属于首因效应的有_____?

A."新官上任三把火"　　　　　　B.山东人豪放,上海人精明

C.好者十全十美、坏者一无是处　　D.皮格马利翁效应

3.错觉的种类很多,常见的有＿＿＿＿＿＿＿＿。

A.错听　　　　　B.错嗅　　　　　C.错味　　　　　D.视错觉

三、简答

1.感受性的变化主要体现在哪些方面?

2.常见的有关知觉整体性的原则有哪些?

3.刻板印象的主要内容有哪些?

四、案例分析

郁闷的小王

小王是 X 酒店销售人员,工作勤勤恳恳,对客人的服务也很周到,为酒店争取了不少客户。然而,让小王不解的是,他所争取的客户价格较低。在小王进行推销时,对方往往会提出不可能支付这个房价;或者对方提出因为是老关系,希望能给更多的优惠,否则会选择别的酒店。这时小王总是会答应对方的要求,向对方作出让步。这样与其他经验丰富的销售人员相比,小王给予客户的价位通常降低 20％,从而造成人增多而收入少的现象。而且由于小王给许多客人低价,还影响到其他客人相互比较,而抱怨公司不公平,有的人说公司"报价那么高,但实际收费却如此低,是不是也宰客了?"酒店内部也抱怨"忙了半天,没带来什么效益"。员工讽刺"销售部没什么本事,只会打折"。对此小王十分苦恼,他希望能尽快改变这一状况。

问题:

(1)小王在销售过程中的主要问题是什么?

(2)他应如何提高自己的销售技能?

第 三 章

旅游者的需要、旅游动机及兴趣

学习目标

知识要点：了解需要是旅游消费积极性的源泉，动机是推动旅游消费行为的直接动因，兴趣是动机中最活跃的成分；理解马斯洛的需要层次理论，旅游动机产生的基本因素；掌握旅游动机的概念、特性、类型及如何激发人们的旅游动机。

技能训练：通过某一案例，掌握激发旅游动机的主要策略，分析不同类型旅游者的旅游需求、兴趣和旅游动机。

能力拓展：应用所学理论，通过小组形式展开讨论，做一份本地区旅游者的旅游动机调查研究报告（主要包括旅游需要分析、动机分析、旅游动机的激发策略等）。

引 例

"无景点旅游"在各地悄然兴起

如今越来越多的人出游不再是"到景点一游"，而是选定一个出游目的地，在当地悠闲地住上几天，喝喝茶，吃吃饭，和当地人闲侃，体验当地民风。这种"无景点旅游"正逐渐走入更多游客的生活中。

大学生阿明一有时间就到处旅游，今年暑期他与几个好友在贵州某个乡村住了10多天，吃住都在村民家，有时还跟村民一起下地干农活，感受原汁原味的农村生活。阿明表示，自己在城里长大，以前出去旅游基本上是跟团，虽然到过很多地方，但都没有留下很深的印象。这个暑期他们自己组织策划了这次出游，真正开阔了自己的视野，了解了农村的状况与村民的生活，也让自己的身心得到了很好的锻炼。

窦小姐从前年开始就选择了"无景点旅游"的方式出游。她表示，跟团出游看到的不是美丽的景色，而是黑压压一片攒动着的人头。"现在，我每次都选择在一个城市住上一段时间,不同的城市给我的感受都不一样,比如上海的繁华、成都的悠闲、西藏的神秘等等,都跟自己平时生活工作的城市不一样,这些经历使我的工作视野更开阔,心态更好。"

案例引发的问题:旅游者选择"无景点旅游"是为了满足他们的哪些需要? 需要与动机有什么区别和联系? 行业怎样与这种需求实现对接?

资料来源:徐昌."无景点旅游"悄然兴起[N].赣南日报,2007-7-11.

第一节　旅游需要

产生旅游动机的基础是旅游需要,而需要、动机促使人们做出旅游决策。从心理学角度看,需要是个体缺乏某种东西时产生的一种主观状态,它是个体客观需求的主观反映。旅游需要是人的一般需要在旅游过程中的反映,现代社会生活的快节奏使人的精神日趋紧张,在此情况下,人们感到生活中缺少什么,需要摆脱紧张,补偿缺乏的东西。这种客观的需求必然反映到人的大脑,形成主观反映,旅游需要就此形成。

一、需要概述

需要产生动机,动机产生行为,整个过程受到行为主体的人格因素和外在环境的影响。既然动机是在需要的基础上产生的,那么要研究旅游者的动机,就离不开对旅游者的需要的研究,通过对旅游需要的研究从而更深刻地理解旅游动机。

1.需要的概念

(1)含义

需要是个体对其生存和发展的某些条件感到缺乏而出现体内平衡倾向和选取倾向,力求获得满足的一种心理状态。当人们在生存和发展中遇到有关条件不足时就会出现不平衡状态,需要就是为了消除这一状态产生的内部驱动力。需要可以推动人们从事某种活动,以满足人们的生理或社会的要求。需要越强烈,由它引起的活动也就表现得越强烈。

人的生存和发展必须依赖一定的条件,当条件不足时就会导致生理上或心理上的匮乏状态,就会产生不平衡。当这种不平衡达到一定程度时,就必须进行调节,个体就感到了需要的存在,进而产生恢复平衡的要求。首先是生理平衡,人体必须不断补充一定的物质和能量才能生存。其次是心理平衡的需要,如爱的需求、求知的需求、审美的需求等。

需要是人类活动的基本动力,人为了满足或实现某种需要就产生了行为的动机。它激发人们朝一定的方向行动,并指向某种具体对象,以求得自身满足。人所体验的需要越强烈越迫切,由它引起的活动就越有力。同时,人的需要也在活动中不断产生和发展,当原有的需要得到满足后,又会产生新的需要。如此周而复始,循环往复,使社会不断向前发展。

(2)分类

按需要的起源划分,可以分为自然需要和社会需要。自然需要又称为生理需要,是人类对维持生命和繁衍后代的必要条件的要求;社会需要指人类在一定社会环境中,对劳动、知识、社会道德、审美、宗教信仰、成就、尊重等方面的需要。按需要的不同对象划分,可以分为物质需要和精神需要。物质需要指人们对物质生活和物质产品的需要;精神需要指人们对精神生活和精神产品的需要,如对知识、审美、艺术鉴赏、宗教信仰、道德、友谊、荣誉、地位、成就、自尊等方面的需要。物质需要和精神需要是相对的,又是密切相关,互相交叉的。

2.需要的特征

从需要的概念可以看出,需要具有以下特征:

(1)需要的对象性

人的任何需要都是指向一定对象的,需要的对象既有物质性的东西,也有精神性的内容。如人饿了就会寻找食物。需要一旦实现,总会给人们带来生理或心理的满足。离开了目标和对象,就无法观察和研究人是否具有某种需要。

(2)需要与生存发展的相关性

需要是个体生存发展的必要条件,个体生存发展的不同阶段,有不同的优势需要和特点。人的需要是多种多样的,而不同的需要之间是相互关联的,各种各样的需要共同形成一个复杂的需要体系。

(3)需要的共同性与差异性

最基本的生理需要、精神需要和社会活动需要是人类不可缺少的,这是共同性需要。但每个人由于内部心理、生理状态和外部环境条件的不同,其需要也有明显的个体差异和优势现象。

(4)需要的制约性和发展性

人类的需要是随着历史的发展而发展,是随着社会生产的发展而发展,随着满足某种需要对象范围的改变和满足方式的改变而发展的。如早期人类主要追求生理和安全需要;随着社会发展,就产生了文化与精神的需要。如希望工程中"大眼睛"的"我要读书"就是文化与精神的需要。旧的需要满足了,又会产生新的需要,低层次的需要满足了,就会产生高层次的需要,需要的标准在不断提高,需要的种类也日益复杂多变。

3.需要层次理论

有关需要的理论很多,目前最有影响的是美国学者马斯洛的需要层次理论。马斯洛认为人的需要有等级层次之分,并将人的需要分为五个层次,如图 3.1 所示。这些需要从低层次的生理需要和安全需要到高层次的归属、尊重和自我实现的需要。

基本的生理需要,即衣、食、住等人类生存最基本的需要。这是最低层次的需要。

安全需要,既希望未来生活有保障,如免于受伤害、预防危险事故、职业有保障、有社会保险和退休基金等。

社会的需要,即感情的需要、爱的需要、归属感的需要。

受尊重的需要,包括要求受到别人的尊重和自己具有内在的自尊心。

自我实现的需要,指通过自己的努力,实现自己对生活的期望,从而对生活和工作真正感到很有意义。这是最高层次的需要。①

马斯洛认为,只有需要得不到满足时才会激发人去行动,而且需要的满足遵循一定的顺序。因而只有低层次的需要得到满足后,高层次的需要才会激发人们的行动。他还认为,不同的人向高层次的需要发展时,他们对不同层次需要的满足程度是不同的,生理和安全需要比其他需要更容易获得满足。他对五种层次需要的满足程度估算如下:

(1)生理需要:85%;

(2)安全需要:70%;

(3)社会需要:50%;

(4)受尊重的需要:40%;

(5)自我实现的需要:10%。

马斯洛理论的一个重要假设就是:只有当下层需要得到满足的时候,一种特殊的较高层次的需要才会被感知。可是,这个假设已经被证明是错误的。当一些需要获得部分满足的时候,较高层次的需要也会出现。所以,个体可以同时被两种不同的需要所激发而产生行为。马斯洛的需要理论虽不能完全解释旅游活动,但有助于我们研究旅游需要。马斯洛需要层次理论向我们揭示了旅游动机和行为是如何产生的,如图 3.1 所示。

图 3.1 行为发生的心理过程模式

资料来源:库珀等.旅游学——原理与实践(第 3 版)[M].张俐俐,蔡正平译.北京:高等教育出版社,2003:116.

① 保继刚,楚义芳.旅游地理学[M].北京:高等教育出版社,2001:27.

4.需要的单一性与复杂性

需要的单一性又称需要的一致性,指人们不愿意在期待出现的事情中遇到意料之外的事情,即人们在生活中相对保持平衡、和谐、一致,不发生任何冲突并能预知未来的追求。复杂性需要是人们追求和向往新奇、出乎意料、变化和不可预见的事物,从中获得满足的过程。需要的单一性和复杂性是相互对立的一组矛盾,但两者存在很大的互补性。按照单一需要理论,世界驰名的旅游景点、饭店只能为旅游者提供可预见的服务。根据复杂性理论,旅游者喜欢到未去过的景点旅游,他们希望获得全新的刺激和感受。单一性过多会产生厌倦,复杂性过多会产生恐惧,人们在生活中总是力求二者保持最佳的平衡状态,旅游活动实际上是起着"平衡剂"的作用。现代人日常生活少亲切感,少真诚感,少新奇感,多紧张感;人们寻求平衡,通过旅游来进行心理上的加减法,补足"三少",减去"一多"。

二、旅游者的多层次需要

旅游需要是旅游者或潜在的旅游者感到某种欠缺而力求满足的心理状态。为了满足某个需要,不同的人会旅行到不同的地方去参加不同的活动,这些都是基于一个大致相同的目的,就是满足自己感知到的需要。但是,旅游者所要满足的需要可能是不同的,旅游需要具有多样性、层次性和发展性的特点。

旅游者的多层次需要是人的各种需要在旅游过程中的反映,包括旅游者的天然性需要、社会性需要和精神性需要。天然性需要是指旅游者在旅游过程中的生理需要和安全需要。旅游者的社会性需要主要表现在需要社会交往和需要尊重两个方面。旅游者的精神性需要主要包括认识新事物、增加人生经历和体验、追求美以及宗教信仰等需要。

根据马斯洛的需要层次理论,在个体的旅游活动中,旅游需要有着很大的差异。有的人为了消除紧张和压力而出游,有的人为了拥有友好的人际关系和获得尊重而旅游,有的人为了好奇和求知而旅游,也有不少人在旅游中刻意追求美的享受和体验。另外,不同的旅游者因为经济文化基础不同,其需要也有不同层次的差别,有的旅游者看重生理需要,有的旅游者看重精神需要,有的注重人身安全,有的注重交友和人际关系等等。

而旅游者的各种需要并不都是处于均等地位,旅游者常常具有某种主导需要,只有了解游客的主导需求才能更有针对性地提供旅游服务。重要的是我们要认识到旅游需要是属于较高层次的需要,只有当人们的基本需要得到满足后,才会产生强烈的旅游需要。如果某一地区或个人连温饱都没有解决,一般不会产生太强烈的旅游需求。在现实生活中旅游需要并不是以一种单一需要的形式出现的,它往往包含不同层次的需要形式,如在旅游活动中,旅游者首先要解决自己生理的需要,包括吃、住等,同时也有较强的安全需要,包括对人身、财物、治安等方面的需要,而在旅游过程中表现更多的则是求知需要、审美需要、尊重需要,甚至有的旅游者有自我实现的需要。而有的旅游者参加旅游活动并不只是为了消遣,而是看作对自然和极限的挑战。一位旅游者在进行旅游活动时,上述种种需要可能同时存在,只不过在不同的情况、不同的旅游阶段有的需要占优势地位而已。

总之,旅游是人的一种高层次需要,是人类社会发展到一定阶段的产物,是人类文明进步的体现。人们通过自己的辛勤劳动或工作,创造了社会财富,就必定需要社会给予自己回报,需要享受身心健康所需要的物质资料。人们在工作之余需要观赏、欣赏、享受劳动成果,需要享受现代化城市、文化科学的成就,需要游山玩水、观光名胜古迹,需要使用现代交通工具,需要去品尝各地风味佳肴、特色美食等等。而满足人们的这些需要,正是旅游和旅游业的任务。人们通过旅游活动中的行、游、食、住、购、娱,从中吸取教益,以实现劳动的回报和喜悦,获得有利于身心健康的旅游体验,实现人生价值。

◆ **案例驿站 3.1**

江南农村游

土色土香的农舍,虽没有城市宾馆的豪华设施,但有中国庭院式的建筑特色、充满了江南水乡特有的诗情画意。农舍面依小河,河岸柳色依依,菜花余黄,桃花微红,河岸古老的风车在慢悠悠地转动。到农家,手工织布和小车纺纱,吸引不少女宾排队等着上机操作。

晚上,客人们分成若干小组,被村民请到家里做客。主妇端上农家小菜,客人们吃得眉开眼笑。饭后,清茶一杯,生活气息像一杯醇醇的茶。住的是农家的三室一厅的房子。客厅中靠墙摆一张大八仙桌,两边是靠背椅,墙正中挂着寿星图,左右红纸对联。卧房摆着三面雕花的大木床,床上有湘绣花布枕头,窗帘是蓝底白花的土布,门窗玻璃上贴着红纸剪成的窗花。游客离开时,依然兴味未尽。

讨论:田园生活为什么成为现代旅游的一种发展趋势? 它符合了旅游者的什么心理需求?

案例来源:张红,李天顺.旅行社经营管理实例分析,天津:南开大学出版社,2001:33.

三、旅游需要对旅游者行为的影响

旅游行为是旅游者在某一系列心理活动的支配下产生的异地探险、调换环境、改变生活体验和认识世界的行为。影响个体旅游行为的因素很多,主观因素主要指旅游者的心理因素(需要和动机);客观因素主要指个人因素(收入、闲暇时间、个体身体、家庭生命周期等)和外部环境因素(汇率变动、文化差异、社会稳定性、空间距离、政府政策导向等)。

在同一时间、地点、条件下,人存在多种需要,其中只有一种占优势地位的需要决定着人的行为。当一种优势需要获得满足后,其驱动力逐渐减弱,取而代之的是新的优势需要,由此驱动人的新的行为,如图 3.2 所示。

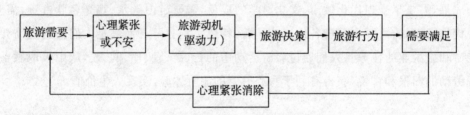

图 3.2　旅游行为发生的心理过程

1.旅游者的旅游活动行为层次

依照游客的参与程度,可将旅游者的旅游活动分为三个层次,即基本层次、提高层次和专门层次。[①]　此外,按照参与旅游活动的对象也可以将旅游分为大众旅游层次、专项旅游层次、特种旅游层次三个层次。下面我们主要介绍一下按参与程度进行的划分:

(1)基本层次

旅游的最基本的目的就是游览观光,或者是说景观旅游。旅游活动最基本的形式也就是观光旅游,它能陶冶人的性情,增加人文和自然知识,给人以美的享受。

(2)提高层次

娱乐和购物旅游是提高层次旅游的主要表现形式。娱乐不一定是旅游,旅游也不一定是娱乐,两者的概念有一定的重叠部分。在旅游目的地开展旅游者的娱乐、购物活动有利于丰富旅游目的地的旅游活动内容,大大增强该地的旅游吸引力和提高经济效益。

(3)专门层次

具有较强的专业目的,内容非常广泛。常见的有休养、疗养旅游,宗教朝拜旅游,科考教育旅游,会展旅游等几大类。

不同的旅游目的地旅游行为层次各有侧重,取决于当地旅游资源的性质、旅游者的

---

①　保继刚,楚义芳.旅游地理学[M].北京:高等教育出版社,2001:31.

偏好和消费能力等等。不同的旅游行为层次可以同时出现,也可以独自出现。

2.旅游需要是旅游行为的源泉

需要是行为的源泉和动力,不同的需要导致不同的行为。旅游者的旅游需要是旅游行为产生的基础,旅游需要决定旅游行为,旅游需要的强度决定旅游行为实现的强度,旅游需要层次决定旅游行为方式。人们的需要各不相同,人们的旅游动机复杂多样。

(1)旅游需要决定旅游行为

旅游者的旅游行为是旅游者为满足自身需要而享用旅游产品和服务的过程。人们的旅游行为是建立在相关的旅游需要的基础上的,人们的需要具有多样性、层次性,在满足了基本的生理需要和安全需要后,更高层次的需要就会产生,如果这些需要可以通过旅游活动得到满足,那么旅游行为就有可能产生。如繁忙的工作之余人们有放松身心的需要,为了满足这种需要就有可能产生去旅游的念头。如果其他条件允许,则会付诸行动,那么旅游行为就产生了。

(2)旅游需要的强度决定旅游行为实现的强度

旅游行为是建立在旅游需要的基础上的,但并不是只要有旅游需要就会产生旅游行为,旅游需要的强度决定旅游行为实现的程度。旅游需要的强度越大,旅游行为实现的可能性就越大,反之,旅游需要不迫切,实现旅游行为的可能就很小,甚至不产生旅游行为。

(3)旅游需要层次决定旅游行为方式

同样是旅游,不同旅游者的需要层次不同。而旅游需要满足的层次不同,旅游者对于同一消费水平的旅游消费支出就会有不同的感知,进而会选择消费水平较低或较高的产品,旅游需要决定着旅游者的旅游行为和旅游中的认知活动。具有不同需要的旅游者会主动选择不同的认知对象,即使选择同一认知对象,他们也会对其进行不同的观察和思考。有的旅游者是为了放松身心,那么他们对旅游线路、旅游地点等不会有太多的要求,旅游行为很随意。有的旅游者是为了增长知识和陶冶身心,他们对旅游线路、旅游方式等就会有太多的要求。有的则是为了享受人生,那么他们对旅游服务质量的要求就会很高。

不同年龄不同性别的旅游者,其需要也各不相同。年轻人好奇心强,喜欢冒险猎奇;中年人成熟老练,追求专业知识和爱好;老年人饱经沧桑,怀旧心理重,多喜故地重游,探亲访友。女性多喜购物旅游、了解风土人情;男性多猎奇、交友、探险、娱乐等。

总之,旅游是为了满足人们较高层次的需求,人们不但消费物质产品,更注重精神产品的消费。正因为人们的各种需要可以在旅游中得到满足,因此旅游成为人们生活中的一项重要内容。

四、旅游需要的发展趋势

在21世纪,旅游业作为一项健康、绿色的产业,随着人们生活理念与内在价值观发生重大转变,将进一步迎合人们对生态、休闲的追求,未来旅游将不仅仅是人们工作之余的度假行为,而将真正成为一种可选的工作与生活方式。未来的旅游需要主要表现出如下特点:

1. 更注重精神需要

随着物质生活的日渐富足,人们对于求知、求美、求新的需要日益增加。旅游产品是立体的、形象的百科全书,名胜古迹中蕴含着大量的地理、历史、文化与科学知识;旅游可使人们了解风土人情,开阔视野;各种自然与人造景观可充分满足人们欣赏美的需要;旅游还给人们展示了一个有别于居住地的全新环境,满足人们求新猎奇的需要。所有这些使旅游者精神上得到享受,使现代生活节奏造成的紧张神经得以放松。

2. 个性化需要加强

现代旅游者已经不满足于大众化的旅游产品,他们希望依自己的喜好,按自己的意愿来完成旅游活动,因此,对探索未知事物具有浓厚兴趣。尤其是有经验的旅游者对冒险和不测的心理承受能力增强,相对更喜欢购买实现个性的旅游产品。他们愿意付出一定的代价,冒一定的风险,尝试新的、与众不同的事物。他们愿意到人迹罕至的地方作探险旅游,愿意从事令人惊叹的旅游活动。

3. 功利性色彩浓厚

现代社会讲究效率,即使有足够的假日,人们也希望能工作、旅游兼顾,这就是过剩理论,即旅游是工作的延伸。人们愿借旅游之机从事一些相关业务,或借外出公务之机进行旅游活动。如公务旅游、商务旅游、会议旅游、会展旅游等都是此种方式的体现。

4. 创新性的旅游体验

旅游已不仅要求视觉上的愉悦,还要求听觉、触觉、嗅觉、心灵等多维度立体化体验。因此就需要旅游经营者进行项目创新、服务创新和游览过程中某些细节的创新,以此来满足民众立体化体验需求。很多旅游未来学家认为旅游市场的成熟造就了一种新旅游者,他们的特点是有旅游经验、复杂和要求苛刻。传统的旅游度假模式将逐渐被多种兴趣旅游和一系列创新性的旅游体验,如运动、探险、修学和自然旅游所代替。

新旅游消费者的旅游知识较丰富,追求品质和参与感。其出游动机从被动寻求阳光转为寻求教育和受好奇心的驱使,未来的消费将由体验驱动。另外,新旅游者对价值而不是对价格更敏感,品质仍是旅游产品开发中的关键,他们对便捷程度的要求提高了,而日益健全的消费者保护法使消费者有了更大的权利。价值、环保和目的地社区的真实性等因素是质量的决定要素,同时,目的地的安全、卫生,进入的便捷性和旅游产品设计的人性化与具有环保意识都是质量的构成要素。

◆ **专题笔谈 3.1**

旅游市场形势分析——旅游者的追求

从旅游者的角度看,首先是从疲劳之旅到快乐之旅。原来的旅游就是看的多,拍个照就走,现在不同了,追求的是一种快乐。在这个过程中该讲究的得讲究,最重要的是在这个过程里要达到这种快乐之旅,这是一个根本性的变化。

第二是从阅历追求到体验追求。旅游者原来追求的就是阅历,20 世纪 80 年代的时候还有一句话,说旅游产业就是阅历产业。但是现在光追求阅历不行,还追求深度体验,比如舒适,比如感受的丰富性,这就需要丰富调整一些旅游产品。比如说原来人们彼此之间有一个比较,一问你去过西藏吗?谁去过西藏谁就很牛,一说出国容易进藏难。现在不是这话,现在问你去过阿里吗?去过雅鲁藏布江大拐弯吗?你没去过我去过,我就是比你还牛,这就是从阅历追求到体验追求。

资料来源:魏小安.旅游市场形势分析[EB/OL].[2009-12-01].http://bbs.yahtour.com/blog/blog.php?do=list&uid=211&type=blog.(中国旅游网博客)

◉ **本节相关知识链接**

心理旅游:一种新的旅游与心理治疗模式

心理旅游,亦称旅游心理咨询,是指在旅游活动中,心理咨询师运用心理学的理论、方法与技能,对旅游者进行心理咨询和心理治疗的过程,或旅游者在心理咨询师的指导下,通过一系列活动,放松身心、宣泄情绪、实现心理互动、满足心理需要的过程。

心理旅游是现代人缓解压力、放松心情、人际交往的一种手段,主要适应于寻找心理帮助和有一定心理需求的旅游者。特别适应于青少年、学生、有身份的成功人士或白领阶层、公务员、企事业单位员工等上班族、离退休人员以及家庭成员和有交往需求的网友及为了追求另类感觉和私密性的其他人士等。

心理旅游的主要形式包括在旅游过程中针对个别旅游者进行的个体心理咨询,针对旅游团队或旅游团队中同质性较高的部分成员的团体心理咨询以及家庭心理咨询、康复类心理治疗、社交训练、心理茶座或心理座谈、拓展训练、周末和节假日游、高考后放松游等等。在我国,旅游心理咨询或心理旅游是新生事物。

心理旅游使求助者的一致性与复杂性平衡起来,让人们拥有更健康的生活方式。离开家就会给刻板的生活带来受人欢迎的多样性,类似学习、工作这种具有强烈节奏性、程序性的单调刺激活动引起的紧张,能在新奇、惊讶与不可预见的事物中寻求刺激以求得缓解。旅游是城市化、工业化所造成的压力的有效的消解剂,这种缓解后的身心状态也很容易进行有效的心理咨询与矫治。心理旅游者为达到咨询的有效性,会努力使求助者的一致性与复杂性平衡起来,把同一性、可预见性与新奇、变化及不可预见性结合起来。

心理旅游把不愿意或不情愿咨询的求助者用比较强烈的旅游动机和团队动力从家中或一成不变的环境及心理状态中拉出来,在一个崭新的环境中使心理咨询与治疗成为可能,这是对传统的心理咨询治疗理论的丰富、拓展而不是反叛。心理旅游丰富了传统旅游理论,实现了旅游动机的"推"、"拉"结合,是一种新颖的旅游形式,为旅游在提高旅游者的满足感和精神需求方面提供了新的可行的技术手段和工具载体,并可带来长久的经济与社会效益。

资料来源:陶明达.心理旅游研究[J].桂林旅游高等专科学校学报,2007,18(3):448-452.

第二节 旅游动机

一、什么是旅游动机

动机是心理学中的一个概念。通俗地讲,动机是激发个人行动的内在驱动力。按照心理学家的解释,凡是引起个体去从事某项活动,并使活动指向一定目标以满足个体某种需要的愿望或志愿,都叫做这一活动的动机。因此,旅游动机也就是一个人为了满足自己的某种需要而决定外出旅游的内在驱动力,即促使一个人有意于旅游以及到何处去、作何种旅游的心理动因。简言之,旅游动机是直接推动一个人进行旅游活动的内部动因或动力。

1.旅游动机的功能

(1)激活功能

指动机能够促使人产生某种行动。旅游者在各种旅游动机的直接驱动下产生了外出观光旅游的行动。人们的各种各样的活动总是由一定动机引起的,有动机才能唤起活动,动机乃是引起活动的原动力。

(2)指向功能

指在动机的作用下,人的行动总指向某一目标。旅游者在旅游动机的指引下会成群结队地奔向旅游目的地。动机使行动有一定的方向,它像指南针和方向盘一样,指引着活动的方向,使行动朝预定的目标进行。

(3)强化功能

指的是活动产生后,动机可以维持和调整正在进行的活动。动机对行动起着维持和强化作用,强化活动达到目的。当活动指向某个目标,个体相应的动机会获得强化,因而某种活动就会持续下去,在遇到困难时动机会促使人们去努力克服困难。

2.旅游动机的基本特征

旅游活动是人类社会发展到一定阶段的产物,当人类在满足了较低层次的需要时,便产生了较高层次的需要,旅游需要便是其中之一。旅游动机则是在人类具有旅游需要的前提下而产生的一种较为复杂的动机,它与人类的其他动机不同,具有自己的显著特征。

(1)旅游动机的多样性

旅游动机的多样性可以从两方面理解。首先,不同旅游者因需要不同,旅游动机不尽相同,在同一时期、同一社会环境下,有的旅游者是为了探亲访友,有的是为了好奇探险,有的是因健康原因去休息疗养等等;同一旅游者在不同时期、不同阶段、不同社会环境中的旅游动机也是不同的,同一旅游者的需要也是多方面的,因此旅游动机就不可能是单一的,如某人去年外出旅游是为了探亲访友,今年是为了考察某地历史文物,明年准备进行探险旅游等。再者,由于旅游者旅游需要的差异,使旅游动机具有多样性。如一位旅游者,他的旅游动机有观赏名胜古迹、有探亲访友、有休闲度假、有体验风情、有增长知识等;即使同到一个旅游目的,每个旅游者的动机也是多样的。

(2)旅游动机的层次性

旅游需要是有层次的,当基本的生理需要得以满足之后,才会有更高的需要,因而,旅游动机也是有层次性的。运用马斯洛的理论,游客的旅游动机呈现出一步一步不断向上递进的阶段性进程。它显示出个人的需求在行为上的表现:从生理需求、安全保护需求到关系发展和延伸需求再到特别利益与自我发展需求。游客可以通过旅游行为和旅游活动的实践,进入到一个不断递进的"梯级体系"中,从开始的"体验心理类型的快乐过程",到富有经验的游客"利用旅游去发展各种关系",最后达到"自我尊重和动机自我实现的目的"。

(3)旅游动机的交叉性

在一次旅游中,每个旅游者的旅游动机不是单一的,而是一种动机和另一种动机相互交错同时并存的,往往是以某种动机为主,兼有其他旅游动机,即其中某一方面是主导动机,其他方面为辅助动机。如在一次观光旅游中,既探望了老友,又结交了新朋,还增长了见识;在一次度假旅游中,既欣赏了美景,又锻炼了身体,还找到了人间真爱。

(4)旅游动机的内隐性

旅游者的旅游动机有的被意识到了,有的则没有被意识到,因为人的许多需要在许多时候处于沉寂状态,需要人的内外条件将需要唤起才能成为支配行为的动力。旅游动机的内隐性与交叉并存性不同,后者是旅游者进行旅游的比较清晰、明确的动机,而前者则是不够清晰或是不能准确表达的动机,只是在旅游过程中,偶然被具体的旅游活动表现出来。

(5)旅游动机的周期性

人们的旅游消费行为是一个无止境的活动,人们会旧地重游,也会去从来没有到过的地方。因而,随着时间的发展,人的旅游动机就会有周期性。

(6)旅游动机的发展性

人的需求总是随着社会的发展而不断发展。因此,随着时代的发展,人们的旅游需求就会发展,这使旅游动机也具有发展性。

二、旅游动机产生的心理动因

旅游动机的产生与社会、经济、生理和心理等多种因素有关。当代社会的经济发展为人们提供了富裕的时间和足够的消费能力;社会发展提高了人们的精神追求层次;信息和知识的膨胀开发了人们的眼界和智力,这些都使人类的价值观得到改变,旅游需求随着人们对美好自由的追求进入到心理价值系统。旅游是超越一般生理需要的高级需求形式,是社会发展到现代文明时代的产物,研究旅游产生的心理因素更具有普遍意义和实用性。产生旅游动机的心理动因主要有以下几种:

1.求新心理

在现代社会中,人们比较喜欢适时短期改换一下自己的生活环境,并且对不同于自己乡土的事物、风光、习俗和文化颇感兴趣。其原因是它们的不同之处,这就是探新求异的价值观。随着教育的发展和信息技术地不断进步,人们对自己乡土以外地区或国家的了解有所增加。这导致了人们更加希望离开乡土到其他地方走走,因为光靠阅读书报或听别人介绍等间接手段来了解和想象外部世界,是不能满足人们的好奇心的。他们需要亲自去看一看和亲身体验一下他乡的新异之处。大众化旅游者中相当数量的旅游动机都包含探新求异的需要和好奇心。

2. 逃避心理

除了探新求异这种积极的需要之外,还有一种消极的需要,即逃避紧张的需要。在现代社会中,特别是在那些高度城市化和工业化的社会中,人们的生活不分季节,千篇一律;人们的生活活动如同执行例行公事,公式化而缺乏灵活和变化。在竞争和效率的迫使下,人们生活的节奏不断加快,有时甚至快到了难以忍受的程度。生活上的这种单一化和几乎狂热的节奏使人在精神上产生一种单调的紧张和厌倦。为了消除紧张和摆脱厌倦,人们只好千方百计地设法避免这种现实,从而产生了定期改变一下生活节奏的要求。而就躲避的形式而言,外出旅游是一种有效的消遣方式。外出旅游,由于环境的改变,人们不再受在家时的各种角色和行为的羁绊,加之新异事物给人带来的刺激,故而能有效地消除或减轻原有的紧张。目前,越来越多的人承认,旅游是从喧哗和紧张的日常生活中解脱出来的有效手段之一。

3. 学习心理

每个人都有对自然界和社会中带有神秘色彩或未被认识的新奇事物学习和探索的欲望。旅游是现代人所喜欢的学习方式。在旅游中,人们观赏壮丽的自然景色和历史悠久的名胜古迹,领略异国他乡的风土人情,欣赏其他民族的音乐舞蹈等。这样不仅能获得积极的休息和娱乐,还可以增长地理、历史、文学、艺术等各方面的知识,验证以往从书本上得到的知识和理论。

4. 发展心理

外出旅游与需求层次理论中的高层次需求有密切关系。人在一生中总是希望受到别人的重视、赏识和崇敬,希望获得成就和成功,表现个人价值和自信。旅游可以提供一个戏剧性的艺术环境,使人在短时间内处于所向往的社会地位和成就。这些期望在旅游中能够获得满足,是因为游客在旅游中得到的服务和接待通常超过日常生活所拥有的尊重和享受,能增强自信心,完善自我形象和社会价值。[①]

总之,旅游动机与人们的需要密切相关,需要的差异导致动机的不同,动机是行为产生的驱动力。每个人的个性、态度、认知等的不同,导致每个人具有自己特定的动机模式。但是动机是可以被驱动的,旅游目的地对旅游者动机具有拉动作用。一个人感到需要让孩子增加书本外的知识,又感到自身需要到大自然中畅游,让身心愉悦,同时还想假日期间陪伴父母,于是产生了暑假去自然生态环境较好的古镇旅游的动机。实际上,旅

---

① 库珀等.旅游学——原理与实践(第 3 版)[M].张俐俐,蔡正平译.北京:高等教育出版社,2003:121—122.

游者的一次旅游活动,往往是多种旅游需要激发多种动机复合而成的。

◆ 案例驿站 3.2

背包客:不用钱也能逛世界

有这样一群人,他们放弃了朝九晚五的生活,背着一袋子梦想漂泊在世界的城镇山川,用眼睛和身心去体味大千世界的美,我们称之为全职背包客。

博客"背包十年"里面装着一个背包客满满的图片和经历,在爱尔兰的乡村派对、在曼谷的考山路漫游、在泰国 PP 岛的梦幻圣诞……世界在这里成了浓缩版。博主叫小鹏,大学毕业 8 年来一直在路上。另一个背包客"七色地图"就在小鹏博客链接的"驴友"里,小鹏称呼他是"走遍世界的驴"。他喜欢去人文、草根气息浓郁的发展中国家。他提倡"深度旅行",每到一个地方,必做三件事:逛菜市场,乘公交车,去当地人家住。

我们对背包客最感兴趣的问题是:什么力量支持他们走上不寻常的人生道路,不像普通人那样延续"正常"的人生轨迹?对背包客心理及动机的研究方面,皮尔斯提出接触人是背包客的主要特征之一;斯基文斯也认为"结识更多人"、自我满足和放纵,还有对其他民族和环境的兴趣是背包客的动机所在。因此,背包客乐于接受并按当地生活方式生活,他们的休闲活动集中在自然、文化、探险等多个方面。

案例来源:林玮琳.背包客:不用钱也能逛世界[N].广州日报,2010-15-01.

三、旅游动机的分类

了解旅游动机的类型,有助于进一步研究旅游动机,有助于系统掌握每一类动机的内容和所需求的活动对象的条件,促使旅游业主动地去创设或完善这些条件。在人们的旅游活动中,旅游动机是非常丰富和复杂的,因此将动机归类难以一致。

1. 田中喜一的旅游动机分类

日本学者田中喜一将旅游动机归为四类,即心情的动机、精神的动机、身体的动机和经济的动机。每一种动机反映了不同的需求,如表 3.1 所示。

表 3.1　旅游动机分类[①]

心情的动机	精神的动机	身体的动机	经济的动机
思乡之心	知识的需要	治疗需要	购物目的
交际之心	见闻的需要	保养需要	商用目的
信仰之心	欢乐的需要	运动需要	

2.麦金托什的旅游动机分类

美国学者罗伯特·麦金托什等学者通过研究将旅游动机归纳为四类：身体健康的动机、文化动机、人际交往动机、地位和声望动机。[②] 具体内容是：

身体健康的动机：包括休息、运动、游戏、治疗等动机。这一类动机的特点是以身体的活动来消除紧张和不安。

文化动机：即了解和欣赏异地文化、艺术、风俗、语言和宗教等动机。这些动机表现出了一种求知的欲望。

交际动机：包括在异地结识新的朋友，探亲访友，摆脱日常工作、家庭事务等动机。这种动机常常表现出对熟悉的东西的厌倦和反感，逃避现实和免除压力的欲望。

地位与声望的动机：这类动机包括考察、交流、会议及从事个人的兴趣所进行的研究等。它的特点是在进行旅游活动的交往中搞好人际关系，满足其自尊、被承认、被注意、能施展其才能，取得成就和为人类作贡献的需要。

关于麦金托什的旅游动机分类，因为他的著作 *Tourism：Principles，Practices，Philosophies* 较早地被引进中国，因而，麦金托什的旅游动机分类在我国影响较广。

在实际工作中，可以通过对游客所做的抽样调查来确定旅游者的动机。我国国家旅游局对国内旅游者的旅游动机做调查时，一般分为休闲度假、探亲访友、健康疗养、会议、商务、交流访问、宗教朝拜与其他旅游目的等几类。

实际上，人们外出旅游很少只是出于一个方面的动机。由于旅游是一种综合的象征性行为形式，可满足人们的多重需要，因而人们在决定外出旅游时，除了某一主要方面的动机外，往往还会涉及其他一些方面的动机。我们应该记住，尽管动机可以在需要的刺激和驱动下使人外出旅游，但需要本身是不能产生的。这里还有一个整体性的问题：何种动机是先天产生的（好奇心、要求身体的接触等）；何种动机是后天习得的（地位、成就等），因为这类动机被认为是有价值或积极的。

---

① 保继刚，楚义芳.旅游地理学［M］.北京:高等教育出版社.2001;28.
② 李天元.旅游学概论(第五版)［M］.天津:南开大学出版社,2007;103.

四、旅游动机的激发

1.影响旅游动机的因素

旅游动机是在旅游需要的刺激下,直接推动人们去进行旅游活动的内部动力。旅游动机的产生必须同时具备旅游需求和外部刺激两个条件。因此,旅游者旅游动机的产生,受旅游者本身及其所处的社会环境两方面因素的影响。

(1)旅游者个人因素

旅游者产生旅游动机首先受其本身主客观两方面因素的影响。主观因素是指旅游者本身的需要、兴趣、爱好、性格和健康等。而客观因素是指旅游者支付旅游费用的能力和足够的闲暇时间。

在影响旅游动机的个人方面的因素中,个性心理特点起着主要的作用,不同个性心理特点的人有着不同的旅游动机,进而发生不同的旅游行动。美国的心理学家斯坦利·普洛格将美国人口划分为一系列相互关联的人格类型,这些类型分布于两个极端之间。[①]

①自我中心型(psychocentric):其特点是谨小慎微,不爱冒险。他们趋向于保持原有的旅游方式,更喜欢去安全的熟悉的旅游目的地,经常进行故地重游。

②多中心型(allocentric):其特点是思想豁达,兴致普遍多变。这种类型的人喜欢冒险,抱着游览或发现新旅游目的地的动机,他们很少去一个地方旅游两次。而绝大多数人属于普洛格所指出的两个极端之间的中间类型,属于表示特点不显明的混杂型。

影响旅游动机形成的个人因素中,除个人心理类型之外,还包括个人的文化修养、年龄与性别等。文化修养显然与一个人所受教育的程度有关,教育程度和文化水平较高有助于一个人克服对异乡环境的心理恐惧和思想偏见,也有助于对目的地的兴趣。年龄和性别使人不仅有生理特点,而且也影响到人在社会和家庭中所担当的角色。

(2)社会性因素

某些客观外在因素,如社会历史条件、微社会环境因素、家庭及个人的经济状况等,由于对人的需要具有影响作用,因而也会影响到一个人的旅游动机的形成。如一个国家或地区的经济状况和当局对旅游重视与否,团体或社会是否鼓励旅游,社会上旅游是否形成风尚等。这些对旅游者产生旅游动机的影响很大。例如,一个追新猎奇型的人,本来喜欢到游人罕至的遥远目的地旅游,但是由于家庭及个人的经济状况而只能到花钱较少,距离较近,没有什么新奇性的目的地度假。一个属于自我中心型的人本不愿意到遥远生疏的地方旅游,但在有同伴陪同的情况下,他也会前往。

---

① 库珀等.旅游学——原理与实践(第3版)[M].张俐俐,蔡正平译.北京:高等教育出版社,2003:119.

2.激发旅游动机的方法和策略

激发旅游者的旅游动机,旅游从业者要做到:对丰富的自然和人文旅游资源必须合理加以开发利用,形成现实的有旅游观赏性、有利用价值的旅游资源;突出资源和产品的特色;提高产品或旅游资源的知名度;强调资源配置上的互补性;增强旅游产品的替代性;改善交通的可达性等等。

(1)增强旅游产品的吸引力

人们外出旅游的目的是要通过游览名胜古迹、田园风光、风土人情、古老建筑和享受优质服务来满足其身心的需要。人们能否得到这种满足,取决于旅游产品是否符合旅游者需要。只有当旅游产品能满足旅游者的某一需要时,才会使需要转化成旅游动机。任何一个旅游地在开发旅游产品时须突出自身的特色,否则就无法吸引旅游者。

具有吸引力的旅游资源或旅游产品应具备如下特征:一是原真性,尽可能保持旅游资源或旅游产品的原始自然风貌,满足旅游者亲近大自然的心理需要;二是独特性,个性是旅游产品的魅力所在,因此旅游产品的设计要突出个性、特色和独特的感染力;三是民族性,越是民族的就越是世界的,因此那些具有典型民族风格、地方特色的旅游产品对旅游者充满了吸引力。

(2)提高旅游设施的供应能力与旅游服务质量

提高旅游服务质量的优良性,营造良好旅游环境氛围,强调质、价相符。旅游设施的好坏多少也是人们的旅游需要能否转化为旅游动机的重要因素。为此,旅游设施首先要有一定的数量,其次种类要齐全,一定的数量和齐全的品类是满足人们需要的保证。人们外出旅游,都希望得到他所希望的一切,如果旅游设施数量有限,旅游产品虽然有相当大的吸引力,但是假如进不去,住不下,玩不开,走不动,则会让客人失望。如果旅游设施品类单一也不能满足不同层次、不同水平、不同类型客人的需要,该旅游设施也不会对旅游动机起激励作用。

(3)加强旅游企业的组织接待能力

有一定数量的组织接待队伍(旅行社、饭店、交通运输、相关从业人员等);接待队伍要有熟练的业务知识和技能;旅游接待机构要形成一个系统并与有关部门形成一个网络。达到不管旅游者何时来,到何处去,什么时间走都有单位、有人员安排他们的食、住、行、购、游等活动,这样才会让客人感到方便。优质服务使新老顾客源源不断再三光顾,这些都说明了旅游产品对旅游者动机和行为的促进作用。

(4)加大旅游宣传的力度

旅游宣传为旅游者提供信息,帮助他们认识旅游的价值,使其消除顾虑,唤起欲望,激发动机。旅游宣传要增加强度、加大对比、利用移动、不断重复等手段。而且旅游宣传的形式多样,如刊登广告、散发印刷品、影视活动、派出宣传机构或小组、邀请记者来访、参加博览会和展销会等。此外,旅游宣传应遵循异质性原则、形象性原则、独特性、针对性和动态性原则。当人们受到某种较强的刺激时,他习惯的认知系统会失去平衡,其感官会集中认识这些刺激,从而在左脑皮层形成兴奋中心留下深刻印象,这种现象被称之为异质性。

(5)倡导现代旅游观念,鼓励旅游消费

要激发旅游者和潜在旅游者的旅游动机,就要提倡和树立全新的旅游观念,使人们认识到旅游不是一种奢侈的消费行为,而是现代生活中不可缺少的一个组成部分,是一种现代生活方式,以此来营造促进旅游发展的政策和大环境。

◆ **专题笔谈 3.2**

"按揭旅游"的消费者心理分析

怎样才能激发旅游者的旅游行为呢?关键在于要促使旅游需要转化为旅游动机。一个很现实的问题摆在我们面前:老百姓想去旅游,却又舍不得花钱(或一时拿不出钱或没钱),这种心理在心理学上叫"趋避式冲突"。

"按揭旅游"的适时出现,就使老百姓旅游动机的激发具备了可能的外部条件,能解决"钱"——"经济条件"的问题,确实为帮助旅游者实现旅游需要转化为旅游动机,实施旅游行为提供了条件。

当然,"按揭旅游"并不是说旅游者可以不掏一分钱就可以去旅游了,"按揭旅游"的主要意思是:旅游者只需先付团费的一部分(一般为团费的30%)或者免首付,由旅行社垫付旅游费用;然后,在旅游合同和按揭合同中规定在一定时期内由旅游者分批支付完余款并支付一定数额的手续费。简单来说"按揭旅游"就是旅行社先出钱请旅游者去玩。可以说这是一种时尚的、新的消费观念,特别对潜在旅游消费者的旅游动机激发是有巨大的吸引力的。

资料来源:聂建波."按揭旅游"的消费者心理分析[J].商场现代化,2007(6):250.

五、研究旅游动机对旅游经营者的意义

旅游心理学研究旅游者的心理和行为的首要目的,是为了探索旅游者参加旅游活动的行为指向和持续的两个问题,即研究人们为什么要出外旅游?在外出旅游中,什么样的条件才能使旅游者取得良好效果。旅游心理学研究旅游行为动机,目的在于深入了解人们的旅游原因以预测旅游业的发展和引导旅游者行为,争取招徕更多的旅游者参加旅游活动。

　　要确定和理解人们行为的动机是一件非常复杂和耗时的工作。动机包含了人们内心的需要和欲望,这些需要和欲望反映了人们认识能力、文化背景和学识的不同,而这些东西是很难量度的。但是,对于旅游产品的开发者和促销者来说,这个工作确实是个关键。要想使旅游服务和旅游目的地推销成功,旅游产品的销售者和供给者对引起旅游者决策和消费行为的动机必须有一定程度的理解和把握。

　　对于旅游产业来说,了解人们旅游的动机也是很重要的。这样会使产品和服务的开发者和促销者根据产品和服务带给旅游者效益的不同,进行相应的市场划分。通过建立追求特殊效益的旅游者的档案,开发者和促销者就能制订正确的市场策略来开发这个市场领域。

　　了解这一点对于旅游业而言是很重要的。客观条件满足与否,是细分市场以及选择目标市场时需要重点考虑的因素,而了解了旅游者旅游动机的类型及希望获得满足的需要,就可以更有针对性地进行规划和开发,并在宣传和促销时找准诉求点,更有效地激发起人们的兴趣,促使其产生旅游动机,大大提高工作效率。消费者搜寻和购买的产品和服务是能满足他们某种需要的一种方式,因而旅游产品的实效性是非常重要的。如果产品和服务的生产者与供应者不了解它们给消费者带来的效益是什么,那么很有可能在吸引潜在的旅游者方面将不会成功。

　　总之,全面认识旅游动机产生的因素,对于旅游业的经营工作,特别是对于旅游目的地和旅游企业的市场营销工作具有现实的指导意义。对于收入、时间、身体条件、家庭负担等因素,旅游业经营者是无法控制,很难帮助人们克服的,因而旅游经营者在选择自己的目标市场时必须重视这些因素。而对于旅游动机,旅游业经营者可以采取主动行动,针对目标市场所追求的需要,利用各种沟通途径和促销手段,激发人们对本目的地或本企业产品的兴趣,促使其产生旅游动机。[①] 在这方面,旅游业经营者大有可为。

◆ **专题笔谈 3.3**

基于群体心理特征的老年旅游产品谱系构建

　　老年群体参加旅游活动最普遍的动机是排遣孤寂,在此基础上,衍生出寻求乐趣和弥补遗憾的需要,怀旧思乡和疗养健身则为更高层次的需求。根据这种划分,排遣孤寂属于基本层次旅游动机,寻求乐趣和弥补遗憾属于提高层次,怀旧思乡和疗养健身则属于专门层次。基本层次的旅游动机指向性弱,相对需求强度大;专门层次的旅游动机指向性强,相对需求强度小;提高层次则处于二者之间。心理特征导向下的老年旅游产品谱系如下表所示:

---

① 李天元.旅游学概论(第五版)[M].天津:南开大学出版社.2007:108.

旅游动机		旅游产品系列	旅游产品类型
排遣寂寞　寻求乐趣	弥补遗憾		
	怀旧思乡	故地重游系列	曾经工作或求学的地方、故乡游、祭祖旅游
		文化旅游系列	名胜古迹、文化遗产、博物馆、宗教寺庙、园林建筑、艺术欣赏、民俗旅游
	健身疗养	享受旅游系列	豪华旅游
		康体休闲系列	温泉度假、海滨度假、湖滨度假、理疗保健、高尔夫旅游
		娱乐休闲系列	环城游憩带周末度假、水库垂钓、公园晨练、戏剧表演、观看演出乡村游
		自然观光系列	森林旅游、湖泊海滨游、名山大川、草原旅游

资料来源：黎筱筱，马晓龙.基于群体心理特征的老年旅游产品谱系构建——以关中地区为例[J].人文地理，2001(01)：45—50.

◆ **本节相关知识链接**

国外旅游动机理论研究

　　旅游动机是推动人进行旅游活动的内部动力，具有激活、指向、维持和调整的功能，能启动旅游活动并使之朝着一定目标前进。国外旅游研究中，旅游动机是相对较少的研究领域之一，主要分为两大类：动机过程的理论探讨和动机的经验研究。

　　动机理论研究动机如何被激活，心理学家对动机研究的成果提出了几大动机理论：驱力理论(drive theory)、唤醒理论(arousal theory)、诱因理论(inducement theory)、期待价值理论(expectancy value theory)、归因理论(attribution theory)和成就目标理论(achievement goal theory)。其中被旅游研究领域较多引用的是驱力理论、期待价值理论和唤醒理论。驱力理论认为，机体的缺乏感会引起人的非选择性行为，即需要产生驱力。驱力理论强调个体的活动来自内在的动力，忽略了外在环境在引发行为上的作用，人们又提出了诱因理论。诱因是指能满足个体需要的刺激物，具有激发或诱使个体朝向目标的作用。期待价值理论认为对达到目标的期待决定着行为，行为由对未来回报的信念所激发，期待×价值公式可预测个体行为。

Tolman 将两大理论结合起来,认为动机可分为内在的和外在的。内在动机包含以驱力为基础的情感(推的因素),外在动机包含认知(拉的因素)。将 Tolman 的观点应用到旅游领域产生旅游动机的推—拉理论(push-pull theory)。推的因素是指由于不平衡或紧张引起的动机因素或需求,它促使旅游愿望的产生。推的因素是内在的,只要能使内部的不平衡或紧张得到缓解的所有刺激都是行为指向的对象,因而行为具有非选择性。拉的因素与吸引物及目的地自身属性相联系,由旅游者对目标属性的认识所产生,影响目的地的选择。关于推—拉因素的关系有两种观点:一种观点认为推和拉是独立的,推在前,拉在后。推的因素促使个体做出出门旅游的决策,然后拉的因素再决定去哪旅游。另一种观点认为推—拉因素不是独立的,而是互相联系的。当内在的压力推动人出门旅游的同时,目的地自身的外在压力也在拉动他们选择特定的目的地。

除了推—拉理论,在旅游动机研究中还有两个重要的分类框架:马斯洛的需要层次论和 Iso—Ahola 的逃避—寻求二分法。

资料来源:张宏梅,陆林.近 10 年国外旅游动机研究综述.地域研究与开发[J],2005,24(2):60—64.

第三节　旅游兴趣

兴趣能帮助我们在知觉事物时排除毫不相干或无足轻重的部分,游客的兴趣与旅游知觉的选择密切相关,游客所感兴趣的往往能成为知觉的对象。此外,由于个人需要和兴趣在不断变化,以前被忽视的因素也可能重新被引起注意。

一、什么是兴趣

兴趣是人们对事物的一种特殊的认识倾向,也是一个人对一定事物所抱有的积极态度。兴趣的产生和发展以需要为基础,有了兴趣的参与就容易形成购买动机或强化已经形成的购买动机,因此,兴趣也是消费者购买活动的强有力的动机因素之一。

1.兴趣的概念及类型

兴趣是人们力求认识、探究某种事物的心理倾向。每个人都会对他感兴趣的事物给予优先注意和积极探索,并表现出心驰神往。如对绘画感兴趣的人,就把注意力倾向于绘画,在言谈话语中也会表现出心驰神往的情绪。兴趣是一个人对客体的选择性态度,是在需要的基础上形成的,当需要得到满足时,就产生情绪的快感。然而,兴趣不只是对事物的表面的关心,任何一种兴趣都是由于获得这方面的知识或参与这种活动而使人体验到情绪上的满足而产生的。一个人如果对旅游感兴趣,他就会积极主动地寻找机会去参加,而且在旅游时感到愉悦、放松和快乐,表现出积极且自觉自愿的心理。兴趣是受社会因素制约的,不同环境、不同职业、不同文化层次的人,其兴趣不同。人们的兴趣也受所处环境的影响和制约。有时兴趣也受遗传因素的影响,而年龄的变化、时代的变迁也会对兴趣产生直接影响。

人的兴趣是各种各样的,可以按不同的标准加以分类,主要有以下几种分类:

根据兴趣的内容,可以把兴趣划分为物质兴趣和精神兴趣。根据兴趣时间的长短,可以分为短暂兴趣和稳定兴趣。短暂兴趣是和某种活动紧密联系的兴趣,它产生于活动中,并随着某种活动的结束而消失;稳定的兴趣具有稳定性,它不会因活动结束而消失。根据兴趣的倾向性,可以划分为直接兴趣和间接兴趣。直接兴趣是由事物或活动本身引起的兴趣;间接兴趣是指对活动结果的兴趣。对旅游者而言,直接游兴是景物的形象和知名度,如黄山、长城,以及特定旅游活动,如探险、放风筝引起的兴趣;间接游兴是受别人感染影响而引起的兴趣,如导游的讲解、同团游客的影响等。

2.兴趣的作用

兴趣一旦形成,总是伴随着积极的、肯定性的情感,人的各种需要是兴趣产生和发展的基础。兴趣是在需要的基础上,在社会实践过程中形成和发展起来的,兴趣成为人们从事各种活动的一种强劲的动力。兴趣对活动的作用一般有三种情况:对未来活动的准备作用;对正在进行活动的推动作用;对活动的创造性态度的促进作用。

(1)对未来旅游活动的准备作用

旅游者一旦对某一旅游目的地产生兴趣,就会主动搜集有关这一目的地的信息,为购买该旅游产品奠定基础。如对于出国旅游感兴趣的人就会激励他积累各种关于如何办理出国旅游、国外风情及旅游景点等方面的知识,为将来出国做准备、打基础。

(2)对正在进行的旅游活动的推动作用

兴趣是一种具有浓厚情感的志趣活动,使旅游者集中精力去获得旅游产品和服务,并带着饱满的热情去享受当前的活动。因为旅游者一旦对某旅游产品产生兴趣,便会形成对该产品的积极的情感,并发展为积极态度。

(3)对旅游活动的创造性态度的促进作用

兴趣会促使人们进行钻研,创造性地开展活动,旅游者的浓厚兴趣可以激发旅游企业,在旅游方式、旅游活动的类型、旅游产品、旅游营销等方面进行创新,从而吸引更多的旅游者。而且兴趣一旦稳定,便会形成偏好和特殊信任,从而促使旅游者重复购买。

二、兴趣的特点

1.兴趣的品质特征

兴趣的广度:这是指兴趣范围的大小而言。有些人对新鲜事物十分敏感,对什么事都发生兴趣;有些人则把自己局限在一个小天地里,兴趣范围较狭窄。

(1)兴趣的中心

这是指在广泛兴趣的基础上要有一个中心的兴趣。多方面的兴趣只有在与某个中心兴趣相结合的情况下,才是一个珍贵的品质。

(2)兴趣的稳定性

一个人必须有持久的、稳定的兴趣,才能经过长期的钻研,获得系统而深刻的知识。有些人有多种多样的兴趣,但是不能持久,一种兴趣迅速地被另一种兴趣所代替。这种见异思迁的人,难以有多大的成就。

(3)兴趣的效能性

这是指兴趣对活动能够产生效果的大小而言。有的人的兴趣只停留在期望和等待的状态中,不能促使人去积极主动地努力满足这种兴趣。这种兴趣缺乏推动的力量,不能产生实际的效果。有的人的兴趣则不然,它能推动一个人去积极活动,能产生实际的效果。

(4)兴趣的倾向性

这是指一个人的兴趣所指向的是什么事物。兴趣总是指向具体对象及其具体内容。由于兴趣的倾向性的不同,人与人之间会出现很大的不同,如有的旅游者对自然山水感兴趣,有的旅游者对人文旅游资源感兴趣。

2.旅游者兴趣的特点

(1)不同兴趣的旅游者对不同的事物感兴趣

由于职业、年龄、文化背景等方面的差异,不同的旅游者感兴趣的内容不一样。有的旅游者对名山大川等自然景观感兴趣,有的旅游者对文化古迹等人文景观感兴趣;有的人喜欢购物旅游,有的人喜欢探险旅游,有的人喜欢自助游等。不同的旅游者对旅游商品的兴趣也各有侧重。外国旅游者感兴趣的在华旅游商品主要是有地方特色的纪念品、工艺品和服装、丝绸;中国香港旅游者感兴趣的旅游商品主要是食品、茶叶;中国澳门旅游者感兴趣的旅游商品是纪念品、工艺品和食品、茶叶等。

（2）不同的旅游者对同一事物感兴趣的程度不同

对于同一事物，有的旅游者很感兴趣，甚至到了痴迷的程度；有的旅游者可能兴趣不大。如西方国家的游客对于中国的京剧很感兴趣，而日本人和韩国人对此就没有非常浓厚的兴趣。兴趣可分为积极的兴趣和消极的兴趣。有的人的兴趣只停留在期望和等待的状态中，不能促使人去积极主动地努力满足这种兴趣。这种兴趣缺乏推动的力量，不能产生实际的效果。有的人的兴趣则不然，它能推动一个人去积极活动，它能产生实际的效果。精神饱满、游兴很高，并不时产生新的游兴，这是旅游活动成功的基本条件。

3. 旅游者兴趣特点形成的影响因素

（1）社会生活条件方面的差异

旅游者生活在不同的社会环境、家庭环境、教育环境中，他们的生活方式和生活条件各不相同，因此其兴趣爱好也就有所不同。如出身文学世家的人，从小受到文化的熏陶，在旅游过程中自然对旅游目的地的文化内涵更感兴趣。

（2）实践活动方面的差异

每个人的职业、阶层不同，他们在实践活动中所接触的事物也不一样。如建筑师可能接触建筑方面的知识比较多，使其对建筑学的兴趣容易形成和巩固。假如一位外国的建筑师到中国旅游，必然会对我国各地不同特色的民居建筑感兴趣。

（3）所掌握的知识与技能方面的差异

旅游者具有不同的兴趣与他们掌握的知识和技能有关。如果他们不具备某方面的知识，就可能不容易产生这方面的兴趣。如果旅游者不懂上海话，可能会对沪剧不感兴趣。

三、兴趣对旅游行为的影响

人们一般对过去经历过并获得成功结果的事情易发生兴趣；对抱有成功希望的事情容易发生兴趣；对符合本人能力水平的活动容易产生兴趣；新颖的、能引起好奇和注意的事物易引起兴趣。旅游者对旅游目的地感到新颖而又无知时，最能诱发好奇内驱力，激起求知、探究、操作等意愿。

1. 推动个体进行旅游活动的重要动力

兴趣是人们积极探究某种事物或从事某种活动的意识倾向，这种倾向是和一定的情感体验联系着的。兴趣首先引起旅游者对旅游信息的关注。如对旅游感兴趣的人会对旅游广告敏感，甚至会主动寻求旅游广告信息。一位打算去上海旅游的人，对上海的有关信息特别敏感。经常乘坐飞机的游客比不经常乘坐飞机的游客更加关注航班和票价的变化等。

在旅游者购买行为中,注意和兴趣是两种密切相关的心理活动。兴趣是动机中最活跃的成分,是人们从事某种活动的强大动力之一,有着重要的地位。在旅游活动中不但个体的直接兴趣得到满足,而且还会发展出更多的对旅游活动的间接兴趣,如旅游者在进行海滨度假时,可以享受海浪、阳光、沙滩,这些都使个体感到满足和舒适,就会进一步激发他们以后从事旅游活动的动机。

对于旅游者来说,在旅游过程中,一定要真正从心理上超脱于日常生活中功利的、伦理的、社会的考虑,超然物外,独立地、自由地进入审美境界,才能提高游兴,尽情地享受美,真正获得观赏景观的愉悦;只有暂时切断与紧张、繁琐的日常生活和工作的关系,暂时摆脱烦恼和不愉快的心情,才能在旅游中获得新的心理平衡,获得审美带来的欢快。

2.影响旅游者的认知选择

兴趣影响旅游者的知觉选择。旅游者通常把自己感兴趣的事物作为知觉对象,而把那些和自己兴趣无关的事物作为背景,或干脆排除在知觉之外。普陀山有"海天佛国"之称,但旅游者的知觉印象并不一定符合这四个字的评价。对天空、海洋感兴趣的旅游者可能更多地感知海与天,对佛教感兴趣的旅游者可能更多地感知寺院。"上有天堂,下有苏杭"。杭州有"人间天堂"的美誉,尤其是西湖,苏轼比它为西子,让人想见其绝世风华。但别的旅游者未必有苏轼同样的感触。旅游者观光山水的兴趣不一样,他们对知觉对象的选择及留下的知觉印象也就会不一样。[①] 旅游者的不同兴趣,决定着旅游知觉选择上的差异。

而且,兴趣会使旅游者的旅游认知更深入。如对传统文化感兴趣的人不会单纯地把人文景观的观赏看作放松娱乐,而是当成一次学习的机会,对认知对象更加深入地了解。

总之,了解旅游者的兴趣特点,对提高旅游者的游兴,扩大旅游客源有重要的意义。人的兴趣具有能动特点,存在转移性和变化性。因此,对于资源的讲解要善于挖掘其内涵和特征,以调动游客的直接兴趣,更重要的是借助语言的工具组织激发游客的自觉兴趣。通过讲解让游客通过联想、移情欣赏等心理活动使外界的景观变成旅游者美的享受。

◆ 案例驿站 3.3

特殊兴趣将成未来旅游新趋势
——访加拿大艾伯塔省旅游局亚太区业务总监莫莉

10 年 20 年前,整个世界的旅游现状是团体观光,走马观花,留影购物。但随着资讯的发达,游客可以轻易在网上获取资讯,三五好友出行变得越发普遍。莫莉女士认为,出于特别兴趣的旅游将成为未来新趋势。

---

① 马莹.旅游心理学[M].北京:中国轻工业出版社,2002.

　　未来游客的出行目的将不再局限于观光购物,旅游市场细分愈发明显。想学瑜伽的人或许会选择到印度旅游,喜欢泰国菜的人或许会选择到泰国学习,在博客上发布信息之后,拥有共同兴趣而互不相识的同好者相约出游,从不相识到相识,不受社交圈子的规限。

　　莫莉女士认为,中国对外开放处于一个比较微妙的节点,既是团体旅游的兴盛期,同时也处于市场细分的时间点之上。因此对中国来说,这种特殊兴趣的新趋势将是一个拥有巨大潜力的市场。目前中国通过推出旅游消费券借以扩大内需,莫莉女士十分赞赏这一做法,在加拿大,联邦政府也有类似的消费券,但只限于住房、健康等方面,暂时还没有在旅游领域出现。

案例来源:吴津柳.特殊兴趣将成未来旅游新趋势[N].环球旅讯,2009-17-04.

◆ **本节相关知识链接**

旅游者游兴的激发

　　兴趣就其内容而言有转移性的特点,就其程度而言具有增减性。激发旅游者的兴趣就是设法使旅游者对旅游活动的内容感兴趣。激发旅游者游兴的方法,主要有直观形象法与语言激励法。

　　直观形象法就是借助形象去调动旅游者旅游兴趣的方法。兴趣一般与新奇联系在一起,平淡的东西不太具有吸引力,因此被借助的视觉形象必须是新鲜的、奇特的。导游员在利用新奇事物激发旅游者的游兴时,一是要避免游览内容的重复。如安排过多的寺庙游览,虽然寺庙各有特色,但对不熟悉东方文化的西方游客而言,庙庙相同,以致感到扫兴。二是要注意运用同旅游者生活环境相异的事物。地域与文化的差异造就了旅游者对异域的新奇感。那些看起来极平常的事物,如在饭店门口迎候客人的新郎新娘、被刷上石灰的树木等,却会吸引西方游客的注意。

　　语言激励法就是通过导游员生动有趣的语言激发旅游者的游兴。有些景物,在直观形象上不会引起游客的很大兴趣,却可以通过导游员准确而生动的讲解,逗引游客的游兴。

资料来源:夏林根.旅行社经营管理[M].福州:福建人民出版社,2002:192-193.

◆ **本章小结**

1. 本章结语

旅游需要产生旅游动机,旅游动机又是激发旅游行为及其心理效果的重要心理因素之一。兴趣能帮助我们在知觉事物时排除毫不相干或无足轻重的部分,游客的兴趣与旅游知觉的选择密切相关,游客所感兴趣的事物常能成为知觉的对象。此外,由于个人需要和兴趣在不断变化,以前被忽视的因素也可能重新被引起注意。

旅游需要、旅游动机、旅游兴趣与旅游决策关系密切。旅游动机是支配旅游行为最基本的驱动力,而旅游动机产生于旅游者的需要。由于旅游者的需要各不相同,由此产生的旅游动机也各不相同,所支配的旅游行为也是多样的,从而促使旅游业持续发展。通过旅游心理学研究旅游行为动机,目的在于深入了解人们的旅游原因以预测旅游业的发展和引导旅游者行为,争取招徕更多的旅游者参加旅游活动。

2. 本章知识结构图

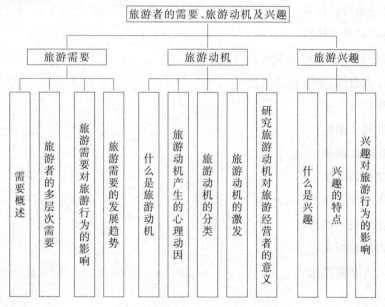

3. 本章核心概念

需要　旅游需要　需要层次理论　动机　旅游动机　兴趣

◆ **实训练习**

1.通过小组形式展开讨论,做一份有关《"无景点旅游"在各地悄然兴起》案例的研究报告。

2.以小组为单位设计一份旅游动机调查问卷表,对本地居民的出游动机进行调查,并进行数据分析,撰写调查报告。(附调查样卷如下)

旅游动机调查样卷

下面问题是请问您来永安渔港游玩的动机,请依据您对每个问项的同意程度加以勾选。

非常不同意＜1　2　3　4　5＞非常同意

1.远离群众使身心放松与休息　□□□□□

2.打发时间避免无聊　□□□□□

3.逃避规律及例行事物　□□□□□

4.脱离噪音与拥挤　□□□□□

5.增进身体健康　□□□□□

6.慕名而来,满足好奇心　□□□□□

7.品尝当地海鲜佳肴　□□□□□

8.体验渔村风土民情　□□□□□

9.因购买新鲜鱼货而前来永安渔港　□□□□□

10.接近大自然,享受自然美景　□□□□□

11.欣赏日落夕照　□□□□□

12.观赏码头渔船　□□□□□

13.参观彩虹拱桥　□□□□□

14.享受垂钓之乐　□□□□□

15.工作或课业需求　□□□□□

16.增进朋友间的感情　□□□□□

17.认识新的朋友　□□□□□

18.与家人共聚欢乐　□□□□□

受访者资料:

1.性别:□男　□女

2.年龄:

　□20 岁以下　□20～30 岁　□30～40 岁　□40～50 岁　□50～60 岁　□60 岁以上

3.职业:

　□文教卫新闻出版人员　□服务业　　□学生　□农　　□自由业　□退休

□商贸服务人员　　　　□公司职员　　　□渔　　□家管　□工

□企事业管理人员　　　□专业技术人员　　□其他＿＿＿＿

4. 教育程度：□小学及以下　□初中　□高中　□专科　□大学　□硕士及以上

5. 请问您曾经参加过下列何种休闲渔业之相关活动？（可多选）

□矶钓、海钓　　　　　　□渔村民俗活动　　　　□海上赏鲸

□海岛观光旅游　　　　　□体验性渔捞作业活动　□海洋主题博物馆参观

□渔产直销中心观光购物　□渔港海鲜品尝　　　　□海水浴场戏水、游泳

□其他＿＿＿＿　　　　　□从没参加过

6. 请问您预定在永安渔港停留多久时间？□半天　□一天　□一天以上

7. 请问与您一同前来的伙伴？

□个人　　　　　　□家人、亲戚　□同学、同事、朋友　□旅行团

□社团团体旅游　□公司、机关团体　□其他＿＿＿＿

8. 婚姻状况：□已婚　□未婚

9. 来本地区旅游的运输工具

□机车　□自有轿车　□团体游览车　□客运巴士　□火车　□其他＿＿＿＿

10. 每个月的收入：□1千以下　□1千～2千元　□2千～5千元　□5千～8千元

□8千元以上

11. 您的旅游费用为：

□1千元　□1千～2千元　□2千～5千元　□5千～1万元　□1万以上

◆ **本章试题与知识训练**

一、单项选择

1. 人总是先满足最基本的生活需要，而后是满足社会和精神需要，这说明需要具有（　　）。

A. 对象性　　　　B. 层次性　　　　C. 驱动性　　　　D. 发展性

2. 人的生理需要的社会保障是（　　）。

A. 安全需要　　　B. 社交需要　　　C. 成就需要　　　D. 尊重需要

3. 选择故地重游或去著名旅游区的旅游者是为了满足其（　　）。

A. 多样性需要　　B. 单一性需要　　C. 稳定性需要　　D. 复杂性需要

4. 为了提升个人的地位或者声望而外出旅行是出自(　　)。

A. 购物动机　　　B. 业务动机　　　C. 交际动机　　　D. 文化动机

5. 旅游者到苏州参观著名的苏州园林,到古都西安参观秦始皇陵、兵马俑、博物馆等地旅游出于(　　)。

A. 文化动机　　　B. 业务动机　　　C. 交际动机　　　D. 健康动机

6. 在现代社会,人们为了摆脱紧张、单调、烦闷的城市生活,利用假期到风景优美、宁静舒适的森林、海滩、温泉、乡村等地休闲放松是出于(　　)。

A. 文化动机　　　B. 健康动机　　　C. 交际动机　　　D. 业务动机

7. 根据兴趣的内容,可以把它们分为物质兴趣和(　　)。

A. 精神兴趣　　　B. 高尚兴趣　　　C. 间接兴趣　　　D. 直接兴趣

8. 兴趣所指向的客观事物和活动的具体内容是指兴趣的(　　)。

A. 倾向性　　　　B. 广泛性　　　　C. 指向性　　　　D. 集中性

二、填空

1. 需要是个体在一定条件下感到某种_____而力求获得满足的一种_____。

2. 旅游者的社会性需要主要表现在_____需要和_____需要两个方面。

3. 旅游者的精神性需要主要有认识_____、增加_____和体验、追求美以及_____等的需要。

4. 旅游行为的社会限定因素包括经济因素和_____因素。

5. 旅游动机的产生必须具备两个方面的条件:一是个体的内在条件,即_____;二是外在条件,即_____。

6. 动机是激励人们行动的_____。根据动机在活动中所起作用的大小分为_____和_____。

7. 兴趣是人们力求_____、_____某种事物的心理倾向。旅游者兴趣的特点主要表现在_____和_____两个方面。

8. 旅游者兴趣的倾向性还可以分为_____和_____两种。

9. 旅游者兴趣形成条件主要包括_____、_____、_____。

三、简答

1.怎样理解单一性和多样性需要的平衡？旅游活动对调节人的生活在单一性和多样性需要之间的平衡有什么作用？

2.简述马斯洛的需要层次论。

3.罗伯特·麦金托什将旅游动机分为哪几种？

4.简述日本学者田中喜一所归纳的四类旅游动机。

5.简述激发旅游动机的主要措施。

第 四 章

旅游者的个性心理特征

学习目标

知识要点：掌握个性的概念，了解个性形成的原因及特点，理解气质、能力、性格的含义，掌握不同类型旅游者的气质、性格特点，掌握个性对旅游者行为的影响。

技能训练：以小组为单位，依据旅游者个性与旅游之间的关系调查，寻找个性对旅游营销及旅游产品设计的影响。

能力拓展：用"个性与旅游服务"为主题，讨论旅游服务人员应如何把握旅游者的个性特点以提供优质服务。

引 例

游客类型的划分

导游员小何向赵先生请教气质问题。赵先生介绍说，所谓气质就是人们表现在行为举止中的典型而又稳定的特点，一般分成胆汁质、多血质、粘液质和抑郁质四大类型。为了让小何明白，赵先生举了一个"带团去南京玄武湖"的例子来说明一下。

上了凌洲，过了桥，草坪上有两条用草木花卉做成的龙，簇拥着一颗也是用花卉做成的宝珠，这叫"二龙戏珠"。草坪周围有竹子做的篱笆墙，篱笆墙有膝盖那么高，朝南京城的那个方向有一个缺口，差不多有十米吧。草坪上插着一块牌子，上面写着"严禁入内"。但是在"二龙戏珠"处已经有些人在拍照，仔细观察你就会发现那些想拍照的游客有四种不同的表现。

第一种游客行动最迅速，一下子就从篱笆上跳过去，跑到"二龙戏珠"前面去拍照，他

们属于胆汁质;第二种游客不那么冲动、冒失,但是他们很灵活,跨过篱笆,走到"二龙戏珠"前面去拍照,他们属于多血质;第三种游客做事求稳妥,不怕绕远,从篱笆墙的缺口绕进去拍照,他们属于粘液质;第四种游客也不跳,也不跨,也不绕,留在原地,就在篱笆的外面拍照,或者干脆不照,他们属于抑郁质。

"四分法"对导游员与客人的个别交往比较有效。但从带整个旅游团来说,气质类型的"二分法"更为实用。"二分法"就是简单的分为"内向型团队"和"外向型团队"。

若你带团去爬长城,不考虑身体方面的原因,第一次上长城的游客常会分成两部分:一般很快就走到前面去的是外向型的,慢慢地走在后面的是内向型的。需要注意的是,要以客人所到达的高度为标准,而不以客人爬长城的速度为标准。当然,也要考虑旅游团有没有出现"帮派",有"帮派"时,不太容易看出客人的气质。要比较准确地判断客人的气质类型,就需要从多方面来进行考察。

案例引发的问题:你认为游客的类型应该怎么划分呢?

案例引发的问题:客人的类型到底该怎么划分呢?

资料来源:阎纲.导游实操多维心理分析案例[M].广州:广东旅游出版社,2003:266.

第一节 个性概述

人格,也就是心理学中所说的个性。这一词来源于拉丁语 persona,是指演员舞台上戴的面具,代表剧中人的身份。后来被心理学引用,把人在人生舞台上扮演的角色行为,看成是人格(个性)的表演。以后,人格这一概念在心理学、社会学、文化人类学的研究中被赋予了新的含义,但心理学家因为研究角度不同,各派的观点也不一致。

一、个性的概念

个性,也称人格。在心理学范畴,个性是指一个人与他人相区别的、比较稳定的心理特征的总和。个性是以个体遗传素质为基础,以社会环境为条件,通过社会实践活动逐渐形成和发展起来的。由于每个人在生理及遗传特性上的差异,所处的时代、环境及所受到的教育不同,形成的心理过程和个性特征也就有差异。个性表现的是一个人基本的精神面貌,人与人之间表现的不同的心理活动和社会行为方式就是个性不同的结果。

二、个性的特征

个性是一种心理现象,客观存在于每个人身上,表现为一个人所特有的精神面貌。

一般认为,个性具有差异性、稳定性与整体性三个特征。

1. 个性的差异性

每个人拥有的先天素质、所处的社会条件以及社会交往都不相同,造就了个体独特的风格、独特的心理活动和独特的行为活动。这种差异会影响旅游者的消费决策。比如在旅游目的地的选择上、旅游项目的确定上、旅游商品的购买上都会有所表现。

2. 个性的稳定性

个性是指某人在较长时期的社会实践中,不断适应或改变客观世界而经常表现出来的个性心理,不是特指某一时刻心理现象的表现,因而个性心理是比较稳定的。由于个性的稳定性,旅游业经营者可依据旅游者的个性归类,细分旅游消费者市场,设计推出适合不同个性群体的旅游产品。

个性的稳定性反映在其自然性和社会性两方面。人们与生俱来的生理特点、心理倾向,气质等,是稳定的,几乎没有变化的;但是在个性发展的社会性方面个性的形成会受到社会历史条件等的影响。随着环境的变化、年龄的增长和实践活动的参与,旅游者的个性会有不同程度的改变,同时,重大事件和环境的突变也会引起一个人个性的改变。因此,个性的稳定性是相对的。

3. 个性的整体性

心理活动的各方面特点相互联系、相互制约、协调一致形成一个综合体。任何个性的人在认知、情感、意志各方面都会表现出相互协调的特点,这就是个性的整体性。

三、个性的内容

个性心理包括两方面内容,即个性倾向性和个性心理特征。

个性倾向性是个体个性结构中最活跃的因素,它决定着人对现实的态度,决定着人对认识活动的趋向和选择。包括需要、动机、兴趣、理想、信念、世界观等。个性倾向性的各个成分是相互联系、相互影响和相互制约的。其中,需要是个性倾向性的源泉,在需要的推动下,个性得到塑造和发展。动机、信念和世界观都是需要的表现形式。世界观居于最高层,它制约着人的思想倾向和心理面貌,是个体言论和行动的总动力和总动机。个性倾向性是以人的需要为基础的动机系统。

个性心理特征是指在个体身上经常表现出来的、比较稳定的心理特点。主要包括能力、气质和性格;个性心理特征受个性倾向性的调节,其变化也会在一定程度上影响个性倾向性。个性是一个统一的整体结构。

四、影响个性形成的因素

在一个人的人生发展历程中有许多因素会影响到个性的发展,个性的塑造是先天与后天因素共同作用的结果。研究表明,个性是环境与遗传交互作用的产物。在个性形成过程中,生物遗传是个性的基础,社会文化对个性有决定作用。

1.生物遗传因素

所谓生物遗传因素是指个体与生俱来的生理特征,具有较强的稳定性,它构成了一个人个性发展的基本前提。遗传因素不预先决定人的个性的发展,但人的个性却是遗传因素为基础而形成的。如一个天生体弱多病的人,一般意志比较薄弱;一个生理上有缺陷的人容易产生自卑感,一个生来聪明伶俐的人会形成活泼可爱的个性等。

双生子的研究被许多心理学家认为是研究个性生物遗传因素的最好办法,并提出了双生子的研究原则:同卵双生子具有相同的基因形态,他们之间的任何差异就都可以归于环境因素造成的。而异卵双生子虽然基因不同,但在环境上有许多相似性,如出生顺序、母亲年龄等,因此也提供了环境控制的可能性。系统研究这两种双生子,就可以看出环境对基因的影响,包括不同环境对相同基因的影响和相同环境下不同基因的表现。

研究结果表明:遗传是个性不可缺少的影响因素,但遗传因素对个性的作用程度因个性特征的不同而不同。在智力、气质等与生物因素相关性较大的特征上,遗传因素较为重要;在价值观、信念、性格等与社会因素关系紧密的特征上,环境因素更重要。个性发展过程是遗传与环境交互作用的结果。

2.环境因素

环境是指人出生后所处的社会环境,如社会历史条件、学校教育、家庭环境等因素。它们对一个人个性发展的内容、方向、水平等构成影响,同时使生物遗传所提供的潜能转化为现实。

(1)社会文化因素

社会文化塑造了社会成员的个性特征,使成员的人格结构朝着相似的方向发展,这种相似性具有维系社会稳定的功能。人从出生,就置身于社会文化之中并受社会文化的熏陶与影响,社会文化对个性的影响伴随着人的一生。社会对个性的影响力因文化不同而不同,一般来说,社会对顺应的要求越严格,其影响力就越大。影响力的强弱也与其行为的社会意义的大小有关,不太具有社会意义的行为,社会允许的变异较大;在社会功能上十分重要的行为,社会允许的变异就小,而社会文化的制约作用表现突出。

社会文化具有塑造个性的功能,不同社会文化的民族有其固有的民族性格,不同的地域有着不同的文化传统,不同的文化发展时期有着不同的文化认同。

◆ **案例驿站 4.1**

三个原始部落的性格与气质

玛格丽特·米德(1901—1978),美国人类学家、心理学家,1929 年对新几内亚三个原始部落进行了研究。研究认为,来自于同一祖先的不同民族由于文化不同产生了不同的性别角色和气质;它们的文化支配着男人产生好斗或温顺的性格,鲜明地体现了社会文化对个体的影响。

居住在山丘地带的阿拉比修族,崇尚男女平等的生活原则,成员之间互相友爱、团结协作,没有恃强凌弱、没有争强好胜,一派亲和景象。居住在河川地带的孟都古姆族,生活以狩猎为主,男女间有权力与地位之争,对孩子处罚严厉。这个民族的成员表现出攻击性强、冷酷无情、嫉妒心强、妄自尊大、争强好胜等人格特征。居住在湖泊地带的张布电族,男女角色差异明显,女性是这个社会的主体,她们每日操作劳动,掌握着经济实权。而男性则处于从属地位,其主要活动是艺术、工艺与祭祀活动,并承担孩子的养育责任。这种社会分工使女人表现出刚毅、支配、自主与快活的性格,男人则有明显的自卑感。

案例来源:http://baike.baidu.com/view/295348.htm(百度百科网站)

社会文化对后天的个性特征的形成与发育具有重要的作用,如性格、价值观等。社会文化因素决定了个性的共同性特征,它使同一社会的人在个性上具有一定的相似性,如民族性格等。

(2)家庭环境因素

家庭是社会的细胞,家庭不仅具有其自然的遗传因素,也有社会的遗传因素。其社会遗传因素主要表现为家庭对子女的教育。

家庭虽然是一个微观的社会单元,但它对人格的培育起到了至关重要的作用。父母们按照自己的意愿和方式教育孩子,使他们逐渐形成了某些人格特征。孩子的人格是在与父母持续相互作用中逐渐形成的,富于感情的父母将会示范并鼓励孩子采取更富情感性的反应,因此也加强了孩子的利他行为模式而不是攻击行为模式。孩子的个性就是在父母与他们的相互磨合中形成的,孩子在批评中长大,学会了责难;敌意中长大,学会了争斗;虐待中长大,学会了伤害;支配中长大,学会了依赖;干涉中长大,被动与胆怯;娇宠中长大,学会任性;否定中长大,学会了拒绝;鼓励中长大,增长了自信;公平中长大,学会了正义;宽容中长大,学会了耐心;赞赏中长大,学会了欣赏;关爱中成长,学会爱别人。

民主型教养方式,父母与孩子在家庭中处于一个平等和谐的氛围中,父母尊重孩子,给孩子一定的自主权,并给予孩子积极正确的指导。这种教育方式使孩子形成了一些积极的个性品质,如活泼、快乐、直爽、自立、彬彬有礼、善于交往、富于合作、思想活跃等。因此说,家庭是社会文化的媒介,它对人格具有强大的塑造力。其中,父母教养方式的恰当会直接决定孩子个性特征的形成。父母在养育孩子的过程中,表现出了自己的个性,并有意无意地影响和塑造着孩子,形成家庭中个性的社会遗传性。

(3)学校教育因素

学校教育对适龄儿童的人格形成具有重要的作用。学校的生活扩大了儿童的生活范围,丰富了他们的活动内容,他们也有了更高的要求与更为实际的工作任务。在传授知识的课堂教学中,训练学生习惯于系统的和明确目的的学习,在克服困难的过程中培养勇敢、顽强、坚定的性格特征。

良好的班风对学生形成积极性、主动性、独立性和自觉纪律性等优良的个性特征也有重要影响。集体活动的生动性、趣味性与灵活性,促使学生形成好奇、探究、活泼、开朗的个性。

教师是学生学习的榜样,教师态度在学生人格形成中起着极为重要的作用。研究表明:教师的态度是专制的,学生表现为情绪紧张、冷淡、带有攻击性、自制力很差;教师的态度是民主的,学生表现为情绪稳定、积极、态度友好、有领导能力;教师的态度是放任的,学生表现为无组织、无纪律、自由散漫。同时,教师的全部行为和整个人格也会影响学生。高尚的人格,如思想进步、强烈的责任心、富有同情心、谦虚、朴素等,会对学生产生积极而深刻的影响;消极的人格,如粗暴、自私、神经质等,会对学生产生自暴自弃、不求上进等不良影响。

3. 自我调控因素

生物遗传因素和环境因素是个性培养的外因,而人格的自我调控系统就是个性发展的内因,外因通过内因起作用。

个性调控系统是以自我意识为核心的。自我意识是人对自身及对自己与客观世界的关系的意识,具有自我认知、自我体验、自我控制三个子系统。自我调控系统具有对个性的各个成分进行调控,保证个性的完整、统一与和谐的作用,属于个性中的内控系统或自控系统。

自我认知是对自己的洞察和理解,包括自我观察和自我评价。自我评价是自我调节的重要条件;自我观察是对自己的感知、期望、行为以及人格特征的评价和评估。准确地认识自我,客观地评价自己,是自我调节和完善个性的重要途径之一。

自我体验是自我意识在情感上的表现,是伴随自我认识而产生的内心体验。自我体验的调节作用体现在它可以使自我认识转化为信念,并指导其言行;而且自我体验还能够伴随自我评价,激励积极向上的行为或抑制不当行为。

自我控制是自我意识在行为上的表现,是实现自我意识调节作用的最终环节。当个体认识到社会要求后,会力求使自己的行为符合其社会准则,从而激发起自我控制的动机,并付诸行动。自我控制包括自我监控、自我激励、自我教育等成分。

4. 社会实践

社会实践是个性形成和发展的主要途径。在社会实践活动中,个体扮演特定的社会角色,承担一定的社会责任。从而促使个体形成符合社会要求的态度体系、行为方式、工作与生活能力等,即形成自身独特的个性。而认知、智力、能力、自我评价、成就动机等个性因素,也只有在社会生活实践中,才能形成和发展,并最终接受社会的检验。

◆ **本节相关知识链接**

《卡特尔十六种人格因素测验》(*Cattell Sixteen Personality Factors Questionnaire*,简称 16PF)是由美国伊利诺州立大学人格及能力测验研究所(Institute of Personality and Ability Testing)的卡特尔教授所编制的人格测试量表,其主要功能是对个体的人格因素作出分析,从 16 个方面描述个体的人格特征。这 16 个因素分别为:乐群性(A)、聪慧性(B)、稳定性(C)、恃强性(E)、兴奋性(F)、有恒性(G)、敢为性(H)、敏感性(I)、怀疑性(L)、幻想性(M)、世故性(N)、忧虑性(O)、实验性(Q1)、独立性(Q2)、自律性(Q3)、紧张性(Q4)。

除直接测量这 16 种人格特征外,卡特尔教授等人通过二阶因素分析,还获得 4 个二阶因素,这 4 个二阶因素实质上是比 16 种人格因素高一层次的人格类型因素,称为次元人格因素或双重人格因素。具体为:适应与焦虑型(X1)、内向与外向型(X2)、感情用事与安详机警型(X3)、怯懦与果敢型(X4)。

近年来,卡氏等详细分析各职业部门,各种生活问题者人格因素的特征和类型后,运用特殊公式演算法来预测个体在某种情境中的行为特征,主要有以下几种:心理健康因素(Y1)、专业而有成就者的人格因素(Y2)、创造能力强者的人格因素(Y3)、在新的环境中成长能力强者的人格因素（Y4）等。

资料来源：http://www.psych.gv.cn/tesots/testsdetail.asp？id＝6（中国心理网心理测评中心）

第二节　旅游者的个性与旅游行为

现实的心理活动总是在一定的个体身上发生的，个性是个体带有倾向性的、本质的、比较稳定的心理特征的总和，本节通过对旅游者个性心理倾向和个性心理特征的研究，分析影响旅游消费行为的因素，更好地理解旅游者的消费行为，对旅游者的旅游消费进行预测和引导。

一、旅游者的气质

1.气质的概念

气质是一个人心理活动的稳定的动力特征。心理活动的动力特征是指心理过程的强度和心理活动的指向性等方面的特点。日常生活中常说的秉性、性情、脾气等都是气质的通俗说法。气质影响个体的活动。具有某种气质的人，会在内容完全不同的活动中显示出相同的动力特征，使某个人的整个心理活动都具有了个人的色彩。

气质是指个人在获取其目标时的行动风格与节奏，但气质不能决定人的社会价值，也不直接包含社会道德评价含义。任何一种气质类型的人都既可以成为品德高尚、有益于社会的人，也可能成为道德败坏、有害于社会的人。气质也不能决定一个人的成就，任何气质的人只要经过自己的努力都能在不同实践领域中取得成就，也可能成为平庸无为的人。

心理学研究表明，人生来就会表现出某些气质特征。如有些婴儿安静、平稳、害怕生人；有些婴儿好动、喜热闹、喜欢生人。一个人的气质类型和气质特征是相当稳定的。托马斯等研究发现，许多儿童气质的原始特征常在随后的20多年的发展中持续着。但是，气质在生活和教育条件影响下也会发生缓慢的变化，以适应社会实践的要求。可见，气质既有稳定的一面，又有可变的一面，因此气质的稳定性是相对的，动态发展的。

2.气质学说

人的气质一直受到许多学者的关注，学者们在定义气质时各有所侧重，有着重个体情绪方面的，有强调气质的生理因素的，还有的重视个体动作的反应特征。下面的几种气质学说观点较有影响力。

（1）气质阴阳说

中国古代《黄帝内经》中的医学理论中包含着丰富的有关气质的论述。《黄帝内经》

根据人体阴阳之气的比例将人分为：太阴之人、少阴之人、太阳之人、少阳之人、阴阳平和之人；并运用五行学说将人分为木、火、土、金、水5种类型，再根据五行划分出1个主型和4个血型，共得出25种类型。阴阳五态人和阴阳25型人的分类，不仅是观察的结果，也是我国古代哲学原理的发挥，就其内容的丰富和细致来说，完全可以与西方气质理论相媲美。

（2）气质体液说

古希腊医师希波克拉底（公元前460－公元前377）的体液说，认为人体内有四种液体：黏液、黄胆汁、黑胆汁、血液。因四种体液的配合比例不同，形成了四种不同类型的人。约500年后，古罗马医师盖仑进一步确定了气质类型，提出了人的四种气质类型：胆汁质、多血质、粘液质和抑郁质。

德国哲学家康德认为，气质分为两层，首先分为感情的气质和行动的气质，每一种气质又与生命力的兴奋和松弛相结合，进一步分为四种单纯的气质：开朗的多血质，沉稳的抑郁质，热血的胆汁质，冷血的粘液质。

德国心理学家冯特以感情反应的强度和变化的快慢为基础，把气质分为四种：感情反应强而变化快的是胆汁质，感情反应弱而变化快的是多血质，感情反应强而变化慢的是抑郁质，感情反应弱而变化慢的是粘液质。

（3）气质血型说

日本的古川竹二根据血型把人的气质划分为A型、B型、O型和AB型四种。A型气质的人内向、保守、多疑、焦虑、富感情、缺乏果断性、容易灰心丧气；B型气质的人外向、积极、善交际、感觉灵敏、轻诺言、寡信、好管闲事；O型气质的人胆大、好胜、喜欢指挥别人、自信、意志坚强、积极进取；AB型气质的人，兼有A型和B型的特征。

（4）气质调节说

波兰心理学家斯特里劳在巴甫洛夫学说的基础上，引入活动理论，又吸收了唤醒与激活研究的成果，从整体活动来探讨气质，提出了"气质调节理论"。他认为，气质是生物进化的产物，但又受环境的影响而发生变化。气质在人的整个心理活动中，在人与环境的关系中起着调节作用。他认为，气质可以在行为的能量水平和时间特点中表现出来。反应性和活动性是两个与行为能量水平有关的气质基本维度，它们对有机体起着重要的调节作用。

3. 气质类型

根据现代科学对神经系统的研究，结合古希腊医师希波克拉底对气质的类型划分，现代的气质学说将气质划分为胆汁质、多血质、粘液质、抑郁质四种。它们的特征分别为：

（1）胆汁质（兴奋型）

神经过程强而不平衡，感受性弱，耐受性强。情绪体验强烈、迅速，易冲动，急躁，心境变化剧烈，不善于控制自己。理解问题有粗枝大叶、不求甚解之倾向；在行动上生气勃勃，工作表现得顽强有力。概括地说即精力旺盛，表里如一，刚强，易感情用事，整个心理活动笼罩着迅速而突发的色彩。

（2）多血质（活泼型）

神经过程强而平衡，灵活，感受性较弱，耐受性较强。情绪易表露，也易变化，较敏感。思维灵活，反应迅速，但往往不求甚解。行动迅速，对工作表现有热情，想参加一切活动，但劲头不大。对环境易适应。喜交往，但兴趣情绪易转移。概括地说即多血质以反应迅速、有朝气、活泼好动、动作敏捷、情绪不稳定、粗枝大叶为特征。

（3）粘液质（安静型）

神经过程强，平衡而不灵活，感受性弱。心情比较平静，变化缓慢，心平气和，不易发出强烈的不安和激情。喜沉思，细考虑，能坚定执行已做出的决定，不慌不忙地去完成工作，往往对已习惯的工作表现出极大的热情，而不易习惯于新工作。概括地说即粘液质是以稳重、踏实但灵活性不足，较死板，沉着冷静但缺乏生气为特征的。

（4）抑郁质（弱型）

神经过程弱，不平衡，不灵活，感受性强，耐受性弱。对事物有较强的敏感性，能体察到一般人所觉察不出的事，其情感体验很强烈，如果有什么波折体验，会感到很痛苦，并经久不息，很少表现自己，尽量摆脱出头露面的活动，动作缓慢、单调、深沉、执拗，不爱与人交往，有孤独感。概括地说即抑郁质的人以敏锐、稳重、体验深刻、外表温柔、怯懦、孤独、行动缓慢为特征。

在现实生活中，典型的气质类型人占少数，多数人属于以某种气质为主，兼有其他气质类型。如多血－粘液质，胆汁－多血质等，根据组合的规律，由4种典型气质类型可组合出15种气质类型。

二、旅游者的性格

旅游团队中，有关心团队、纪律观念强、服从领队和导游的指挥的旅游者；有富有同情心，对别人满腔热情，乐于助人的旅游者；有尊重服务人员的工作，谦虚礼貌的旅游者；有游览参观中精力集中，认真仔细的旅游者；有情绪比较容易波动，碰到一些小事便可发生强烈的反应的旅游者；也有的旅游者开朗活跃，整天欢欣愉快；有的旅游者旅途中吃苦耐劳,能适应各地的旅游接待条件。旅游者这些方面的表现,都是其性格某一方面特征的反映。

1.性格的概念

性格是指人对客观现实所持的稳固的态度及与之相适应的习惯化的行为方式。性格是人格的核心部分。性格不仅包括人对现实的态度,也包括与不同态度相适应的习惯化的行为方式。不是任何态度和行为方式都能表明人的某种性格。如一个人在某一次活动中表现很勇敢,不能说他具有勇敢的性格特征,当他在多次活动中都很勇敢,才可以说他具有勇敢的性格。

人的性格是个性中最重要的、最显著的心理特征,也是个性心理特征的核心,它是在生理遗传素质的基础上,在后天的家庭环境、教育条件和社会实践活动中逐步形成的,具有相对稳定性和习惯性。了解和分析一个人的性格特征,可以预见他在某种情况下,将会表现出的态度和采取的行为。性格表现的范围广泛,具有以下四个方面的特征:

(1)性格的态度特征

性格的态度特征主要表现为个人对社会、集体、他人,对劳动、工作、学习以及对自己的态度。在旅游过程中,旅游者态度特征也会有所表现。据调查,导游们认为,由澳大利亚人组成的旅游团有集体观念,纪律性较强,能够听从导游、领队的指挥;日本旅游者集体荣誉感强,对旅游服务人员有礼貌,外出节俭不浪费等。

(2)性格的意志特征

性格的意志特征主要表现在自觉性、自制性、果断性、坚韧性等,能调节人的行为和行为方式。如行动目标是否明确,主见是独立还是依赖性强、易受暗示,行动是否盲目、冲动,旅游行为的自控能力强弱等等,这种性格特征在旅游者遇到困难或某些突出事件时可以表现出来。如很多高龄旅游者,不怕困难,不畏艰辛,以"不到长城非好汉"的精神登临长城,充分表现了旅游者性格中具有自觉性、坚韧性的意志特征。

(3)性格的情绪特征

性格的情绪特征主要表现在情绪活动的强度、稳定性、持久性和主导心境等方面,是与特定态度相联系的个性特点。此性格特征在旅游中比较容易观察到。比如,有些旅游者很敏感,容易产生情绪波动,遇到点小事便忧心忡忡、闷闷不乐;有些旅游者开朗活跃,笑声不绝,常处于愉快的心境中。这就是不同性格的情绪特征的具体表现。

(4)性格的理智特征

性格的理智特征是表现在感知、记忆、想像、思维等认识方面的个性特点。如观察事物时是主动、细致、全面或被动、粗略和片面;是长于形象记忆还是逻辑记忆;想像力丰富开阔还是贫乏狭窄;思维活动是独创型、灵活敏捷还是依赖型、呆板笨拙等,都反映了性格的理智特征。

旅游者在游览参观中,有的人走马观花,有的仔细观摩,流连忘返;有的根据自己的目的和兴趣爱好进行观看和领会,有的则明显受环境和他人的影响,盲目观看。这都反映出旅游者不同性格的认识方面的特点。

2.性格的类型

性格是个性的重要组成部分,是个体在一定社会条件下表现出来的习惯化了的行为反应与情感,是相对稳定的个性心理特征。

心理学家们按照一定的原则和标准,对性格类型进行了分类,下面是几种有代表性的观点:

(1)根据心理活动倾向分类

心理学从精神分析的观点来划分人们的性格类型。看心理活动是倾向于内部或是倾向于外部,把人的性格分为两种类型:内向型和外向型。

外向型性格的人,性格开朗、活泼、好动、爱交际。这种类型的旅游者在旅游活动中非常积极,并且经常笑口常开,与导游和旅游者都能很好地相处。

内向型性格的旅游者,性格内向、喜欢独处、比较沉静、不爱交际。这种类型的旅游者在旅游活动中一般不爱和别的旅游者相处,显得不合群,出去旅游顾虑比较多。

(2)根据意志独立程度分类

心理学家按照人的性格中意志的独立程度,把性格分为独立型和顺从型两种。

独立型性格的旅游者善于独立地思考问题、发现问题,并能独立地解决问题,在紧急时刻表现为沉着冷静。此类旅游者喜欢单独性的旅游活动,即便参加团队旅游,在旅游活动中,也更喜欢大部分的旅游活动由自己支配,发挥自己的主动性,导游仅起向导作用。

顺从型的旅游者独立性较差,做事希望能有别人的暗示和指导,很容易接受别人的影响。他们喜欢集体性的旅游活动,或者旅行社组织的旅游活动;并在旅游活动景点安排上缺乏自己的主见;在整个的旅游活动中,喜欢导游安排好一切,对于导游的安排他们也会严格遵守。

(3)根据心理机能优势分类

英国心理学家培因和法国心理学家李波按理智、情绪、意志三种心理机能的优势性把人的性格分为三种类型,即理智型、情绪型和意志型。

理智型的人以理智来衡量一切,并用理智来支配自己的行动,遇到问题总与人摆事实、讲道理。具有这种性格的人,在日常生活中明事理,多是专家、学者、知识分子。此类旅游者,一般选择具有认识和审美意义或者具有奇特的自然现象的旅游目的地,如"中国丝绸之路专线游"、"云南石灰岩地貌景观游"等;较少选择一般意义的旅游活动,如观光、休闲、娱乐等旅游项目。在旅游过程中出现的问题,也能以理智的尺度来衡量。

情绪型的人的动作和行为受情绪的左右,情感体验深刻。此类旅游者多见于艺术家、妇女、青年人,比较喜欢轻松、愉快和具有浪漫情调的旅游项目,并希望他们的旅游活动中具有可变性和趣味性。如"成都、九寨沟、黄龙十日游"、"新(新加坡)马(马来西亚)泰(泰国)十日游",等等;专项的旅游活动,对这类人的吸引力较低,如"太湖一日游"等。

意志型的人行为活动具有明确的目的性、主动性,善于自我控制。这种性格类型的旅游者多见于企业家、运动员、考古者,他们对于目的明确,能发挥自己主动性和能动性的旅游项目感兴趣,如登山旅游、西双版纳原始森林探秘游等。

三、旅游者的能力

1. 能力的概念

能力是指人们顺利地完成某种活动所必须具备的,并直接影响活动效率的个性心理特征。从事任何一项活动都需要一定的客观和主观条件,能力是顺利完成某种活动的主观条件。它总是与人的活动相联系,并直接影响人的活动效率。一个人的能力只有在活动中才能表现出来,也只有当一个人从事某种活动时,才能显示出他具有某种能力,并以活动的效率和效果来判断能力的大小、强弱。因此,能否顺利并出色地完成某种活动成为检验能力水平的重要标志之一。能力是在先天遗传素质的基础上,通过后天的环境与教育的作用,在社会实践活动中逐步形成和发展的。

2. 影响旅游消费活动的能力

旅游活动中旅游者的能力表现是多种多样的,其能力的组成结构和发展水平也存在着明显的差异。从能力与旅游者行为的密切程度来看,对旅游消费活动的影响较大的能力有:

(1)观察辨别能力与旅游行为

观察辨别能力是个体对事物的准确又迅速的感知和辨别能力,是人们了解客观世界、辨别事物性质、获得知识的本领。旅游者的观察识别能力受到个体知识经验及兴趣爱好的影响。旅游者的观察辨别能力良好,就会积极作出决策,并主动进行旅游消费,而且还能从游览中发现美好的、有价值的、有典型意义的旅游内容,并可在新的环境中,用新的视角去观察周围的事物和现象,增长见识,扩大见闻,丰富自身的知识和积累经验,还能从观察到的各种现象中得到启示和感化。

(2)评价欣赏能力与旅游行为

旅游者的评价欣赏能力主要是对美的事物和现象进行鉴赏、评判和创造的能力,包括美的感受、美的体验和美的探索等。评价欣赏能力既与人的感觉功能有关,更受到人的知识经验和环境教育的影响。随着精神生活的丰富,人们的审美要求也越来越高。不同的旅游者,其旅游评价欣赏能力会有很大的差异。如同是西安碑林景区,阅历丰富、偏爱书法、历史的旅游者,可以深深领会到其碑刻的艺术价值,而一般旅游者感受不到其特殊意义和价值。因此,旅游者的评价欣赏能力会直接影响旅游活动和消费。

(3)社会交往能力与旅游行为

社会交往能力是人们综合利用各种知识和才干进行人际交往的本领。旅游者的社会交往主要是旅游者与旅游者之间、旅游者与旅游从业人员之间以及旅游者与旅游地居民之间的交往。旅游者拥有良好的社交能力,可拓展交往空间,扩大视野,增加信息来源,丰富自身的学识,并能促进旅游者相互关心,相互理解,相互帮助,加强情感交流,产生心理共鸣,还能使旅游者正确认识对方,尊重服务人员的工作,提高旅游活动的效率,乐意旅游和愿意消费,形成旅游行为的良性循环。因此,旅游者社交能力对旅游活动质量和旅游消费有着直接且重要的影响。

(4)环境适应能力与旅游行为

适应能力是人们随外界环境变化和时代发展而改变自己的生活方式、行为习惯、交往范围以及思维模式等方面的能力。旅游者适应环境的能力与旅游者所从事的旅游活动密切相关。参与旅游活动就意味着旅游者的生活方式、生活节奏、生活习惯以及人际关系都发生了不同程度的变化,只有迅速转变角色,调整自己去适应新的情况,才可能更好地适应旅游生活,享受旅游的乐趣。

3. 旅游者的能力类型

旅游者的能力与旅游者行为直接相关,同时影响其旅游活动。旅游者能力的差异会使他们在旅游活动中有不同的行为,根据旅游者能力的不同,可将旅游者分为下列几种典型类型。

(1)成熟型旅游者

成熟型旅游者常具有较全面的能力,对旅游信息、旅游行情以及旅游环境的变化都较为了解,旅游活动经验也较丰富,参加旅游的次数比较多;旅游动机、旅游目的明确,进行旅游选择和决策时自主性较高;表现自信、较少受外界和广告宣传及他人的影响,能够按自己的需求、价值观等独立作出判断;在旅游中观察能力以及适应能力等都比较强,对导游的依赖少。

(2)一般型旅游者

一般型旅游者的能力水平居中,主要通过广告宣传和他人介绍了解一些旅游信息及旅游常识,旅游经验比较缺乏;在进行旅游选择和决策时,他们更乐于听取旅游机构、旅游销售人员或其他旅游者的介绍,旅游动机和目标比较笼统,决策时常常缺乏自信,表现得比较犹豫,需要三思而行,反复权衡;旅游中比较依赖于导游陪同,生活适应能力表现一般。

(3)幼稚型旅游者

幼稚型旅游者能力水平低下,缺乏必须的旅游信息和旅游知识,对旅游行情不了解,自己的旅游动机和目标也不明确。旅游决策时常常表现得举棋不定,犹豫不决,不得要领,极易受外界环境和他人的影响,或者完全依赖于旅游中介机构的宣传,使其旅游决策带有明显的盲目性和随意性。在旅途中他们常常是导游领队和团队关照、同情和帮助的对象。

有关能力类型的划分都是相对的,一个旅游者在不同旅游活动中可能会表现为不同的能力类型。如在旅游消费行为中表现成熟,而在旅游审美行为中则表现为幼稚。随着旅游活动的普及,旅游者的能力也会不断地增强。

四、旅游者的个性类型

根据不同的分类方法,心理学家进行了不同的个性类型划分。不同的个性类型就会产生不同的旅游行为。以下是两种不同的个性类型划分方法与旅游者旅游行为之间的关系。

1. 依据心理倾向划分

瑞士心理学家荣格把个性划分为内倾型与外倾型。内倾型人的个性心理活动倾向于内部,喜欢独处,比较沉静,畏缩、多疑,做事谨慎,反应迟缓,好幻想,顾虑比较多,交际狭窄,对环境适应能力差,感觉自身的价值比较大,干什么事都喜欢以自己的观点为准,以自我为中心,对他人常存戒心;外倾型人的性格开朗、活泼,心理活动倾向于外部,情感外露,喜爱交际,独立性强,做事不拖泥带水,能当机立断,易受感情的支配,感到外面的价值比较大,经常对外界的事物表示极大的兴趣和关心。

1972年,斯坦利·帕洛格在论文《为何旅游点受欢迎的程度出现大幅度的摆动》中指出,具有内、外倾个性的旅游者在旅游行为和方式上有很大的不同,见表4.1。

表 4.1 内倾型和外倾型旅游者的个性特征

内倾型人格	外倾型人格
选择熟悉的旅游目的地	选择非旅游地区
喜欢旅游目的地的一般活动	喜欢获得新鲜经历和享受新的喜悦
选择晒太阳浴和娱乐场所,包括相当程度的无拘无束	喜欢新奇的、不寻常的旅游场所
低活动量	高活动量
喜欢能驱车前往的旅游点	喜欢坐飞机去旅游目的地
喜欢正规的旅游设施	旅途要有一般或较好的旅馆和伙食,不喜欢专吸引旅游者的商店
喜欢家庭气氛、熟悉的娱乐活动,不喜欢外国气氛	愿意会见和接触不熟悉的文化或外国居民
要准备好齐全的旅行袋,全部行程都事先安排好	旅游安排只包括最基本的项目,留有较大的余地和灵活性

资料来源:欧晓霞.旅游心理学[M].北京对外经济贸易大学出版社,2006:82.

从上表中可以看出,内倾型个性的旅游者和外倾型个性的旅游者都有各自的旅游行为特征。在现实生活中,比较典型的内、外倾个性的旅游者占少数,大多数旅游者的个性是介于内、外倾型个性之间的,他们是旅游客源市场上最活跃、最具有代表性的旅游者。

2.依据生活方式分析

生活方式是一个人生活的形式,是一种综合的个性特征,它与日常生活中人的各种行为,如起居、饮食、活动、需求以及爱好等密切相关。通过一个人的生活方式可以了解他的个性特征。伊莱恩·K·伯奈与威廉·威尔斯均研究发现,生活方式与旅游行为有着必然的联系。根据人的生活方式和旅游的关系,把旅游者的个性分为以下几种类型:

①安逸型:旅游者一般性格内向,较文静,家庭观念强,较传统,爱家庭和孩子,教养较高,爱整洁,注重自己的身体,生活条件较优越。他们花费在家庭生活上的时间较多,中意于幽静的旅游生活。外出旅游一般都选择气候宜人、环境优美、宁静、空气清新的地方,如避暑胜地、海滨、湖滨等旅游区;喜欢平静的旅游生活,旅游过程应让他们感到轻松、愉快;不喜欢冒险性的旅游活动,以避免旅游活动中意外事件的发生。

②活泼好动型:旅游者性格外向,爱交际,比较活跃,充满自信。此类旅游者,非常喜欢旅游,他们希望有更多与别人相互接触的机会,喜欢到陌生的地方去旅游,敢于尝试新事物,对自己没有经历过的事情比较感兴趣;旅游过程中他们爱结交新朋友,联络老朋

友。

③探险猎奇型：旅游者多是具有坚强意志的年轻人，能吃苦耐劳、挨饿受累；在旅游过程中，不注重享受，不苛求旅游服务条件，只追求旅游活动中新鲜和刺激的感受。如登山运动，穿越沙漠，到人迹罕至的地方去冒险，或到有惊险性的景点去旅游，如江河漂流等。

④历史文化型：旅游者一般具有较高的文化素质，受过高等教育，并受科学或传统文化的影响较大。多为学者、知识分子，如考古学家、历史学家、教师、艺术家等。旅游时，对旅游地的风土人情、历史文化、生态环境等感兴趣，喜欢历史博物馆、英雄纪念馆、艺术馆、动植物园；喜欢收集旅游地民俗风情、历史典故、神话故事、诗词歌赋等。他们认为旅游度假就是了解习俗、文化及历史，是增长自己知识的良好机会。历史文化型旅游者认为度假就应该同家人和孩子一起，经受教育和增长知识，注重对孩子的教育，重视家庭，常选择文化气氛比较浓的旅游地度假，如北京、南京、洛阳、杭州等地，或到少数民族的居住地去领略异族的风情与文化。

⑤观光型：观光型的旅游者是现代旅游活动中的多数。现代观光旅游常是多种成分的综合，包含有审美、娱乐、人文、自然等各种不同组合；既有广泛的内容，又有丰富的内涵：青山秀水的自然风光，古城名刹的人文景观，神秘的传奇故事，古老的民间习俗，只要是还没有观赏过的景观，都可成为观光型旅游者旅游选择的对象，并且对他们都有很大的吸引力。

⑥其他类型：人的个性千差万别，旅游者的个性类型除了较普遍的个性类型外，还会有其他一些旅游者个性类型的，如保守型旅游者，个性比较保守，宁愿到一个自己曾经去过的地方度假、也不喜欢到自己不熟悉的地方旅游；有的旅游者喜欢到娱乐场所度假，如打高尔夫球、唱唱歌、跳跳舞、参加各种娱乐活动，这是娱乐型旅游者；还有的旅游者喜欢各种各样的旅游活动，具有多方面的个性，属于综合型旅游者，等等。

◆ 本节相关知识链接

科恩的旅游者分类方法

以色列社会学家科恩在研究了旅游者的不同个性特征之后，发现虽然对旅游目的地充满了好奇感，但大多数旅游者更喜欢在熟悉的基础上探索它们，并提出了一种非常有用的旅游者分类方法。科恩将寻求新鲜体验、具有好奇感的旅游者与要求熟悉的家庭环境和安全感的旅游者组合在一个有机连续谱中，以旅游者对目的地的熟悉程度为依据，将旅游者分为4种角色类型：有组织的大众旅游者、个体的大众旅游者、探索型旅游者和漫游型旅游者。

有组织的大众旅游者：他们冒险意识低，在旅途中渴望保持熟悉的环境气氛；他们通常购买事先安排好的现成旅游线路，在导游的陪同下游览目的地，极少接触当地的人和文化。

个体的大众旅游者：他们与前一种旅游者相似，但是比较灵活，留有个人选择的余地；旅游活动仍然由旅游部门来安排，要求熟悉的环境气氛使他们远离对旅游目的地的真实体验。

探索型旅游者：他们独立安排自己的旅行并要求摆脱常规，然而也要求舒适的住宿设施和安全的交通工具；尽管他们偶尔也抛弃熟悉的环境气氛，如果一旦情况变坏，就会退缩。

漫游型旅游者：他们与旅游行业断绝一切联系，旅程安排尽可能试图远离家庭和熟悉的环境；他们没有固定的旅游线路，与当地居民住在一起，以自己的方式支付费用，将自己融入当地的文化。

资料来源：库珀.旅游学－原理与实践(第3版)[M].张俐俐，蔡正平译.北京：高等教育出版社，2003：100.

第三节　个性结构理论

本节主要介绍了两个在旅游心理学领域影响较大的个性结构理论，并在此基础上探讨个性结构和旅游行为的关系。

一、弗洛伊德的个性结构理论

1.理论观点

1923年，弗洛伊德出版了《自我与本我》，正式建立了他的个性构成理论，认为个性由本我、自我、超我三部分构成。

本我是个性中最原始、最模糊、最不容易把握的部分；信奉快乐原则，像一个任性的孩子；是个性中天然的部分，由一些与生俱有的冲动、欲望或能量构成。本我不知善恶、好坏，不管应该不应该，合适不合适，只求立即得到满足。然而，现实社会不会容忍、放任本我的人，于是，在个性中就有懂得约束自己的另一个我——自我。

自我是个性中理智又现实的部分，产生于本我；按现实原则行事，像一个成熟的中年人;它应付外界现实、感受本我需要、接受超我监督。弗洛伊德曾用骑马人和马的关系来比喻自我和本我的关系:马提供运动能量,马的方向却是由骑马人来决定的。自我对想进入意识领域的本我拥有检查权。

超我是个性中的良知部分,它超越生存需要,渴望追求完美;超我按道德原则行事,像个铁面无私的老法官。超我是道德化的自我,弗洛伊德称它为良心。超我是个性结构中最高的监督和惩罚系统,负责对本我和自我的行为是否符合道德标准进行监督和惩罚。超我是习俗教育的产物,以现实原则为基础,它确立道德行为的标准。超我衡量是非善恶,代表理想,追求完美,可以自主活动。它的主要功能是,抑制本我的不符合外界要求的各种活动,尤其是那些由性本能和死亡本能支配的活动;诱导自我用符合外界规范的目标取代其他比较低级的目标;自主活动,追求理想,不断完善自己的个性。

弗洛伊德把自我与本我、超我与外界的关系,比喻为"一仆三主"的关系。自我既要服从外界规范,又要尽量满足本我要求,随时需要调节本我与外界的矛盾,压抑和抵抗本我的某些要求。同时,自我的一举一动都在超我的严密监控之中,不论外界和本我给自我带来了什么困难,超我都要求自我按照它规定的行为规范进行活动;否则,超我就会惩罚自我,使它产生紧张情绪,表现出自卑感和罪恶感。此外,超我还为自我提供榜样,用以判断一个人的行为是否优秀,是否应当受到赞扬。

弗洛伊德认为,个性的本我、自我、超我三个系统是相互作用的,界线模糊的统一整体。自我和超我是已经从本我中分化出来的个性结构,但它们在一定条件下还可以重新回复到本我。三个系统保持平衡,个性就能会健康发展;若三个系统的平衡关系遭到破坏,个人往往会产生焦虑,导致个性异常或精神病。

2. 弗洛伊德的个性结构理论与旅游行为

弗洛伊德有关个性结构的理论观点,有助于理解很多消费行为,对旅游行为的理解也大有裨益。

根据弗洛伊德对本我、自我和超我及其关系的阐述,人们逐渐认识到在旅游行为中某些无意识动机也有其重要性。旅游者在决策及旅游活动中,由于种种原因有时会掩饰自己真实的旅游需要与动机,或者旅游者自己没有充分意识到选择某种旅游产品与服务的真实的需要与动机。弗洛伊德的观点暗示了自我可能会依赖于旅游产品与服务的象征意义,以求在本我的需要与超我的禁止之间达成妥协,最终作出旅游决策。旅游者通过旅游消费满足他们本能需要或根本欲望的旅游产品与服务,把自己那些超我或外界不能接受的需要或欲望引导到可以接受的途径。即旅游产品与服务代表旅游者某种真实的目标,但是若目标不能被超我或外界接受,旅游者为了实现目标,就会强调目标的其他意义。很多时候,旅游者为获得某种旅游产品与服务,不得不接受一个替代的结果,即产品与服务的象征意义。弗洛伊德提出,人拥有两种重要的本能,即生的本能和死的本能。很多挑战极限的旅游产品与服务,就是直接指向人们的死亡本能,虽然旅游者和从业者都刻意回避这个问题,而在反复强调这类产品与服务的健身、励志、征服、超越等积极意义。

二、伯恩的个性结构理论

1964年,加拿大临床心理医生埃里克·伯恩博士在专著《人们玩的游戏》中,提出了一种新的个性结构理论。认为个性是由儿童自我状态、成人自我状态和父母自我状态三种自我状态构成的。他们大致与弗洛伊德理论中的本我、自我、超我相对应。每种状态都有其独立性,在任何情况下,人的行为都受到这三种个性状态共同或单独的支配。

1.儿童的自我状态

儿童自我状态是一个人的个性中感受挫折、依靠、欢乐等情感的部分,也是好奇心、想象力、创造性、自发性、冲动性和新发现引起的激动等的源泉。

儿童自我状态是个性中主管情绪情感的部分,也掌管着人们的欲求、需要和欲望大部分。由此可见,儿童自我状态表现出的大多是原始的、具有动机或动力性的东西。一个儿童自我状态瘦弱的人,其实就是一个缺乏活力的、刻板的人。

儿童状态的表现都是即兴式的,不负责任,追求享乐,玩世不恭,遇事无主见,逃避退缩,自我中心,不管他人。讲起话来总是:"我要……""我想……""我不知道……""我就是要……""我有什么办法……"

2.成人自我状态

成人自我状态是个性中支配理性思维和信息的客观处理部分。它掌管理性的、非感情用事的、较客观的行为。当成人自我状态起主导作用时,一个人往往表现为:冷静、处事谨慎、尊重别人,喜欢探究为什么、怎么样等。其语言特征为:"我个人认为……""我的想法是……"

3.父母自我状态

父母自我状态是人们通过模仿自己的父母或其他在心目中具有与父母一样的权威人物而获得的做人的态度和行为方式。父母自我状态提供一个人有关观点、是非、怎么办等方面的信息。

父母自我状态以权威、优越感为标志,通常以居高临下的方式表现出来,表现为统治人、训斥人等权威式的作风,并具有两面性:一方面是慈母式的同情、安慰;另一方面是严父式的批评、命令,是一个"照章办事"的行为决策者。当一个人的个性结构中父母自我状态成分占优势时,行为表现为:凭主观印象办事,独断专行,滥用权威。讲起话来总是"你应该……""你不能……""你必须……"

一个心理健康的人,三种自我状态处于协调、平衡的关系中,并共同起作用。在不同的情境中,哪种自我状态起主导作用,要视当时的具体情况而定。如果一个人的行为长期由某一种自我状态支配,他就表现为一个心理不健康者。一个由父母自我状态支配自己行为的人,即总是处于父母自我状态的人,常常把周围的人当成孩子看待;一个总是处于成人自我状态的人,通常被称为是容易惹人生厌的人,他与周围的人可能相处得格格不入,因为他人格中关心他人的父母自我状态和天真活泼的儿童自我状态的侧面都被抑制了;总是处于儿童自我状态的人一辈子都像个孩子,永远也不想长大。这种人从不独立思考,从不对自己的行为承担责任。当然,在日常生活中有的人虽然以某一种自我状态占优势,但他也是正常的。比如,我们常见有的人富有理性,有的人更具责任感,而有的人更浪漫些等,都是正常现象。

4. 伯恩的个性结构理论与旅游行为

父母自我状态、儿童自我状态和成人自我状态分别支配不同类型的行为,在是否去旅游,选择何种旅游目的地,用何种方式进行旅游,应该花费多少钱,旅游多长时间等,三种自我状态都会有不同的意见。只有当三种自我状态取得了比较一致的看法,并认为外出旅游具有一定意义,个人就会作出旅游决策。

儿童自我状态中包含着好奇心,探索和学习的欲望,接触、感受和体验的驱动力。这些是旅游动机的主要源泉。儿童自我状态支配的行为是情绪情感反应,儿童自我状态最容易被那些阳光明媚的海滨沙滩、富丽堂皇的酒店、豪华舒适的客机等旅游资源、产品、服务吸引,渴望立即体验激动人心的旅游过程。当儿童自我状态产生旅游冲动,提出旅游要求之后,父母自我状态就会提出各种各样的批评或否定的意见。父母自我状态代表的是个性中的保守、传统,甚至过时的观点,这样或那样的规矩、训诫、守则、是非等等。父母自我状态反对旅游的理由有以下几点:人生在世,为旅游享乐而花钱不值得;应该吃苦在前,享乐在后;旅游浪费时间、耗费精力,得不偿失。于是,儿童自我状态和父母自我状态就会为旅游决策而争论不休。此时,成人自我状态常发挥其关键性的调节作用,并设法使最终的旅游决策更为合理。一方面,成人自我状态设法说服父母自我状态同意儿童自我状态的旅游要求。例如,劝说父母自我状态旅游是接受教育的机会,旅游有利于身心健康,旅游可以使全家人共享天伦之乐,旅游可以提高自己的身份地位等。另一方面,成人自我状态则要说服儿童自我状态听从父母自我状态的劝告和建议,在旅途中小心谨慎,买折扣机票,吃卫生食品等。成人自我状态在旅游决策中扮演的是调节者或仲裁者的角色。

对旅游从业者来说,三种自我状态与旅游行为的关系,也具有十分重要的启发作用。

首先,在开发、宣传旅游产品与服务的时候,可针对旅游者个性结构中的三种自我状态进行吸引、说服和打动。吸引主要指向儿童自我状态,引起他的兴趣,激发他的积极的情绪情感,促使他产生旅游冲动。说服则主要指向父母自我状态,教育与文化方面的收获、家庭成员之间的感情、消除工作疲劳、责任、社会地位等因素,是说服父母自我状态的最佳理由。父母自我状态若了解到旅游可以充分满足上述需要,旅游者就会答应儿童自我状态的旅游要求。打动主要指向成人自我状态,即通过向旅游者输送翔实的资料,实事求是地介绍旅游产品与服务的内容、价格、特色以及预期收获等,为成人自我状态的理性思考提供方便,打动他做出积极的旅游决策。

其次,在实际的旅游服务过程中,要充分考虑旅游者三种自我状态的差异,最大限度地满足他们各自的需要,让旅游者感到自己受到了热情、真诚的接待,获得了服务人员发自内心的尊重。如果旅游者处于父母自我状态,就会颐指气使、盛气凌人,服务人员应该先以儿童自我状态接受下来,避其锋芒,避免正面冲突,满足其自尊心,然后设法调动他的成人自我状态,与他心平气和地沟通。如果旅游者处于儿童自我状态,表现出蛮横无理或发泄情绪时,服务人员展现父母自我状态中慈爱的一面,多些宽容与忍让,让他发泄、消气,再唤起他的成人自我状态,进行平等、理性的交流。

◆ **案例驿站 4.2**

富有表现欲的游客

骆先生是一位经验丰富且颇有威望的"老导游"。一次,骆先生在北京接待了国外某旅行社组织的一个旅游团,北京是他们的最后一站。这个团的领队奥先生曾三次旅华,据"全陪"反映,奥先生十分"挑剔",与各分支社的导游人员都配合不好,不是发脾气,就是强行代替地方导游人员讲解。骆先生与奥先生在机场见面时,也感到奥先生的确是比较傲慢。骆先生想:"要搞好这个团的接待工作,能不能与奥先生搞好关系是很重要的一环。为了打开局面,在接待中肯先要做到耐心细致,主动热情。"

为了给旅游团与奥先生留下一个美好印象,骆先生决定:第一,下工夫把故宫导游搞好;第二,主动接近奥先生,尊重他,并适当发挥他的特长。骆先生了解到奥先生对东方历史和佛教史有一定的研究,所以,在去碧云寺和卧佛寺的路上便主动邀请奥先生为全团讲述佛教史。奥先生非常感动,在讲了一段佛教史以后说:"谢谢骆先生给我这个机会! 至于碧云寺和卧佛寺的具体情况,请朋友们听骆先生讲吧! 我相信,他肯定比我讲得生动,更好!"骆先生接着奥先生的话说:"我从奥先生的讲述中学到了不少有关佛教的知识,对此表示感谢!"

由于配合默契,在北京期间,全团始终处于兴奋状态,奥先生的心情也比较舒畅,最后全团高高兴兴地离开了中国。

案例来源:颜绍梅.旅游心理学[M].北京:中央广播电视大学出版社,2007:93.

◆ **本节相关知识链接**

1. http://www.psych.org.cn/(中国心理学网)

2. http://www.psysoper.com/(心理学网站)

◆ **本章小结**

1. 本章结语

人的个性倾向性是个性中的动力结构,是个性结构中最活跃的因素,受需要、动机、兴趣等多种因素的影响;旅游者的个性心理特征主要表现在气质、能力和性格上,个性特征不同产生的旅游行为也不同;旅游者不同的个性类型,反映出不同的个性特征,产生不同的旅游行为。

2. 本章知识结构图

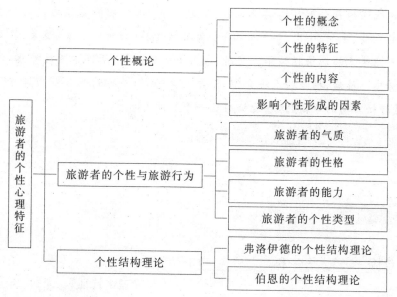

3. 本章核心概念

个性　气质　性格　能力

◆ **实训练习**

用"个性与旅游服务"为主题,讨论作为旅游服务人员应如何把握旅游者的个性特点提供优质服务。

◆ **延伸阅读**

长假旅行与"节后综合症"

连续7天的长假,上班族可尽情享受长假带给自己精神上的轻松和心灵上的愉悦。很多人都会过着漫无规律的生活,大玩特玩,精神松弛。但节后一上班有人就出现一系列的心理、生理问题,感觉到比放假前还累。最明显的一点就是晚上睡不着、早上起不来,一天过得昏昏沉沉、打不起精神,工作时注意力也难以集中。不明原因的恶心、眩晕、肠胃不适、神经衰弱和过敏患者大幅度增加,感觉精神疲惫、抑郁失落、焦虑不安,工作效率低下者更多。这些都是患上了节后综合症的典型表现。

消除节后综合症,提高工作效率势在必行:首先,要抓紧时间收心,对松弛的心理状态加强自我调节,再度适应节后紧张的工作环境,让自己的情绪赶快进入平时那种紧张的思维运作模式中。其次,尽快作些休整,把生物钟调整正常。每天晚上入睡前不妨洗个热水澡,水的温度以 40℃ 左右为宜。入睡时间最好调整到晚间 10 时至 12 时,因为这段时间是人体新陈代谢的最佳时段。再者,注意合理饮食,以帮助恢复体力。比如多吃一些富含蛋白质的豆腐、牛奶、牛肉、蛋等食品;多食碱性食物,如新鲜水果、蔬菜、乳类和含有丰富蛋白质与维生素的动物肝脏等。同时,每天多饮用热茶、活性水或纯净水,能有效缓解身体的疲劳感。最后,据经验人士介绍,假期后第一周,应暂时避开较为棘手的工作任务,先做一些轻松容易的事情,这样能给自己一个缓冲。

资料来源:张琳楠.长假结束"节后综合症"找上门[N].汕头日报,2009—02—04.

◆ **本章试题与知识训练**

一、填空

1. 个性心理包括_____和_____两方面内容。

2. 个性具有_____、_____与_____三个特征

3. 个性心理特征主要包括_____、_____和_____。

4. 一般将气质分成_____、_____、_____和_____四种。

5. 性格具有_____、_____、_____、_____四大特征。

6. 弗洛伊德的个性结构理论中的个性由_____、_____、和_____三部分构成。

7. 1964 年,加拿大埃里克·伯恩博士在专著_____中,提出了一种新的个性结构理论。认为个性是由_____、_____和_____三种自我状态构成的。

二、判断题

1. 人的性格是先天获得的,稳定性强,可塑性较低。　　　　　　　　　　（　　）

2. 社会实践是个性形成和发展的主要途径。　　　　　　　　　　　　　（　　）

3. 划分气质类型的"四种体液"说,是由前苏联心理学家巴普洛夫提出的。（　　）

4. 气质与性格联系密切,同类气质的人也具有相同的性格类型。　　　　（　　）

5. 内向型性格的人重视自己和自己的主观世界,常常沉浸在自我欣赏和幻想中。（　　）

三、简答题

1. 影响个性形成的因素有哪些?

2. 解释弗洛伊德的个性结构理论中"一仆三主"。

3. 三种自我状态与旅游行为的关系,对旅游从业者具有哪些启发作用?

四、论述影响旅游消费活动的能力

第 五 章

导游综合服务心理

学习目标

知识要点：掌握导游服务心理，了解影响导游服务质量的心理因素，理解旅游服务中客
我交往关系，掌握旅游者旅游行为与旅游心理间的相互影响。

技能训练：在班级内做一次模拟导说，并针对旅游者的心理特点，讨论导游员应从哪些
方面着手提高旅游服务质量。

能力拓展：针对游客的心理，选择当地一景点，设计一导游方案。

引 例

导游员的困惑

小钟的旅游团按照计划在 N 市游览一天，但由于长途交通的原因，该团的游览被缩
短到只有大半天了。

N 市是著名的历史文化古城，风景秀丽，人文景观也非常多，游客都把它作为华东旅游
的一个重点。小钟心想：与其每个景点都走马观花地看一遍，还不如实实在在地看一个景
点。我选一个最著名的景点带客人去游览，其他的景点我就用导游词来好好地作一番介绍，
激起他们下次再来的欲望。随后，小钟就把计划的变动、变动的原因以及旅行社补偿的办法
等等，都向客人作了简要的解释并进行了声情并茂的讲解。然而，问题出现了：客人们听了
小钟精彩的讲解，N 市的美景仿佛就在眼前，一想到要提前离开，禁不住议论纷纷。

"这么好的城市，这么美丽的风景，这么迷人的风土人情，如果不好好看一看，那真是
太可惜了！"

"这不行！我们花了这么多的时间，走了这么多的路，好不容易才来到这里，就这样
把我们给打发了？绝对不行！"

住进酒店,客人的议论越来越多,也越来越激烈。吃完晚饭,全团游客集合在大厅,向小钟提出了一个完全出乎他意料的要求:"我们决定明天不走,我们要按原定的计划在这儿游览!"

小钟试图说服团队中的某些人,可是都失败了。

案例引发的问题:小钟失败的原因在哪? 你认为做一个成功的导游员应具备哪些职业素质和技能?

资料来源:阎纲.导游实操多维心理分析案例.广州:广东旅游出版社,2003:248.

第一节 旅游者的心理需求

随着旅游业的发展,旅游活动日趋大众化,旅游者的旅游消费活动也逐渐走向成熟,旅游者对旅行社导游人员的服务就提出了更高的要求。

作为联结旅游者与旅游景点、沟通旅游者和旅行社的导游服务人员,肩负着了解旅游者的心理需求,采用恰当的导游服务手段,运用高超的导游艺术进行导游的任务。更好地了解游客心理需求,以便更好地提供有针对性的导游服务,对提高旅行社的旅游产品质量就更为重要。

导游服务是一种为旅游者提供旅游便利,并以获取交换价值为目的的以活动形式存在的特殊产品。导游服务是人类旅游活动的产物,也是旅游产品中最具生命力的因素。旅游者在旅游过程中,由于所实施的旅游内容与项目的不同,会表现出不同的心理特征和对旅游服务的不同心理需求。

一、旅游者的一般心理特征

日本学者前田勇认为旅游者的一般心理和行为特征可以概括为解放感与紧张感两种完全相反的心理状态的同时高涨。解放感是就从平时生活环境下解脱出来,以及随旅游活动的进行所发生的心理变化而言的。紧张感是就对旅游的后续活动的"未知"而言的,也包括旅游者因对身处环境和活动节奏不适应形成的心理状态。客观地讲,从现代人的生活特点、旅游动机和旅游活动本身而言,旅游者的心理特征是多方面的,也是多层次的。综合起来,有以下几种:

1. 求安全的心理

游客在旅游过程中需要保障人身财产安全,这种心理需要属于旅游者的天然性需要,旅游者要求旅行社方保证他们在各个旅游环节最起码的人身安全和财产安全。《旅行社管理条例》第 21 条规定："旅行社组织旅游,应当为旅游者办理旅游意外保险,并保证所提供的服务符合保障旅游者人身、财物安全的要求;对可能危及旅游者人身、财物安全的事宜,应当向旅游者作出真实的说明和明确的警示,并采取防止危害发生的措施。"

2. 求享乐的心理

旅游是现代人的一种生活方式,其质的规定性表现在休闲性、享乐性和异地性等几个方面;从旅游者心理的角度即"求新、求知、求乐、求得一个美好的回忆"。旅游者为了提高生活品质花费一定的时间、精力和经济代价,购买令人难忘的舒适的旅游服务,获得令人满意的难忘的愉悦体验,旅游经济是一种享乐性的经济而非花钱买罪受。

3. 求放松的心理

现代社会生活节奏快,工作紧张,生存压力大。生活在充满激烈竞争的市场经济社会,人们脑力、体力都在高速运转……我们虽然获得了现代化的生活,但我们的内心却失去了一些珍贵东西,失去了平衡,使人在精神上产生了一种单调的紧张和疲倦。为了摆脱这种生活带来的身心紧张和疲倦,人们常常需要暂时性的脱离日常环境和生活节奏,逃避现实。旅游就是暂时躲避现实的一种很有效的方式。在外旅游期间,人们摆脱了日常身份的束缚,新奇的环境又带了新的刺激,舒缓着原来紧绷的神经,从而可以有效地缓解人们的紧张和压力。随着旅游活动的日益普及,越来越多的人把旅游作为从日常喧哗紧张的生活中解脱出来,消除紧张的一种手段。人们希望通过旅游摆脱现代人的生存竞争压力,身心得到全方位的放松,过一种轻松的生活。于是,旅游业兴旺起来了,越来越多的人加入到旅游者的行列。

4. 求尊重的心理

旅游活动是旅游者的"第二现实",旅游者想通过摆脱"第一现实"中的各种角色,体验到"人上人"的感觉,期望的是比现实生活中更不同一般的尊重。

受尊重的需要,除了包括在他人心目中受到重视、赏识或尊重外,还包括取得成就,提高地位和自信等表现自我的需要。因此,人们一方面要感觉到自己对世界有用,另一方面也需要借助某些外部事物提高自我形象,旅游就是一种很有效的提升自我形象的手段。在欧美,某些形式的旅游,如到外国名胜地区旅游的经历经常被人们羡慕和崇敬,因此有助于满足个人受尊重的需要。而某些由于社会地位等原因在当地不为人所尊重的人,到某些旅游地区,如经济文化比较落后的地区旅游,则可能会得到在家乡得不到的看重和尊崇。因此,可以说,有人外出旅游是为了满足尚未得到满足的受尊重的需要。

5. 求知求新的心理

一如既往的现实生活给人们带来的是一种单调或厌倦,因此希望通过旅游寻求一些新奇的东西,同时获得一些广博的见识,从而更新和拓展自己的生活内容。

早在18世纪,以教育为目的修学旅行即在欧洲流行,人们普遍认为,旅行可以增加一个人对异乡事物的了解并开阔眼界。而在现代,这一需要仍然在旅游中占重要地位。人们渴望到异国他乡体验与其日常居住和生活的环境不同的乡土人情、事物风光、地方文化传统和习俗,这种情况逐渐在社会上形成了一种新的价值观念,即喜欢探索并赞赏探索。尤其是随着教育的发展和信息技术的进步,人们愈加了解世界上的其他地区,这就更加使人们渴望亲自到那些地方旅行游览,以满足自己的好奇心和求知欲,而非单纯地依靠书报图片或他人介绍等间接手段。大众旅游的发展实践也证明,相当大一部分旅游者的动机中都有这种探新求异的需要。

6.求便捷的心理

旅游活动不同于在家的生活方式,它是由各个旅游活动部门组合而成的结果,呈现一种动态,对旅游者来说,又是陌生的,因此更希望旅行社提供各方面的方便,以消除不适感和紧张感。旅游活动时间是有限的,旅游者期望获得高效的旅游价值,就希望每个旅游环节都能方便迅捷,以达到旅游的目的。

二、旅游活动中各个阶段的旅游心理

旅游者在游览过程的不同时期,也表现出不同的心理需求。导游人员分析游客在不同旅游活动阶段的心理活动,了解他们的心理变化和情绪变化,对导游工作的开展具有特别重要的意义。人们到异地他乡旅游,由于生活环境和生活节奏的变化,在旅游的不同阶段,游客的心理活动也会随之发生变化。

1.旅游者的初期心理需求

旅游初期,一般是指旅游者到达旅游城市后的开始1~2天,旅游者求安全和求新奇心理表现突出。游客选择到异地他乡旅游,大多是为了摆脱日常紧张的生活、繁琐的事务,成为一个无拘无束的自由人,希望自由自在地享受欢乐的旅游生活。游客初到某个旅游地,都处于兴奋、新奇和迷惑、不安交织在一起的心理状态。外部世界对游客极具诱惑力和强烈的吸引力,旅游者对旅游目的地有强烈的追求新奇、增长知识的心理需求;而且旅游者面对陌生的国家、城市、不熟悉的人、全新的社会文化环境等会造成心理上的不安全感,其行为同时又会表现出比较谨慎、小心的特点。此时,旅游者需要别人在心理上对他关怀和帮助,因此对导游的期望高、依赖感强烈,也比较服从导游的安排和指挥。

旅游初期是导游树立和塑造自身良好形象的至关重要的时机,导游要给旅游者形成良好的第一印象,以便在随后的游览活动中更好地利用晕轮效应,获得旅游者的认同、接受,吸引和团结旅游者听从自己的指挥。

由于旅游者初来乍到,心理的紧张和压力大,所以活动的安排要尽可能地轻松,活动节奏可适当慢些,便于为第二阶段的游览活动高潮的来临做好铺垫。人们在对陌生的环境了解后,心理压力就会逐渐减低。旅游者对环境的认识和了解应该是多方面的,如旅游地的交通状况、气候特点、风土人情、著名景点、风味小吃等。对导游的要求比较高,导游应该多站在游客的角度考虑问题,挖掘旅游者极为关心的内容,并向游客做一些介绍。在旅游地司空见惯的事物和现象,对旅游者而言,可能是非常新奇和感兴趣的东西。

在旅游初期的阶段,旅游者对环境不熟悉,所以他们比较依赖导游,愿意听导游的安排,有利于形成秩序良好的旅游团队,这样导游在旅游后期所耗费的精力和时间相对来说就会少些,旅游者的满意率也会高些。大多数情况下,旅游者都愿意遵守相关的秩序,导游也要把握好宣布活动纪律的时机,可在谈笑间提醒旅游者旅游中注意事项,特别需要强调的主要有遵守游览参观的时间、乘车时的座位安排、就餐时的座位等。

2.旅游者行程中的需求

旅游行程中,旅游者的目的就是获得心理放松和追求旅游活动的理想化。一般是指旅游者在旅游目的地停留的第 2~3 天后直至旅游活动结束前的 2~3 天。此时,通过一系列旅游活动,游客与导游以及游客之间的接触增多,相互之间也更加熟悉。游客心理逐渐转变为一种平缓、悠闲、放松的心态。游客的性格弱点逐渐开始暴露,如自行其是、时间观念不强、集体意识差、自由散漫等。此时旅游者一般精力充沛、跃跃欲试,由于游客彼此的人生观、价值观以及生活习惯的不同,团队内部成员间的矛盾也会日益显现。同时,多数游客在此阶段还会出现一种求全心理——过于理想化自己所参加的各种旅游活动,从而产生生活和心理上的高要求,对旅游服务和旅游产品开始挑剔和指责,一旦其要求得不到满足,就会出现强烈的反应,甚至是过火的言行。同时,游客在这一阶段提出的问题范围会更广泛也更深刻,甚至还会有一些不友好以及带有挑衅性质的问题。因此,旅游行程中是导游带队最困难的时候,也是最能体现一名导游的能力的阶段。

游客初到旅游目的地的紧张心情开始松懈,旅游者的个性化、自由活动的倾向开始出现,再加上休息得好,精力充沛,情绪高涨,旅游者脱离旅游团的行为增多,也就要求导游要及时注意旅游安全的防范工作,多提醒客人注意各方面的安全,要求旅游者尽量集体活动,避免出现意外。同时,行程中的旅游活动安排比较密集,旅游者的体力消耗大,为了保证客人有好的体力参观游览,导游应该和饭店的餐饮部和客房部多加协调、让旅游者的生活服务能得到很好的满足。

3.旅游者行程结束时的心理需求

在旅游活动的后期阶段,即将返程,游客的心理较为复杂,情绪波动增大,既兴奋又紧张,旅游者的忙乱心理和回顾心理表现突出。兴奋的是在整个旅游过程中自己增长了见识,放松了心情,而且旅游活动结束后,马上就可以返回自己的家乡,见到自己的亲人和朋友,和他们分享自己此次旅游的经历见闻;同时,游客也会出现紧张和忙乱心理,如觉得时间过得太快,部分纪念品未买,行李是否超重等等。也有些游客总觉得意犹未尽,对尚未结束的游览恋恋不舍,甚至对旅游目的地产生依恋之情。在旅游活动的后期阶段,导游应根据游客的这种心态给他们留出相对充分的时间,让游客来处理个人事务,本着认真负责的态度,对他们的各种疑虑要尽可能耐心地解答,必要时做一些弥补工作,满足其要求。

　　游客在旅游活动的不同阶段所表现出的心态往往具有普遍性。但是,国家(地区)、社会阶层等因素对旅游者的生活情趣及旅游偏好产生一定的影响,使他们在旅游活动各阶段表现出的心理特征也不尽相同。旅游环境在变化,游客的情绪在波动等动态发展也为导游人员向游客提供心理服务增加了难度。这些都要求导游服务人员在旅游活动中勤观察,敏思索,随时了解游客的需求,切实掌握他们的心理活动变化,根据具体情况有的放矢地向他们提供心理服务,以求获得最佳效果,做个实实在在的有心人。

◆ **案例驿站 5.1**

绝招就是拉起小孩的手——"自己人效应"

　　小杜收到的表扬信很多。经理发现,给小杜写表扬信的旅游团差不多都有小孩。经理问小杜:"你接待这些有小孩的团队是不是有什么绝招?"

　　小杜不好意思地说:"哪有什么绝招?还不是跟大家一样嘛!"

　　经理说:"这样吧,你就说一下,当你到飞机场、火车站去接团的时候,如果接到有小孩的团队,你所做的头三件事是什么?"

　　小杜一边想一边说:"第一件事是先要找到全陪或者领队,第二件事是要招呼客人,把客人集合在一起,然后嘛——,我怕小孩会东跑西跑,就拉住小孩的手,走在团队的前面,这就算是第三件事吧!"

　　听到这里,赵先生拍着手掌说:"还没有绝招呢?你做的这第三件事就是绝招嘛!大家可不要小看了小杜的这一招啊,他一拉小孩的手,他和客人的交往就开了一个极好的头啊!"

　　案例来源:阎纲.导游实操多维心理分析案例[M].广州:广东旅游出版社,2003:150.

◆ **本节相关知识链接**

旅游服务的"十把金钥匙"

国际上很多著名的旅游企业都把"十把金钥匙"作为旅游服务的灵魂。"十把金钥匙"是：

第一，顾客就是上帝；

第二，微笑；

第三，真诚、诚实和友好；

第四，提供快速敏捷的服务；

第五，经常使用两句具有魔术般魅力的话语，即"我能帮助您吗"和"不用谢"；

第六，佩戴好自己的名牌；

第七，修饰自己的容貌；

第八，有与他人合作的团队精神；

第九，先用尊称向顾客问候；

第十，熟悉自己的工作。

资料来源：刘汉洪.打造旅游品牌的十把金钥匙[N].中国旅游报,2004-11-12.

第二节　导游员导游服务技巧

一、引导旅游者进入景点的氛围

游客初来异地感到好奇、新鲜，什么都想问，什么都想知道，导游员应选择游客最感兴趣、最急于了解的事物进行介绍，以满足游客的好奇心和求知欲。而且为了使游客更好地更快地进入旅游的情景，获得景区景点的旅游信息，获得旅游实地的体验，导游员要善于把握时机，引导旅游者进入旅游氛围，以获得良好的导游效果。

1.游前导

游前导是在游客到达时或在景区游览活动之前，可以在接站的机场或车站，也可以在去下榻的饭店的路上，也可以在饭店进行。内容包括表示对游客尊重的欢迎词及对导游接待人员的介绍，还可以向游客介绍旅游行程中诸城市（景区）的地理位置、历史沿革、旅游业发展、人口状况、行政区划、交通、民俗、市政建设等巨大变化，概要介绍著名的风景游览胜地等，对游客马上将要参观的景点可详细介绍些。通常由导游员（全陪或地陪）讲解，也可以根据游客的身份地位及与旅行社的关系，由经理直至总经理参加并讲话。

2.车上导

在通往景点的路上,导游员便开始了讲解服务。车上导必须对行车时间、路边风景、景点游览内容等情况综合考虑,选择讲解时机与内容。在车上的导游讲解时间占整个旅途时间的 60%～75% 为最佳,超过这一时间,游客有厌烦情绪;少于 60% 的时间,游客的注意力中心就会涣散,更多地依赖于周邻的七嘴八舌。长途车旅行时可趁沿途景物单调时适当安排游客休息,导游员也可节约体力,整装待发。

导游员在风光风情介绍时,讲解的内容要简明扼要,语言节奏明快、清晰;景物取舍得当,随机应变,见人说人,见景说景,与游客的观赏同步,如可以谈谈旅游地的饮食习惯、旅游地的气候及旅游地的土特产品等。导游员在车上的讲解应注意使用明确的指示,因为游客的注意力都集中在导游身上,导游的态势语言比其他任何时候都显得重要。导游在使用方位用语和说明指示物时,应以游客的方位为参照,如"在你们大家的左边⋯⋯"而不是"在我的右边⋯⋯"当游客把视线投向导游所指的景物时,景物正好落在游客的视线内。总之,沿途导游贵在灵活,导游员应该把握时机、反应敏锐。

3.览前导

抵达景点前,导游员应向游客介绍该景点的简要情况,尤其是景点的历史价值和特色。讲解要简明扼要,目的是为了满足游客事先想了解有关知识的心理,激起其游览景点的欲望,也可节省到目的地后的讲解时间。在游览点入口处,通常有大幅景区平面图,游客手中也会有宣传手册,有的景点把游览平面图印在门票上,导游员应该及时地把门票分发到每一位游客手中。

◆ **案例驿站 5.2**

在去石林的路上

一天上午8点,人上齐后,我们的旅行车就离开金龙饭店向石林进发。我开始向客人介绍当月的天气预报、新闻、行程和旅游目的地情况。不一会儿,我们的车来到了昆明东站交叉路口。这里有一个风格独特的白水泥雕塑,客人们的目光不约而同地被它吸引了过去。于是,我马上把话题转到了这个雕塑上。这个雕塑是圆环形的,由6个不同的少数民族组成。我就借题发挥,顺势介绍了云南少数民族概况。

介绍完云南省少数民族概况,接着我问客人,"刚才看到的那个雕塑为什么是圆环形的,为什么不多不少由 6 个少数民族组成?"客人们开动脑筋,你一言我一语地议论开了。可猜想了一阵,谁也答不上来。这时,我就对他们讲,"6 个少数民族代表了'六合','六合'在中国指的是上下和东西南北四方,常用来表示天下或中国;圆环形则象征团结。所以,这个雕塑象征着中国各民族的大团结。"在随后的游览过程中,游客的情绪高涨。

案例来源:马建敏.旅游心理学[M].北京:中国商业出版社,2003:187.

二、游览活动张弛有度

旅游者总是希望旅游活动的安排紧凑有序,在有限的时间内多观赏几个景点,但是高强度的旅游活动又会令旅游者精神疲惫,就像在大型高强度的体育比赛活动中,教练要将运动员的体力与精神调至最佳状态一样。

1.富有变化,劳逸结合

导游员要根据旅游团的实际情况安排有弹性的活动日程,努力使旅游活动既丰富多彩,又松紧相宜,让旅游者在轻松自然的活动中获得最大限度的美的享受。

在旅游活动中,首先要安排好旅游的节奏。具有新奇、独到的游览与纪念价值的活动不要紧紧地排在一起,最有代表性的风景区也要搭配开来,以免使游客产生感知与精神上的疲劳感。要将不同类型、不同级别、不同性质的景点游览活动穿插进行。所谓"文武之道,一张一弛",旅行线路要将远郊与近郊、城内与城外、坐车与乘船有机结合在一起,才能达到理想的游览效果。旅游中的餐饮安排也要科学,富有变化。游客希望在全新的游览区品尝到当地的风味小吃。但是由于生活习惯的差异,常常会有不能适应风味菜的口味等问题出现,特别是老人与孩子。导游员在安排旅游者的餐饮时应以旅游者的生活习性为参照,适当点缀风味小吃,并对特殊的餐点予以指导与说明,以免造成游客的不适。及时提醒旅游者注意食品的卫生问题,尽量避免出现食品过敏中毒事件的发生。

"疲于奔命"必定会影响旅游者的游兴,不可能达到求知、求乐、求享受的旅游目的。只有当旅游者的心情好、游兴浓、精力充沛时,旅游活动才能顺利进行,导游工作成功的可能性就大。所以,导游员在安排活动日程时、在现场游览时,一定要遵循劳逸结合原则。

2.有急有缓,快慢有致

在具体的旅游活动中,导游员要视具体情况把握好游览速度和导游讲解的节奏,哪儿该快、哪儿该慢,哪儿多讲、哪儿少讲甚至不讲,必须做到心中有数;对年轻人多讲、讲得快一点、走得快一点、活动多一点;对老年人则讲得慢一点、走得慢一点、活动少一点……总之,旅游节奏要因人、因时、因地随时调整,努力使观景赏美活动获得良好的效果。

导游的讲解内容应该根据行程速度、内容特点、场合场景来掌握快慢速度。既不能为了赶时间匆匆忙忙,使旅游者没有听清楚所讲的内容;也不能慢吞吞,把客人拖得很无聊。一般来讲,行路时讲解稍快,欣赏时要慢,次要的景点少讲,重要的景点要讲得详细,客人感兴趣的地方可以多讲一些,客人不太喜欢的景点、传说少讲。这就要求导游对沿途的景点内容把握准确、理解深刻。

3.导、游结合,点、面相宜

讲解是必不可少的,通过讲解和指点,旅游者可适时地、正确地观赏到美景,但在特定的地点、特定的时间让旅游者去凝神遐想,去领略、体悟景观之美,往往会收到更好的审美效果。旅游者当然不喜欢那些"金口难开"的导游员,但也并不欢迎不分场合唠叨不停的导游员。一般来讲,较大空间的自然山水景观可以以"游"为主,而对古迹、文物、民居等人文景观应以"导"为主。游客在一次有限的旅游历程中,只能到有限的景区(城市)旅游,导游员在讲解时,应有意识地运用"以点带面"的方法,在讲解眼前景物时,举一反三、顺理成章地介绍行程内和行程外的一些景区景点,使游客在有限的行程和时间内获得更多的审美信息,开阔眼界,有利于本次旅游的效果,同时萌生下次到那些景点景区旅游的欲望。

三、灵活导游适时、适地

旅游者的审美情趣各不相同,不同景点的美学特征千差万别,大自然又千变万化、阴晴不定,游览时的气氛、旅游者的情绪也随时变化。所以,即使游览同一景点,每次都不一样,导游员必须根据季节的变化,时间、对象的不同,灵活地选择导游知识,采用切合实际的方式进行导游讲解。世界上没有两次完全相同的旅游,无论一名导游员具有的知识和经验如何丰富,他总会遇到各种新情况,需要他随机应变。总之,导游讲解的内容可深可浅,能长能短,可断可续,一切需视具体对象的时空条件而定,切忌千篇一律、墨守成规。

◆ **案例驿站 5.3**

中国古代的"的士"

　　一个风和日丽的下午,豫园内,导游员正在九曲桥旁向外国游客介绍湖心亭的建筑特点和中国民间风俗,游客们听得津津有味。忽然,旁边传来了悠扬动听的唢呐声,只见6位穿着民族服装的抬轿人,正随着唢呐声吆喝着,翩翩起舞,轿内那位游客乐得笑个不停。这位导游员深知游客的注意力已转移到花轿上,自己精心准备的讲解已被打乱,此时,自己的讲解时间越长,效果就会越差,倒不如顺水推舟。想到这里,导游员干脆领着游客来到花轿旁说:"各位来宾,这就是中国古代的'的士',世界上第一辆汽车诞生时远不如它那么漂亮。"说完,他走到花轿旁,学着那抬轿人的姿势边跳舞边吆喝着,游客们拍着手哈哈大笑起来。事后,游客都拍着导游员的肩膀说:"了不起,使我们了解了中国民间风俗的一个侧面。"导游员这番介绍只有 33 个字,用了不到 10 秒钟,却给游客留下了深刻的印象,取得了较好的效果。

　　案例来源:后东升.导游业务与技巧[M].西安:西北大学出版社,2007:128.

四、计划导游与兴趣导游结合

1.重视导游的计划性

　　一般旅游线路和景点的游览安排体现了很强的综合性,是旅行社、交通、饭店和景区等部门通力合作的结果,某个环节出现问题都会影响整个游览的进程,直接影响旅游者的旅游情绪。因此,导游员在特定的工作对象和时空条件下发挥主观能动性,应根据景点及时间等具体情况选择最佳游览路线,科学地安排旅游者的活动日程,导游讲解也要作适当取舍,有计划地进行导游讲解,使旅游者可在有限的时间里享受到最多的美景,获得最大的精神享受。如果导游员不考虑时空条件,事先无科学的安排,到了目的地再临时应付,就不可能充分利用时间,不可能取得最好的导游效果。

　　旅游活动要考虑到游客对旅游食、宿、行、游、购、娱的综合心理要求,满足其求知、求安全、求异、求尊重等心理。各个环节衔接紧凑、顺畅高效,使游客获得旅游美好、舒适的体验,达到预期的游览目的。

　　游览参观活动安排要劳逸结合。在旅游线路中,一般要求参观游览活动远郊和近郊结合、城内和城外结合,表现为不完全均匀的安排。景点的合理转换可降低游客的知觉心理产生的疲劳,既符合旅游者生理节奏的一般变化,又增加了游览的兴趣,使旅游者产生愉悦、轻松的旅游体验。

旅游活动要考虑到旅游者的个性特征。导游员的工作对象复杂,层次悬殊,审美情趣各不相同,因此,要根据不同对象的具体情况,在接待方式、服务形式、导游内容、语言运用、讲解的方式方法上应该有所不同。如在游览进程中,身体好、年纪轻的旅游者希望活动量大一点、行动速度快一点、日程安排紧一点,而年老体弱者则相反,希望从容、轻松地游览,不愿意太紧张、太累。因此,既要迎合年轻人的快速和激情,又要照顾到老人和孩子在体力上的弱势。如果一个旅游团由体质差异大、年龄悬殊的人组成,导游员必须认真对待"强与弱"这对矛盾。处理这一矛盾的原则是:使强者的充沛精力有发挥的余地,而不使弱者疲于奔命,要在二者之间进行协调和平衡;讲解时对初次远道而来的西方游客,可讲得简单些,简洁明了地作一般性介绍,对多次来华的游客则应多讲一些,讲得深一点;对知识分子,突出文化的广博性和历史的厚重性,而对文化层次比较低的旅游者就得多讲些传闻轶事,尽力使导游讲解更生动、更风趣。总之,导游员从实际出发,因人、因时、因地制定科学的计划,尽可能做到有的放矢,使旅游者的不同需求都得到合理的满足。

2.突出旅游者感兴趣的内容

旅游者的兴趣爱好各不相同,但从事同一职业的人、文化层次相同的人往往有共同的爱好。导游员在研究旅游团的资料时要注意旅游者的职业和文化层次,以便在游览时重点讲解旅游团内大多数成员感兴趣的内容。

投其所好的讲解方法往往能产生良好的导游效果。例如,游览故宫时,面对以建筑界人士为主的旅游团,导游员除介绍故宫的一般概况外,要突出讲解中国古代宫殿建筑的布局、特征,故宫的主要建筑及其建筑艺术,还应介绍重点建筑物和装饰物的象征意义等。如果能将中国的宫殿建筑与民间建筑进行比较,将中国的宫殿与西方宫殿的建筑艺术进行比较,导游讲解的层次就大大提高,就更能吸引人。面对以历史学家为主的旅游团,导游员就不能大讲特讲建筑艺术了,而应更多地讲解故宫的历史沿革、它在中国历史上的地位和作用以及在故宫中发生的重大事件了。又如,参观一座博物馆,可将参观讲解的重点或放在青铜器上,或突出陶瓷,或侧重碑林金石,一切视博物馆的特色和旅游者的兴趣而定,尽量避免蜻蜓点水式的参观、讲解方式。

每一位旅游者在外出旅游的过程中,好奇心一般非常强烈,上至天文地理,下到鸡毛蒜皮;大至国家方针政策、小到风土人情、特色小吃、交通状况都是旅游者所关心的。一名好的导游,必须具有广泛的兴趣爱好、广博的知识等基本素质。同时,导游服务的对象——旅游者是来自于不同的国家和地区、社会阶层,具有不同的兴趣、爱好和不同的教育水平。对同一景点、同一事物的感知、注意的重点就会千差万别。具有广泛的兴趣爱好是导游员为客人提供优质服务的基础。

3.增强导游的应变能力

在旅行游览的过程中,随时可能遇到一些计划中没有考虑到的情况,在这种情况下,就要求导游具有非常机动灵活的处事能力和一定的预见性。对突发事件的处理是导游员的核心能力之一,遇到险情时能果断镇定处理会满足游客基本的安全需求,遇到计划调整时保障游客的权益满足其求补偿的心理,遇到游览中的干扰时满足游客的旅游兴趣,遇到团队中人际关系难题时善于协调满足其求尊重的心理。

◆ **案例驿站 5.4**

请带上配药用的鸡蛋

赵先生带团入住一家信誉比较好的三星级酒店,但是,它是该团行程中星级最低的一家。

团队刚刚入住,就发生了一件意外事故。团长过于自信,从两辆正在行进的行李车之间不到1米宽的空隙窜了过去,结果被行李车撞伤了脚脖子。

酒店对事故处理得非常好,但是,赵先生非常担心客人会因为这件事怀疑旅行社判断酒店服务水平的能力。于是找到酒店大堂副理,商量下一步的举措。酒店也正在考虑如何进一步消除意外事件的负面影响,给客人留下更好的印象。经过讨论,决定采取以下措施:①由酒店负责请医师为团长治疗;②由赵先生负责收集客人对事故处理的意见和团长对治疗的意见,并及时反馈给酒店;③团长离开酒店以后的治疗,由酒店出资配备所需的药品。

团队离开酒店时,客人对于酒店对事故的处理十分满意。酒店不仅准备了团长继续治疗所需要的药品,而且特地准备了配药用的鸡蛋。当客人从酒店工作人员手中接过这些药品和鸡蛋时,颇感意外而又十分感激。

在团队出境时,从赵先生手中的反馈表上可以看出,这家星级最低的酒店赢得了客人最高的评价。

案例来源:阎纲.导游实操多维心理分析案例[M].广州:广东旅游出版社,2003:146.

◉ **本节相关知识链接**

导游员勤学苦练——练口才

口才是口语表达能力有了相当高的技巧和艺术水平。口才是有具体标准的：应该言之有理，而非歪理邪说；应该言之有物，而非杂乱空洞；应该言之有序，而非条理不清；应该言之有文，生动形象。

如何训练口才？选择两三篇两三千字的思想性强、艺术性高的短文默读。体会文章主题、中心、材料、开头、结尾及语言风格。在默读中，思考琢磨，从而提高自身说话有中心、有逻辑、有材料、有内容的水平。再朗读，练声音、句读、停顿、感情，使人爱听、愿意听、喜欢听。第三步，快读，使自己思维敏捷，反应迅速；讲话的时候，能够感情充沛如决堤的江河，一泻千里充分地表达出来。同时，还要训练态势语言即姿势、表情、眼神及手势，这些态势语言为有声语言起着一个辅助作用。最后切记，一定要多加练习，克服怯场问题，克服心理障碍。

资料来源：http//news.sina.com.cn/c/2007-03-06/220812446294.shtml(新浪新闻中心)

第三节　导游员的服务心理策略

导游服务是一项功能服务，也是一项心理性服务。为满足旅游者在旅游活动中多方面的心理要求，作为导游员应密切注意把握旅游者的心理规律，利用心理策略来提高完善导游服务质量。

一、塑造职业形象，赢得游客信任

导游员是旅行社的代表，是旅游者最可信赖的人，是开启知识宝库的金钥匙，是人们交流情感的桥梁。一个合格的导游员，应具备三大核心能力，即导游讲解能力，导游规范服务能力和导游特殊问题处理及应变能力，这是其应具备的基本职业能力。

导游员要具备较高的文化素养，应时刻注意自己的仪表、仪容、神态、语言和举止，尽量做到形象美观大方、态度热情友好、眼神和蔼真诚、笑容温暖亲切、办事稳重干练，充满自信心。

良好的职业形象易于取得游客的认可，从而增强了旅游团队的向心力和凝聚力，有利于建立良好的群体规范，保证旅游活动的顺利完成。

1.塑造美好的第一印象

旅游者到旅游地旅游首先接触的就是导游，导游员给游客的第一印象往往会影响旅游者以后的旅游活动。美好的第一印象可为导游员以后工作的顺利展开铺平道路。因此,导游员在初次接触旅游者时一定要注意自己的外表和态度,尽量做到外表美观大方,态度热情友好充满自信,办事稳重干练;同时,周密的工作安排、良好的工作效率,也会给旅游者留下美好的第一印象。美好的第一印象能够尽快地消除旅游者初到异地时的疑虑和茫然感,增强其安全感和信任感,为导游工作的开展奠定良好的基础。

导游员在迎客之前做好充分的心理预测和接待服务准备有利于树立良好的第一印象。导游员的欢迎词是服务的"序幕",常给游客留下第一印象。导游在接待游客前若能记住游客的特征、姓名,迎客时能叫出其名也有利于获得游客的好感。

◆ **案例驿站 5.5**

讲解数第一,首饰也数第一

　　小梅那天接团前精心打扮了一番,做了个波浪式的发型,戴了一条金项链和一对带钻石的耳环,还有那条镶嵌宝石的手链,服装和手提包也都是名牌。她想改革开放十几年了,该让客人看看我们的生活水平了。

　　到了机场,小梅就觉得团队的游客对她视而不见。出口处就只有她一个导游,可是客人还一个劲儿地东张西望,直到小梅打着旗子走过去问他们是哪个团的,他们才看了她一眼。上车以后,小梅发现大多数女客人都是斜着眼看她,眼睛眯眯的,嘴角往下拉,就好像她欠了她们什么似的。小梅开始导游,可是,无论是自我介绍,还是导游大赛得奖的沿途景观介绍,客人一点掌声也没有,一个个都把眼睛往车窗外面看。

　　在送别游客的检票口,团长把小费递给小梅的时候说:"你的讲解很好,这几站就数你第一。不过,你的首饰也是数第一,太抢眼了! 大家是出来旅游的,不是来看你的首饰的。如果你真的想好好展示一下呢,不如去做模特儿。我想,模特儿挣的钱要比导游多得多吧?"小梅一时无言以对。

案例来源:阎纲.导游实操多维心理分析案例[M].广州:广东旅游出版社,2003:24.

2.练就过硬的导说基本功

"祖国河山美不美,全凭导游一张嘴","看景不如听景",这是人们对我们导游"嘴功夫"的溢美之词。"只有导游一片嘴,调动游客两条腿",这是人们对导游"嘴功能"的称道。导游员的嘴"引导游客去探索美、发现美、享受美",满足游客的求知与审美心理,调动游客的腿跟随导游员完成整个的游程。导游员要勤学苦练,多看书学习,丰富自己的知识,做到上知天文,下知地理,导游在游客心目中是"学者",是"万事通",是"活字典"。要想不令游客失望,我们必须养成严谨的学风,以治学的态度对待导游工作,提高导游艺术。要多听评书,多听相声,多看话剧,向老一辈艺术家学习,学习他们的艺德,学习他们的艺术手段,提高导说的艺术性。

旅游者在游览的过程中,会随着自己的需要是否得到满足而产生不同的情绪体验。当旅游者的需要得到满足时,会产生愉悦、满意、欣喜、欢乐等积极的、肯定的情感;反之,就会产生不快、懊悔、烦恼、不满甚至愤怒等消极的、否定的情绪体验。优秀的导游员都善于观察旅游者的言谈、举止、表情的变化,并从中感知他们的情绪变化,及时调整讲解内容的详略、节奏的快慢等,使旅游者得到身心满足、感到愉悦。

3. 留下难忘的最后印象

送客是导游工作的终结,若给游客留下的最终印象不好,有可能前功尽弃。如接一个旅行团,在接待过程中,吃、住、行、游等,导游讲解、服务、语言、艺术……样样都好,每个游客都称道,每个人都满意。大家怀着满意愉快的心情,准备在机场与可爱的导游告别,万万没有想到,导游不好意思地说:"对不起大家,返程机票没给大家办好!"这时全团再也没有称赞,代之出现的是愤怒,生气,甚至谩骂,这一项机票工作没办好,前功尽弃,最后得到的是投诉和批评。

整个游程下来,导游员虽感疲惫,但也要表现为精力充沛的外表,会令旅游者对整个游程持肯定和欣赏的看法。在旅游活动将要结束时,旅游者可能会有想家的念头,对他们要提供更周到的服务,要不厌其烦地帮助他们选购物品,真诚地请他们代问亲人好;对服务中不尽如人意的地方要进行检讨,诚恳地征求他们的意见和改进建议;代表旅行社祝他们一路顺风,欢迎他们下次再来。良好的最后印象可使旅游者在将要离开时对导游产生强烈的恋恋不舍的心情,从而激发他们重游的动机,并能起到宣传的作用。

二、尊重旅游者,建立伙伴关系

尊重是人际交往中的一项基本准则。尊重游客就是要尊重游客的人格和愿望,是要在合理而可能的情况下努力满足游客的需求、自尊心和虚荣心。尊重是拥有共同语言、顺利交流感情和建立正常人际关系的基础。

游客对在旅游目的地是否受到足够的尊重非常敏感。在旅游过程中,在同人们的交往中,希望自己的人格得到尊重,提出的意见和建议得到重视,在精神上能得到旅游本身带来的心理满足。因此,不管游客是来自国外,还是国内;是来自东方,还是西方;不论游客的肤色、宗教、信仰、消费水平如何,导游人员应该一视同仁地尊重他们,给予游客正常的、合理的尊重。当然,尊重是相互的,也是相对的,导游服务人员与游客要相互尊重。游客在热情友好的气氛中,自我尊重得到满足时,就能更好地配合导游人员的工作,促进旅游服务人员与游客的关系顺利发展。

在旅游活动中,游客不仅是导游人员的服务对象,也是合作伙伴,只有游客通力合作,旅游活动才能顺利进行并达到预期的良好效果。为了获得游客的合作,一个很重要的方面就是导游人员应该设法与游客建立正常的伙伴关系。

建立伙伴关系,首先要在游客与导游之间建立起正常的情感关系。导游人员诚恳的态度、热情周到的服务、谦虚谨慎的作风、让游客获得自我成就感等做法,都有助于同游客建立起正常的、合乎道德的情感关系。导游人员应该与每个游客建立平等的情感关系,与所有游客等距离相处,对他们一视同仁,切忌厚此薄彼。

导游人员在与游客建立伙伴关系时,一定要立场坚定、旗帜鲜明。决不能在政治立场和观点上迁就游客如涉及我国的对外开放政策、台湾问题、西藏问题、人权问题时,导游人员要态度明朗,不得含糊其辞。不过,只要游客不是有意挑衅,导游人员便要注意坚持以理服人语气要和缓,但态度要鲜明。

三、使用柔性语言,保持微笑服务

语言是导游员和游客沟通的媒介,良好的语言表达能力是做好导游工作的关键,是导游员提供优质旅游服务的基本前提。导游员通过语言的表达帮助游客观赏和理解景点、提供有关的生活服务等。导游员的语言规范,用词准确,才能生动地表达要讲解的内容,同时防止产生歧义。外语导游更要按规范的语法结构、用词来讲解,不得使用中国式的外语;否则,外国游客会认为导游的语言能力差,对导游员讲解内容的正确与否产生怀疑。中文导游则可视游客的文化层次而决定采用何种语言形式,但千万要注意,讲解时导游员要避免说错别字,由于晕轮效应的存在,导致对你整个讲解内容、服务层次的低评价。为了便于游客理解导游员所讲解的内容,不管是中文导游还是其他语种导游,一般要多用口语,少用书面语。另外,导游员的语言也要严谨,尽量避免导游语言的夸张和随意,以防出现难以预料的严重后果。若导游员缺乏对游客的必要提醒,发生纠纷以后导游员和旅行社都处于十分不利的境地。

柔和而甜美的语言常常使人愉悦,称之为柔性语言。柔性语言表现为语气亲切、语调柔和、措辞委婉、说理自然,常用商讨的口吻与人说话。这样的语言使人愉悦亲切,有较强的征服力,往往能达到以柔克刚的交际效果。

微笑是自信的象征,是友谊的表示,是和睦相处、合作愉快的反映。微笑是一种重要的交际手段,"微笑是永恒的介绍信",微笑是信赖之本。真诚的笑、善意的笑、愉快的笑能产生感染力,刺激对方的感官,产生报答效应,引起共鸣,从而缩短人们之间的距离,架起和谐交往的桥梁。微笑是一种无声的语言,有强化有声语言、沟通情感的功能,有助于增强交际效果。真诚的笑、善意的笑能产生感染力,刺激对方的感官,产生积极的回应并引起共鸣,从而缩短人们之间的社交情感距离,架起友好的桥梁。

导游人员的微笑必须是发自内心的,自然、迷人的微笑加之亲切、真诚、谦和的态度,文质彬彬的问候,热情周到的服务,才能使游客感到温暖可亲、宾至如归。德国旅游专家哈拉尔德·巴特尔指出:"在最困难的局面中,一种有分寸的微笑,再配上镇静和适度的举止,对于贯彻自己的主张,争取他人的合作会起到不可估量的作用。"导游人员要想赢得游客的好感和信赖,一定要笑口常开,养成逢人就亲切微笑的好习惯,就会广纳良缘,事事顺利。

◆ **案例驿站 5.6**

难以看到的笑容

友谊旅行社的导游小王知识丰富,讲解景点也是滔滔不绝,但是在带团中游客总是一脸的无奈与不悦,小王也始终感觉和游客有距离,这使小王闷闷不乐。某一天,游览参观结束后,小王主动找到一位游客了解情况,游客的说法让小王找到了答案。游客说,不是别的原因,主要是带团五天来,从没见到小王脸上有一点笑……

案例来源:朱忠良,袁丽华.导游实务[M].北京:冶金工业出版社,2008:97.

四、把握关键时刻,满足特殊需要

导游工作是一项复杂的服务性工作,具有面广、事杂、时间长、单调重复等特点。在大多数的旅游过程中,导游单独作业的几率极高。游览活动中随时可能会出现一些无法预料的突发事件,导游员是否能够在事件发生后镇定、沉着,控制好局面,稳定住游客的情绪非常重要,虽然导游员也同样处于精神高度紧张、体力高消耗状态,但能及时表现出临危不惊的意志品质,无疑为避免出现游客恐慌与局面失控做出重要的贡献。

◆ 案例驿站 5.7

不是你"命大"，是你感动了客人

小钟在桂林遇到小郑就说："我的命真大，逃过了一劫呀!"小郑问小钟："出了什么事，说得这么吓人?"

原来，小钟的客人曾对小钟说，到了西安，一定要增加品尝"羊肉泡馍"这道风味，可是到了西安，小钟把这事给忘记了。等到了桂林，客人又提起这件事，小钟吓了一跳，赶紧向客人道歉，并表示要增加其他节目做补偿。小钟担心，客人还是会有意见的。没想到，客人却反而把小钟安慰一番。

小郑听了也觉得有点奇怪："按道理说，客人肯定会有意见的。你的客人怎么会对你这么好呢? 是不是散团以后，还有用得着你的地方? 怕和你搞坏了关系，你会难为他们?"

小钟说："你把我当成什么人了! 我能那样吗?"

小郑说："如果不是客人怕你，那就是客人特别佩服你，连你的失误也包容了。不过，要让客人佩服不是那么容易的。我想你肯定是做了什么事。"

小郑猜得不错，团队入境不久，小钟的确是做了两件让客人非常感动、非常佩服的事。

第一件事是在上海外滩游览的时候，一个小偷偷了客人的提包，小钟发现后纵身从高台上往下一跳，截住了小偷的去路;第二件事是在苏州寒山寺，那天，在运河边上拍照的几个外国人中的一位老先生，一不小心掉进河里去了，小钟见此情景，把公文包朝地陪一扔，就跳进运河救人……

小郑听完小钟叙述后说："不是你'命大'，是你做的好事感动了客人。"

案例来源:阎纲.导游实操多维心理分析案例[M].广州:广东旅游出版社,2003:27.

五、注重个性需求，提供超常服务

个性化服务是相对规范化服务而言的、针对游客个别需要而在合理与可能的条件下提供的服务。它也是一种建立在理解人、体贴人基础上的富有人情味的服务。导游人员在做好旅游合同规定的导游服务的同时，对游客的特殊需求要给予"特别关照"，这样做会使游客感觉备受优待，增强对旅游活动的信心，从心里感到满足。

在导游工作中,提供个性化服务的机会很多。导游人员的一句话、一个行动、帮助游客做一件小事往往会产生预想不到的效果。多提供个性化服务的关键在于导游人员心中是否有游客,眼中是否有"活儿",是否能主动服务。一名合格的导游人员善于了解游客的心情、他的好恶、他的困难、他的要求和期望,然后根据可能的客观条件,主动提供服务,尽力满足他的合理要求,解决他的困难,避其所恶,投其所好,以不知疲倦的服务换取游客的愉快和满意。

超常服务和一般服务不同,超常服务是导游向旅游者提供的特殊服务,又称细微服务。它的服务项目和内容是旅游者意想不到的,它使旅游者看到了他们和导游之间的关系并非纯粹的金钱关系而是充满人情味的,是友谊的桥梁。这些不起眼的服务,总在旅游者需要帮助时及时出现,会使游客们倍感温暖,深受感动。

导游人员要努力了解游客,有针对性地、体贴入微地为游客服务,即使是小事也应积极去做。"细微之处见真诚,莫因事小而不为"是导游服务人员的工作箴言。

总之,导游员应具备良好的心理品质,在导游工作中做有心人,运用各种有效的心理策略赢得旅游者的信赖、赞赏与谅解,这是导游员应该注意加强学习与训练的重要内容。

◆ 本节相关知识链接

导游人员三需要

一、需有知识

"作为一个旅游者,仅仅知道旅游,只是一个看客;不仅知道旅游,而且知道新文化,才是一个真正的旅游者,才称得上是一个旅行家。"

因此,作为导游人员,具有学者的风范,掌握文化内涵,丰富生活阅历,提高综合素质,在景点的解说中注入自己的理解,用组织故事、标新立异、类比讲解、启发联想等方式,用高尚、娱乐、大众化而又不失品位的元素不断丰富其内容,以帮助游客深入了解旅游目的的风俗、文化,会受到游客的欢迎。

二、需融入游客心中

"好的广告,就像盐一样,撒到水里,盐不见了,水却咸了。"同样,好的导游,也应像盐一样,融入游客群中,深入游客心中,是导游,更是游客。

三、需拥有爱

"不为大而爱,只为琐细而爱,从细微的小事中体现博大的爱。"修女特蕾莎如是说。导游员需要溶入游客心中与其同乐,更需溶入游客心中,了解游客需要,从而以博爱的精神于细微处着眼,于琐屑处着手,照顾好游客。

资料来源:http://www.hoteljob.cn/a/20070430/764812616.html.中国酒店招聘网.

◆ **本章小结**

1.本章结语

导游服务是旅游服务的一项基本内容,在旅游服务中处于极为重要的地位;导游员在旅游活动中对游客的心理有着重要的影响。在游客刚到异地时、在旅游过程中以及将要离开旅游地时,导游的言谈举止都会给游客造成影响。要想做好导游服务工作,必须了解游客对导游服务的心理要求,根据游客对导游的心理要求采取相应的心理策略,树立良好的第一印象,提供微笑服务,正确地使用柔性语言,正确分析把握游客的心理活动,向游客提供超常服务,等等。

2.本章知识结构图

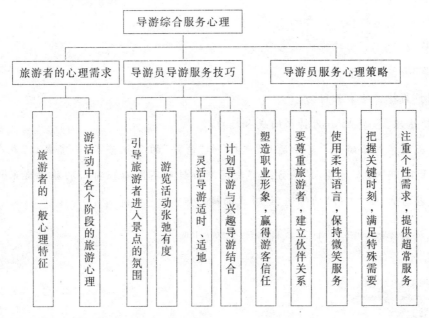

3.本章核心概念

导游服务 导游语言 超常服务

◈ **实训练习**

以小组为单位,对当地的一个景点,进行一次实地导游,组员之间互相评价,分析其所实现的旅游心理需求。

◈ **延伸阅读**

导游过程中的交往艺术

导游员与旅游者交往中,要取得"双赢"的结局,就要善于运用"选择"和"诱导"的艺术。所谓"选择"是指从自己可能采取的各种行为中选出最恰当的行为;所谓"诱导"是指从对方可能采取的各种行为中诱导出自己所期盼的行为。

形象地说,在人际交往中,每个人在自己的"仓库"中储存的主要是以下七种行为:

以"天真"为特征的儿童行为;

以"顺从"为特征的儿童行为;

以"反叛"为特征的儿童行为;

以"无助"和"求告"为特征的儿童行为;

以"训导"为特征的家长行为;

以"关切"为特征的家长行为;

以"通情达理、平等待人"为特征的成人行为。

导游员面对不同旅游者要善于运用"选择"和"诱导"的交往艺术,一定要让"成人自我"起主导作用,用"成人对成人"的方式解决问题。针对不同心理特征的旅游者采用不同的具体交往方式,如"平行"的陈述、请教式的提问等。

资料来源:张京鹏.旅游心理学[M].北京:科学出版社.2006:126.

◈ **本章试题与知识训练**

一、填空题

1.旅游者的一般心理特征表现为_____、_____、_____、_____、_____、_____等六种心理特征。

2.第一印象的内容主要包括对人的_____、_____、_____和_____等方面的印象。

3.超常服务和一般服务不同,超常服务是导游向旅游者提供的＿＿＿＿＿＿＿＿,又称＿＿＿＿＿＿。

二、简答题

1.旅游者在旅游活动不同阶段有怎样的心理变化?

2.在不同的旅游活动阶段,导游员依据旅游者的心理变化应如何调节服务策略?

3.结合实际谈谈如何引导旅游者进入景点的氛围?

4.游览活动张弛有度表现在哪些方面?

三、案例分析

导游员讲解,游客却在聊天

小王是位刚跨出旅游学校校门的导游员,这次他带的是来自T地区的旅游团。上车后,与前几次带团一样,小徐就认真地讲解了起来。他讲这个城市的历史、地理、政治、经济及一些独特的风俗习惯。然而,游客对他认真的讲解似乎并无多大兴趣,不但没有报以掌声,坐在车子最后两排的几个游客反而津津乐道于自己的话题,相互间谈得非常起劲。虽然也有个别的游客回过头去朝那几位讲话的看一眼以表暗示,但那几个游客好像压根儿没有意识到似的,依然我行我素。看着后面聊天的几个游客,再看看一些在认真听自己讲解的游客,小徐竭力保持自己的情绪不受后面几位聊天者的影响。但是他不知道怎样做才能阻止那几位游客的聊天。

讨论:如果你是导游员小王,你会怎么做?

两难的导游

2008年5月,某旅行社带一个由25人组成的南京—上海旅行散团,其中有三位联合报名的妇女各带一名六岁左右的孩童上车,并坐在了旅行车前排座位。领队与导游上车后,有后座的游客提出,应当按照签订旅行服务合同上约定的顺序排座。这时前排的女士才发觉自己的座号在最后面。但是她以孩子晕车为由,拒绝让位。领队与导游拿出合同解释并要求她们让位,三位女士十分尴尬,其中一位快步下车,口中嚷着:"难道孩子晕车还要被强迫坐在后面吗?旅行社居然这么没有人情味!"并落下了眼泪。领队与导游陷于两难的境地,只是小声重复合同中规定的"先报名交费者座次优先"的原则。整个旅行活动陷于瘫痪状态。

思考讨论:从此案例中,你得到了哪些启示?

第六章

导游工作中的人际难题应对策略

学习目标

知识要点：了解旅游者求补偿、求解脱、求平衡的心理；了解旅游团队中人际难题的症结；掌握导游员处理人际关系难题的方式、原则及处理步骤。

技能训练：设计一人际难题情景，让学生扮演不同角色，有针对性地对游客进行劝导工作。

能力拓展：以所学心理学知识，讨论导游员应该如何依据实际情况，处理导游工作中的人际关系难题，为客人提供优质服务。

引　例

两只相同的皮箱引发的争吵

罗先生的行李箱和周先生的一模一样。周先生喜欢买纪念品，买的纪念品都放在行李箱里，所以他每次拿行李都小心翼翼；罗先生不买纪念品，他拿行李箱就有点漫不经心。由于他俩的行李箱一模一样，罗先生常常把周先生的行李箱当成自己的。周先生看罗先生把自己的行李箱随便地拖过来拉过去，不免为装在箱子里的纪念品而心疼。

那一天，周先生看见罗先生又漫不经心地把自己的行李箱拖走了，就拉着罗先生的箱子走过去对罗先生说："罗先生，你又拿了我的箱子了！我这里面可装着许多贵重物品呢，要是弄碎了或是……"

罗先生听周先生当着这么多人的面，这样说自己，心里很不快，一边把行李箱还给周先生，一边说："给你，给你。你这只箱子也真是特别，怎么老是和我的一模一样。"然后他们各自指着自己的行李箱,你一言我一语地数落了一阵,最后又在大厅里吵了一架。

案例引发的问题:表面看来,这是一件"事"。但是,他们两位仅仅是在说"事"吗? 作为导游员,遇到此类问题时,应该采取怎样的对策呢?

资料来源:吴正平,阎纲.旅游心理学[M],旅游教育出版社,2003:114.

第一节　旅游者心理分析

一、现代人的生活特点

1.缺乏新鲜感

新鲜感是包括惊奇、喜悦、清新和振奋等多种成分在内的满足感。追求新鲜感符合人的本性,人是不会在丰衣足食后就感到幸福和满足的。人的本性就是要不断地为自己寻找更广阔的天地,不断扩展和更新自己的生活。心理学家弗罗姆认为,人最基本的选择就是爱生与爱死的选择。生意味着不断变化、不断发展,死则意味着发展的停止,意味着僵化和重复。而爱生是人的本性。所以人是不能忍受没有新鲜感的、单调的生活的。工业化所产生的单调的紧张生活使现代人充满了对寻求新鲜生活的渴望。但是由于现代城市生活的快节奏、程序化等原因,现代人常常会感到生活中缺乏新鲜感。

2.孤独感和压抑感频发

人存活在自然中,其内心深处满怀着爱的需求,渴望人与人之间互相关心、互相理解、互相尊重。但由于工业文明的发展,市场竞争日益激烈,人与人之间的关系变得更加复杂。人际关系的紧张和竞争压力的增大,使得人们倍感疲倦。但是,人对真诚的爱的渴求不会因此受到压抑和克制,一有机会人们就要想方设法地去寻求。旅游这种日常生活之外的生活能够为人们提供这样一种环境。旅游者之间没有直接的利益冲突,他们可以建立起纯朴、自然、坦诚、和谐的人际关系。同时,旅游业从业人员柔性的、富有人情味的服务使他们得到一种爱的满足。

3.精神紧张加剧

现代社会高度紧张和快节奏的生活使人们精神负担很重,繁忙的日常事务和复杂的人际关系困扰着都市中的人们,使他们身心时常处于高度紧张的状态。精神紧张成为现代人最沉重的负担,也是他们受到的最大伤害。不管是在发达国家、还是在发展中国家,随着社会竞争的加剧,心理压力增大,精神紧张现象已成为困扰人们日常生活的普遍问题。

二、旅游者的三求心理

随着现代工作生活压力的增大,旅游者越来越倾向于参与旅游活动并在旅游活动中获得休闲娱乐。现代旅游者普遍具有在旅游活动中求补偿、求解脱、求平衡的心理,这就是旅游者的三求心理。

1.求补偿心理

追求新鲜感是由人的本性所决定的。人的本性就是不断地寻求变化和刺激,不断地为自己寻找更广阔的天地,不断扩展和更新自己的生活。如果寻求满足却未能得到相应的满足,就会产生求补偿的心理。旅游者在旅游中做的"心理上的加法"就是求补偿。在现代社会中,人们面对单调紧张的生活充满了对寻求新鲜生活的渴望,而外出旅游则可以暂时改变人们平常熟悉的、单调的生活方式。异国他乡的文化、变换奇妙的自然风光都会让旅游者获得无穷的乐趣。

2.求解脱心理

在人的内心深处都满怀着对爱的需求,渴望人与人之间相互关心、相互理解、相互尊重。现代社会中,激烈的竞争、复杂的人际关系,使人们之间的交往越来越少,人与人之间的关系也越来越淡漠,而旅游能够为人们提供一种从纷繁的人际关系和事务中解脱出来的环境。一方面旅游者之间没有工作上的利益冲突,他们之间可以建立起融洽的、和谐的、互助的人际关系;另一方面旅游服务人员充满人情味的、真诚的、热情友好的服务也使他们得到一种爱的满足。

3.求平衡心理

对于绝大多数人来说,日常生活中熟悉的事物太多,新奇的东西太少,因此需要到旅游中去接触大量新奇的东西。因此,旅游者多选择新、奇、特、美,追求不同于日常生活的另一种经历。新奇的东西固然有吸引力,但并不是新奇的东西越多越好、也不是越新奇越好;超过一定的限度,吸引就会变成排斥,就会引起购买者的不安,使人们产生焦虑心理。因此,旅游购买者需要在简单和复杂、熟悉和新奇、稳定和变化之间寻求平衡的求平衡的心理。旅游者的求平衡心理表现在两个方面:一方面是通过旅游来纠正日常生活中的失衡,另一方面是在旅游中保持必要的平衡。如旅游者既希望追求不同于日常生活的旅游经历,又希望在旅途中像在家里一样安逸;既希望领略异国他乡的风俗民情,又不希望改变自己的生活方式。因此,旅游经营者在用许多新奇的东西吸引旅游者的同时,还应提供一些为旅游者所熟悉的东西,以此来保证旅游者在旅游环境中的心理平衡。

◆ **案例驿站 6.1**

导游的魅力

　　某旅行社组织三国之旅,游客到达目的地后,入住星级宾馆,大家在餐厅用餐时,突然出现短时间停电。此时导游灵机一动,对游客说这是旅行社特意为大家准备的节目——烛光晚餐。在游客后来得知这是一次突发事件而引出的意外礼物后,纷纷给旅行社去信,感谢此次温馨之旅及导游的热忱服务。

　　案例来源:http://www.examda.com/dy/fuwu/zhidao/20060731/14214

三、旅游者的自尊心理

1. 游客的自尊

自尊是人类的基本需要之一。一个人在生理需要、安全需要和社会需要得到一定程度的满足之后,就会产生对荣辱的关心,即自尊的需要。从心理学角度而言,自尊主要是指个人对自我价值和自我能力的情感体验,属于自我系统中的情感成分,具有一定的评价意义。具体到游客身上,游客的自尊就是游客对自我的一种评价性和情感性体验。我们可以从以下三点分析游客自尊的内涵:

首先,游客的自尊是游客个体对自我的评价及其体验。这又包括两层含义:①游客的自尊是游客个体自己对自己而不是他人对自己的评价及其体验。游客的自尊虽然是不断内化他人对自己的评价和观点的产物,但它一旦形成,就成为游客自我系统中相对稳定的部分,不会因个别人的看法或某一环境的改变而改变。这并不是说游客的自尊不可变,事实上,游客的自尊一直处于动态变化之中,但只有长期量变的积累或重大事件的影响才会最终改变游客的自尊水平。②游客的自尊所指向的对象是游客个体自身而不是他人。也就是说,游客的自尊是游客个体对自我的评价与情感体验,而不是对他人或外界的评价与情感体验。

其次,游客的自尊有两个维度:能力和价值。有能力感的游客不一定有价值感,而有价值感的游客也未必有强的能力感,缺少任何一个都不是真正意义上的自尊。与此同时,真正的自尊是基于现实的自尊,既不狂妄自大,也不自轻自贱。正如布兰登所说:"具有高度自尊的人不把自己凌驾于别人之上,不会通过与别人比较来证明自己的价值。他们的快乐在于自己就是自己,而不是比别人好。"

最后,游客的自尊主要是一种由自我评价所引起的情感体验,是自我系统中的情感成分。

和自我概念相比,自尊属于自我中更加具有情感色彩的部分,是个体对自我价值和自我能力的情感体验与态度。如果说自我概念是自我系统中的认知成分,那么自尊则是其情感成分。自我评价及其情感体验有正负两个方向,因此,学术界的自尊概念也常常有积极消极之分,即高自尊与低自尊。高自尊者的行为动机来自于对自我提高的关注,希望别人认为他们很好,钦佩他们。当然,低自尊者也希望得到这样的敬佩。不过许多研究表明,低自尊者不像高自尊者那样喜欢抓住机会表现自己,他们的行为动机更多的来自于对自我保护的关注,他们更关注于保护自己不要在公众中丢脸和受窘,对自我保护的需要胜过被别人看重的需要。也正因为如此,在旅游活动中,低自尊的游客往往具备很强烈的心理防卫机制,他会将自己掩盖起来,然而也很容易受伤害。因为一旦他的防御机制打破了,就会产生认知偏差,从而导致行为的偏差。

自尊的稳定性对心理健康影响很大。自尊稳定性差的游客很关心外界的评价,对别人的反应非常敏感。被批评时,他们的自我感觉就趋于糟糕;得到积极反馈时,他们又趋向于自我感觉极其良好。低自尊游客经常为讨好别人而行事。自尊稳定性差的游客自我价值感不断地动摇,其他游客的一个白眼、导游的一次粗鲁对待,都会引起他们对自我的怀疑;而其他游客的赞许、导游一句的恭维话,则会让他们感到骄傲和喜欢自己。因此,自尊稳定性差的游客在旅游活动中更容易感受消极情绪,比如生气和抑郁。

(1)低自尊

自尊需要人人有之,越是低自尊的游客其自尊需要往往越强。低自尊的出现通常跟家庭背景很有关系,当你年纪小的时候,家庭里面的成人如果常常贬低你、斥责你,你就会觉得自己是一个很糟的人。如果大人们常常赞美你、鼓励你,你就会觉得自己是一个很棒的人。长大之后,自尊就会稳定成型。即使你长得还不错,但是从小就被大人贬低,你就会觉得自己总是很丑。即使你长得不好看,但是你从小就被大人肯定,你还是会觉得自己长得很不错。因此,外表的美丑并不是关键,重点是一个人如果自尊很低,他就会觉得自己一无是处。

低自尊游客在涉及情感人际关系的时候形成了一套适合自己的应对模式,或弱势表达,或强势表达,或两者兼有,其目的是获得关爱、免遭伤害。他们或多或少地存在着一些心理问题,在情感人际交往的情境下表现出来,但很少有人达到心理障碍的程度。弱势表达者可分为自卑退缩型、取悦讨好型、忍气吞声型和承担责任型四种,严重者丧失自我;强势表达者普遍具有偏执性人格倾向,可分为恰当表达型和不恰当表达型两种。

①弱势表达。

●自卑退缩型游客：这类游客在旅游活动中对任何事情都主动谦让、退缩回避，目的是生怕得罪对方以避免再次受到类似以往所遭受到的伤害。

●取悦讨好型游客：这类游客在旅游活动中往往主动讨好其他游客或导游，目的是想得到对方的尊敬、回报和感激，甚至只是想得到一句感谢的话而已，结果对方往往并不领情。

●忍气吞声型游客：这类游客在旅游活动中甘愿忍受亲密关系人的不道德行为，如情感出轨和暴力行为等，目的是等待他们能够自己作出改变或为了面子需要。

●承担责任型游客：这类游客在旅游活动中遇到问题，即使错误是由对方造成的，也会主动为他人承担责任，其目的是得到他人的接纳。

弱势表达最严重者称为丧失自我，是"一切为了他人，为他人而活着，全然忘记了自己的需要和自我的存在"的行为表现。

②强势表达。强势表达者普遍具有偏执性人格倾向，其表现分为恰当表达和不恰当表达两类。

●恰当表达型游客：恰当表达的表现是利用成功来获取他人对自己的尊敬和肯定，以弥补早期关爱和赞美等需要的缺失，一旦获得了成功，那么其心理需求通常得到了一定程度的补偿和满足，所以他们的心理基本是健康的。

●不恰当表达型游客：不恰当表达的表现是故意在公众面前表现自我，以获得他人的尊敬，补偿自己早年未得到的关爱、肯定、赞美或在自己身上未实现的夙愿。

这类人无意识当中运用了自我防御机制来保护自己，在与人交往的时候，总认为自己对别人好，而别人对自己不好，不断地美化、装饰、炫耀、抬高自己，并把人际交往中的失败与挫折归结为他人不好，抢先贬低对方。或者把自己视为充满了优越感的人，而把交往的对方当作缺乏头脑的笨蛋。这种人似乎充满自信，他们的言行举止都是为了显示自己的优越。但实际上他们是虚弱的，他们之所以显示他们的优越，是因为需要别人来承认他们优越，通过这种优越来掩饰自己的不自信。因此，他们的优越是假的，是装出来的，他们在内心深处也瞧不起自己。他们认为如果自己不装、不吹，别人就会看到自己的真相，自己就不可能得到别人的尊重。

（2）高自尊

大量实证研究表明，高自尊者具有更好的心理适应性和社会适应性。然而，高自尊的性质不是单一的，而是存在多种类型，高自尊者的行为比低自尊者的行为要复杂得多。结合国内外学者的研究，高自尊主要分为以下几种：

①稳定的高自尊和不稳定的高自尊。稳定的高自尊有积极的和架构良好的自我价值感,很少受具体的评价性事件的影响,对威胁性信息较少有防御性和极坏的反应。相反,不稳定的高自尊拥有有利的但却脆弱的和难以防守的自我价值感,容易受具体的评价性事件影响。

②防御的高自尊和真诚的高自尊。有些人出于被他人接受的强烈愿望,不愿意承认拥有消极的自我感受,这种内藏的消极自我感受和公开表现的积极自我感受的结合就是防御性高自尊。真诚的高自尊反映了公开表现的积极自我感受和私下持有的内在积极自我感受的结合。

③相倚的高自尊和真正的高自尊。根据自尊是否依赖于特定结果区分了相倚性高自尊和真正的高自尊。所谓相倚性高自尊是指对自己的感受来自——实际上是取决于——符合某些优秀标准或不辜负某些人际的内心的期望。这种人的自我感受依赖于其成就和他人的评价。相反,真正的高自尊是不依赖于其他人的评价,也不需要持续的验证。真正的高自尊者遇到挫折时也会感到失望甚至激怒,但他们不可能有毁灭感或狂怒。

④高外显低内隐自尊和高外显高内隐自尊。高外显低内隐自尊的人由于拥有潜在的自我怀疑而对潜在的消极的评价性信息很敏感,表现出防御性反应,如采用自我保护和自我扩张策略来应对这些信息,甚至在没有外显的威胁出现时(如想象的威胁)也会这样。而外显自尊和内隐自尊都高的个体则没有这种很强的防御性和反应性。

⑤脆弱的高自尊和安全的高自尊。有学者将不稳定高自尊、防御性高自尊、相倚性高自尊和高外显低内隐自尊统称为脆弱的高自尊,把与之相对应的高自尊统称为安全的高自尊。他们认为,脆弱的高自尊其特征是持有积极的自我感受,但对自我威胁很脆弱和难以防守。有脆弱高自尊的人会熟练使用各种类型的自我保护或自我增强策略,这对于他们维持和发展高自尊很重要。如果没有这些策略,高自尊注定会变成低自尊。

相反,如果个体的自我价值感是积极的且架构良好的和安全的,那么这种自尊就是安全的高自尊。它将与广泛的心理调节和幸福指标正相关。拥有安全高自尊的人喜欢、看重和接纳自己,对别人没有优越感,也不需要通过胜过别人来衡量自己的价值。他们很少使用策略去吹捧其价值感,因为他们不会轻易受到挑战。因此,他们会不防御地加工信息,对失败也会失望但不会破坏其整体的价值感和自我接纳。

2. 旅游团队中的社会尊重不足

尊重人是人际关系中的一项基本准则。心理学研究认为:人们不管什么情况下都会不惜代价来保卫和维护自我形象,并且一有机会还要设法抬高自我形象。换言之,旅游者千里迢迢来当地观光游览,都期望得到当地人的欢迎、尊重、关心和帮助。这里并不存在国别(地区)、社会地位和经济地位的不同。所以对于导游人员来说,不管游客来自境外,还是来自境内;是来自东方国家,还是来自西方国家;也不管游客的肤色、宗教、信仰、消费水平如何,他们都是客人,导游人员都应一视同仁地尊重他们。

尊重游客,尤其要尊重游客的人格和愿望。游客对于能否在旅游目的地受到尊重非常敏感。他们希望在同旅游目的地的人们的交往中,人格得到尊重,意见和建议得到尊重;希望在精神上能得到在本国、本地区所得不到的满足;希望要求得到重视,生活得到关心和帮助。游客希望得到尊重是正常的、合理的,也是起码的要求。然而在旅游团队这一具有临时性和松散型的特殊群体中,由于游客之间只是短而浅的交往,不可能使人与人之间有比较深入的了解,大家通常都是表面上过得去就行,并不存在那种以彼此间深入了解为基础的相互尊重。一旦旅程结束,大家就会各奔东西,不会再有任何联系,所以,旅游期间,谁也不会为搞好关系而作更多的投入,一旦出现问题,也都为自己想得多,为别人想得少,甚至根本不为别人着想。因此,在旅游团队中,存在社会尊重严重不足的问题。游客之间不再是相互包容,而是为了自身的利益,相互挑剔,相互指责。

社会尊重严重不足会在旅游团中引起一系列的问题:

其一,当旅游活动与原定计划不符的时候,旅游者之间非常容易为维护自己的最大利益而发生冲突。

其二,旅游者与旅游者之间某些观念和习惯上的差异会被急剧地"放大",形成严重的人际矛盾。

其三,导游员和其他服务人员工作中无心的失误会被夸大为"态度恶劣"和"动机不良"。

其四,遇到突发事件时,旅游者会产生强烈不安全感,使团队里一片恐慌和混乱。

此外,社会尊重严重不足还会让旅游者觉得旅游团内人情淡薄,产生令人心寒的长远影响。它使旅游者再次参加旅游团时会对他人有高度戒心,让下一个旅游团的社会尊重不足现象出现得更早,也更加严重。

因此,导游人员必须明白,只有当游客生活在热情友好的气氛中,自我尊重的需求得到满足时,为他提供的各种服务才有可能发挥作用。改变旅游团中社会尊重严重不足的状况,是导游员预防和处理旅游团中各种人际矛盾的重要思路。

四、刺激—反应行为因果环

行为心理学的创始人约翰·沃森创立的刺激—反应原理,他认为人类的复杂行为可以被分解为两部分:刺激,反应。人的行为是受到刺激的反应。刺激来自两方面:身体内部的刺激和体外环境的刺激,而反应总是随着刺激而呈现的。在双方的交往中,一方给出一个刺激,另一方作出反应,这就构成了一个最基本的交往回合。从交往的进程看,另一方作出的反应又是引起下一个反应的刺激。也就是说,在双方的交往中,他们的行为会构成一个因果环。因此,在研究旅游者心理时,导游人员可通过发现刺激与反应之间的关系来分析旅游者的行为,即通过发现某种刺激能够引起哪种反应,或发现某一种反应是由哪一种刺激引起的,就能找到刺激与反应之间的因果关系,进而对游客的行为进行调控,促使交往的因果环向良性方向发展。

◉ 本节相关知识链接

通过言行举止了解旅游者

旅游专家们从性格上将旅游者定义为活泼型旅游者、急躁型旅游者、稳定型旅游者和忧郁型旅游者。导游人员从旅游者的言行举止可以判断其性格,向旅游者提供相应的服务,以获得最好的服务效果。

1. **活泼型旅游者**

特点:爱交际,喜讲话,好出点子,乐于助人,喜欢多变的游览项目。

对待这类旅游者,导游要扬其长,避其短,乐于与之交朋友,但避免与他们过多交往,以免引起其他团员的不满;要多征求他们的意见和建议,但注意不让其左右旅游活动,打扰正常的旅游日程;可适当地请他们帮忙活跃气氛等。活泼型旅游者往往能影响旅游团的其他人,导游人员应与之搞好关系,在适当的场合表扬他们的工作并表示感谢。

2. **急躁型旅游者**

特点:性急,好动,争强好胜,易冲动,情绪不稳定,比较喜欢离群活动。

对待这类旅游者,导游人员在他们冲动时不与之计较,待他们冷静后再与之好好商量,往往能取得良好的效果;对他们要多微笑,服务热情周到,要多关心他们,随时注意他们的安全。

3. **稳重型旅游者**

特点:稳重,不轻易发表意见,一旦发表,希望得到他人的尊重。这类旅游者容易交往,但他们不主动与人交往,不愿麻烦别人;游览时他们喜欢细致欣赏,购物时爱挑选比较。

对待这类旅游者,导游人员要尊重,不要怠慢,更不能故意冷落他们。导游人员要主动多接近他们,尽量满足他们合理而可能的要求;与他们交谈要客气、诚恳,速度要慢,声调要低;讨论问题时要心平气和,认真对待他们的意见和建议。

4.忧郁型旅游者

特点:身体弱,易失眠,少言语,但重感情。

对待这类旅游者,导游员要格外小心,尊重他们的隐私;要多亲近他们,多关心体贴他们,但不能过分地表示亲热,主动与他们交谈些愉快的话题,但不要与之高声说笑,不要与他们开玩笑。

以上四种性格的旅游者中以活泼型和稳重型居多,急躁型和忧郁型只是少数。不过单性格只能反映在少数旅游者身上,大部分人的性格则表现不明显,往往兼有其他类型性格特征。导游要随时观察旅游者的情绪变化,服务因人、因时而异。

资料来源:刘晓杰.导游实务[M],化学工业出版社,2008:102—103.

第二节　解决导游工作中人际难题的心理举措

一、解决问题的方式

1.从人际层面入手

人与人之间的纷争,无非是利益层面上的利之争和人际层面的气之争。利不仅仅指钱财,还包括所有对人有使用价值的,可以用来解决人的实际问题的对象。气,不像利那么具体明确。所谓争气,无非是要在人与人之间争个高低。人们的确有不为争利,只为争气的时候,但是很少或者几乎没有只争利而不争气的时候。因为,不管争什么,只要争,就会有一个输赢的问题。而这个输赢,说到底,就是谁高谁低的问题。总之,在有利可争的时候,人们常常是一要争利,二要争气。在无利可争的时候,往往是为了争气。

导游在化解人际矛盾的时候,出于策略考虑,往往要采取一些对事不对人的办法。但在分析问题的时候,如果只停留在事的层面,而不深入到人的层面,就会找不到症结所在。

2.改善因果循环

在人际交往中,双方的行为会构成一个互为因果的因果循环。这个因果循环,可能是尊重与好感的良性循环,也可能是贬低与敌意的恶性循环。在人际交往中,只要有一方贬低另一方,恶性循环很可能就会因此开始。因此,要搞好人与人的关系,必须把对对方的贬低变成尊重,把对对方的敌意变成好感,把贬低与敌意的恶性循环变成尊重与好感的良性循环。

恶性循环是从你贬低我开始,而良性循环是从我尊重你开始。也就是说,要实现尊重与好感的良性循环,就必须从我开始,即首先用我对你的尊重去引起你对我的好感。从导游员本身来说,无论是在与服务对象的交往中,还是在与合作者的交往中,都一定要坚持从自身做起,坚持以自己对对方的尊重去赢得对方对自己的尊重。在某些游客行为不当的时候,导游员应该小谨慎地把"人做的事"和"做事的人"区别开来。可以用适当的方式去批评他们的事做得不对,但决不能说他们人不好。

3. 尊重旅游者

旅游者渴望导游员尊重他们的人格和愿望,满足他们的自尊心和虚荣心。为此,导游员应做到:

第一,对待旅游者的态度要热情友好。导游员在接待过程中,应做到微笑服务、文明礼貌、敬语称道,把游客放在首位,一切为游客着想。坚决克服旅游服务中的粗心大意、不负责任等消极现象。

第二,重视旅游者的意见和建议。导游员要尊重游客,对于游客提出的合理而可能的意见应尽量满足,克服冷淡、粗暴、懒散等违反旅游职业道德的不良行为。

第三,增加旅游活动的参与性,满足旅游者的自我体现的心理需求。

第四,真诚公道,不欺诈旅游者。导游员应该公私分明、诚实待客。在导游服务中做到"诚于中而形于外",坚决杜绝以次充好等侵犯游客合法权益的行为。

第五,对待旅游者要一视同仁,不能厚此薄彼。一视同仁是处理人际关系的一项行为准则。导游员不能以貌取人,不能以金钱地位取人。切忌在导游服务中傲慢自大、盲目崇拜、厚此薄彼、低三下四等不良行为。

二、解决问题的原则

1. 正确认识导游人员的角色

角色认知又称为角色知觉,是指人对于自己所处的特定的社会与组织中的地位的知觉。从字面上理解,角色的认知似乎并不难。知道自己处在什么位置;这个位置的职责范围是什么;这个位置你所要做的工作标准和目标是什么;这个位置对角色的各种知识技能要求是什么;这个位置和其他人、其他组织的分界点在哪里,这些都是角色认知的最基本内容。对于导游人员来说,导游人员是在游览过程中为旅游者提供向导、讲解以及其他旅游服务的人员,导游与旅游者的关系是主体与客体的关系,即服务者与被服务者的关系。同时,导游人员又是整个旅游团队的临时管理者,既要担负责任,同时也需要做出很多决定。这就要求导游员要有强烈的责任感和组织协调能力,树立游客至上的理念,为游客做好服务工作。

2.与游客建立伙伴关系

旅游活动中,游客不仅是导游员的服务对象,也是合作伙伴。"有朋自远方来,不亦乐乎","在家靠父母,出门靠朋友"等俗语是导游员在带团过程中常常讲到的语言。因为旅游者初来乍到,未免产生紧张、戒备、担心等心理,而影响了正常的游兴,所以导游员在带团过程中,将自己定位于旅游者的朋友。行动中也的的确确、时时处处像朋友一样为他们着想,在雨中真情地为客人撑起一把伞;累时为他献上一曲歌;病时带去无限慰藉;真情的、等距离的朋友"伙伴关系"的建立不但可以让游客感到宾至如归,而且可以尽享旅游之美、之乐;同时也会让导游员工作中出现的小失误,得到游客真心的谅解,从而工作更加顺利、愉快。具体来说,导游人员在带团过程中应该做到:

第一,积极主动地了解旅游者的兴趣爱好,为旅游者提供从大处着眼、小处着想、有针对性的、体贴入微的、富有人情味的服务;

第二,有原则地讨好旅游者,投其所好,满足其"优待需求";

第三,注意选择旅游者感兴趣的话题,多使用柔性语言,恰当地使用动作、表情等体态语言;

第四,重视交往礼节,避免弄巧成拙;

第五,调动外向旅游者的积极性,带动内向旅游者的参与性;

第六,与旅游者保持平行性交往的心理状态,力戒交锋性交往的心理状态,引导旅游者向"成人自我"发展。

3.选择适当方式,以理服人

在人与人之间出现分歧时,解决问题的方式是多种多样的,有"父母式"、"幼儿式"、"成人式"。

"父母式"是指像父母对子女一样的交往模式,它又可分为许多子类型,其中"命令型"和"安抚型"对旅游团中的社会交往影响较大。"父母式命令型"的"利益交换"明确,"人际交流"模糊,必须借助其他信息才能判断"命令方"与"受命方"是什么样的关系。"父母安抚型"的"人际交流"是明确的,"利益交换"是模糊的,重点不在于"事"而在于"人",有时候仅仅为了表示对对方的宽容。如游客对导游说"你必须搞到我的飞机票",就是"父母式"中的"命令型"。游客的护照丢了,导游安抚他说"请不要着急,先坐下来喘口气",就是"父母式"中的"安抚型"。

"幼儿式"是指像小孩对待父母一样的交往模式,它也同样可分为许多子类型,其中"撒泼型"、"依赖型"和"服从型"在旅游团中作用明显。"幼儿式撒泼型"的"利益交换"清晰,"人际交流"也十分清晰,但是交往的双方地位不是对等的,一切以"撒泼者"为中心的。"幼儿式依赖型"的"利益交换"非常混乱,"人际交流"十分清晰,双方的地位也不是对等的,是一方依赖另一方的。"幼儿式服从型"的"人际交流"和"利益交换"都十分清楚,就旅游团而言,这样的交往一般发生在旅游者与服务人员之间,或者发生在旅游团内保留着原永久居住地社会联系的旅游者之间。如 70 岁的老人走失了,他太太对导游说:"哎呀。导游,不得了啦,你看怎么办呀!"就是"幼儿式"中的"依赖型"。导游让游客准时上车时,游客嘴一撇说:"别理他,我们走我们的!"就是"幼儿式"中的"撒泼型"。如果游客要求导游去做什么事,导游对游客说:"好的,先生,我一定照办!"就是"幼儿式"中的"服从型"。

可以说以上两种方式都属于不合理的方式。导游员在处理旅游团队内部的意见和分歧时,应该采用"成人式"的方式。所谓"成人式"的方式,是指双方都是名副其实的成人,都采用平等待人、通情达理的成人行为,通过摆事情、讲道理的方法来解决问题。只有这种方式才是讲理的,才能体现出人与人之间的相互尊重。采用"成人式"的交往双方都抱着平等的、尊重对方的态度,用明确无误的"事件信息"来进行交往。"人际交流"和"利益交换"均十分清晰、准确,对事、对人的看法以及情绪的表露都是协调一致,恰如其分的。"成人式"交往是最有效的社会交往。导游员主动交往时应该首先采用"成人式"与旅游者交往。

导游在用"成人式"的方式处理问题时,一定要注意技巧。如果客人命令导游说"下午四点钟之前,一定要给我搞到回南京的火车票",如果导游直接说"据我的经验,在两个小时之内弄到火车票的可能性很小",那么客人一定会火冒三丈。因此,导游在用"成人式"处理问题时,应注意看交往的双方是什么样的角色。如果双方都是游客,一方说"下午四点钟之前,你必须给我买到回南京的火车票",另一方同样作为游客,可以用成人式来回应,如比较委婉的方式是"可能性不大。我得跟着团队一起去游览。"甚至可以直接拒绝:"我跟你一样,都是来旅游的,凭什么要我去给你买火车票!"如果一方是游客,另一方是导游员,那就不能这样了。作为导游员,应该回答:"好的,我会尽我最大的努力。不过据我的经验,在两个小时以内买到去南京的火车票不大容易,恐怕要费一些周折"。这是先是用的"幼儿式"的"服从型",然后是用"成人式"。用"幼儿式"的"服从型"起了一个缓冲的作用。再比如,客人丢了护照,连哭带喊地对你说:"我的天哪,这一回我可要死在这里了!"作为导游应该说:"太太,您不要着急,先坐下来喘口气,我一定会想办法帮您找到护照的。现在我希望您能给我提供一些线索,您仔细回忆一下,您最后一次看到您的护照,大概是在什么时候,什么地方?"即在用成人式之前,先来一个缓冲。

导游在带团的时候,尽管并不是所有的服务对象都善于用"成人式"来解决问题,但导游员应坚持从自身做起,像一个名副其实的成人那样去和他们进行沟通和商讨。

4.正确地提出建议

人们通常会认为:一种建议只要是正确的,就应该被接受。因此,一个人只要认为自己的建议是正确的,就可以提出来要求人们接受。

其实,这种观念是不正确的,至少是有失偏颇的。在现实中,我们常常可以看到人们依据这种观念行事,而结果却往往总是与建议提出者的愿望相反——其建议非但没有被接受,反而遭到了激烈的反驳。有时一些明显正确(甚至也为人们心里所认可的)建议也会遭到人们的拒绝。这是为什么呢?

因为人接受建议的过程不仅仅是一个简单的认识判断过程,而是一个复杂的自我价值保护过程。只有在自我价值受到较好保护的情况下,人们才有可能乐于接受建议。具体到旅游团队中也是一样。

在旅游活动中,决定游客是否接受建议的因素至少有四个,而且缺一不可。

(1)建议的内容是否正确,以及建议的正确性是否为人所认同

不正确的建议自然不会为游客所接受。但即使是导游提出正确的建议,也只有被游客所认同,才有可能被接受。换言之,这种建议的正确性不是以导游的认识为准,而是以游客的感觉为准。因此,导游在提出建议的时候,必须注意建议的表达方式和内容是否具有说服力。如果不能令游客信服,纵使是正确的建议,也不易为人们所接受。

(2)提建议的时机和方式

在下列情况下,游客通常不会轻易接受一种不同的建议:

第一,游客刚做出重大决策,导游就要求其改弦更张;

第二,在大庭广众之下,让游客立即接受一种与其以往观点完全不同的建议;

第三,导游以教训、指责的口吻要求游客接受建议;

第四,超出问题的讨论范围,把是否接受建议与游客的人格、修养、道德人品等因素联系到一起,或是让游客以一种难堪、有损于自尊(如当众声明、认错、屈服)的方式接受建议。导游在这里也要特别注意,在与游客沟通的过程中只要让游客知道导游的想法,同时也了解游客的想法,沟通过程就完成了。至于你想的对不对,我想的对不对,这种是非层面的问题,在这一阶段不要急于解决。

在上述情境中,游客是处于一种受压力、受胁迫的境况之中。游客要维护自己的尊严,保持独立的人格形象,对于带有"屈服"意味的建议接受方式自然会是拒绝的。

（3）提建议的目的或动机

如果游客觉得导游提建议的动机是"与人为善"，则导游的建议较易于为游客所接受，即使游客不认同你的建议，也会认同导游提建议的动机；反之，如果游客觉得导游的动机是"与人为恶"，则会倾向于拒绝导游的建议。即使有充分的事实证明导游建议的正确性，游客也会认为导游是在"利用事实，抓住把柄整人"。这就是为什么在好的晕轮效应产生后，当导游犯了错误，游客也会原谅他。而坏的晕轮效应产生后，导游就很难改变游客对他的看法。

由此可见，游客对一种建议的认同，往往是以对导游的动机的认同为先决条件的。如果游客对导游提建议的动机不予认同，则对你的建议本身也会倾向于不予认同。

（4）接受建议后所可能导致的直接结果

决定游客是否接受一种建议的最后一个因素，就是游客在接受导游的建议后所可能导致的直接后果。即使前面三个因素都没有什么问题，如果接受建议的结果会对游客产生现实的和直接的不利影响，或是造成游客的利益损害，则游客也会倾向于拒绝导游的建议，至少是眼前不会接受导游的建议。趋利避害是人的一种本能。"两害相权取其轻，两利相权取其重"。古老的决策准则在这里也同样是适用的。

三、解决问题的步骤

当游客不仅与导游人员有分歧，而且处于极度愤怒甚至不讲理的状态时，导游人员既不能屈从或迁就游客，又不能硬碰硬地去压制游客。而是要分两步走：

1. 接受游客的意见

导游员可以用三种不同的方式表示接受：

第一种方式，当游客的意见不正确，并且以居高临下的态度向导游员发难时，导游应宽容大度，先不计较游客的态度，并肯定对方意见中可以适当予以肯定的部分。

第二种方式，当游客由于感情冲动而说出一些出格、离谱的话时，导游员先不要针对这些话做出反应，而是先表示理解游客的心情，借此来缓和对方的态度。

第三种方式，对游客说的话既不表示肯定，也不表示否定，而是用自己的话去重复他的意思，并用请教的口吻询问游客自己理解的对不对。采用这种做法，是为了体现出对对方的尊重，所以这种接受，也是对游客这个人的接受。

2. 让游客接受建议

当双方的态度变得比较缓和的时候，根据不同情况，可用以下两种方式来解决问题：

第一种方式，用与对方的建议相平行的方式说出我们的不同建议。这种方式可称为平行地陈述不同建议,意思是这是两种不同的建议,但我们对其中一种表示肯定并不意味着对另一种建议的否定。采用这种方式说出自己的不同建议,是在给游客这样一种提示:你可以有你的建议,我也可以有我的建议,我不会把我的建议强加于你,请你也不要把你的建议强加于我。

　　第二种方式,以请教的口吻提出问题,诱导对方自己去发现和纠正自己的错误。这种方式可称为"以请教代替反驳"。用这种方式必须要让游客知道他的说法或做法是不对的;但是导游如果直截了当指出游客的错误之处,游客又会觉得很丢面子,即使口头上接受,也会心怀不满,甚至为了保住自己的面子,死不认错。比如,游客提出一个主意,作为导游员明知道他说的那个办法"晴天可以用,雨天肯定不行",但是导游最好不要说"不行不行,下雨怎么办"。而是换成另外一种表达方式"这个办法好是好,可我就有点不放心,万一……"接下去,对方很可能会说"是啊,万一下雨就麻烦了,看样还得另想办法"。这就实现了诱导对方主动发现和纠正自己的错误,实现既不伤和气,又解决了问题的双赢局面。

◆ **本节相关知识链接**

人际关系的改善举措

　　为了改善人际关系,应该有针对性地从以下几个方面采取措施。

　　一是求同存异。相似性因素是导致人际吸引、建立良好人际关系的重要因素。求同存异就是把双方的共同点发掘出来,作为改善关系的基础。态度和价值观的相似,是最重要的相似性因素,以它为基础的人际吸引,是人际关系的稳定因素。因此,加强组织文化建设,培育共同的价值观,是在组织内部改善人际关系的基础性工作。

　　二是以诚待人。真诚会产生感情的交融和心灵的相悦,从而大大地增进人际吸引。要形成良好的人际关系,待人必须热情诚恳,真心实意地与别人交往。在真诚的前提下,与人交往时还要注意面部表情。交往时要关心、体贴、同情、理解别人。要培养自己在人际交往中的共知感,即心目中装着他人,设身处地为他人着想,将心比心,善于体谅别人,与别人分担忧愁,共享欢乐。

　　三是尊重他人。在与人交往时不以自我为中心,突出自己,夸夸其谈,而应当以他人为中心,耐心倾听对方的讲话,不心不在焉或随便打断别人讲话。尊重别人的劳动和人格。只有尊重别人,才能赢得别人对自己的尊重。

　　四、严于律己。建立良好的人际关系,在与人交往中谦虚谨慎,言行一致,严格要求自己。要求别人做到的,首先自己要做到;对自己的缺点要勇于做自我批评,对于别人的批评应当虚怀若谷,客观地做出分析判断,有则改之,无则加勉。

资料来源:http://wiki.mbalib.com/wiki/%E4%BA%BA%E9%99%85%E5%85%B3%E7%B3%BB(MBA
智库百科网)

第三节 树立导游员良好的职业形象

旅游团的游客来自不同的地区或国度,人地生疏,语言不通,生活习惯迥异,加上旅途劳累,气候不适,往往有茫然之感。一方面,他们对导游员怀着期望;另一方面,又对导游员不了解,心存疑虑。再者,旅游团的游客由于年龄、性别、职业、文化水平和性格的差异,其旅游动机、兴趣爱好、希望与要求往往各不相同。这些不同的需求并非每个游客都会直截了当地向导游员表示出来,有些性格内向和身份地位较高的游客,言行谨慎,不会轻易发表自己的看法。所以,导游员若能较快地在游客心目中树立起良好的职业形象,就有利于缩短游客与导游之间的心理距离,融洽彼此之间的关系,游客对导游员的信任度也会提高,也能自觉配合导游员的工作。

一、导游员的职业素质

1.思想素质

在任何时代、任何国家,人的道德品质总是处于最重要的地位,作为导游员也不例外。导游员的思想品德不仅关系到导游员的个人形象,也代表着一个国家、一个地区居民的基本素质。

(1)热爱祖国

热爱祖国是中国合格导游员的首要条件。导游员的一言一行都与祖国的荣誉息息相关。在海外游客的心目中,导游员更是国家形象的代表,游客正是通过导游员的思想品德和言行举止来观察和了解一个国家的。因此,每个导游员必须要有强烈的社会责任感和历史责任感。很难想象一位不热爱祖国、不热爱家乡、不热爱人民的导游员会热情洋溢地向游客介绍祖国和家乡的灿烂文化、壮丽山河以及祖国人民的伟大创造和辉煌成就,也很难想象导游讲解能给游客留下深刻的印象,为祖国和家乡赢得荣誉。任何政治立场的游客都会对那些维护祖国荣誉和民族尊严的导游员充满敬意,而鄙视那些瞧不起自己祖国、不热爱自己民族的导游员。

(2)优秀的道德品质

社会主义道德的本质特征是集体主义和全心全意为人民服务的精神。从接待游客的角度来说,旅行社和各接待单位实际上组成了一个大的接待集体,导游员则是这个集体的重要一员。因此,导游员在工作中应从这个大集体的利益出发,从旅游业的发展出发,依靠集体的力量和支持,关心集体的生存和发展。只有这样,导游员的工作才能做好,才能赢得游客的尊重。

(3)热爱本职工作,尽职尽责

导游员不爱岗敬业,心中就会没有游客,就会对游客冷淡,甚至讨厌游客,不愿为之服务。这样即使他有丰富的知识、高超的导游技能,也很难发挥,无法让游客满意,无法得到游客的认同。

导游工作是一项传播文化、促进友谊的服务性工作,因而也是一种很有意义的工作。导游员在为八方来客提供旅游服务的时候,不但可以结识众多朋友,而且能增长见识、开阔眼界、丰富知识,导游员应该为此感到自豪。因此,导游员应立足本职工作,热爱本职工作,刻苦钻研业务,不断进取,全心全意地投入到工作中,热忱地为游客提供优质的导游服务。

2.文化素质

(1)丰富的语言知识

语言是导游员最重要的基本功,是导游服务的工具。导游员若没有过硬的语言能力和扎实的语言功底,就不可能顺利地进行文化交流,也就不可能完成导游工作的任务,更谈不上优质服务。而过硬的语言能力和扎实的语言功底则以丰富的语言知识为基础。导游讲解是一项综合性的口语艺术,要求导游员应具有很强的口语表达能力。

(2)扎实的史地文化知识

史地文化知识包括历史、地理、宗教、民族、风俗民情、风物特产、文学艺术、古建园林等方面的知识。这些知识是导游讲解的素材,是导游的看家本领。导游员要努力学习,力争使自己上知天文、下知地理,能对史地文化知识综合运用,并将其融会贯通、灵活运用,这对导游员来说具有特别重要的意义,是一名合格导游员的必备条件。

导游员还要不断地提高艺术鉴赏能力。艺术素养不仅能使导游员的人格框架得到完善,还可以使导游讲解的层次大大提高,从而在中外文化交流中起更加重要的作用。

(3)必要的政策法规和国际知识

政策法规知识也是导游员必备的知识。导游员在导游讲解、回答游客对有关问题的问询或游客讨论有关问题时,必须以国家的方针政策和法规作指导。否则会给游客造成误解,甚至给国家造成损失。对旅游过程中出现的有关问题,导游员要遵守国家的政策和有关法律法规予以正确处理。导游员自身的言行更要符合国家政策法规的要求,遵纪守法。此外,涉外导游员还要了解国际形势和各时期国际上的焦点问题,以及我国的外交政策和对有关国际问题的态度；要熟悉客源国或接待国的概况，知道其历史、地理、文化、民族、风土民情、宗教信仰、礼俗禁忌等。了解和熟悉这些情况，不仅有利于导游员有的放矢提供导游服务，而且还能加强与游客的沟通。

◆ **案例驿站 6.2**

"一问三不知"的导游

小王是 XX 旅行社新招聘的导游员，对所在城市游览点的导游词已经背得滚瓜烂熟，对自己的工作充满信心。

一天，他带领游客去游览岳王庙。在正殿，小王讲解道："这天花板上绘的是松鹤图，共有 372 只仙鹤，在苍松翠柏之间飞翔，寓意岳飞精忠报国精神万古长青。"一位游客听了后，就问小王："为什么是 372 只仙鹤，而不是 371 只或是 373 只？这有什么讲究吗？"小王倒是很爽快，回答说："这个我不清楚，应该没什么讲究吧！"

来到碑廊区，小王指着墙上"尽忠报国"四个字说，这是明代书法家洪珠所写。团中一位年青人不解地问小王："为什么前面正殿墙上写的是'精忠报国'，而这儿却写成'尽忠报国'呢？"小王考虑了一会儿，支支吾吾道："这两个字没什么区别，反正它们都是赞扬岳飞的。"那游客还想说些什么，小王却喊道："走了，走了，我们去看看岳飞墓。"

到了墓区，小王指着墓道旁的石翁讲解："这三对石人代表了岳飞生前的仪卫。"游客们没有听懂，要求小王解释一下"仪卫"是什么，小王犯难地说："仪卫嘛，就是为岳飞守坟的。"游客反问道："放几个石人在这儿守坟有什么用呢？"小王说："这个，我不知道。"

可见，导游对相关知识的掌握不能完全拘泥于导游词，而应该努力学习，力争使自己上知天文，下晓地理，将史地文化知识融会贯通，从而成为一名优秀的导游员。

案例来源：http://www.docin.com/p−267044.html.（豆丁网）

3.心理素质

(1)导游员的性格

一般来说，人们都喜欢和精神饱满、开朗大方的人打交道。因此，导游应该是一个精力充沛、情绪饱满、乐与交往的人，是一个有爱心、待人诚恳、富于幽默感的人，具备了这样的性格，导游员就能与游客建立和谐的人际关系。此外，作为导游员应当兴趣广泛，能与各类游客进行交流，给游客带来更多的乐趣，为旅行生活增添亮点。

（2）导游员的情感

情感是人对客观现实的一种特殊反应形式，是人对客观事物是否符合自己的需要而产生的态度体验。导游员应该是富有情感的人，对祖国河山、对人间有爱有真情，才可能热爱工作、热情对人、以情感人。

（3）导游员的心理承受力

导游员每天要面对游客，其精神状态直接影响着游客的情绪。因此，导游员精神要始终愉快、饱满，在游客面前应始终显示出良好的精神状态，进入角色要快，并且能保持始终而不受外来因素的影响，特别是不能把消极情绪带到导游工作当中。要善于调整自己的心态和控制自己的情绪，要有较好的心理承受能力，在明知客人不对的情况下，也不能急于明辨是非，而要以豁达包容的心态对待游客。

4. 能力素质

（1）具有较强的独立工作能力和协调应变能力

对导游员来说，独立工作能力尤为重要。导游接受任务后，要独立组织游客参观游览，独立作出决定、独立处理问题。导游员的工作对象形形色色，出现的问题和性质各不相同，不允许导游员工作时墨守成规，而是要根据不同的情况采取相应的对策。导游人员较强的独立工作能力和协调应变能力表现在：

第一，独立执行政策和独立进行讲解的能力。导游员必须具有高度的政策观念和法制观念，要以国家的有关政策和法律法规指导自己的工作和言行。在向游客宣传中国、讲解中国现行的方针政策、介绍中国人民的伟大创造和建设成就以及各地方的建设发展情况、回答游客的种种问询时，导游员要掌握好原则，把握好分寸，尽可能地让游客全面认识中国。

第二，较强的组织协调能力和灵活的工作方法。导游员接受任务后，要根据旅游合同安排旅游活动，并严格执行旅游接待计划，带领全团人员游览好。这就要求导游具有较强的组织协调能力，在组织各项活动时讲究方式方法并及时掌握不断变化的客观情况，灵活地采取相应措施，在安排旅游活动时有较强的针对性并留有余地。

第三，独立分析、解决问题和处理事故的能力。沉着分析、果断决定、正确处理意外事故是导游员最重要的能力之一。旅游活动中意外事故在所难免，能否妥善处理事故是对导游员的一种严峻考验。临危不惧、头脑清醒、遇事不乱、办事利索、积极主动、随机应变是导游员处理意外事故时应具备的能力。

第四，善于和各种人打交道的能力。导游员的工作对象甚为广泛，善于和各种人打交道是导游员最重要的素质之一。与层次不同、品质各异、性格相左的中外人士打交道,要求导游员必须掌握一定的公共关系学知识,并能熟练运用,具有灵活性、理解能力和适应不断变化的氛围的能力,随机应变处理问题,搞好各方面的关系。导游员具有相当的公关能力,就会在待人接物时更自然、得体,能动性和自主性的水平必然会更高。

（2）较高的导游服务技能

导游服务技能可分为操作技能和智力技能两类。导游服务需要的主要是智力技能,即导游员同领队协作共事、与游客成为伙伴、使旅游生活愉快的带团技能;根据旅游接待计划和实情,全面、合理地安排参观游览活动的技能;触景生情、随机应变,进行生动精彩的导游讲解的技能;合情、合理、合法地处理各种问题和游客投诉的技能等。

（3）较强的认知能力

认知能力是指人们认识客观规律、运用知识解决实际问题的能力,主要包括观察力、注意力、想象力、记忆力等。导游工作的特点要求导游员具备以下能力:

第一,敏锐的观察力。很多游客经常将自己的需要隐藏起来。导游员若能把游客的某种需要一语道破,并提供相应的服务,必然会令游客肃然起敬。要达到这一良好的效果,导游必须具备敏锐的观察力。

第二,丰富的想象力。导游员在为游客讲解自然风光和文物古迹时,要想取得良好的讲解效果,必须发挥丰富的想象力,将游客导入美的意境。

第三,良好的记忆力。良好的记忆力对于做好导游工作十分重要,它可以帮助导游员及时回想起导游服务中所需要的各方面的知识,提高导游服务水平。比如,第二次见面就能叫出游客的姓名,会令游客高兴;熟记行车路线,保证旅游团的行程顺利等。[①]

二、树立良好形象的关键时刻

1.树立良好形象的重要性

第一,有助于增强旅游者对导游人员的信任感。导游人员要在旅游者的心目确立有安全感、可信赖、有能力带领旅游者顺利地开展旅游活动的形象。

第二,有助于缩短导游人员与旅游者间的心理距离。最大程度地满足旅游者的需求,是实现优质服务的重要途径。

2.把握第一次亮相的关键时刻

导游员第一次亮相,给游客的第一印象非常重要,因为第一印象的好坏常常构成人们的心理定势,成为最终评价的参考。导游员若不重视第一次交往的效应,往往容

---

① 梁文生.导游实务[M].济南:山东科学技术出版社,2009:19-27.

易造成误会,如果事后又不懂得如何弥补,就会给人留下"此人不可信"的印象。而印象一旦固定,要改变它就得做很大的努力,花很多的精力。所以,导游员要把握好第一次亮相这一关键时刻,重视在游客面前树立良好的第一印象。从与游客的第一次见面开始,就要以得体的仪容、仪表、职业化的语言修养和行为方式,强化客人对导游的良好印象。

(1)导游人员的仪表仪容

所谓导游人员的仪表仪容,是指导游人员的容貌、着装、服饰及所表现出的神态。

导游人员应着重注意以下几个方面:

第一,导游人员的着装。要符合导游人员身份,并追求风格的和谐统一。切忌穿着奇装异服,或一味追求高档名牌服装,哗众取宠。必须将导游胸卡和工作牌佩在胸前,以表明自己导游人员的身份。

第二,导游人员要修饰有度。服装整洁、大方、自然、佩带首饰要适度,不浓妆艳抹、花枝招展,发型要符合身体特征和工作特点,体现高尚的情趣。

第三,导游人员要注重个人卫生。站在游客心理的角度去换位思考:首先,导游员太注重修饰自己,游客可能会想"光顾修饰自己的人怎么会想着别人、照顾别人";其次,导游员衣冠不整、不修边幅,游客又会想"连自己都照料不好的人又怎么能照顾好别人。"所以导游员的修饰应掌握好一个度。

(2)导游人员的仪态

所谓导游人员的仪态,是指导游人员所表现出的行为举止,即导游人员的姿态和表情等诸多方面。具体地讲,导游人员应注重以下几方面:

第一,表情风度:精神饱满,乐观自信;自尊而不狂傲;热情而不谄媚;活泼而不轻佻。

第二,举止姿态:站、行、走有度,但不矫揉造作。

(3)导游人员的谈吐

导游人员优雅的谈吐可以向游客传递尊重、友善、平等的信息,给游客以美的感受。导游人员为了博得旅游者的好感,在初次见面的时刻谈吐方面尤其要注重以下几方面:

第一,语言要文明礼貌,表达对旅游者的关心和尊重。

第二,讲解内容要有趣、词汇生动,不失高雅脱俗。

第三,语速快慢相宜,亲切自然。音量适中、悦耳。

3.把握处理突发事件的关键时刻

无论是游客还是导游员,都希望旅途一帆风顺,最好不要遭遇突发事件。但对于那些有高超的导游服务技能、有高度责任心的导游来说,突发事件也给他们提供了一个向游客展示自己服务动机和服务技能的时刻。是让全团游客重新认识导游、强化导游良好形象的关键时刻。因此,在日常工作中,导游员应该不断加强自身的职业素质训练。在旅游团遭遇突发事件时,导游员应该沉着冷静地妥善解决问题,遇到事情能够当机立断,并有负责精神,给游客以安全感,在游客中树立起良好的形象。

◆ **案例驿站 6.3**

导游用优质服务化解游客的不满

导游员小丁提前两个小时出发去机场接团,在离机场还有 10 公里的地方遇到了交通事故,旅游车被堵,等小丁赶到机场,已经迟到了将近 20 分钟,领队和客人早已集合在停车场上等他了。小丁赶紧请客人上车。虽然向领队和客人做了解释并表示歉意,但

是客人仍然情绪激动,议论纷纷,声称要投诉,把小丁换掉。到了酒店,正当小丁在总台为客人办理登记手续时,突然停电了,小丁迅速把客人召集到一起,嘱咐大家看好行李,又在大厅服务员的帮助下,靠应急灯安排年老和体弱的客人坐下。当小丁办完住店手续,分发完房卡后,他发现客人对他的态度改变了,小丁这才松了一口气。

案例来源:山东省旅游局人事教育处.导游实务历年真题[M],山东科学技术出版社.2008:35.

4. 保持良好的形象

导游在游客心中留下美好的印象后,并不表示导游员就此可以一劳永逸,万事大吉。旅游者希望导游员能一直保持良好形象,善始善终地为他们提供优质服务。导游员如何才能维护甚至升华自身的良好形象呢?

第一,导游员要始终坚持主动热情地对待每一位旅游者。

第二,善于与旅游者沟通情感,与他们建立友情。

第三,多向旅游者提供微笑服务、细致服务、使旅游者对导游员产生亲切感。

第四,要多干实事,少说空话,做到言必行,行必果。

第五,做到处事不惊、果断、利索,给旅游者以安全感。

第六,要善于弥补服务缺陷,一丝不苟地做好送行工作。

◆ **本节相关知识链接**

着装 TOP 原则

"TOP"实际上是三个英语单词的缩写,它们分别代表时间(Time)、场合(Occasion)和地点(Place),即着装应该与当时的时间、所处的场合和地点相协调。

时间原则——不同时段的着装对女士尤其重要。男士有一套质地上乘的深色西装就足以打天下;而女士的着装则要随时间而变换:白天工作时,女士应穿着正式套装,以体现专业性;晚上出席酒会时就要多加一些修饰,如佩戴有光泽的首饰,围一条漂亮的丝巾等。服装的选择还要适合季节、气候的特点,保持与潮流大势同步。

场合原则——衣着要与场合相协调。与顾客会谈、参加正式会议时,衣着应庄重考究;听音乐会或看高雅演出时,最好要着正装;出席正式宴会时,女士最好穿中国的传统旗袍或西方的长裙晚礼服;而在朋友聚会、郊游等场合,着装应轻便舒适。

地点原则——在自己家里接待客人,可以穿着舒适的休闲服;如果是去公司或单位拜访,穿职业套装会显得专业;外出时要顾及当地的传统和风俗习惯;如果去教堂或寺庙等场所,就不能穿过于暴露的服装。

总之,穿衣是"形象工程"的大事。西方的服装设计大师认为:"服装不能造出完人,但是第一印象的 80% 来自于着装。"得体的穿着,不仅可以显得更加美丽和品位,还可体现出一个现代人良好的修养和独到的品位。

资料来源:http://www.uibe.edu.cn/upload/up_yjsb/yanhui/WYB/top.htm(对外经贸大学网)

◆ **本章小结**

1. 本章结语

人际难题的症结在于当事人觉得自己没有受到应有的尊重。对于导游员来说,应该从人际层面入手,改变旅游团队中社会尊重不足的状况,改善人际交往的恶性循环。这就需要导游员在做相应工作时,选择适当的方式,以理服人,并掌握与游客进行正确沟通和探讨方式的原则,在处理问题时分两步走:首先,表示接受游客的意见,在此基础上,让游客接受导游的建议。此外,导游还应在向游客展示自己高超的职业素养、个人良好形象的前提下,妥善运用各种方式去做好游客的劝导工作。

2. 本章知识结构图

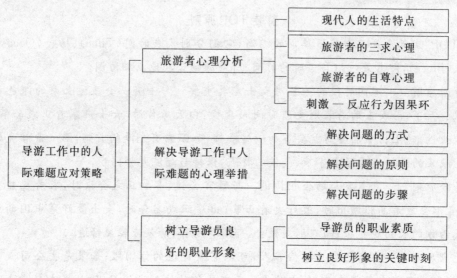

3. 本章核心概念

三求心理　低自尊　高自尊　社会尊重不足

◆ **实训练习**

以班级或小组为单位,到旅行社进行实地考察,做一份有关导游带团时应对人际难题的调查报告(主要包括应对方式、应对原则及解决步骤)。

◆ **延伸阅读**

旅游团队里有两个"淘气鬼"

山西某国际旅行社的导游员小王带领团去北京旅游,旅游团里有位女士,她的儿子是个淘气鬼;还有一位客人的小孩也是淘气鬼,这两个淘气鬼从一登上由山西开往北京的火车就开始闹,让其他游客觉得很厌烦,但也不好说什么。正在这个时候,其中一个小孩的母亲要吃药,她那个淘气鬼儿子听说妈妈要吃药,就去打开水,另一个淘气鬼也跟着一起去。正当他们端着一杯开水往回走的时候,火车突然晃了一下,两个淘气鬼有说有笑,一不小心,一杯滚烫的开水差不多全倒在了一位正在与别人聊天的游客身上。这位游客本来就很烦这两个小孩,现在脖子和胳膊又都被烫红了,真是气不打一处来,于是就狠狠地训斥那两个小孩。两个小孩的家长见此情景就要过来"护犊"……

思考:如果你是此次旅游团队的导游小王,该怎么从人际层面入手,化解游客之间的纠纷呢?

案例来源:http://www.examda.com/dy/fuwu/zhidao/20060816/090711356.html(考试大网)

◆ 本章试题与知识训练

一、填空

1.现代人生活的特点包括_____、_____、_____。

2.用"成人式"的方解决问题,分为两个阶段:第一阶段是_____,第二阶段是_____。

3.导游从与游客的第一次见面开始,就要以得体的_____、职业化的_____和_____,强化客人对导游的良好形象。

二、选择

1.旅游者的三求心理指游客在游览过程中求补偿、求解脱、_____的心理。

A.求放松　　　B.求愉悦　　　C.求发泄　　　D.求平衡

2.带团过程中遇到人际难题时导游员不可以用哪种方式表示接受游客意见_____:

A.尽管对方的意见不正确,而且说话的态度是居高临下的,但我们可以先不计较他的态度,而是应该先肯定对方意见中可以适当予以肯定的部分。

B.当对方由于感情冲动而说出一些出格、离谱的话时,我们先不要针对这些话作出反应,而是先表示理解他的心情,借此来缓和对方的态度。

C.当对方由于情绪激动说出一些离谱的话,提出一些过分地要求时,为了缓和游客的情绪,导游应先顺着游客,答应他们的要求。

D.对对方说的话既不表示肯定,也不表示否定,而是用自己的话去重复他的意思,并用请教的口吻问他自己理解的对不对。

3.导游员的心理素质不包括_____。

A.导游员的性格　　　　　　B.导游员的组织协调力

C.导游员的情感　　　　　　D.导游员的心理承受力

三、简答

1.旅游团队中社会尊重不足体现在哪些方面?

2.导游员解决工作中人际问题的原则有哪些?

3.导游人员较强的独立工作能力和协调应变能力体现在哪些方面?

第 七 章

导游员对旅游团队的调控

学习目标

知识要点：了解旅游团产生中心人物的原因，以及中心人物对导游工作的作用；了解什么是旅游团队的骚动、骚动的产生过程及引发原因；了解旅游团队的亚群体对抗；掌握导游员如何处理好与团队中心人物的关系；掌握如何阻止旅游团队的骚动；掌握导游员如何防止旅游团队的亚群体对抗。

技能训练：应用所学理论，模拟各种情景演练，并通过小组形式展开讨论。

能力拓展：试分析班级内部不团结的原因并制订出解决问题的方案。

引 例

个别游客不合群

某旅行社的地陪小王接了一个团，该团到 H 市时已是行程倒数第二站了。带团过程中，小王发现不管是在餐厅，还是在景点，有一位姓施的游客与其他的团友总是不合群。小王很纳闷，他想，一位游客如果不合群，那出门旅游还有什么乐趣可言呢？小王想解开这个谜，于是他去问全陪。全陪告诉他，这个旅游团的游客，除施先生外，其他都是一个单位的员工。施先生到旅行社报名时，刚好这一团成行，且行程也一样，于是旅行社便把他安插进了这个团。知道原委后，小王采取了一些措施，如在用餐时，他特意询问该游客，饮食是否符合胃口；在游览过程中，他故意与他走在一起并与他聊天等，目的是以此引起其他游客的注意，但因为行程已近尾声，收效不大，其他游客与他的交往很少。

案例引发的问题：对于本案例中的施先生来说，此次旅游一定无乐趣可言，他以后很可能不会参加全陪所在的那家旅行社组织的旅游活动了。造成这种结果的原因是什么？作为导游员应采取什么措施避免此类情况发生呢？

资料来源：http://zhiye.kswchina.com/dy/dy/sw/630760.html(同考网)

第一节　导游员与旅游团队"中心人物"

一、旅游团队的"中心人物"

1. 旅游团队的群体性质

当今的旅游形式虽然多种多样,但是绝大多数旅游者仍是以"随团"的方式外出旅游的。旅游团队与一般的社会群体有很大的不同,它是一个特殊的群体,具有临时性、松散性、发展性和依赖性等特点。

(1)临时性

旅游团队的临时性是指团队中的人们组合在一起的目的是为了一次旅游活动,群体存在的时间很短,旅游结束,群体消失。在旅游团队中,人际交往具有"短而浅"的特点,包括导游员与游客之间的交往和团队中游客与游客之间的交往,因此团队中人际关系有更多的猜疑与误解,而少了些宽容与谅解,使旅游团队中的人际矛盾更突出。

(2)松散性

旅游团队的松散性是指在旅游团队这一群体中,群体成员之间很难结成紧密而稳定的关系。旅游团队的成员的共同目的就是一起经济、便捷地完成一次旅游活动,没有更多的"共同目标",也就不可能将其作为普通的群体组织,用一整套规章制度和奖惩办法去管理。

旅游团队成员间的"人际矛盾",不仅与旅游团队的临时性有关,也与它的松散性有关。

旅游团队的松散性,对团队成员在人际交往中的心理产生了要"少投入"、"少顾忌"等影响,使旅游团队中人际关系表现出明显的脆弱性和不稳定性。

(3)发展性

旅游团队的发展性是指随着旅游活动的进行和旅游者相互交往的深入,旅游团队群体的松散程度会有所变化。在旅游过程中,旅游团队松散程度的变化主要有两种情况,一种与团队"中心人物"的产生有关,另一种情况与团队中"亚群体"的形成有关。

(4)依赖性

旅游团队的依赖性是指旅游团队各项旅游活动的顺利进行依赖于众多合作单位的共同努力。旅游团队是旅行社通过签订合同而组织的群众,依赖于旅游活动涉及的行、住、食、游、娱、购等"合作单位"的配合。尽管得到各"合作单位"的承诺,但导游员在处理与各"合作单位"的关系时还是会遇到很多困难,所有环节中的任何一位工作人员出了问题,都会影响旅游产品的形象和质量,而旅游产品所具有的特点使事先预防和事后补救更加困难。

2. 旅游团队"中心人物"的概念

旅游团队的"中心人物"指旅游者为了维护自身的利益而推举出来代表全团旅游者与服务方进行交涉的游客,有时也会由旅游团队的领导或导游员来充当。旅游团队的"中心人物"往往是那些在旅游团队中具有较强的影响力和号召力,能够代表绝大多数游客的利益和追求的人,他们虽然没有正式的职位,但是对旅游团队成员的行为却能起到较强的导向作用,有时甚至比正式的领导具有更强的权威性。

◆ 案例驿站 7.1

缩短与"中心人物"的心理距离

地陪小王接的这个团有一个"中心人物"洪先生。洪先生在团里的地位举足轻重,只要他提议,其他游客都会附和。小王想要顺利完成此次旅游行程,就必须搞好与洪先生的关系。因此,小王上团以后把工作做得很细,全团的客人都感到满意。这时候小王就找机会与洪先生个别交谈。
向洪先生谈了他带团的经历,谈了他是如何解决"航班大延误"和"漂流中翻船"等突发事件的,洪先生听了以后很是惊讶。后来,团队遇到了一次"大堵车",洪先生看小王处理得十分恰当,就对全团说:"王导的服务水平高,有经验,是国内不多见的高级导游!"其他游客对小王也大为赞赏。

案例来源:吴正平,闫刚.旅游心理学[M].北京:旅游教育出版社,2006:71.

3. 旅游团队"中心人物"的产生

由于旅游活动的异地性特征,游客对旅游目的地往往不甚了解,因此,服务方能不能按旅游合同为游客提供服务、会不会做出一些损害游客利益的事情等问题常常使旅游者感到忧虑。当游客的这种忧虑达到一定程度时,旅游团队的"中心人物"往往就会产生。即游客认为他们的利益已经受到或者可能受到服务方侵犯时,他们就会推举出他们当中的一位游客作为代表,去和服务方进行交涉,以维护自身的利益。这位被推举出来的游客,就是旅游团队的"中心人物"。

旅游者要成为旅游团队的"中心人物",一般需具备以下三个条件:

（1）社会经验丰富

成为旅游团队的"中心人物"首先要有比较丰富的社会经验，并有比较丰富的旅游经验或在特定旅游目的地旅游的经验。比如，某旅游团的旅游目的地是中国的大西北，团里的甲、乙、丙三位先生都有比较丰富的社会经验，但甲先生外出旅游的经验不如乙和丙先生丰富；而乙先生虽然到过中国的华东地区，却不像丙先生那样以前已经来过一次中国的大西北。在这种情况下，最有可能成为该团"中心人物"的就是丙先生，而不是甲、乙。

（2）认知能力较强

成为旅游团队的"中心人物"除了要有较为丰富的社会经验，还要有较强的认知能力，情绪比较稳定，有较强的分析判断能力，遇事头脑镇定清醒，意志较为坚定，决定了的事通常都能坚持做到底。

（3）人际交往娴熟

成为旅游团队的"中心人物"还要有较强的人际吸引力和比较娴熟的人际交往技巧。需要注意的是，"中心人物"的产生没有固定程序，实际上也不存在"中心人物"这样一个头衔。没有哪一位游客会告诉你"某某先生或女士是我们团队的中心人物"或者"我是我们团队的中心人物"。判断某一位旅游者是不是团队的"中心人物"，唯一的依据是他在团队中是不是起着"中心人物"的作用。在特殊情况下，旅游团队的"中心人物"也可能由领队或导游员来充当。

4.旅游团队"中心人物"的飘移

判断某位游客是不是旅游团队的"中心人物"，不在于他是否拥有头衔，而是依据他在团队中是否起着"中心人物"的作用。因此，我们既不能说旅游团的团长就一定是该团的"中心人物"，也不能说旅游团的团长就一定不是该团的"中心人物"。

一般来说，当旅游团里的某位游客被其他游客推选为团长的时候，其他游客当然是希望他能够作为团队中的"中心人物"而起作用。但也可能出现这样的情况：过了一段时间，大家发现这位团长并不能起到"中心人物"应起的作用，于是就会用非正式的方式，推举另一位可信度更高、更能代表旅游团队利益的团队成员来充当团队的"中心人物"。比如，小李接待了一个来自北京的旅游团，郑先生是团长，开始的时候，小李有事总是先去和郑先生商量。但是，后来小李发现，团里的游客遇到事情，不是去找郑先生，而是去找王先生；在关键时刻，也不是郑先生站出来为大家说话，是王先生站出来向小王传达大家的意思，这就说明旅游团的"中心人物"的角色已经从郑先生身上飘移到王先生身上来了。尽管郑先生仍然是名义上的团长，但是游客遇到事情已经不再去找郑先生商议，大家心照不宣地将王先生当成团队的领导者,遇到问题由王先生代表整个团队向导游员交涉。这就是"中心人物"在旅游者之间的飘移。

不管原来的"中心人物"是不是旅游团的团长,都有可能出现"中心人物"在不同游客之间飘移的现象。当"中心人物"已经飘移的时候,导游员也应该把工作重心转移到新的"中心人物"身上来。拿小李的例子来说,虽然他还应该尊称郑先生为团长,但是现在他必须在王先生身上多下工夫了,否则就会造成工作的被动。

二、"中心人物"的作用

1. "中心人物"的代表作用

旅游团队产生一位"中心人物"以后,"中心人物"的意见和建议就代表了团队当中绝大多数游客的意愿,这位"中心人物"也自然成为旅游服务人员在为全团旅游者提供服务时绕不过去的一个中间环节。导游员如果要与全团游客商量事情,必须先征求这位"中心人物"的意见,从"中心人物"的意见中,导游就可了解团队中绝大多数游客的意愿;导游员的意见和主张,如果没有得到"中心人物"的认可,要想让其他游客表示同意几乎是不可能的。

"中心人物"对导游工作可能起到的代表作用主要有:

第一,游客既然要让"中心人物"做自己的代言人,就会及时把自己看到或想到的问题向这位"中心人物"反映。因此,遇到问题时,导游员只要找到"中心人物"谈一谈,就可以基本了解其他游客的意愿。

第二,游客相信"中心人物"能够代表自己的利益,不像服务方那样有可能损害自己的利益。因此"中心人物"也就对团队中的游客有较强的暗示作用。即"中心人物"能让团队中的游客不加怀疑、不加批判地接受他所提出的意见和主张。同样的话从"中心人物"嘴里说出来,比从导游员嘴里说出来更管用,更能让游客信服。在这种情况下,导游员就可以通过"中心人物"所具有的暗示作用,对团队中的其他游客施加影响,便于导游工作的展开。

2. "中心人物"的暗示作用

"中心人物"对导游员的工作可能起到好的作用,也可能起到坏的作用。由于"中心人物"常常能让其他游客不加怀疑、不加批判地接受他所提供的旅游活动的信息,以及他对有关信息的评价等。因此,从不好的方面说,如果旅游团队的"中心人物"自我意识恶性膨胀,即把自我表现看的比维护全团游客的利益更为重要,他就会给旅游服务人员的工作造成很大的困难。

这种自我膨胀型的"中心人物",常常会当着全团游客的面,对导游员或其他导游服务人员的工作挑三拣四,以显示自己的水平高;甚至他们会当着全团游客的面,拒绝服务方所作出的合理安排,或提出一些不切实际的要求,以显示自己在毫不妥协地维护全团游客的利益。

这些"中心人物"的自我膨胀,并不是从一开始就表现出来的,一般都是他们先做过一些维护全团游客利益的事情,受到游客的追捧,才开始自我膨胀。这就使得团里的旅游者不容易看清"中心人物"的自我膨胀,还以为他们真的是在维护全团游客的利益。遇到这种情况,导游员往往会陷入两难的境地:如果按"中心人物"的要求去做,实际上是对全体游客不利;而真心实意地为全团游客着想、按章程办事,反而得不到游客的理解,遭到游客的谴责。

三、应对"中心人物"的方法

既然旅游团队的"中心人物"是导游员与全团游客之间的一个绕不过去的中间环节,因此,导游员要对团队进行调控,就必须首先处理好与"中心人物"的关系,在这过程中,导游员应做好以下两方面的工作。

1.处理好与"中心人物"的关系

(1)接近"中心人物",尊重"中心人物"

接近"中心人物"是导游员做好团队工作的首要环节,接近"中心人物",让其感受到导游对他的尊重,让其产生自豪感。导游只有先尊重"中心人物","中心人物"才有可能去尊重导游人员,才会对导游员有人际接纳,如果做不到这一点,其他工作就难以展开。此外,接近"中心人物",才能了解他,并向他展示自己的服务动机和服务技能,才能在旅游团队遇到问题时适时、适当地发挥"中心人物"的指挥、领导作用。

接近"中心人物",是让"中心人物"感受到导游员对他们的尊重,并不意味着导游员要去恭维"中心人物"。能够成为旅游团队"中心人物"的,多半是比较成功的人士,这些人听到的赞扬已经够多了,就算听,也要看是听谁在赞扬。导游人员和"中心人物"是服务与被服务的关系,"中心人物"作为游客之一是购买了导游服务的顾客,如果导游员用一大堆恭维的话去赞扬他,不仅不能赢得他的好感,反而还会让他觉得导游员在虚情假意,甚至会让其对导游员产生不好的印象。此外,如果导游员对"中心人物"过分吹捧,会让其他游客觉得导游员是在拍马屁,从而拉开与导游员的人际距离。

(2)展现服务动机和服务技能,获得"中心人物"的认可

展现的重要性在于,如果"中心人物"不认可导游员,那么其他游客也就不会认可导

游;但一旦导游员获得了"中心人物"的认可,其他游客自然而然地也就会信任并接受导游人员。

(3)利用"中心人物"的暗示功能,发挥其在团队中的作用

导游员在利用"中心人物"的同时,不仅能充分发挥"中心人物"的暗示作用去对全团游客施加影响,此外,还可以合理满足"中心人物"的自尊需要,抑制其自我膨胀。

2.扶植"中心人物"

旅游团队"中心人物"的产生是因为游客对服务机构和服务人员的服务水平与服务动机有所怀疑,为自己的利益能否得到保障感到担忧,所以要推举一个人出来为大家说话。为了避免自发产生的"中心人物"由于自我膨胀而起到不好的作用,导游员可以在团队还没有产生"中心人物"的时候,有意识地去扶植一位能支持和帮助自己工作的"中心人物"。

扶植"中心人物"的工作要分两步走:第一步是要找到合适的人员,这是成功的关键;在找到合适的人选以后,第二步的工作就是要使其对担当团的"中心人物"持肯定态度。

"中心人物"的扶植对象必须是处在人际交往节点上的游客,即在旅游团队的活动中,如果其他游客都喜欢与这几位游客待在一起,那么这几位游客就是处在人际交往节点上的游客。此外,"中心人物"还必须有较强的交往能力和认知能力,并且情绪较为稳定。导游员在选出扶植对象后,不宜开诚布公地要求扶植对象来充当团队的"中心人物",而是应该设法使扶植对象自然而然地成为团队的"中心人物"。否则,扶植对象很可能会认为自己是被导游员利用的傀儡。因此,导游人员在暗中扶植"中心人物"时应抓好以下两点:

第一,调整扶植对象的知识经验结构。也就是说,因为扶植对象对旅游目的地的知识经验不足,所以有必要给他"补课"。首先,要有意识地与扶植对象谈论他的社会阅历和旅游经历,摸清他的知识经验结构。然后,在此基础上,根据实际情况,对其补充有关旅游目的地的知识经验,使他对旅游目的地的食、住、行、游、购、娱等各方面的情况都有必要的了解。要特别注意的是,这项工作必须在私下进行。这关系到扶植工作的成败,因为,一旦公开化,其他游客就会认为扶植对象是导游员的传声筒而不予信任。

第二,在团队中树立扶植对象的"中心人物"形象。导游员要在与扶植对象讨论旅游团队今后的行程时,诱导他对今后的旅游活动发表意见和建议。对于其中那些既不影响旅游计划的完成,又能很快使游客受益的意见和建议,不仅要采纳,而且还要让其他游客

知道这是"中心人物"想出来的好主意。

　　做到这两点以后,全团游客不仅会认为扶植对象见多识广、经验丰富,而且会觉得扶植对象的确是个能够为大家谋利益的热心肠,自然就会对他表示尊重,而这种尊重又能强化扶植对象为全团游客谋利益的行为,使他对大家的事变得更加热心,其他游客遇到问题或有其他想法也自然会去找扶植对象商量。这样也就自然而然地把扶植对象推到了"中心人物"的位置上。

◆ **案例驿站 7.2**

让彭先生替我说话

　　小杨听说小张这次带团的经历非常精彩,便请他谈谈。小张说:"其实,我不过是在团队中成功地扶植了'中心人物'。"

　　"要说具体的做法,首先是要选人。一开始,我选了刘先生、周太太、彭先生三个人。他们在团里都比较活跃,跟谁都说得来,也都有一些旅游经验。经过进一步的接触,我了解到周太太大概是到了更年期,脾气不太好。刘先生是一个初中生,彭先生是个大学生。闲谈中又了解到彭先生曾经被公司外派到澳大利亚做过办事处主任。于是,我就选择了彭先生。"

　　"接下来,我得'拉拢'彭先生。方法很简单,就是和他聊天,着重和他聊我上一个团在丝绸之路遇到的种种奇闻逸事。把我们这一次食住行游购娱的安排,以及哪些地方可能会出现变化,全都穿插进去。这样一来,他对这一路的风土人情、注意事项、奇闻逸事等都预先知道了,就可以在和其他客人聊天的时候吸引他们。我还让彭先生谈谈他对此次旅游行程安排有什么想法,并让把一些既不影响团队的计划,又能让全团的客人'马上就能见到好处'的好主意在车上告诉客人。这样一来,彭先生的威信大大提高,而我也有了一个相当靠得住的'中心人物'。遇到我不便直接对客人说的事,我就借他的嘴去说。那天,当我得知 D 市所住酒店会有问题,我就把我的处置方案向他征求意见。后来,他把这件事告诉了大家,大家看彭先生这样见多识广的人都没有提出什么异议,也就都没有什么异议了,一致通过了我早已策划好的方案。"

案例来源:http://www.examda.com/dy/fuwu/zhidao/20060817/09003243.html(考试大网)

第二节　导游员与旅游团队骚动

一、什么是旅游团队骚动

旅游服务的缺陷,突如其来的变故以及旅游者潜意识中的不安全感,都可能使旅游者情绪动荡,旅游团出现骚动。骚动会破坏团队和谐阻碍旅游计划正常实施,如果导游员不及时加以控制和平息,其后果是严重的甚至是灾难性的。导游员要学会平息旅游团内的骚动情绪。

1.旅游团队骚动的概念

旅游团队的骚动,是指由于某种触发事件而引起的、团队中的旅游者破坏旅游计划与和谐气氛的共同行为。通俗地说,就是一个旅游团的旅游者集体闹事。这是导游员在带团过程中特别需要警惕,特别需要防患于未然的一种群体现象。

旅游团队的骚动,不是个别旅游者的行为,而是一个团队旅游者的集体行为。一旦发生旅游团队骚动,既干扰旅游计划的执行,又会破坏旅游团队的和谐气氛,无论是对旅游服务方,还是对游客来说,都是一件有害而无益的事情。因此,作为导游员,一定要懂得骚动发生、发展的规律,以便及时地采取措施,做到防患于未然。

如果旅途中一切顺利,事事都让旅游者感到满意,那是绝不会发生骚动的。骚动发生之前,肯定出现了某种令游客大为不满的情况,如原定的旅游项目被取消了,原定的星级酒店档次被降低了,原定的接待标准没有兑现等等。遇到这类情况,导游员应该高度警惕并及时采取措施,及时防止由此而引发的旅游团队集体骚动。

骚动的发生虽然总是以某种触发事件为前提条件,但触发事件并不会必然地引起旅游团队的骚动。此时,往往是游客的心理因素在触发事件与骚动之间起中介作用。导游员要阻止骚动的发生,就应该针对这些心理因素来采取措施。

2.旅游团队骚动的过程

旅游团队的骚动会经历一个由酝酿到爆发的过程。

(1)酝酿阶段

在酝酿阶段,游客之间往往会传递一些失真的信息,如旅游团队被通知因为天气原因,可能会取消某某景区的游览。这时,虽然旅行社正在想办法尽量满足游客去此景区游览的愿望,虽然旅行社还没有作出最后决定取消此景区的行程,但是在游客当中很可能会流传着此景区行程已经被取消的信息,伴随此种失真信息的还有游客们失望和愤怒的情绪信息。酝酿阶段最显著的特征是：首先，游客说话的内容比较分散，但都围绕此景区行程能否落实展开，言语中很少涉及旅游服务机构、导游人员以及其他服务人员。此外，游客带情绪的言语一般只表达他们的感受和某些态度，很少涉及他们将采取何种行动的言语。

（2）爆发阶段

在骚动爆发阶段，游客的话题已经从景区游览能否成行转移到对旅行社和导游服务动机产生怀疑上来。游客明显群情激奋，明显把攻击矛头指向导游和旅行社。此时，游客也不仅仅是说说而已，而是在表明态度，并准备采取行动。此时，游客往往会说出一些情绪激烈的言语如"这都是你们旅行社的事"、"难道你们收了钱，就不管了吗？"、"我要去投诉"等等。

二、旅游团队骚动的原因

1. 个体心理原因

出门在外的旅游者心理承受力比居家时脆弱，对旅途中不可测因素的担忧，会使旅游者潜伏着或多或少的恐惧。当在旅行过程中发生与原有计划不相符的情况时，如原定乘飞机改乘火车，原定的游览景点被取消等等，游客可能对触发事件的前因后果产生认知偏差，认知偏差很容易引起游客的情绪波动，从而促使游客产生更大的认知偏差，从而形成认知偏差与情绪波动恶性促进的因果环，在这种恶性循环的过程中，不仅游客的认知偏差和情绪波动都逐渐加剧，而且对事情的认知偏差会逐渐演变成对人的认知偏差，即把矛头指向旅游服务人员。

如果只是在某一位游客的认知偏差与情绪波动之间形成一个互相促进的因果环，那么，它所引起的只是这位游客的某种过激行为，而不是整个旅游团队的骚动。触发事件之所以会引起整个旅游团队的骚动，是因为除了游客的个体心理中的因果环，还有旅游者群体心理中的因果环在起作用。

2. 群体心理原因

当旅游团队中某位游客因认知偏差而产生情绪波动时，其情绪很容易感染给团队当中的其他游客，而被感染的旅游者很快又会成为新的感染源，从而形成游客之间情绪相互感染的因果环。在这个相互感染的过程中，任何一个感染的个体都会在他们个人的情绪波动与认知偏差之间形成一个相互促进的因果环。就在这样一种大环连小环、小环扣大环的复杂因果关系中，全团游客很快都会有较大的认知偏差和强烈的情绪波动。这时，旅游者对事件的理解就会以情绪体验代替理性思考，从而触发旅游团队骚动。

总之，没有触发事件，不会出现旅游团队的骚动，但触发事件并不必然地会引起旅游团队的骚动。导游员应能及时地针对旅游者的心理因素来采取措施，尽可能阻止骚动。

三、避免旅游团队骚动的方法

骚动是由外界因素刺激引起的，当这种外界因素已被事实所肯定而又无法更改时，骚动的控制和平息往往取决于导游员所采用的方法。

1. 调控法

旅游团队的骚动不是个别旅游者的行为，而是整个旅游团队的集体行为。一旦发生骚动，对于整个旅游团来说有百害而无一利，导游工作也会陷入举步维艰的境地。既然情绪感染是触发旅游团队骚动的一个重要环节，那么当骚动处于萌芽状态时，就要阻断旅游者之间的相互感染。因此，导游员对于任何可能发生的骚动必须防患于未然，在骚动的酝酿阶段及时做好调控工作，阻止它进入爆发阶段。

在旅游团队骚动的酝酿阶段时，游客只是在谈论那些引起他们不满的事件，并没有把事件的发生归罪于服务方，因此，导游若能在这一阶段及时做好游客的工作，事态往往会得到缓和。否则，一旦骚动爆发，导游就会陷入寡不敌众的境地。

旅游团骚动中劝导工作的调控信息选择分为"恐惧唤醒信息"和"理性解释信息"。

"恐惧唤醒信息"，是指用来唤醒旅游者恐惧的信息。这类信息是要让旅游者重新评估将要遇到的问题和自己解决问题的能力（包括对行为后果进行"再解决"的能力），这是用一种外部压力迫使旅游者考虑旅行社的安排，主要是针对旅游者的行为意图的。当旅游者拒绝旅行社的安排时，往往对后果估计不足，也就是说他们对后果的恐惧还没有被"唤醒"。这时，导游员就需要用"恐惧唤醒信息"来进行调控。

"理性解释信息"，是指能够对事情作出"合理解释"的信息。这类信息是针对旅游者的价值观和信念，而价值观和信念正是人的态度的"内核"。通过影响"内核"来改变态度，另一方面，"理性解释信息"还作用于旅游者行为意图中的自我能力的认知，通过改变旅游者对自己能力的评价而改变旅游者的意图。它主要包括触发"骚动"事件的原委、服务人员的动机、客观条件、新的计划、如何补偿等等。当旅游者对触发"旅游团骚动"事件的处理存有疑惑的时候，导游员就需要用"理性解释信息"来进行调控。

"骚动"中的旅游者对导游员的劝说有一种自发的抵抗，当单独用"恐惧唤醒信息"劝导时，旅游者常常用自己想象的"道理"来抵抗。反之，单独用"理性解释信息"劝导时，亦用想象的"道理"来抵抗。因此，导游员应该同时用两类信息进行劝导。当然，不同的人对这两类信息的敏感度不一样,我们再另案讨论。

调控信息的选择要注意三点:首先,"恐惧唤醒信息"的传递要尽可能运用形象化的语言;"理性解释信息"的传递则要尽可能运用简洁的逻辑推导。其次,实事求是,既不能凭自己的主观想象去吓唬旅游者,也不能用自己的主观推测代替客观事实去蒙骗旅游者。最后,信息内容要避免与旅游者的自尊心产生对抗。

◆ 案例驿站 7.3

光吓唬不行,光讲道理也不行

小洪听说小陈平息了一场因为换酒店而引起的"旅游团骚动",一定要小陈介绍经验。小陈说:"以前,我总是对客人说,如果不改变原有计划将会有什么样的后果,像酒店住不上,旅游行程被打乱等等。我原来想,把这些事情一讲,客人肯定担心旅游行程不能顺利完成,会同意更改计划。谁知道不是这么一回事,每当我这样说的时候,总是会有一些客人表示异议,认为旅行社欺骗游客。""后来我就换了劝说内容,向他们说明我们旅行社将如何给予补偿,像加餐啦、提高酒店的等级等等。我也给他们讲突发事件的前因后果以及我们是如何克服困难的,是如何想方设法把大家的损失减到最小的。可是,这样讲,对一部分客人有用,对一部分客人还是没有用。你说给人补偿,他得寸进尺……"

"再后来,我就把这两方面的内容合在一起说。这样一来,效果就特别好"。

案例来源:http://www.examda.com/dy/fuwu/zhidao/20060817/090608132.html(考试大网)

2.分割法

旅游团队骚动是由旅游者个体心理因素和旅游者群体心理因素相互作用而产生的。从旅游者个体心理因素方面来说,游客的认知偏差和情绪波动会形成恶性促进的因果环。从旅游者的群体心理因素方面说,产生了认知偏差和情绪波动的旅游者之间会相互感染,在这个相互感染的因果环中,大家的认知偏差和情绪波动会变得越来越大,在这样一种复杂的因果关系中,很快全团游客都产生较大的认知偏差和强烈的情绪波动。

因此,导游员要阻止骚动的爆发或平息已爆发的骚动,就必须切断游客与游客之间相互感染的因果环,利用各种条件把团队成员分割开,不能让游客聚在一起,而是要分而治之,切断连锁环。然后再进行个别劝说、引导。如果对游客不加分割就直接面对整个团队进行劝说,团队"责任分散",效果极差。由于导游员同游客之间身份不同,游客花钱购买导游服务,因此,有时尽管导游员努力劝导,也不如团队中心人物的解释有效。因此,当旅游团队出现骚动时,导游员要先做好中心人物的劝导作用,再利用中心人物的影响力来劝导其他旅游者,平息旅游团队骚动。

3.移情法

把游客隔离开,是阻止和平息旅游团队骚动的一个好办法,但是,从带团实践来看,并不是在任何情况下都能实现对游客的隔离劝说。

面对这种情况,导游首先可以通过组织一系列有吸引力的活动,来转移游客对可能引起骚动的触发事件的注意,改变由原有认识而引起的情绪波动。如在旅游车上导游可以通过种种娱乐活动来转移游客的注意。这种转移注意的方法实际上也可造成一种干扰,使游客之间不能再相互传递有关触发事件的信息。此外,导游人员应调控游客的认知过程,引导游客往好的方面想。但是,此种处理方法,不能保证事情的处理效果,如果旅游者的情绪已处于相互感染阶段,这种方法的成功率极低。如果旅游者处于认知失衡状态,导游员又一时无法对团队成员进行分割,就可以实施这种移情法。因此,只要有可能,还是以对游客分而治之为上策。

◆ 本节相关知识链接

老人家给了你多少小费

小魏的团里有位70多岁的老先生。小魏一路上处处照顾他。小魏觉得,照顾老人是全陪的责任,更是"凭良心"的事。

老人家原来与其他游客相处得很好,慢慢地也有些让人看不惯了。老人家有点倚老卖老。谁有点自私自利的小毛病,他都要说上几句;而当酒店服务员、地陪、空姐等出现失误的时候,又摆出一副长者的模样,百般呵护。小魏听到有客人在背后议论老人家,他想,客人之间的事我不能介入。可后来,他们还把小魏扯进去了。

那一天在 W 市自费看编钟歌舞,老人家本来是不想看的,见全团游客都去也就去了。到了剧场,为谁应该坐第一排中间的座位,大家互相谦让。小魏怕这样推来推去太耽误时间,就说:"我们尊老爱幼吧,请老人家坐中间!"

看完编钟歌舞,两位客人把小魏叫到一边,很不客气地说:"没想到你小魏这么势利!照顾也有个度吧?你是不是看上老人家有钱,就拍马屁,想让他多给你一些小费。"

小魏控制住自己的情绪,尽可能平静地说:"我根本没有这个意思。这个团我照顾老人,下一个团有老人我同样照顾。这是我做人的原则,也是我们做导游员的义务。"

那两位客人根本不信小魏的话,他们说:"我们根据事实说话。编钟歌舞他本来就不想看,你还偏偏要让他坐第一排正中,这还用再说什么吗?"

小魏说:"我没想那么多,我只觉得让来让去耽误时间。再说,还有谁……"

那两位客人打断小魏的话,说:"照你说的,他不坐就没人去坐啦?小朋友可以坐嘛,新婚夫妇可以坐嘛,你怎么就只想到他一个人呢?"

小魏心想:这简直是强词夺理! 就说:"如果一个个问过来,那么将会是什么样子呢?"

那两位客人说:"你说将会是什么样子? 如果你心里没鬼,怎么会觉得有其他样子呢? 凡事应该公正平等!"

小魏觉得没有必要再和他们解释了,但是,心里总是像压着什么。

案例分析

本案例讨论"社会认知偏差"。这里的"社会认知偏差"是指交往双方对同一"利益交换"的内容赋予了不同一的人际意义。

社会交往的"利益层面"与"人际交流"是联系的,"利益交换"会被赋予一定的"人际内容"。例如,进行"利益交换"是出于什么样的动机。这就是一种"人际内容"。本来,"出于何种动机"是个体心理和行为的问题,但是,人们在社会交往中。有一个如何认知和评价对方的动机的问题,这就使动机问题有了"人际"的,或者说"社会心理"的意义。当然,"人际内容"决不限于对动机的认知和评价。这里不过是以动机为例来说明问题而已。

在社会交往中,人们对于交往对象的动机会有不同的认知和评价,可能认为对方是出于"互利"的动机,也可能认为对方是出于"损人利己"的动机。

在本案例中,小魏被误解是旅游者对小魏的行为赋予了不同人际意义而造成的。小魏照顾老人的行为在他与那两位旅游者那里被赋予了两种完全不相容的"人际意义"。小魏认为照顾老人,是导游员的责任,也是做人的原则。而那两位旅游者却认为小魏是为了从老人那里得到更多的小费。小魏与那两位旅游者的冲突,就是由那两位旅游者的"社会认知偏差"引起的。"社会认知偏差"可能发生在导游员与旅游者之间,也可能发生在旅游者与其他服务人员之间,更有可能发生在旅游者与旅游者之间,它是旅游团中绝大多数矛盾的最主要的认知根源。

对旅游团影响最大的是对旅游团计划的"社会认知偏差",它多半是围绕着旅游活动本身的,因此,导游员要密切注意旅游者对旅游活动所赋予的"人际意义",如有"社会认知偏差",应及时进行"调控",这样才能把种种矛盾"扼杀于萌芽状态"。

第三节 导游员与旅游团队亚群体对抗

一、什么是亚群体对抗

1.旅游团队的亚群体

．（1）群体

①群体的内涵及分类。群体,是指由两个或两个以上相互作用、相互依赖的个体,为了实现某一特定目标而组成的集合体。旅游团中的游客,共处于一个团队之下为了顺利完成此次游览活动而临时性组合成的群体。

群体可以是正式的,也可以是非正式的。正式群体是由组织建立的工作群体,它有着明确的工作分工和具体的工作任务。在正式群体中,什么是恰当的行为取决于组织的目标,这些行为直接指向组织目标。与正式群体相对应,非正式群体则是社会性的。这些群体自然而然地出现,反映了人们对于社会交往与接触的需要。非正式群体往往在友谊和共同爱好的基础上形成。

②群体的特征。群体作为个体的有机集合体,一经形成便会对其中个体和所在组织产生深刻影响,并由此体现其自身的特性。

第一,群体成员有共同的目标。共同的追求或目标,是将个体结合在一起的基本条件和原因,是群体存在的基石。这种目标反映了个体追求的方向,但只有依靠群体的共同努力才可能实现。就因为如此,不同的个体才能结合在一起并彼此合作,使群体产生超出单个个体之和的力量。

第二,群体成员存在明确的群体意识。这就是说,生活在群体中的每一个成员都能意识到自己处在某一个群体中。在该群体中,成员之间在心理上相互认同,行为上相互联系、相互影响、相互制约,利益上相互依存。

第三,群体拥有公允的规范和规则。为了达到和实现群体目标,公允的行为规范和规则是必要的。群体规范是群体成员在相互磨合的过程中共同制定的,要求每一个成员必须共同信守。

第四,群体存在一定的结构。这就是说,群体中的每一个成员都占有一定的地位,扮演一定的角色,负有一定的责任和义务,享受一定的权利,并以做好自己的工作而配合他人的活动。在这种结构体系中,成员之间存在经常性的工作、信息、思想、感情上的交流和沟通,以保证群体目标和利益的有效达成与实现。

（2）亚群体

"亚"是"次一级"的意思。旅游团是一个群体，在这个群体中又分出次一级的群体，这就是旅游团的亚群体，相当于人们常说的"小团伙"或"帮派"。旅游者带着不同的世界观、人生观和价值观，带着不同的民族习俗、宗教信仰和行为习惯等等进入旅游团，就难免发生"碰撞"。这些"碰撞"的内容十分广泛。如果旅游者把这些"碰撞"看做个体差异，那就只会发生旅游者个体之间的矛盾。如果他们认为这些"碰撞"与旅游团的活动有必然的联系，他们就会觉得有必要获得他人的支持，于是他们就会在旅游团中寻找与自己相似的旅游者，以求得心理安全、归属和尊重。这样，有相同感觉的旅游者就会形成"小团伙"。总的来说，旅游团队的亚群体是指某些旅游者由于来自同一地区或具有相同的社会地位，而在旅游团队这一群体中所结成的次一级群体。它是旅游者社会交往发生认知偏差后的结果。

2.亚群体的分类

地区型亚群体破坏旅游计划的表现，主要是造成旅游计划不能完整实施，而社会地位型亚群体对抗则会直接干预、改变旅游计划。

（1）地区型亚群体

地区型亚群体如"H地区亚群体"和"东南亚S国亚群体"。地区型亚群体的对抗，容易上升为比较激烈的人际冲突，对抗的广度几乎蔓延整个旅游团的活动，但是，矛盾泛化到导游员身上的较少，只要导游员不直接介入双方冲突，就会较少受到人身伤害。

防止旅游团产生地区型亚群体的重点在于磨合各个地区的生活习惯、文化背景、民族特征等差异的锋芒，引导大家更多地注意彼此间的"共同点"，钝化对"差异性"的敏感度，营造一种大家彼此尊重的人际氛围。

（2）社会地位型亚群体

如果说"地区型亚群体"的旅游者会认为自己与对方是"两个地方的人"，"社会地位型亚群体"的旅游者则会认为自己与对方是"两种不同的人"。因此，社会地位型亚群体之间的对抗常常引发对人的攻击，也更容易把指责和攻击"泛化"到服务机构与服务人员身上去。

人的价值观之类的东西不可能在旅游中改变，所以，社会地位型亚群体对抗一旦发生，就会贯穿旅游的全过程。

（3）以金钱观为核心的社会地位型亚群体

以金钱价值观为核心的社会地位型亚群体对抗，是对抗形式最激烈、影响也最大的一类亚群体对抗。

随着拜金主义流行，这种亚群体对抗形式有增加的趋势。金钱与社会交往的"利益层面"和"人际层面"都有紧密的关系。一方面,金钱被相当普遍地当作是社会地位的象征,许多人正是根据一个人"钱多"还是"钱少"来判断他的社会地位的。所以,这个"钱多钱少"的问题也就经常与人们的自尊心和虚荣心联系在一起。另一方面,旅游是一种消费活动,而金钱作为一般等价物,自然是与旅游中的各种消费都分不开的。

在旅游团内,旅游者之间很难有较为深入的相互了解,而"钱多钱少"却因为旅游中花钱的机会很多而比较容易辨别。来自同一地区的旅游者往往就按"钱多钱少"而形成了不同的社会地位型亚群体。当不同的他们要相互"较劲"的时候,"花钱"又会被认为是一种最"便捷"的形式。

旅行社按照统一标准为团队中的游客提供服务,但是,只要旅游者愿意花更多的钱,就可以自行提高临时服务的标准。各种各样的旅游项目都有可能被引进。当花钱被认为是地位的象征,就会显示出人的高低贵贱的不同。即使那些花钱多的旅游者并非有意要去刺激其他游客,也会在客观上起到刺激的作用。因此,按照旅游团标准价格提供服务的平衡便被打破,更重要的是旅游者在统一旅游团服务标准下的尊重需要的平衡被打破,因而,作为服务的直接提供者——导游员,往往成为这类亚群体对抗中失败者的攻击对象。

◆ **案例驿站 7.4**

前胸后背都挨打

小吴的团是用旅游车作为长途交通工具的"汽车团"。坐在前面的是来自东南亚S国的游客,坐在后面的是来自H地区的游客。坐了两天长途车以后。他们为座位的问题发生了争执。

H地区的游客说:"后面太颠,睡不着……大家都是出来旅游的,现在也该轮到我们坐前面了。"

S国的游客当中,有几位年长的游客说:"我们这几位都是六十多岁的人了,腿脚又不方便,是不是应该照顾照顾,还是让我们坐在前面……"

H地区的游客说:"你们几位年纪大的,当然是应该照顾照顾,可那几位年轻的也要照顾吗?应该让他们坐到后面来。"

S国的年轻游客说:"他们几位年纪大,我们坐在边上是为了能够随时照顾他们。你们坐到这里来,能像我们一样照顾他们吗?"

H地区的游客说:"前后就这么几步路,有什么不好照顾的?难道连这点'举脚之劳'都做不到吗?"

S国的游客说:"就是前后那么几个位子的距离,就会觉也睡不着?"

H地区的游客愤怒了,提高了嗓音说:"废话少说!凡事得讲公平。都是付一样的钱,我们坐过后面了,现在应该换换了!这几位老的可以不动,这几位年轻的'老人'……"

S国的游客也愤怒了,抢着说:"什么老不老的,不要这样含沙射影!有什么了不起!"

H地区的游客走到S国游客边上,大声喝道:"起来!起——来!我们是没有什么了不起,我们就是要平等的权利。这就是人权!有种的,起来!"

也不知道是谁先用手推了对方一下,接着就响起了女士们的尖叫,双方年轻人就扭在一起。

在中间劝架的小吴,前胸后背也挨了几下拳头,脸也被女客人抓伤了。这一架把整整一上午的游览都给耽误了。

案例来源:http://www.examda.com/dy/fuwu/zhidao/20060818/091120132.html(考试大网)

3.判断亚群体的产生

判断旅游团队当中是否出现亚群体主要从以下三方面把握:

第一,当一个旅游团队分成两个或更多的亚群体后,要求旅游服务的主体已由单一游客变为游客群体,游客们在向导游提要求时不再说"我要"而是"我们要"。游客们在说到与自己同一亚群体的其他游客时,会说"我们",而说到与自己不同亚群体的其他游客时,会说"他们"。

第二,旅游者提出的服务要求不再是为了满足他们的实际需要,而是为了满足他们那一群体的社会尊重的需要。亚群体中的成员把旅游活动是否与他们的世界观、人生观、价值观、信念、文化习俗、民族特征等等相符,作为衡量他们是否被尊重的标准。只要旅游活动不符合自己这一派的世界观、人生观、价值观、信念、文化习俗、民族特征等,就认为导游对自己这一派不尊重,厚此薄彼。

第三,亚群体成员原来只是考虑如何维护"我们"的利益,而后来却更多地盯着"他们"的一举一动,甚至会认为"他们"的得就是"我们"的失,"他们"的失就是"我们"的得。也就是说,某一帮派中的游客对旅游活动的安排是否满意,不再以旅游活动给自己带来多大利益作为衡量标准。而是以旅游活动是否让对立亚群体获益,来作为衡量本亚群体在该旅游活动是否受损害的标准。只要旅游活动是对对立群体有利的,不管旅游活动对自己有多大的利益,都统统认为那是对自己有害的。

4. 亚群体的形成阶段

亚群体的形成阶段,主要以亚群体之间有无发生争吵为区分标志,分为初级阶段和成熟阶段。

(1)初级阶段

亚群体的初级阶段,往往处于游客发生争吵之前,对于初级阶段的特征可以从两个方面进行分析。

①亚群体已经形成。

第一,旅游者确立了初步的亚群体内人际关系;

第二,对服务的要求或指责都有一定的人际范围的边界,出现群体称谓代词;

第三,亚群体对他们关心的事开始聚集在一起共同商量讨论。

②亚群体尚未成熟。

第一,亚群体成员之间还处在相互有好感的阶段,"我们是一伙的"的亚群体认知尚未形成;

第二,亚群体的行为规范还没形成;

第三,在认知旅游活动是否损害本亚群体时,还没有以其他亚群体为参照目标。

(2)成熟阶段

亚群体的成熟阶段,往往处于客人发生争吵以后。其阶段特征主要有三点:

①形成亚群体认知并以此作为自己是否被尊重的标准;

②亚群体的群体规范形成;

③对抗性出现,表现为像亚群体之间出现相互吵架、打架,故意不遵守时间,要求服务方改变旅游计划,对服务方提出过分苛刻的服务要求等等。

在初级阶段,亚群体的成员之所以聚在一起,主要是因为他们有共同的归属危机和自尊危机。这时,彼此之间的情绪感染和模仿形成并维持了亚群体规范。到了成熟阶段,亚群体成员主要是因为相互关系的认知而聚到一起。这时,已经有了"我们这些人是一伙"的亚群体认知,亚群体规范主要是靠这种认知来维持的。因此,亚群体规范有了更大的约束力,亚群体成员遵守这些规范也更为自觉。

亚群体分为两个发展阶段对带团有指导意义,在亚群体还没有成熟的时候,通过导游员的调控工作,使亚群体在初级阶段被扼杀,或在向成熟阶段发育过程中被呆滞,以保证旅游团计划的完整。

5. 亚群体规范

第一,保持群际间的人际距离。其内容除了包括说话方式和活动内容外,还表现在

"人际物理空间距离"上。同一亚群体内的"人际物理空间距离"要远远小于群际间的"人际物理空间距离"。比如,全团逛街走进一家商场,一帮游客去了一楼的珠宝柜台,另一帮游客就会去二楼的服装柜台。

第二,对任何有利于本亚群体的要求表示明确的支持。无论是团内还是与当地民众交往,任何一位亚群体成员的意愿被认为有利于本亚群体,当他被拒绝时,就会被认为是对本亚群体的蔑视,整个亚群体就会要求其他成员对他的要求表示明确的公开支持。

第三,共同抵制他们认为损害其利益的旅游活动。这条规范对旅游团计划的完整实施影响最大。

第四,惩罚"背叛者"。亚群体形成后,一个成员只要有一点背叛亚群体的言行,就会受到被"开除"的惩罚。

亚群体规范得以维持的原因,在亚群体发展的不同阶段是有所不同的。在初级阶段,亚群体的成员之所以聚在一起,主要是因为他们有共同的"归属危机"和"自尊危机"。这时,彼此之间的情绪感染和模仿形成了并维持着亚群体规范。到了成熟阶段,亚群体成员主要是因为对相互关系的认知而聚在一起的。这时,已经有了"我们这些人是一伙"的"亚群体认知",亚群体规范主要是靠这种认知来维持的。因此亚群体规范有了更大的约束力,亚群体成员遵守这些规范也更为自觉。

6. 亚群体对抗

旅游团亚群体形成以后,亚群体的成员之间会出现非常显著的社会同化现象,亚群体的每一个成员都被看成是自己人,对任何一名成员的伤害都会被看成对他们的伤害,都会引起整个亚群体的激烈抗争。并且,在亚群体对抗中,旅游者往往不仅相互指责、相互攻击,而且会把指责和攻击的矛头指向旅游服务人员。这种帮派之间互相指责、攻击,并破坏旅游计划,破坏旅游团融洽氛围,矛盾泛化到服务方的行为就是旅游团的亚群体对抗。

本来,导游员与旅游团队之间的交往是个人与群体之间的一种双边交往。在同一旅游团队中出现了不同的亚群体之后,这种双边的交往就变成了三边甚至多边的交往,其复杂性必然大大增加。

◆ **案例驿站 7.5**

一次当全陪的经历

"那一次,我带一个14名散客拼起来的旅游团,走的是莫高窟、雷音寺、鸣沙山月

牙泉这一条旅游线路。这群游客是从南京来的四个家庭,我和司机准备了一辆中巴,预定是 12 点半出发。就要出发了,计调员通知我,上午有四位上海游客在鸣沙山月牙泉耽搁了,掉了队要我等一会儿,带上他们一起去莫高窟。我和游客一说,游客不很高兴。不过也没多说什么。上海的游客一到,我们就出发了,而且南京人和上海人,相处起来还比较融洽。没想到,从莫高窟返回市区的时候,又让我带上了两位韩国游客和一名翻译,这一来车内就坐满了。回到市区,那四位上海游客下了车,却又安排上来了五位东北游客,由于少了一个座位,只好动员一位南京妇女将她的小孩抱在怀里。我向那位游客解释:'到月牙泉有 6 公里路,时间不长。'另一位妇女冷冷地说:'我们是给孩子买了全票的。'听她这样说,我的心一沉。

到了雷音寺,东北游客在寺里进香,久久不出来。等在外面的多数游客按捺不住,终于向我发难。首先是南京的一对父女质问我,为什么早已过点却迟迟不发车。韩国游客也操着夹杂着英语的生硬的中国话,反复地问我同样的问题。其他的游客,也斜起眼睛看我。我赶紧转回寺院去催里面的游客,只见五位东北游客正各自举着八尺长的大香虔诚朝拜。此时催促他们是犯忌讳,万万不可。我走出来,安抚等在外面的游客。外面的游客坚决要求立刻发车,绝不再等。我知道,有的游客是担心游览月牙泉的时间不够,便安慰他们,时间够用,可是游客的积怨难平,后来不知怎么又和上完香的东北游客吵了起来。这一吵,游客的两种立场自然一分为二,情绪也对立起来。"

案例来源:http://www.tourunion.com/info/htm/34398.htm? MD=Over(旅游联盟网)

二、亚群体对抗的危害

1. 极大地增加了服务人员的工作量和服务成本

旅游者要求导游或其他服务人员为自己提供一些个性化服务,是完全可以理解的。但是,当旅游团队中出现亚群体对抗后,游客一看到导游员或其他服务人员为别的亚群体做些什么事情,就会立刻提出相应的要求,让导游或其他服务人员也为自己的亚群体做些事情,这与一般的个性化服务要求已经完全不可同日而语了。出现这种情况,会极大地增加导游人员和其他服务人员的工作量。

2. 破坏了旅游团的和谐气氛

亚群体对抗使旅游变成了一系列的明争暗斗,有违旅游者旅游初衷。在亚群体对抗出现后,即使导游人员和其他服务人员十分小心谨慎地避免在不同亚群体之间说长道短,对每个群体都一视同仁,但那些敏感的游客仍会把导游员或其他服务人员的完全正常的安排说成是有偏有向。

3.导游员平息亚群体对抗的尝试具有人际危险性

每个亚群体都会把导游员不符合本亚群体要求的言行,看成是支持对立亚群体的表现,进而该亚群体成员往往会采取种种过激的言行,如指责、谩骂、书面投诉乃至去当地旅游局直接投诉等方式来宣泄不满。

三、避免亚群体对抗的策略

作为导游人员,决不能等到亚群体对抗已经发生,才考虑该怎么办,而是必须防患于未然。因为,从亚群体形成到亚群体间公然对抗的发生需要一个过程,导游必须针对游客心理,采取适当的措施去阻止亚群体对抗的发生。

1.不急于作出解释

导游员要处理好旅游团队中不同亚群体之间的问题,就一定要坚持"不介入原则"。所谓不介入,就是不介入亚群体之间的是非之争,不说他们哪个对,哪个不对。

旅游团队中的亚群体对抗多半是围绕团队的旅游计划和旅游活动而展开的,而导游员是团队计划的执行者,所以对抗中的任何一方都希望得到导游员的支持。导游员一旦表现出偏向某一方,与之对立的一方就必然要做出激烈的反应。这会使导游员陷入十分被动的境地。

只有坚持不介入,导游员才能保持为全团游客服务的形象,也才能在对立双方相持不下的时候,以调解人的面目出现,以获得控制局面的主动权。

在不同亚群体为团队活动的安排而争论的时候,导游员应注意,不要急于做出解释。因为在这种情况下,导游员的解释往往会被亚群体成员误认为是导游在偏向于某一方。因此,当遇到此种情况时,导游员应豁然大度,泰然处之。

2.不用少数服从多数的办法处理问题

导游员与游客是服务者与被服务者的关系。不管是属于哪个亚群体的游客,不管他们在旅游团队中是多数还是少数,他们都应该与其他游客一样地得到相同的服务。因此,用少数服从多数的原则并不适用于解决旅游团队中不同亚群体之间的问题。一旦导游员按照少数服从多数的原则处理问题,作为少数派的游客一定会产生"少数服从多数的原则已经被肯定下来了,我们永世不得翻身了"等诸如此类的想法。因此,作为导游员,应努力提高自己的业务水平,在面对亚群体对抗时,用高超的服务技巧去解决所遇到的难题,而绝不要因为图省事,就让少数去服从多数。

3. 实现旅游团队中的社会尊重平衡

旅游团队是一个具有临时性和松散型关系的特殊群体,在这一群体中最缺少的就是对每位游客的社会尊重。旅游团队中之所以会出现亚群体,一个重要原因就是同一亚群体成员可以相互满足他们对社会尊重的需要。但是,在不同亚群体形成以后,旅游团队中的社会尊重严重不足的问题依然存在,原来只是单一的游客觉得自己没有受到足够的尊重,现在是不同的亚群体觉得自己整个团体没有受到足够的尊重。从人际层面上看,不同的亚群体会对导游员提出种种要求,往往是为了获得更多的社会尊重。如果导游员能在不同的亚群体之间实现社会尊重的平衡,即让每一个亚群体都受到应有的尊重,不同的亚群体之间就比较容易和平共处了。

4. 利用亚群体成员的心理

旅游团队中不同亚群体形成以后,每个亚群体成员都要为自己所在的这个亚群体争光,不愿意让自己的这个亚群体丢面子,导游可利用亚群体成员的这种心理,保证团队旅游活动的正常进行。导游员也许无法改变游客的心理,但导游员永远要把游客往好的方向引导。①

◉ **本节相关知识链接**

文化差异

文化差异通常是指人类不同的社区——广泛地说,是指世界上不同的地区——的文化差别。严格地说,它是指人们在不同的环境下形成的语言、知识、人生观、价值观、道德观、思维方式、风俗习惯等方面的不同。文化上的差异,尤其是东西方文化差异,导致了人们对同一事物或同一概念的不同理解与解释,甚至引起误解。

如很多西方人不是很重视礼尚往来,尽管他们也常常在节日、生日和拜访时向亲朋好友赠送礼物。他们一般不看重礼品的价值(因而喜欢赠送一些小礼物),认为向朋友赠送礼物不是为了满足朋友的某种需求,而只是为了表达感情。而中国人大多比较看重礼品的价值,礼品的价值一定程度上代表了送礼人的情意。此外,在送礼的方式上,东西方也存在明显的差异。西方人在收到礼物的时候,一般要当着送礼人的面打开礼物包装,

---

① 吴正中,阎纲. 旅游心理学[M]. 北京:旅游教育出版社,2006:153-173.

并对礼物表示赞赏。如果不当面打开礼物包装,送礼人会以为对方不喜欢他(她)送的礼物。而我们大多不会当着送礼人的面打开礼物包装,除非送礼人要求对方这么做。这么做的目的是为了表示自己看重的是相互间的情谊,而不是物质利益。如果送礼人没要求这么做而我们当着送礼人的面打开礼物包装,会有重利轻义的嫌疑。

资料来源:http://wenku.baidu.com/view/a2c30c3610661ed9ad.51f3eb.html(百度文库网)

◆ 本章小结

1. 本章结语

处理好与旅游团队的中心人物和亚群体有关的问题,处理好可能引起旅游团队骚动的突发事件;避免团队的中心人物由于自我膨胀而干扰旅游活动的正常进行;预防和阻止团队的骚动和亚群体对抗,是导游员不可或缺的基本功。

导游人员应抓住接近、展现和利用这三个环节去搞好与旅游团队中心人物的关系,在必要时,还应有意识地去扶植一位中心人物。对于旅游团队的骚动,导游员一定要及时采取措施,阻止其从酝酿到爆发的转变。在旅游团队形成不同的亚群体以后,导游员应针对游客的亚群体意识,把他们的行为往好的方面引导,并尽全力防止亚群体之间的公开对抗。

2. 本章知识结构图

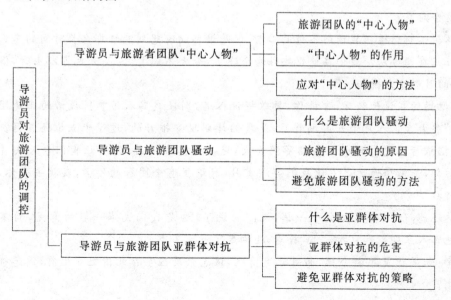

3. 本章核心概念

旅游团队的中心人物　旅游团队骚动　旅游团队亚群体　旅游团队的亚群体对抗

◆ 实训练习

通过小组形式模拟训练,由同学分别担任导游和游客,模拟导游带团时处理旅游团队中心人物、旅游团队骚动、避免旅游团队亚群体对抗的情景。

◆ 延伸阅读

中秋夜游客非要游湖赏月

导游小林带的旅游团,由于路上堵车时间太长造成原定于当晚的游湖赏月活动不能照常进行,被取消了。吃完晚饭,游客陆续来到大厅不停地议论。小林刚走出餐厅,一位姓鲁的太太就冲他喊:"林导,林导,你过来一下。我们有话要对你说。"

小林走近客人,发现他们已经没有一丝笑容,只有一脸的愤愤不平。鲁太太十分严肃地对小林说:"你知道,今天是中秋节,我们是来赏月的,而且是游湖赏月。团圆之夜,我们不在家里呆着,不远万里来到这里,为的就是游湖赏月。报名的时候,旅行社口口声声保证我们今晚一定能够游湖赏月。你今天必须给我们安排这个节目。"

小林面有难色地说:"我们在路上堵车的时间太长了,原来安排的船早就开了。现在已经很晚了,最晚一班游船马上也要开了……"

不等小林说完,一个高个子男性就打断他的话说:"车是你们旅行社安排的,走哪条路也是你们旅行社定的,游船也是你们安排的,全都是你们旅行社的事。凭什么要我们来承担这个后果?"

小林耐心解释道:"我理解各位的心情,但是谁都没有想到能堵那么长时间的车。现在旅行社正在想办法。我们在这里要住两个晚上,今天不能赏月,明天也可以去呀,俗话说,十五的月亮十六圆……"

"你他妈的在说什么呀,告诉你,再敢胡说八道,别怪我骂人了啊!"说话的正是团队的"头儿"鲁太太,"八月十五游湖赏月,是我们计划里安排好的,过了十五谁还赏月?我知道,你们旅行社觉得再包一条船费用太大,是不是?费用大,就不让我们今天去赏月了?告诉你,如果今天晚上不让我们游湖赏月,我这里有全团人的签名,我就去告你,告你们旅行社。"

小林还想解释,鲁太太把手一挥,说:"别说了,这是我们大家一致的意见,对不对呀?"其他客人立即附和:"对——"接着,还响起了一阵掌声。

思考:如果你是导游小林,面对此类情况,该怎么处理?在此情况发生前,该怎样预防其发生?

◆ **本章试题与知识训练**

一、填空

1.旅游者要成为旅游团队的"中心人物",一般需具备＿＿＿＿＿＿、＿＿＿＿＿＿、
＿＿＿＿＿＿等条件。

2.旅游团队的骚动,是指由于某种触发事件而引起的、团队中的旅游者＿＿＿＿＿＿
＿与＿＿＿＿＿＿＿的共同行为。通俗地说,就是一个旅游团的旅游者集体闹事。

3.在亚群体对抗中,旅游者往往不仅相互指责、相互攻击,而且会把职责和攻击的矛
头指向＿＿＿＿＿＿。

二、选择

1.导游人员在暗中扶植"中心人物"时应做到＿＿＿＿。

A.买通"中心人物"

B.暗中帮助扶植对象树立形象,对其提出的要求都予以肯定

C.向旅游团宣布"中心人物"

D.在团队中树立扶植对象的"中心人物"形象

2.旅游团队骚动处于酝酿阶段的特征有＿＿＿＿。

A.游客之间传递失真的信息

B.游客把攻击矛头指向导游和旅行社

C.游客开始表明态度,并准备采取行动

D.游客说话的内容比较分散,言语中较少涉及旅游服务机构、导游人员以及其他服
务人员。

3.当亚群体处于成熟阶段时＿＿＿＿。

A.形成亚群体认知并以此作为自己是否被尊重的标准

B.在认知旅游活动是否损害本亚群体时,以其他亚群体为参照目标

C.对抗性出现

D.群体的群体规范形成

三、简答

1.怎样判断旅游团队中的中心人物是否飘移?

2.导游员应如何避免旅游团队骚动?

3.导游人员如何判断亚群体产生?

第 八 章

酒店服务心理与策略

学习目标

知识要点：了解宾客在前厅、客房、餐厅、康乐等部门的心理需求,掌握各部门为满足宾客心理需求所采取的相应的服务策略。

技能训练：根据本章所学知识,分别以前厅、餐厅、客房、康乐四个部门为地点,编写有关酒店服务的情景剧,要求每个情景剧必须致力于解决酒店服务过程中遇到的实际问题。并将班级成员分成人数相当的小组,采用角色扮演法,表演情景剧。

能力拓展：编写两份调查问卷。第一份以酒店的客人为对象,调查客人在酒店各个部门的心理需求;第二份以酒店服务人员为对象,调查服务人员在服务时针对客人需求所采取的策略。

引 例

客人为什么不满意?

石家庄某职业学校在石家庄某三星级酒店为秦皇岛宾客预订了两个标准间。三位宾客下午6点由校方陪同入住该酒店。来到总台,服务员要求秦皇岛宾客填表并出示身份证,三位宾客的身份证不便取出。这时学校外联人员提出,是通过公关销售处预订的,能否先请宾客进入房间,然后由他在此办理手续。因为外联员只有一个身份证,服务员不同意。双方在僵持不下时,过来一位主管,了解此情况后,同意留下外联员一人办理手续,并用其身份证为其他宾客担保,让行李员带领宾客先进房间。由于入住得不顺利,又耽误了很长时间,使预订方非常不满。

案例引发的问题：服务员做得妥当否? 应该如何应对这种情况? 如何把握宾客的心理?

资料来源:范运铭.客房服务与管理案例选析[M].北京:旅游教育出版社,2005:67.

第一节　前厅服务心理

一、前厅服务在心理学上的重要性

1. 前厅部的重要作用

前厅是整个酒店业务活动的中心,因其主要服务部门——总服务台位于酒店最前部的大堂,因而称为前厅部。前厅部是酒店销售产品、组织接待工作、调度业务以及为宾客提供一系列前厅服务的综合性服务机构。前厅部接触面广、政策性强、业务复杂,在酒店中具有举足轻重的作用。

(1)前厅部是酒店业务活动的中心

客房是酒店最主要的产品。前厅部通过客房的销售来带动酒店其他各部门的经营活动。为此,前厅部积极开展客房预订业务,为抵店的客人办理登记入住手续及安排住房,积极宣传和推销酒店的各种产品。同时,前厅部还要及时将客源、客情、客人需求及投诉等各种信息通报有关部门,共同协调全酒店的服务工作,以确保服务工作的效率和质量。

同时,前厅部自始至终是为客人服务的中心,是客人与酒店联络的纽带。前厅部人员为客人服务从客人抵店前的预订、入住,直至客人结账,建立客史档案,贯穿于客人与酒店交易往来的全过程。

(2)前厅部是酒店管理机构的代表

前厅部是酒店神经中枢,在客人心目中它是酒店管理机构的代表。客人入住登记在前厅,离店结算在前厅,客人遇到困难寻求帮助找前厅,客人感到不满时投诉也找前厅。前厅工作人员的言语举止将会给客人留下深刻的第一印象,最初的印象极为重要。如果前厅工作人员能以彬彬有礼的态度待客,以娴熟的技巧为客人提供服务,或妥善处理客人投诉,认真有效地帮助客人解决疑难问题,那么他对酒店的其他服务,也会感到放心和满意。反之,客人对一切都会感到不满。

由此可见,前厅部的工作直接反映了酒店的工作效率、服务质量和管理水平,直接影响酒店的总体形象。

(3)前厅部是酒店管理机构的参谋和助手

作为酒店业务活动的中心,前厅部能收集到有关整个酒店经营管理的各种信息,并对这些信息进行认真整理和分析,每日或定期向酒店管理机构提供真实反映酒店经营管理情况的数据和报表。前厅部还定期向酒店管理机构提供咨询意见,作为制订和调整酒店计划和经营策略的参考依据。

综上所述,前厅是酒店的重要组成部分,是加强酒店经营的第一个重要环节,它具有接交面广、政策性强、业务复杂、影响全局的特点。因此,酒店以前厅为中心加强经营管理是十分必要的,很多工作在酒店管理第一线的经理都认为,如果将酒店化作一条龙,那么前厅就是"龙头"。可见前厅的重要地位。

2. 第一印象与最后印象在前厅服务中的特殊意义

前厅是一个综合性服务部门,服务项目多,服务时间长,任何一位酒店客人都需要前厅为他们提供服务,当客人进入酒店时,第一个映入眼帘的是前厅,第一个为他们提供服务的是前厅的工作人员,当客人离开酒店时,最后一个为他们提供服务的也是前厅的服务人员。前厅优质服务是酒店服务质量的窗口和脸面,客人看了前厅的服务工作服务水平会联想到整个酒店的服务工作和服务水平。前厅的环境、服务人员的服务态度等等,都具有审美意义上的晕轮效应,决定着宾客的第一印象,而且,由于一般宾客住宿时间短,所以前厅所产生的深刻的第一印象还没消除,还没发现其他问题时,他们又带着美好的最好印象离开了。所以,酒店都十分重视第一印象和最后印象在前厅服务中的特殊意义。

二、宾客在前厅的心理需求

1. 宾客对前厅环境、设施的心理需求

宾客一进酒店,首先是对周围事物的感知,他们对酒店的建筑、门厅、总台以及周围的环境布置、装饰都特别重视,这些都会给宾客"先入为主"的印象。宾客要求酒店的环境具有意境美和整体美,他们希望酒店是高雅的、舒适的、洁净的。

2. 宾客对前厅服务人员的心理需求

宾客要求服务人员具有仪表美,包括长相美、服饰美、化妆美和举止美。除此之外,宾客更注重的是服务人员的心灵美,宾客享受的不仅是酒店的有形商品,还有服务这种无形商品。如果服务人员只是仪表美,但是态度不好,服务不周到、不礼貌,宾客就认为这是不合格的服务。

3. 宾客对前厅服务质量的心理需求

前厅服务的内容很复杂,它包括预订、登记、接待、行李接送与寄存、问询、总机、结账、建立并保管客史档案等工作。宾客要求所有这些服务工作,必须迅速、准确、高效地完成,只有这样,才能保证宾客的顺利生活和休息。所以,前厅部的工作人员必须熟练掌握各种服务程序和服务标准。

4. 宾客求知识的心理需求

当宾客到达一个与他原来的生活环境完全不同的地方时,迫切想知道这个地方的风土人情、交通状况、旅游景点等各种情况,以满足自己的好奇心理。因此,前厅服务员在接待宾客时,一方面要介绍本酒店的房间分类、等级、价格以及酒店能提供的其他服务项目,让宾客做到心中有数;一方面,如果宾客询问其他方面的问题,服务员也应热情耐心地介绍。另外,前厅服务最好和旅行社的业务结合起来,把旅行社提供的服务项目和推出的旅游产品的有关资料准备好,以供宾客咨询、索取、使用。这样做的另一个好处是冲淡宾客在前台办理手续过程中等待的无聊感。

5. 宾客求快速的心理需求

宾客经过旅途奔波的辛劳,刚进入酒店后就渴望尽快能够休息,以便准备下一步的活动安排。因而,焦虑、急切的心理表现得明显。而前厅服务的接待及入住登记又需要一定的时间,行李接运也需要一定的时间,因此,前厅服务人员要提前做好充分准备,在服务过程中尽量不使宾客烦恼,操作要快、准、稳。否则,容易让宾客产生"店大欺客"的想法,情绪更不稳定。宾客离店的心理也与来店时的心理相同。因此,结账员在结账时要快捷、准确,做到"忙而不乱,快而不错"。

6. 宾客求尊重的心理需求

心理学家马斯洛认为,尊重需要是人类的高级层次需要,也是人类的基本需要。当旅游者踏入酒店,在前厅中求尊重的心理特别强烈和敏感。他们期望自己是受欢迎的人;期望面临的是服务员热情的接待服务,看到的是笑脸、听到的是礼貌友好的语言;期望自己的人格、习俗及信仰受到尊重;期望自己的亲朋好友受到尊重;期望服务人员能仔细解答自己所提出的问题,且能够耐心倾听自己的意见、要求,使宾客一进入酒店,内心期待着一种被尊重的心理。这种尊重首先通过前台服务员的接待来表现。这就要求前厅服务人员必须微笑迎客、主动问候、热情真诚、耐心细致,这是尊重宾客的具体表现。

7. 宾客求方便的心理需求

任何宾客都希望下榻的酒店为他们提供方便,例如地理位置、交通、通讯是否方便活动?生活设施是否方便自己的需要?有的还要考虑有无方便的停车场,外币兑换处等。酒店应该根据宾客的需求,提供多种服务项目,并根据宾客在酒店内的活动周期及实际需求,详细地设置服务指南。

三、前厅满足宾客心理需求的举措

1. 美化前厅环境

环境是影响客人的需求和心理、影响酒店形象声誉的重要条件。宾客对酒店的第一印象首先来源于宾客对酒店的感性认识。而第一印象的形成,将在很大程度上影响他对酒店的整体印象。宾客进入酒店,最先感知到的就是酒店的前厅环境。酒店前厅是整个酒店的脸面,美好的前厅环境,将使宾客感到愉快、舒畅。

美国旅馆协会会员汤姆赫林认为,对于旅馆的环境和一切服务设施都应该考虑到:当你这座旅馆出现在宾客面前,他们脑子里对它总的感觉是什么? 要求是什么? 以及向往和渴望的又是什么? 他认为宾客需要的是现代化的生活方式,但同时却又受到世界上具有民族特色的迷人魅力的吸引。

总之,酒店前厅的环境设计既要有时代特色,又要有地方民族特色,要以满足宾客的心理需要为设计的出发点。一般情况下,前厅光线要柔和,空间宽敞,色彩和谐高雅,景物点缀、服务设施的设立和整个环境要浑然一体,烘托出一种安定、亲切、整洁、舒适、高雅的氛围,使宾客一进酒店就能产生一种宾至如归、轻松舒适、高贵典雅的感受。前厅布局要简洁合理,各种设施要有醒目、易懂、标准化的标志,使宾客能一目了然。前厅内的环境和设施要高度整洁,温度适宜,这也是对前厅的最基本要求。

2. 注重服务人员仪态

这里的仪态主要是指前厅服务人员行为的姿势和风度。它既是人的精神面貌的外在表现,又是游客形成对服务人员良好的视觉印象的首要条件。

(1)形体容貌

体形和容貌具有一定的审美价值,而且能够在一定程度上反映个体的心理特点,对他人来说会产生一定的影响。由于第一印象的重要影响,饭店对于前厅服务人员的容貌要求相对较高,一般都会选择面容姣好端庄、体形健美挺拔的员工担任前厅接待工作。

(2)着装修饰

前厅服务人员的服饰既是对个体容貌、体形的加工和衬托,也是企业文化的体现。良好的服装服饰能给人留下美观、舒适、优雅、大方的感觉,形成良好的视觉形象。对于前厅部的服务人员的服饰穿着要求既富有特色,又美观实用;既要与整体的大堂环境相适应,也应与其特定的职业岗位相符合。既要使游客产生美感,也应使其能够联想到酒店有形以及无形产品的优质质量等,从而增强其对饭店的信任度,促其消费。

（3）行为举止

前厅服务人员的行为举止也应大方得体、热情庄重,服务人员的行为风度能够在一定程度上反映出服务人员的性格和心灵,这也是游客在评价酒店服务人员的服务水平、服务态度的一个重要的参考因素。

3.熟练的前厅接待服务技能

前厅作为整个酒店服务工作的中枢,它的工作既重要又复杂。前厅接待服务工作的内容包括:预定客房、入住登记、电话总机、行李寄存、贵重物品及现金保管、收账结账以及建立和保管宾客档案等等。前厅服务要做到准确、高效、力求万无一失。

只有熟练地掌握各种服务技能,做到百问不倒、百问不厌,而且动作敏捷,不出差错,才能使经过车船劳顿的宾客很快办完各种手续,得到休息。没有熟练的服务技能和能力,即使环境布置再好,态度热情有加,也做不好服务工作。

4.服务周到

酒店前厅的迎接服务体现出一个酒店的管理水平和服务规格,它必须使宾客感到方便、舒适和周到。周到性的服务体现在很多方面,比如为宾客开关车门、运送行李、回答询问、预定客房等。只要宾客说出他的要求与愿望,其他的事由服务员来做。为了使服务周到,保证酒店前厅的工作质量,很多酒店在大厅里设大堂经理,用来处理各种日常和突发事件,解决宾客遇到的各种难题,协调各方面的关系,或者处理宾客的投诉等。这样,既使问题得到快速解决,也使宾客感到酒店对工作的重视,同时也体现出酒店对宾客的关心和尊重。当宾客带着探寻的目光走进宾馆时,大堂经理就是一盏指路的明灯;当宾客带着问题来到前台时,大堂经理就是一把开启难题之门的金钥匙;当宾客带着不满与愤怒来到你面前时,大堂经理就是一种最好的润滑剂;当各部门服务员在工作中不能互相理解时,大堂经理就是一条能沟通双方的桥梁。

◆ **案例驿站 8.1**

行李员该怎么办？

一位刚抵店的散客向礼宾部反映其行李可能被航空公司送错地点,他已经等待了3个多小时,不知行李被送到何处,显得焦急万分。此时,他求助于行李员,恳请予以协助查找。假如你作为前厅部的行李员,应该怎样协助？

案例来源:张谦.饭店服务管理实例评析[M].天津:南开大学出版社,2001:110.

服务人员要做到服务周到需要不断地自我提高,应在工作中不断提高自己的文化修养、职业修养和心理修养,有了广博的文化知识、职业知识和乐观向上的心境,才能主动自觉地形成和保持良好的服务态度,对客服务才能游刃有余。

对于现代酒店来说,迎接服务的周到,不仅表现在前厅工作人员的服务态度等"软"的方面,也体现在对现代科学技术应用等"硬"的方面,比如用于前厅服务的电子计算技术、通讯设备以及打字复印设施等。如果酒店大厅能满足宾客所需要的一切必要的服务,才真正体现了服务的周到性。

前厅服务在做好接待服务的前提下,对宾客的送别服务也不容忽视,应充分理解宾客的心理。宾客离店前结账付费,本是一件理所当然的事情。但站在宾客的角度来分析这个问题,谁都不喜欢把钱从口袋往外掏,只是因为货币商品交换早已成为法则,宾客不得已而为之罢了。当货币与商品实物交换时,虽然掏了钱,可毕竟得到了实实在在的有形实物,看得见,摸得着,因此掏钱时的失落感多少可以减少一些。而宾客在酒店掏钱付费则不同,当宾客离开酒店时,尽管在酒店里得到了尽善尽美的享受,可感观上的满足毕竟已成过去,宾客不可能把酒店的服务买回家去,所以宾客掏钱时的损失感会多一些。因此,为了让宾客满意,弥补宾客付费时的失落感,在收银服务中,必须重视送宾客离店的服务工作,以最后的服务态度和无懈可击的服务方式送走宾客。具体要做到以下三点:

(1)热情周到地接待每位离店宾客

送客服务是酒店留给宾客的最后印象,而最后印象对宾客来说又十分重要。收银员在做到认真、仔细、不出差错的同时,应该给宾客提供热情服务、周到服务、微笑服务。宾客在微笑服务中付费,不仅可以淡化宾客掏钱时的"心痛",同时迎送如一的盛情可以给宾客留下较为深刻的印象,对酒店来说才会有一定的效应。

(2)办理结算时收银员要做到迅速准确

宾客离店结账,需要例行一些手续,从宾馆的角度来说,这些手续,必不可少,而对宾客来说,他会觉得繁琐,特别对那些急于离店的宾客,他会显得不耐烦,所以,收银员应该站在宾客的角度,尊重宾客愿望,迅速准确地尽快办理,不耽误宾客的时间,满足宾客的愿望和要求。

(3)宾客结账完毕要向宾客致谢欢迎再次光临

一句诚意的道别,往往会让宾客产生亲切感,消除陌生感,同时会让宾客觉得花钱买到了享受和尊重。宾客带着良好的心境离开酒店,酒店就多一份留住宾客的希望。

◆ **本节相关知识链接**

前厅部员工的工作要求

前厅部在酒店中的重要地位对其员工提出了严格的工作要求。

①员工须具备良好的服务意识。前厅是酒店的门面,前厅服务质量的好坏,具有深远的意义,因此,前厅的员工需格外强化自身的服务意识,力求做到热情、细致、周到;待人接物落落大方、彬彬有礼、笑容可掬,把顾客的烦恼当成自己的烦恼。员工需认识到自己的一言一行代表了酒店的形象,自己的表现关乎酒店的利益,约束自己的言行,爱岗敬业,认真负责地做好本职工作。

②员工须有勤奋好学、探索求知的精神,不断提高自身的素质,拓宽自己的知识面,以求更好地为顾客服务。前厅遇到的工作情况千变万化,不一而足,往往是随着顾客的变化而变化,因此,员工为了适应不断出现的新情况,须努力学习新的知识,完善自己,厚积薄发,把工作做得更出色。

③员工必须有良好的语言理解、表达及交流能力。前厅员工接触宾客的机会较多,要向顾客解释问题,同时也要回答顾客提出的问题,而顾客往往又是来自于不同地方,为了顺利地与对方交流,员工必须有相当的理解能力。同时,最好能掌握一些方言,能熟练运用一两门外语。

④员工须有良好的仪态,言谈举止要得体。为了让顾客有宾至如归的感觉,员工须练好基本功,注意仪表仪容,按酒店规定着装,做到洁净整齐、仪态大方,给人亲切感。注意使用礼貌用语,如"请"、"您"、"对不起"、"先生"、"女士"等。时刻提醒自己要面带微笑。微笑是一种联络情感的最自然、最直接的方式,同时也最有效,能将一切误会与不快驱散,建立起愉快和谐的氛围。

⑤员工须机智灵活,具备较强的应变能力。前厅是酒店的神经中枢,事务繁杂,每天须妥善处理各种各样的人和事,因此,要求前厅员工发挥自己的聪明才智,随机应变。

⑥要善于在工作中控制自己的情绪。一旦遇到专横无理的客人,要耐心说服劝导,决不能随着客人的情绪走,避免与客人发生争吵乃至冲突。

⑦学会艺术地拒绝。在前厅工作,经常会碰到这样一些情况:例如,客人提出了不符合酒店有关规定或是难以帮助其实现的要求,那么员工该如何处理呢? 违反规定去满足客人的要求当然是不可能的。若敷衍了事地答应客人,而后又不真正兑现承诺就更不应该。所以,员工不能轻易地答应客人,同样也不能直接生硬地拒绝客人,正确的做法是向客人耐心地说明有关情况,委婉地表明自己爱莫能助,请客人谅解。一般情况下,客人都是通情达理、能够给予理解的,这样就妥善处理了难题,避免了误会与冲突。

第二节 客房服务心理

客房是饭店的基本设施和经济收入与利润的主要来源,是旅游者休息的重要场所。游客住店期间,在客房停留的时间最长,和服务人员的接触最多。因此,搞好客房服务对旅游者来讲是非常重要的。做好客房服务的关键是要了解客人在住店期间的心理特点,这样才能有预见地、有针对性地采取主动和有效的服务措施,使客人感到亲切、舒适和愉快。

一、宾客在客房的心理需求

1. 宾客求整洁的心理需求

客房是客人在饭店停留时间最长的地方,也是其真正拥有的空间,因而,他们对客房整洁方面的要求比较高。宾客经历了一段时间旅行到达了目的地,迫切需要休息,他们希望饭店的环境是优雅的,饭店和客房的陈设是精致的,并具有现代化的一流设施设备。客房主要是休息的场所,宾客都希望安静,不被打扰。宾客还要求饭店的环境设施能保持清洁、卫生。客房环境和用具的清洁直接关系到人体的健康、情绪的好坏和心理的舒畅。因此,清洁是客人十分关心的基本需要。美国康奈尔大学旅馆管理学院,曾对 3 万名客人做了调查,其中有 60％的人把清洁列为第一需要,有些饭店由于环境不洁,虫鼠骚扰,用具脏污,使得客人感到焦躁不安,甚至产生厌恶、愤怒的情绪,严重损害了饭店的声誉。

客房卫生还包括服务人员自身的卫生和整洁,让客人觉得服务人员干净、利索、精神状态好。

服务人员清理客房应该遵循一定的程序:

①清理客房要在客人不在时进行。如果客人有特殊要求,可以随机处理。

②清理客房时,必须保证客房及各种设施、用具的卫生。即使是空房间,也要时刻保持清洁,准备迎接客人。

③另外,服务人员可以采取一些措施来增加客人心理上的卫生感和安全感。比如,抽水马桶在清理后贴上"已消毒请放心使用"的标志,在茶具、刷牙杯子上罩上印有"已消毒请放心使用"字样的纸袋等,这些措施能起到一定的心理效果。

2. 宾客求安静的心理需求

客房主要是用于客人休息,客房环境宁静是保证这一目的实现的重要因素。即使没有客人休息,客房环境也要保持宁静,这会给人舒服、高雅的感觉。

保持客房宁静也就是要防止和消除噪音,这要从两方面入手:

①在硬件方面,必须做到硬件设备本身不产生噪音;另外,要保证硬件设施的隔音性。

②在软件方面,客房部员工工作时须做到"三轻"——走路轻、说话轻、操作轻。

3. 宾客求安全的心理需求

安全感是愉快感、舒适感和满足感的基石,客人是把自己出外旅游期间的安全放在首位的。

宾客在饭店需要的安全感包括财产安全和人身安全两方面,财产安全即旅客住在饭店其财产不能丢失或被盗,人身安全即旅客的生命安全和隐私权应当有所保障。

客人在住宿期间,希望自己的人身与财产得到安全保障,能够放心地休息和工作。因此,客房部的服务人员在工作期间应注意以下几方面:

①提高警惕,防止不法人员入内;

②客房的安全设施要齐全可靠;

③服务人员在工作期间没有得到召唤或允许,不能擅自进入客人房间,绝对不应去干扰客人;

④有事或清扫服务要先敲门,在得到允许后才能进入,工作完成后即刻离开;

⑤日常清扫服务,除了丢在废纸篓里的东西外,不能随便丢掉客人的物品,也绝对不许随意乱动客人的物品,尤其在进入房间时不可东张西望,引起客人不安;

⑥不能随便向外人泄露客人的一切情况。

4. 宾客求尊重的心理需求

客房服务离客人最近,与客人关系最密切。当客人入住饭店以后,客房服务就成为客人感受到的最重要服务。客人住店,希望自己是受服务人员欢迎的人,希望看到的是服务人员真诚的微笑,听到的是服务人员真诚的话语,得到的是服务人员热情的服务;希望服务人员尊重自己的个性、尊重自己的生活习俗,希望真正体验到"宾至如归"的感觉。

二、客房满足宾客心理需求的举措

1. 做好客房环境布置,配备优良设施

服务设施是客房提供优质服务的物质基础,俗话说"巧妇难为无米之炊",没有完好

的客房设施功能,提供优质服务就是一句空话。为保证向客人提供高质量的服务,要做到这样几个方面:

(1)设施设备必须齐全

酒店客房属于高级消费场所,设施设备必须和酒店的等级规格相适应,但从服务设施规格化的要求来看是基本相同的,设施内容很多,但是我们要做到设施设备齐全,适应客人多方面的需求。

(2)设施设备必须优良

酒店设施设备就数量而言各个酒店基本相同,但就质量而言,则因酒店的等级规格不同而区别较大。设施设备质量优良的具体要求是:造型美观、质地优良、风格样式色彩统一配套,注意各种等级、各种房间的同一种服务设施保持一致,不能给客人以东拼西凑的感觉,并以此反映客房的等级、规格。

(3)设施设备必须始终保持完好

客房设施设备是直接供客人使用的,设施设备完好率是提高标准化服务的基本要求,因此必须注重平时的保养工作,如有损坏要及时维修,服务员和管理人员每天加强检查,保证较高的设备完好率。

2.提供优质的服务

客房的优质服务是为客人提供良好的以来、住、走为活动主线的系列化的规范化服务,应该做到清洁安全、宁静舒适、主动热情、礼貌耐心、及时周到。

(1)清洁安全

如果客人一进入房间,映入其眼帘的便是整洁如新的卧具,洁净卫生的地面、墙面和橱柜以及摆放有序的各种物品和设备,就会在心理上对酒店产生信赖感、舒适感和安全感。当然,游客入住客房后,客房服务人员也应每天按规定在客房内进行清洁整理工作,包括及时清理客用垃圾,按照酒店或是游客的要求更换床单被褥以及及时补充客房内的低值易耗品等等。

(2)宁静舒适

客房保持宁静的环境是客房服务的一个重要的组成部分,任何时候,不管有没有客人在休息,这一点都必须做到。当然,这也会带给客人舒服、高雅的心理感受。

(3)主动热情

服务人员除了应该熟练掌握客房清洁工作的操作程序,还应努力培养自己的服务意识,优化服务态度。而服务意识集中表现的一个重要方面就是在对客服务中做到主动。主动就是指服务要先于客人开口。主动服务包括:主动迎送,主动引路,主动打招呼,主动介绍服务项目,主动照顾老弱病残客人等。

热情服务就是帮助客人消除陌生感、拘谨感和紧张感,使其心理上得到满足和放松。客房服务人员在服务过程中要精神饱满,面带微笑,语言亲切,态度和蔼。

(4)礼貌耐心

礼貌就是服务人员要讲礼节、有修养、尊重客人心理。如与客人讲话用礼貌用语;操作时轻盈利落,避免干扰客人;与客人相遇或相向行走,让客人先行等等。

耐心就是指不厌不烦,根据各种不同类型的客人的具体要求提供优质服务。它要求服务人员即使是在工作繁忙时不急躁,对爱挑剔的客人不厌烦,对老弱病残的客人照顾细致周到,客人有意见时耐心听取,客人表扬时不骄傲自满。

(5)及时周到

及时周到是指客房服务人员能在最短的时间内提供客人所需的服务,并做到细致入微。这要求服务人员要善于了解客人的不同需要,采取有针对性的服务。根据每个客人的需要、兴趣、性格等个性特点,确定合适的服务方式。

◆ **案例驿站 8.2**

超强的服务意识

时值盛夏,客房服务员小李正在帮助客人收拾房间。小李进入一间客房,房间状态是这样的:有一台手提电脑和打印机放在咖啡桌上,书桌上有很多较凌乱的文件,书桌下有很多卷成团的面巾纸,没有开冷气,电视机上有客人的身份证,床头柜上有4瓶开了口但没喝完的啤酒和一份精美的礼品。

小李立即为客人清理房间。清理完房间后让客人非常感动,她做了些什么?

让我们看看小李都做了什么。

1.一张咖啡桌上放打印机和手提太挤,为客人增配一张咖啡桌,将打印机调整位置;

2.书桌上的文件没有打乱顺序,整理好;

3.将垃圾桶调整位置(标准位置不是在书桌下方的);

4.客人可能感冒了,增配一盒纸巾;

5.为客人烧好一壶开水;

6.增加配置一床毛毯;

7.礼品和啤酒说明有小聚会,刚好客人的身份证放在电视机上,果然是客人的生日,请示上级,赠送鲜花和生日蛋糕;

8.迷你吧增配两瓶啤酒,提高销售收入;

9.留下一张温馨提示卡片,提醒客人注意休息,并建议客人感冒严重的话可以到酒店医务室就诊。

细致周到的服务换来了客人的感动。

案例来源:http://bbs.meadin.com/dispbbs.asp? boardid=5&ID=96391(迈点酒店人论坛)

3.以尊重的态度进行服务

求尊重的心理需要是每个人在日常生活和工作中均有的心理需要,期望得到别人的尊重是每个人时时刻刻都有的愿望,因此对旅客提供尊重服务应贯穿于客房服务整个过程中。

(1)语言上尊重客人

对旅客使用尊敬的称呼,比如记住客人的姓名,并随时使用姓名去称呼他们,这样,一方面可以拉近彼此之间的距离,增加亲切感;另一方面可以显示自己对客人的重视,增加客人受尊重的感受。

(2)操作上尊重客人

打扫房间时,应提供人性化服务,一切应顺从客人的生活习惯和习俗;同时尊重客人对房间的使用权,比如打扫卫生或者送物品到房,要先敲门,得到客人的允许后才能进入房间;又如客人的房间门如果虚掩着,路过时切忌隔门缝向里瞧。

(3)行为上尊重客人

对所有客人一视同仁,不能对客人指指点点,品头论足;同时尊重来访问客人的亲戚朋友,如适当增加椅子,及时提供周到的服务,以示热情欢迎,进而显示对客人的尊重。

4.提供超常服务和延伸服务

饭店客房的超常和延伸服务主要是在给游客在核心服务(如清洁、宁静、安全的客房)和支持核心服务的促进性服务的基础上,提供的一种额外超值服务。它超出了一般酒店客房功能的范畴,增加了核心服务的价值,使该酒店的服务产品区别于其他酒店,并且新颖独特,给宾客带来超值的心理享受。如客房提供用餐服务,客房小酒吧服务,洗衣、熨烫、擦鞋服务,小孩及宠物照看服务,商务秘书服务,客房健身服务等。这些看似小事,却在细微之中见真情,真正体现"服务至上、宾客第一"的原则。这些服务的提供,能够使客人在心理上产生一种物超所值的感受,带来意外的惊喜和充分的心理满足。

◆ **本节相关知识链接**

1. http://www.mhjy.net/ss/（中国教育培训网）

2. http://papers.meadin.com（迈点网）

3. http://www.veryeast.cn（最佳东方）

第三节　餐厅服务心理

餐厅是酒店的一个主要服务部门。一般接待旅游者的酒店都设有餐厅以满足住宿者进餐的方便。当然,宾客可以任意选择他认为合适的餐厅用餐,也可不在住宿酒店的餐厅而到其他地方解决膳食的需要。怎样才能吸引游客高兴地走进餐厅,而又满意,甚至带着留恋的心情离去? 这需要研究宾客的心理特点,掌握不同层次客人的心理需求。

一、宾客在餐厅的心理需求

1. 宾客求美的心理需求

在物质生活相当丰富的今天,对宾客而言,在餐厅中充饥果腹已经成为过去,品尝美味佳肴已经成为现代社会人们出游的一部分,追求美成为一种时尚。宾客在餐厅用餐是一项综合性的审美活动。

2. 宾客求尊重的心理需求

旅游者求尊重的心理在整个旅游活动中都会有所体现,在餐厅中表现尤为显著。若宾客在餐厅中尊重需要未得到满足,再好的美味佳肴也会食之无味。如果服务上的不慎或是怠慢,使宾客饭没吃好就气饱了,餐厅的其他服务都是无效的。因此必须要满足客人求尊重的心理需求。

3. 宾客求卫生的心理需求

宾客在餐厅就餐十分注意饮食卫生。基于宾客求卫生的心理需求必须做好环境、食品、餐具及服务的卫生工作。

4. 宾客求知、求新、求异的心理需求

宾客常将品尝美味佳肴及中国传统的地方特色食品,作为旅游活动的一部分。求知、求新奇也是宾客到饭店餐厅进餐的心理需求之一。心理学研究指出:凡是新奇的事

物总是引人入目、激起人的兴趣，引发人的求知欲。为此，餐厅可以通过创立餐厅的特色地方食品、名菜、名点，主动介绍食谱、提供艺术菜肴的图片，介绍所吃菜肴的相关知识与典故来满足宾客的求知、求新、求异的心理需要。

5. 宾客求快的心理需求

宾客来到餐厅坐定点菜后，一般都希望餐厅能快速提供所需之菜而不愿意等待。一是因为某些宾客赶时间继续旅游或转车、船而情绪急躁；二是因为在服务员上菜之前的这段时间，被人感觉为无用时间，宾客因为无聊感觉等了很久很久。因此，餐厅可以通过配备快餐食品、先上安客茶、简便手续、及时结账等措施来满足宾客求快的心理需求。

6. 宾客求公平的心理需求

公平合理也是宾客对餐厅服务的基本要求，只有当客人认为在接待上、价格上是公平合理的，才会产生心理上的平衡，感到没有受到歧视和欺骗。按照亚当·斯密的公平理论，人们的公平是通过比较产生的，因而是相对的。客人在用餐过程中的这种比较，既存在于不同的餐厅之间，也存在于同一餐厅的不同客人之间，同样类型、同样档次的餐厅，在价格上、数量上以及接待上的不同都会引起客人的比较。如果客人在就餐的过程中，并没有因为外表、财势或消费金额的不同而受到不同的接待，在价格上没有吃亏受骗的感觉，他就会觉得公平合理，就会感到满意。因此，餐厅在指定价格、接待规格上都要注意尽量客观，做到质价相称、公平合理。

二、餐厅满足宾客心理需求的举措

1. 树立餐厅形象

（1）美好的视觉形象

用餐环境是为客人提供优质的餐饮服务的基础，是满足客人物质享受和精神享受的重要条件。整洁卫生的就餐环境是客人选择用餐场所的首要因素，这不仅关系到就餐者的身心健康，而且也关系到就餐环境和氛围的营造，因此，创造一个整洁卫生的就餐环境是吸引客人的重要手段。当然，餐厅为了树立美好的视觉形象，除了做好环境的清洁卫生工作，餐厅还应从环境的布局和家具的设置摆放以及餐厅内的色彩选择等方面入手。

（2）愉快的听觉形象

现代心理学研究表明：音乐对于人们的情绪、身心具有特殊的调节机制，优美的听觉形象可以促进食欲，调节游客的心境，使人感到轻松愉快。音乐是表达情感的物质载体，人们能够从中体会到丰富的思想感情，从而引起丰富的联想和强烈的共鸣。研究表明，背景音乐对于游客在消费场所的消费购买行为有着直接的影响。合适的背景音乐能帮助制造良好的进餐氛围,对于活跃餐厅气氛,减弱噪音,提高游客和服务人员情绪,刺激购买行为有着最为直接的影响。

（3）良好的嗅觉形象

在餐厅中,由于环境的特殊性,往往容易存在有各种气味,包括有各种饭菜味、各种酒味甚至烟草味。这些气味混合在一起,带给人的心理感受通常都是极不愉快的,会极大地影响游客的进餐情绪。为了保持餐厅良好的空气质量,一方面要做好餐厅的通风工作,另一方面要做好餐厅内的温度调节工作。一般来说,现代化餐厅比较适宜的温度大多在 18～22 摄氏度,如果温度过高则易使人感觉闷热,大汗淋漓;温度过低又会使人感觉寒冷,嗅觉的感受性下降,从而影响人的食欲,同时,过低的餐厅温度也会使上桌的菜肴很快变凉,影响游客品尝佳肴美味。

2.树立食品形象

在人们以往的印象中,菜肴质量仅仅指的是菜肴的卫生情况以及菜肴是否可口。现在,随着菜肴制作水平和人类饮食文化的不断发展,除了原来菜肴单是否卫生可口这一单一的评判标准外,菜肴质量的内涵又有了扩展,如今人们对菜肴质量的评价主要包括其是否拥有美好的色泽、优美的造型以及菜肴口味是否可口等几个方面。

（1）美好的色泽

菜肴的颜色是游客评判菜肴的视觉标准,同时它也是对菜肴菜点的装饰,对游客的心理产生直接作用。一般来说,餐饮消费心理中的视觉主要有两类:一类指彩色视觉如红、橙、黄、绿等视觉;另一类则指无彩色视觉如黑、白、灰等视觉。研究表明,菜肴食品的颜色与人的情绪和食欲存在着一定的内在联系。每一种菜肴食物的色彩都有其特定的心理功效,红、黄、绿等颜色比较容易激起游客的食欲。比如说红色食物能够兴奋中枢神经,易使人感到食物有浓郁的香味且口感鲜美,此外红色食物还会给人以华贵喜庆之感;黄色食物多给人以淡香的感觉,高雅、温馨,可以调节人的心境;绿色食物在人们心目中往往代表了新鲜、清爽,有舒缓情绪、愉悦心境的作用。餐饮工作人员应本着以食物的自然色为主的原则,充分利用各种色彩对人的心理的调节功效来制作各色菜肴产品。

（2）优美的造型

菜肴是否具备优美的造型是菜肴质量的外在表现,也是游客评定菜肴质量的视觉标准之一。精细优美的菜肴形象可以美化游客视觉,满足其对菜肴的美感享受。当然,为了满足游客对视觉美感的追求,餐厅除了对菜肴本身应追求造型优美、形象生动外,在盛装菜肴的器具上也应注意搭配。盛具的精美,对于菜肴具有衬托作用,能够使之锦上添花。古人云:"美食不如美器"。餐具的形象的确会对游客的就餐心理产生影响。餐桌上,各式美食美器相映成趣,容易让人感到赏心悦目,食欲大增。此外,餐具的搭配应与食物本身的大小以及分量相称,才能有美的感官效果。

(3)可口的风味

菜肴口味的好坏是人们评价菜肴烹制技术水平的最重要的标准,因此菜肴的口味好坏对于餐厅来说至关重要。对于菜肴来说,最基本的要求就是口味纯正、味道鲜美、调味适中。当然,南来北往的客人很多,而环境的影响和地方的习俗会让不同地域的人们对菜肴的口味有一定的偏好,比如说在我国就有"南甜北咸、东辣西酸"之说。因此,餐厅在为客人提供菜肴时,应充分考虑其主要顾客群的饮食习惯和偏好,以更好地满足他们对菜肴的口味需求。心理学研究表明,凡是新鲜的、奇特的事物总能引人注目,激发人们的兴趣。游客一般都存在旅游活动过程中探新猎奇的心理需求,都希望能拥有一段不同于平常的经历,甚至会将品尝美味佳肴以及那些极具传统的地方特色食品,作为自己的旅游活动的一部分。而旅游目的地所拥有的独具特色的风味饮食,则恰好从饮食层面满足了游客的这一心理需求。

(4)合理的收费

在保证菜肴质量的基础上,餐厅的收费也应注意其合理性。菜肴价格的公平合理是游客对餐厅所提供的菜肴产品和服务的基本要求。菜肴价格定得是否适当、或高或低,会直接关系到餐厅与游客双方的切身利益,也会直接影响到游客的心理承受力,更直接体现在游客对餐厅菜肴食品是否愿意消费,以及消费的数量多少。如果价格与产品的质量不相符,菜肴产品的质量很好或者其产品质量一般甚至欠佳,但是由于其定价非常高,超出了人们能够接受的范围,客人就会觉得太昂贵,认为是餐厅盲目抬价,这样既影响餐厅的声誉和销售,同时也会最终影响游客对饭店的总体印象和评价。此外,由于当今餐饮消费者外出就餐频率的增多,对价格的高低已经渐成习惯,如果菜品的质量偏低于人们的习惯价格,游客又会怀疑是产品的质量有问题,同样也会对其就餐心理产生不利的影响。因此,餐厅制定的收费一定要合理,要让游客觉得他们的花费是"物有所值"甚至是"物超所值"的,有心理上的平衡感。

3.树立员工形象

(1)仪表整洁,技巧娴熟

仪容仪表是优质餐饮服务的重要体现,它将直接影响客人对服务人员以及整个餐厅的观感,甚至会影响到游客对整个饭店的印象和评价。因此,必须重视服务人员的仪容仪表,工作制服的式样、色彩和质地都应和餐厅的整体风格相协调,服装在样式的选择上可以或西式、或中式以及其他带有地方特色的民族性服装。这样,可以将餐厅的服饰与餐厅的室内环境艺术结合起来,增强艺术特色,产生形象吸引力。对于服务人员的发型、饰物的要求是做到整洁、大方,特别是女性服务人员在工作时应把头发束起,避免为客人上菜或是提供其他服务时有头发掉落或是垂下,引起客人的反感甚至对餐厅的卫生状况产生质疑。此外,服务人员的举首投足如坐姿、站姿等方面都应做到规范得体、自然大方,以期给游客留下良好的印象。由于餐饮服务工作的特殊性,服务人员在穿着工作制服时应随时注意保持整洁平整,避免工作制服不干净或是穿戴不整齐给游客带来不适感,破坏餐厅甚至是饭店的形象。餐厅服务人员在为客人服务时,还应做到准确娴熟,以提高服务质量和工作效率。

(2)服务热情,主动耐心

心理学研究表明:处于饥饿状态中的人由于血液中血糖含量的降低,是比较容易发怒的。因此,服务人员应在对客服务的开始,主动热情地接待游客,使其处于较为愉快的情绪状态中,并利用情绪对客人行为的影响作用,创造良好的心理气氛,达到服务的最佳境界。服务人员在向客人问好、拉椅让座、看茶倒水、送香巾以及点菜这些前期接待服务,应做到积极热情,要让游客感觉到服务人员不是在例行公事,简单的敷衍,而是发自内心的欢迎宾客。同样,在宾客用餐过程中,服务人员应继续保持积极热情的服务,以保证宾客能够满意、顺利地用完餐,如适时地为客人斟酒,主动地为客人撤换烟灰缸,适时地撤走餐桌上的空菜盘等等。服务人员应尽力把一切的服务工作做在宾客开口之前。在对客人服务过程中,服务人员还应做到耐心细致,切实地去观察体会宾客的实际心理需求。

(3)提供个性化服务

在餐厅的经营发展中,除了为客人提供必要的常规性服务,现在也越来越重视服务产品的差异化创新,开始有针对性地推荐一些适合宾客心理需求的产品和服务,个性化服务应运而生。

美国著名营销学家瑟普丽诺和所罗门指出:个性化服务的含义是因人而异。个性化服务就是服务人员根据个体以及特殊餐饮消费者群体的特点、要求,提供相应的优质服务,使其在接受服务的同时产生舒适的精神心理效应。个性化服务相对于标准化服务的区别在于,个性化服务要求更为细致的主动服务、灵活服务以及超常服务。因此,餐厅为宾客提供的服务应该是:用规范化的服务来满足消费者的共性要求,用个性化的服务来满足消费者的个别需求。

餐厅提供的个性化服务实际上也就是那些看似平凡实不平凡,看似容易做则难的细节性主动服务。如正值盛夏时节,当宾客一走进餐厅,服务人员就满面笑容地出来迎接,及时送上二次小毛巾(一次冷的,一次热的),隔五分钟后又送来一盘水果解暑,这时正是太阳最热的时光,服务人员的热情和周到,就会令客人感到好像回到了家一样。这就是一种针对特殊气候条件下的个性化服务。

为了更好地为客提供个性化服务,服务人员首先应切实地把宾客放在第一位,做到"心中想着宾客",然后要注意从宾客的一言一行中发现宾客的特殊需求,急宾客所急,努力地用一些针对性服务去化解宾客的困难,以达到最佳的服务效果。

个性化服务是餐厅经营管理的关键。以人为本,把工作重点放在满足客人的需求上,才能谈得上为客人提供优质服务,让他们真正感到在餐厅用餐是一种享受。

◆ **案例驿站 8.3**

"唱收唱付"的尴尬

某日,一位美籍华人请一位在国内的老同学到酒店内的餐厅吃饭。本来那位老同学说这顿饭就该由他做东,而那位美籍华人执意不肯(大概是考虑老同学的经济能力),老同学只好说:"那么改日到我家里来聚一次,为你送行吧!"

两人进餐厅坐下以后,服务员送上菜谱,那位美籍华人接过一看,全都是标有价钱的,于是先请老同学点菜。老同学本意想点几样价钱公道便宜的,但感到无从点起,于是说:"随便吃什么都可以,上三菜一汤就可以了。"那位美籍华人也感到为难,于是要服务员介绍一些有特色的拿手菜,服务员随口报了3个。美籍华人征询了老同学的意见以后对服务员说:"再来一盘醋熘黄鱼和一碗汤,菜不够再点吧。"两人边吃边谈倒也开心,最后客人说已经用饱了,不必再加菜了。随后服务员送来账单:"你们两位一共吃了280元。"

如果是在和亲人用餐的情况下,这位美籍华人对服务员的这句话能忍受的,但在老同学(客人)的面前实在感到忍不住了。当时他顾不上那么多,便当着客人的面对服务员说:"你不要大声嚷嚷好不好!"

"在我们这里叫做唱收唱付。"服务员竟理直气壮地回敬了那位美籍华人(主人),弄得他啼笑皆非。

案例来源:http://beijing.fantong.com/keyman/management/20090709/3670691.shtml(北京饭统网)

◆ 本节相关知识链接

1. http://beijing.fantong.com(北京饭统网)

2. http://www.6eat.com(中国吃网)

3. http://www.cffw.net(中华快餐网)

第四节　综合服务心理

一、康乐服务心理

1.宾客对康乐服务的心理需求

康乐部是饭店的辅助部门,其服务质量的好坏也会影响到客人对饭店整体服务的评价。所以,掌握康乐部的宾客服务心理也是极为重要的。

(1)求安全卫生的心理需求

客人计划去某一康乐场所消费时,首先考虑的是安全问题。客人会注意康乐场所是否拥有良好的防火防盗设施与环境。另外,客人在娱乐、健身设施上也会对安全问题非常敏感。运动场所是一个高雅洁净的地方,其客流量较大,使用频率较高,尤其是设备和机械经过许多宾客的接触,清洁卫生工作十分重要。运动器械的坚固、完好与场所的清洁、高雅,不仅会给宾客带来舒心、愉快的情绪,而且会给他们带来宾至如归的感受。

(2)求健身、健美的心理需求

宾客对体育锻炼健身的需求是多方面的,形式也是多种多样的,有一般运动与重点运动之分。一般运动指活动筋骨、做操、跑步等;重点运动指各项专门运动,如骑自行车、打保龄球、高尔夫球、网球等。

健美也是现代文明的心理需求,它表现为形体健美、脸型健美、发型健美三种。体型健美在健身房中能够得到实现,脸型、发型健美可以在按摩过程中得到实现。

(3)求新异的心理需求

新异性指用以吸引宾客的事物或现象必须新鲜、奇异,有自己的特点。宾客身在异乡客地,希望能多欣赏到一些与本国、本地区所不同的风土人情的节目活动,可以刺激和松弛自己的神经,保持旺盛的体力和精力。

(4)求实的心理需求

客人抱有求实心理,希望得到价值上的心理平衡,即在消费某些康乐项目时感到物有所值。

(5)求舒适方便的心理需求

各种娱乐设施必须满足宾客要求舒适、方便的心理。设备和用具方便于操作使用；新奇的设施应有专人管理，负责教会宾客正确使用，让宾客感到方便亲切。

2.康乐服务满足宾客心理需求的举措

(1)针对需求做好服务工作

给宾客提供必须的设施，在相应的场所服务的服务人员应对设施能熟练地运用，必要时加以正确的指导，对每类活动的规则必须熟练掌握，必要时可以组织宾客进行随意性的比赛，以增加其兴趣。

(2)环境、设施清洁和安全

服务人员要保持各种健身娱乐设施及场内环境清洁，做好设施设备维护、保养、检修，保证宾客安全使用。球类、棋类服务人员要主动为宾客安排好场地和桌台，准备好各类用品，及时为宾客提供饮料、拾球、陪打、记分等服务。

(3)开发新的旅游项目

以美和新异性为依据，开发一些新颖、奇异的项目设施。活动节目的安排反映出民族和地方的美学特色，强调因地制宜，具有地方特色和民族格调，一般可以收到较好的效果。中国的旅游饭店不仅要使宾客感到在中国的温暖，还要使他们切身体会到中国情调。例如，桂林的漓江渔火、云南泼水节、北京前门饭店梨园剧场的京剧、苏州的夜游网狮园、太湖的夜间逍遥游、广州东方宾馆的音乐茶座、南京双门楼等，均具有浓郁的民族情调，吸引了大量的海外游客。

(4)舒适方便的设施和服务

娱乐活动场所的环境和设施要满足宾客的各种需要，使他们能够在舒适、方便、愉快的气氛中活动。例如，在国外游客观看武术表演时教他学会一套简单的武术，在游览点搞一些地方特色的艺术照、古装照、民族照，增强宾客的兴趣。在设施方面也为宾客提供方便，如雨天雨伞雨衣的租借，临时坐垫的租用，甚至远途的接送等。

(5)物有所值——合理的价格

在酒店竞争和营销战略中，适当的定价政策是制定正确价格乃至成功的前提，一定要在市场调查的基础上确定合理的价格，以免宾客望而却步，心生不满。

◆ **案例驿站 8.4**

都是赠券惹的祸

一位客人到大副处投诉：客人持大厦的足浴赠票券到四楼消费，赠券上写明免一人足浴，但消费时服务员没有说明只能洗中药足浴，向其推荐了鲜花足浴，结账时才知道不能免单，客人认为大厦有蒙骗行为。大副委婉地向客人解释赠券使用操作程序，并联系康乐部经理，同意此券抵消费用，客人表示满意。

分析：消费者在获得赠券或免费消费等优惠后，再次消费时应当享受有关优惠，如果服务人员对赠券上的优惠内容不了解或忘记向客人作解释，往往会让客人有被欺骗的感觉，原来因获得赠券所存在的好感也会消失殆尽，酒店的优惠活动效果也会大打折扣。即使需要我们向客人推销其他服务项目，服务人员也应征得客人的同意，让客人享受到酒店优惠的同时增加酒店的收入。

案例来源：李舟.饭店康乐中心服务案例解析[M].北京：旅游教育出版社,2007:135.

二、宴会服务心理

宴会是酒店销售的主要形式，是酒店收入的重要来源。根据宾客对象的不同情况，主要有政府部门、外事单位宴客，商人订宴，特种服务宴几种形式。在酒店服务中，力求把不同层次、不同形式、不同规格、不同目的的宴会接待工作做好，有着十分重要的意义。

1.政府部门、外事单位宴客及其举措

这类宴会常常规格层次较高，宴会气氛应当隆重正式，以表达主人的热情友好。客人是来自异国他乡的国际友人理应受到贵宾的礼遇。主宾双方对宴会的心理期望值都较高、针对这类重大的正式宴会，可采取以下对策满足主宾双方的心理需求：

(1)明确要求，充分准备

遇到这类宴会，餐厅服务人员一定要做好大量的准备工作，应清楚主办单位的具体要求，对贵宾的生活特点、宗教信仰、饮食习惯等作详尽了解后，制定宴会接待计划。

(2)检查准备情况，做好接待安排

宴会准备就绪后，在宴前，邀请主办单位前来餐厅检查验收，发现问题及时纠正补充，以求万无一失。

(3)热情服务

宴会全过程，要做到微笑服务、彬彬有礼，充分表达主办单位的友好之情，使宾客有亲切、隆重之感。

2. 商务宴会及其举措

商务宴会不同于其他宴会,设宴者希望通过宴会来达到商务目的,对宴会的要求会随生意的状况而有所不同。

(1)生意顺利时,他们会不惜重金宴请对方

设宴者会借宴会厅的布置、规格、饭店的威望、菜肴的名贵及优质的服务来显示自己的地位,抬高自己的身价。承办这类宴会时,宴会厅应布置高雅、舒适、气派。服务人员一定要热情、礼貌地服务。一定要记住客人的姓名,以便当他宴请的客人到来时,尊称他为某先生或某老板,让他的客人感到他对宴会餐厅的环境和服务人员很熟悉,像是经常光临此处宴客似的。在上菜时要有意暗示菜肴的名贵,使参加宴会的所有宾客都感到宴会的档次很高,以赢得主宾双方的心理满足。

(2)生意不顺利时,甚至亏本时常要勉强应酬

此时,设宴者既要讲体面,又不愿花钱太多。宴会经常不是很高档,但又不让客人看出来。餐厅的服务人员应理解这种心态,一方面要为他们节约成本,另一方面要为他们捞面子,如上菜时对一些菜作特别的介绍,使被邀请赴宴的所有客人感到宴会还是相当丰富的。这样一来,宴会主人必对餐厅产生好印象,下次还会再次光临。

3. 特种服务宴及其举措

随着人们生活水平的提高,近年来做寿宴、生日宴、婚礼宴、节日宴等日渐增多,并越来越讲究。这类宴会无论是主人还是客人,其共同的心理需求是图吉利,讲实惠。为此,餐厅服务人员应在环境气氛、饭菜花色与外形上下工夫,为他们提供录像、音乐、卡拉OK、烛光服务等特种服务;并在整个服务过程中严防有打碎杯碗等"不吉利"的情况出现,要尽量向宴会主人说些吉祥话,使全体宾客都兴高采烈。

◆ **案例驿站 8.5**

筷落风波

时间:元旦至春节间

地点:某宾馆多功能餐厅

[场景]众多的宾客在恭维台湾吴老先生来大陆投资,吴老先生神采飞扬,高兴地应承着这些祝贺的话。宾主频频碰杯,服务小姐忙进忙出,热情服务。

不料,过于周到的小姐偶一不慎,将桌上的一双筷子碰落在地。"对不起!"小姐忙道歉,随手从邻桌上拿过一双筷子去掉包装,搁在老先生的台上。

吴老先生的脸上顿时多云转阴,煞是难看,默默地注视着小姐,刚举起的酒杯停留在胸前。

众人看到这里,纷纷帮腔,指责服务小姐。

小姐很窘,一时不知所措。

吴老先生终于从牙缝里挤出了话:"晦气,"顿了顿"唉,你怎么这么不当心,你知道吗,这筷子落地意味着什么?"边说边瞪着眼睛:"落地即落第,考试落第,名落孙山,倒霉啊,我第一次在大陆投资,就这么不吉利。"

小姐一听,更慌了,"对不起,对不起!"手足无措中,又将桌边的小碗打碎在地。

小姐尴尬万分,虚汗浸背,不知道怎么才好,一桌人有的目瞪口呆,有的吵吵嚷嚷地恼火,有的……

就在这时,一位女领班款款来到客人面前,拿起桌上的筷,双手递上去,并伴随一阵欢快的笑声:"啊,吴老先生,筷子落地,筷落,就是快乐,就是快快乐乐。"

"这碗么——"领班一边思索,同时瞥了一眼,示意打扫碎碗。服务员顿时领悟,忙拾碎碗片。

"我们中国不是有句老话么——岁岁平安,这是吉祥的兆头,应该恭喜您才是呀。您老这次回大陆投资,一定快乐,一定平安。"

刚才还阴郁满面的吴老先生一听这话,顿时转怒为喜,马上向服务员小姐要了一瓶葡萄酒,亲自为女领班和自己各斟了满满一杯,站起来笑着说:"小姐,你说得真好!借你的吉言和口才,我们大家都快乐平安,为我的投资成功,来,干一杯!"

[旁白]优秀的服务员,要善于应变,而应变中,语言技巧很重要,敏捷的思路,伶俐的口齿,往往是突发事件中反败为胜的首要条件。

案例来源:《饭店服务案例100则》http://management.114study.com(远播教育网)

◉ 本节相关知识链接

1. http://www.worldwidehotel.cn(世界酒店网)

2. http://www.jinjianghotels.com/portal/cn/index.asp(锦江酒店)

3. http://management.114study.com(远播教育网)

◉ **本章小结**

1. 本章结语

本章主要从酒店服务工作的角度出发,分析了宾客对于酒店的心理需求,着重探讨了饭店为客服务所涉及的前厅部、客房部、餐饮部等部门,为了满足游客的心理需求所应采取的服务策略,从而实现饭店为宾客提供最佳服务的承诺,并为旅游酒店的经营发展开拓更广阔的空间。

2. 本章知识结构图

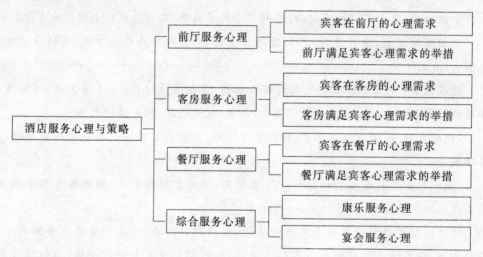

3. 本章核心概念

前厅服务心理　客房服务心理　餐饮服务心理　宴会服务心理　康乐服务心理

◉ **实训练习**

根据本章所学知识,分别以前厅、餐厅、客房、康乐四个部门为地点,编写有关酒店服务的情景剧,要求每个情景剧必须致力于解决酒店服务过程中遇到的实际问题。并将班级成员分成人数相当的小组,采用角色扮演法,表演情景剧。

◉ **延伸阅读**

两位来自长沙的客人到长春出差,临行前,公司一位经理曾向他们极力推荐:去长春一定要去省宾馆,那里的亲情服务远近闻名。于是他们一下火车便坐上出租车直奔省宾馆而去。

服务员将客人引进房间,客人放下行李。不到 2 分钟,一位挂着甜美微笑的服务员端着两杯刚沏好的茶,轻轻放在茶几上,亲切地说道:"两位一路辛苦了,请用茶吧!"话音未落,又一位有着同样甜美微笑的服务员款步走来,送上香喷喷的毛巾,说道:"两位一定累了,请擦脸,休息一下,有事情请吩咐。"说完两位姑娘悄然离去。

说来也巧,长沙客人刚在沙发上坐下,他们在长春的一位客户来访,一阵寒暄未了,"先生请用茶"、"先上请用毛巾",两位服务小姐几乎又是接踵而至,长沙客人抓住其中一位服务员,问何以这儿的服务如此周到、体贴。她嫣然一笑说:"我们客服部强调:客到、茶到、毛巾到,不仅饭店客人如此,客人的客人也一律实行三到服务。"

傍晚时分,长沙客人走出房间到楼下用餐,服务员早已抢先一步按电梯,待电梯门开,又轻声地关照:"请慢走,当心!"当客人走出电梯,一位小姐早在电梯门口等着。"欢迎光临餐厅"的声音迎面而来。饭后,上楼的电梯门一打开,一位服务小姐柔声交代"这是五楼",对一同走出电梯的几张陌生面孔,彬彬有礼地说:"欢迎来到五楼。"对两位长沙客人则又添上一句:"二位回来了,请休息!"长沙客人走到房间门口,无意回过头去,只见几位陌生客人在服务小姐的引导下走向自己的房间,背后不到 10 米处,另一位服务员已捧着茶盘跟随着,一切显得那么自然,那么连贯。

"吉林长春的省宾馆果然名不虚传!"两位客人情不自禁地夸奖起来。

思考:结合本章所学知识,分析案例中我们应吸取的经验有哪些?

◆ **本章试题与知识训练**

一、填空

1.宾客在前厅的一般服务需求 _____ 、_____ 、_____ 、_____ 、_____ 、_____ 。

2.前厅服务人员仪态是指前厅服务人员行为的姿势和风度。具体包 _____ 、_____ 、_____ 。

3.宾客在客房的一般心理需求有 _____ 、_____ 、_____ 、_____ 。

4.餐厅服务满足宾客心理需求的举措有 _____ 、_____ 、_____ 。

5.宴会是酒店销售的主要形式,是酒店收入的重要来源。根据宾客对象的不同情况,主要有 _____ 、_____ 、_____ 、_____ 几种形式。

二、选择

1. 下列属于前厅服务的心理策略有_____？

A. 美化前厅环境　　　　　　　B. 注重服务人员仪态

C. 熟练的前厅接待服务技能　　D. 服务周到

2. 客房的优质服务是为客人提供良好的以来、住、走为活动主线的系列化的规范化服务。应该做到_____。

A. 清洁安全　　　　　　　　　B. 宁静舒适

C. 礼貌耐心　　　　　　　　　D. 及时周到

3. 餐厅的食品形象包括_____。

A. 美好的色泽　　　　　　　　B. 合理的收费

C. 优美的造型　　　　　　　　D. 可口的风味

4. 针对宾客在康乐部的心理举措,康乐部的服务心理策略主要有_____。

A. 物有所值——合理的价格　　B. 环境、设施清洁和安全

C. 针对需求做好服务工作　　　D. 开发新的旅游项目

三、简答

1. 从心理学的角度讲,前厅服务为什么非常重要?

2. 客房服务人员应如何为客人做好服务工作?

3. 什么是个性化服务? 它与标准化服务有何区别? 结合自己的实践经历谈谈自己是如何为客人提供个性化服务的。

4. 餐厅服务满足宾客心理需求首先要树立餐厅形象。如何树立餐厅的形象?

5. 政府部门、外事单位宴客时心理需求有什么特点? 应该采取什么服务策略?

四、案例分析

金海湾大酒店的“十二快”

五星级的汕头金海湾大酒店注重通过时间特性来反映服务质量,推出了充分体现服务效率的“十二快服务”:

1. 开房快——3分钟

2. 结账快——3分钟

3. 接听电话快——2声铃响

4. 餐厅第一道菜上得快——5分钟

5. 客房抢修快——5分钟内处理好小问题,重大问题尽快处理好

6.客房送餐快——10分钟

7.客房传呼快——2分钟

8.行李入房快——5分钟

9.投诉处理快——10分钟

10.请示反映快——3分钟

11.回答询问快——立即

12.部门协调快——2小时内

分析:上述案例充分满足了客人哪方面的心理需求?

第 九 章

酒店的双重服务举措

学习目标

知识要点：理解双重服务的含义及客我服务的关系；理解服务员情绪状态和语言服务的重要性；掌握双重服务的基本技能及避免过度服务的心理举措。

技能训练：以小组为单位，将小组人员分为客人和服务人员两部分。选定酒店某一部门，"客人"负责设置一些服务情景，"服务人员"根据设置的服务场景，分析"客人"的心理需求，采取相应的"双重服务"举措。

能力拓展：以"将心比心谈服务"为题写一篇文章，谈谈你以前作为"服务接受者"曾经有过什么样的感受，再说说当你成为一名酒店服务人员时，将如何去为客人提供优质服务。

引 例

最后的"通牒"

508 房早已过了结账的时间，酒店甚至还给 508 房的李先生发了书面通知，可李先生就是迟迟不来，甚至连电话也不接了。因为是老客户，且以前一直配合得很好，所以前厅也没有特别在意，可是他的酒店消费额还是不断上升。

前厅费了九牛二虎之力，终于拨通了他的电话，谁知李先生却说："我有这么多业务在你们的城市，难道还不放心吗？好吧，好吧，明天我一定来结账。"可第二天李先生依然未到，前厅又打电话，委婉说明酒店的规章，然而这次李先生却支支吾吾，闪烁其词。这时，他的行为引起了酒店的注意，经讨论后决定到他的业务单位作侧面了解，结果使酒店大吃一惊。李先生在本市已结束了业务，机票也已订妥，不日即飞离本市，这一切与李先生本人所说的完全不符。酒店当即决定，为了尽可能不弄僵关系，客房部以总经理名义送上果篮,感谢李先生对酒店近几年的支持,此次一别,欢迎再来。李先生是个聪明人,知道自己的情况已被人知。第二天,自己到前厅结清了所有的账目,前厅对李先生也是礼貌有加,诚恳地询问客人对酒店的服务有什么意见和建议,并热情地希望他以后再来。

案例引发的问题:如果揭穿客人的"伎俩"会有什么后果?

资料来源:http://www.17u.net/news/newsinfo_63036.html(同程网)

第一节　双重服务的含义及举措

酒店业是一个什么样的行业?"美国酒店大王"斯塔特勒认为,"酒店业就是凭借酒店来出售服务的行业"。

酒店生产的产品主要有两类:有形产品和无形产品。有形产品如酒店的建筑、酒店的装修装饰、酒店的设施设备等等,无形产品主要是指服务。酒店业是以有形产品为依托来出售无形产品即服务的行业。日本学者前田勇在其所著的《观光心理学》中总结了服务的两种不同的使用方法,提出了双重服务的概念:一方面服务可以理解为提供某些方便活动本身,另一方面只是把提供某些方便活动的做法理解为服务。我国的专家学者也提出了自己的独到见解。吴正平、邹统钎在《现代酒店人际关系学》中,把服务理解为"为他人做事,并使他人从中受益",并且按照服务中客人的收益,把服务划分为功能服务和心理服务。在酒店服务人员与客人的人际交往中,要提高服务质量,酒店就必须以双重的优质服务,即"优质的功能服务加优质的心理服务"去赢得客人满意。

一、双重服务的含义及客我服务的关系

1.双重服务的含义

双重服务是指服务人员在工作中为顾客所提供的功能服务和心理服务。

酒店服务中的功能服务是指帮助客人解决食、宿、行、游、购、娱等方面的实际问题,使客人感到安全、方便和舒适的服务。

酒店服务中的心理服务是指饭店服务员在为客人提供各项服务的同时,还要让消费者体验到一种"经历",也就是说,成为客人在住店期间的"愉快经历制造者",使客人达到心理上的一种满足。心理服务是一种高层次的服务。

功能服务能为客人提供方便,为客人解决各种各样的实际问题,而心理服务虽不一定能为客人解决什么"实际问题",却是能让客人得到"心理上满足"的服务。酒店服务其

实是一种创造愉快氛围的服务,能让客人得到"预先设计好的一种愉快经历",不仅要考虑客人吃什么饭菜,住怎样的客房,玩什么项目,还必须考虑客人的"心理感受",即要让客人在酒店期间留下一段美好记忆,经历一段愉快的"心路历程"。

2. 建立和谐的客我服务关系

客我关系是客户关系的一个方面,是以营销主体("我")为核心,面向营销客体,即营销对象(客户),以收益为目的而展开的各种活动的总和。

酒店服务人员要通过与客人之间的交往来为客人提供服务,从这个意义上讲,"服务即交往"。酒店工作人员要让客人经历轻松愉快的人际交往,也就是让客人得到了一种可贵的"精神享受"。因此,客人与酒店服务人员之间的客我服务关系,是顾客与酒店方之间建立起来的被服务与服务的人际交往关系。双重服务的最终目的就是要建立一种良好和谐的客我关系,吸引新顾客,稳定老顾客,节约市场开发成本,提高酒店的竞争力。

◆ **专题笔谈 9.1**

如何稳定客源?

据统计,酒店招徕一个新顾客所花费的成本是使一个现有顾客继续感到满意的成本的几倍。传统的市场营销思路是开发市场,争取新客源,但对从事"人对人"服务的饭店业来讲,仅仅赢得新顾客是不够的,如果没有老顾客、回头客,饭店终将失去未来的市场机会。因此在快速变化的市场背景下,取得成功的关键是对市场的高度关注以及将全部营销投入到为顾客提供价值;保证现有顾客并建立持久合作忠诚的客户关系。在寻找忠诚顾客的同时,也应分析顾客流失的原因。因为即使是顾客对各项服务都满意,也会有 40% 的流失。每家酒店都有接受顾客对服务质量意见回馈的系统,如类似顾客意见簿的调查问卷或表格、投诉信箱,面对面的客户回访等等,酒店可借此获得顾客不满意以及背离酒店的真正原因。被誉为"酒店之王"的希尔顿先生这样谈论他的赚钱技巧:"你住进我的酒店,临走时把你不满意的地方告诉我,当你第二次来住时,我们不会犯同样的错误,这就是我的技巧。"工作中存在错误、失误在所难免,防止错误重复发生,会使原来不满意的客人感到欣慰。所以不要让总经理意见箱或顾客意见簿仅仅成为摆设或奖罚员工的依据,而是分析客人背离原因,从中找出酒店管理与服务的症结所在,防微杜渐。

资料来源:唐黎标.酒店如何培养忠实顾客[J].烹调知识,2004(4):34.

二、现代酒店优质服务类型

1. 微笑服务

微笑,是一种愉快的心情的反映,也是一种礼貌和涵养的表现。

微笑服务是服务人员面带真诚的微笑为顾客提供服务的行为方式,使顾客在心理上获得一种愉快的感受和体验。

希尔顿经营旅馆业的座右铭是:"你今天对客人微笑了吗?"对服务行业来说,至关重要的是微笑服务。

一个服务员怎样给顾客提供一流的微笑服务呢?

微笑服务,并不仅仅是一种表情的表示,更重要的是与顾客感情上的沟通。当你向顾客微笑时,要表达的意思是:"见到你我很高兴,愿意为您服务。"微笑体现了这种良好的心境。

微笑服务不是简单机械的生理反应,而应是发自内心的与顾客的感情交流。如果一个服务员只会一味地微笑,而不去细心观察服务中的细节,不去揣摩顾客的心理需求,再迷人的微笑又有什么用呢?因此,微笑服务,最重要的是在感情上把顾客当亲人、当朋友,与他们同欢喜、共忧伤、成为顾客的知心人。

微笑服务,它给人一种亲切、热情的感觉,潜移默化地对客人起着有效的感情上的沟通。微笑加上适当的敬语,会使客人感到宽慰;即使在服务中出现一点小问题,客人也会采取宽容、谅解的态度,这时微笑服务就展示了它无穷的魅力——此时无声胜有声。

◆ **案例驿站 9.1**

你今天对客人微笑了吗?

有一天,当康拉德·希尔顿把自己几千美元的资产增值到几千万美元这个消息欣喜而自豪地告诉母亲时,他母亲却淡淡地说:"依我看,你跟从前没什么两样……你必须把握更重要的东西,就是除了对顾客诚实之外,还要想办法使来希尔顿旅馆住过的人还想再来住,你要想出一种简单、容易、不花本钱而行之久远的办法去吸引顾客,这样你的旅馆才有前途。"

为了找到一种具备母亲所说的"简单、容易、不花本钱、行之久远"的四大条件的办法,希尔顿逛商店、串旅店,以自己作为一个顾客的亲身感受,终于得到了答案——微笑服务。只有它才实实在在地同时具备母亲所提出的四大条件。希尔顿要求每个员工不论如何辛苦,都要对顾客投以微笑,即使在旅店业务遭遇经济萧条时,他也经常提醒员工记住:"万万不要把我们心里的愁云摆在脸上,无论旅馆本身遭受的困难如何,希尔顿旅馆服务员脸上的微笑永远是属于旅客的阳光。"因此,在美国 20 世纪初经济危机后幸存的 20% 旅馆中,只有希尔顿旅馆服务员的脸上带着微笑。结果,经济萧条刚过,希尔顿旅馆就率先进入新的繁荣时期,跨入了黄金时代。

案例来源:现代服务礼仪案例分析. http://www.docin.com/p—310420.html(豆丁网)

2."金钥匙"服务

"金钥匙"服务理念是在不违反当地法律和道德观的前提下,使客人获得"满意加惊喜"的服务,让客人自踏入酒店到离开酒店,自始至终都感受到一种无微不至的关怀和照料。

"金钥匙"的原型是 19 世纪初期欧洲酒店的"委托代办"(concierge)。而古代 concierge 是指宫廷、城堡的"钥匙保管人"。从"委托代办"的含义可以看出:"金钥匙"的本质内涵就是酒店的委托代办服务机构,演变到今天,已经是对具有国际"金钥匙"组织会员资格的饭店的礼宾部职员的特殊称谓。"金钥匙"已成为世界各国高星级酒店服务水准的形象代表,一个酒店加入了"金钥匙"组织,就等于在国际酒店行业获得了一席之地;一个酒店拥有了"金钥匙"这种首席礼宾司,就可显示不同凡响的身价。换言之,大酒店的礼宾人员若获得"金钥匙"资格,他也会倍感自豪。因为,他代表着全酒店的服务质量水准,他甚至代表着酒店的整体形象。

3.个性化服务

个性化服务在英文里叫做 personal service,它的基本含义是指为顾客提供具有个人特点的差异性服务,以便让接受服务的客人有自豪感和满足感,从而留下深刻的印象,并赢得他们的忠诚而成为回头客。

酒店个性化服务就是以客人需求为中心,在满足客人原来的需求基础上,针对客人个性特点和特殊需求,主动积极地为客人提供特殊的服务,是对客人采取"量体裁衣"定制式的服务。

酒店个性化服务的内涵非常丰富,因为客人的个性化需求多种多样。从熟悉每个客人的姓名并称呼客人,到记住客人用餐的老位子、老菜单和口味要求,再到客人生日时送出生日的祝福和问候,甚至为了让客人在异国能坐上自己的越野车,跨越重洋把客人的坐骑运到酒店等等多种表现形式。当然酒店提供个性化服务,根据客人的个性化需求和现实条件差异有难易之分,满足客人越独特、难度越大的个性化需求,客人得到的满足和惊喜就越大,越能提高酒店的声誉和影响力。

个性化服务模式要求服务人员既要掌握客人共性的、基本的、静态的和显性的需求,又要分析研究客人的个性的、特殊的、动态的和隐性的需求。它强调一对一的针对性服务,提倡"特别的爱献给特别的您"。同时,它注重服务过程中的灵活性,强调因时制宜。个性化服务是人性化的服务,强调用心为客人服务,要求充分理解客人的心态,细心观察客人的举动,耐心倾听客人的要求,真心提供真诚的服务,注意服务过程中的情感交流,使客人感到服务人员的每一个微笑,每一次问候,每一次服务都是发自肺腑的,真正体现一种独特的人文关怀。

4.超值服务

超值服务是服务行业在给顾客提供硬件设施、软件服务的基础上,额外提供的具有价值含量的服务,是规范化服务的补充和延伸。

酒店超值服务向顾客提供的是超出消费价值本身,超出客人意料之外的优质服务。酒店向顾客提供超值服务,就是通过给客户带来意外的满足而给他带来快乐。每一个客人进入酒店消费前,心中都装着一个期望值,例如期待饭菜可口,物美价廉;住的卫生、舒适安全;娱乐项目齐全,富有特色等等,如果这些基本的期待能够得到满足,算是初步完成了店方与客人的心理融合和价值认同。如果客人感到酒店的服务超出了他的期望值,如下雨天对来店的客人主动撑伞并询问;客人带着照相机要合影留念,帮助其照相;客房设备出现故障时,客人已知期望酒店给调至总统套房是不太可能的事,因此希望酒店给调换到其他同类型的客房,而如果酒店采取升档销售方式,给客人调至更高一档的客房……这些都会提高顾客的满意度,甚至给顾客带来一份惊喜,从而提高顾客对酒店的忠诚度。

三、礼貌在酒店服务中的含义与作用

礼貌是指言语、行动所表现的恭敬谦虚。礼貌待客是酒店服务人员起码的职业道德,对构建和谐人际关系起着重要作用。

礼貌在酒店中的内涵包括以下四点:

1.谦虚

服务员要定好位,永远不与顾客争输赢,始终承认顾客是对的,服务员要做的是怎样解决问题,而不是在顾客面前出风头将其比下去。

2.恭敬

严肃有礼。服务员在给客人提供服务时要考虑他的感受,一切服务行为都出自顾客需要这个中心,表现出对客人的足够的重视和关注。

3.热情

"把客人当作家人","宾至如归",不是挂在口头上的口号,他要求服务员对工作注入感情,客人的困难就是自己亲人的困难,亲人有难能袖手旁观么? 真正将"亲人的理念"渗透到每个细节中,客人就会感受到"一团火"的热情,从而成为酒店忠诚的顾客。

4.周到

只有想不到,没有做不到。要表现对客人最大的尊重,就要将每个服务细节做得恰到好处,做得极为精致。实际上,没有周到,也就不可能有那种真正能够打动人心的热情。作为服务人员,如果你为客人想也想得不周到,做也做得不周到,客人就会认为你的所谓热情只不过是全凭一张嘴而已。

总之,酒店提供的不仅是"舒适、舒服"的物质享受,同时还要提供优质的心理服务,让每个客人都能在酒店产生愉快自豪的感受,在住店期间体验到美好的人际交往。客人来酒店是消费的,是花钱买享受的,在物质层面上要让他感到"物有所值";客人来酒店不是花钱买气受的,要在精神层面满足其"三求心理"需要,基于此,酒店就会招徕更多的回头客,吸引来更多的新顾客,酒店才具有长远的竞争力。

◆ **案例驿站 9.2**

从交谈到贺礼

夏日,南京某饭店大堂,两位外国客人向大堂副理值班台走来。大堂倪副理立即起身,面带微笑地以敬语问候,让座后两位客人忧虑地讲述起他们心中的苦闷:"我们从英国来,在这儿负责一项工程,大约要三个月,可是离开了翻译我们就寸步难行,有什么方法能让我们尽快解除这种陌生感?"小倪微笑地用英语答道:"感谢两位先生光临指导我店,使大厅蓬荜生辉,这座历史悠久的都市同样欢迎两位先生的光临,你们在街头散步的英国绅士风度也一定会博得市民的赞赏。"熟练的英语所表达的亲切的情谊,一下子拉近了彼此间的距离,气氛变得活跃起来。外宾中一位马斯先生兴致勃勃地谈道:"早就听说中国的生肖十分有趣,我是 1918 年 8 月 4 日出生的,参加过二次大战,大难不死,一定是命中属相助佑。"

　　说者无心,听者有意。8 月 4 日那天一早,小倪就买了鲜花,并代表饭店在早就预备好的生日卡上填好英语贺词,请服务员将鲜花和生日贺卡送到马斯先生的房间。马斯先生从珍贵的生日贺礼中获得了意外的惊喜,激动不已,连声答道:"谢谢,谢谢贵店对我的关心,我深深体会到这贺卡和鲜花之中隐含着许多难以用语言表达的情意。我们在南京逗留期间再也不会感到寂寞了。"

案例来源:《饭店服务案例 100 则》http://management.114study.com(远播教育网)

◆ **本节相关知识链接**

1. http://bbs.vsharing.com/Article.aspx? aid=1006880(畅享网)
2. http://baike.baidu.com/view/3270357.htm? fr=ala0_1(百度百科)
3. http://www.canyin168.com/Print.aspx? id=13361(职业餐饮网)

第二节　情绪服务心理举措

　　在一个初冬的早晨,一位急着送孩子上学的女士因为闯了红灯而与一辆小轿车相碰,孩子受了重伤被送往医院抢救。围观的群众对此事却是众说纷纭,有的愤怒地责备司机要负责任;有的同情这位女士;有的嘲笑女士自找麻烦;还有的只是在旁边冷眼相观……为什么同一件事情人们持有的态度不一样呢?

　　在现实生活中,人们常常会对一些现象抱有不同的态度:一些现象使人愉快,一些现象使人忧愁;一些现象使人赞叹,一些现象使人愤怒;还有些现象使人恐惧。所有的这些使人喜、怒、哀、乐、忧、惧都是我们所说的人对现实的不同态度和带有独特感情色彩的心理体验形式,即情绪和情感。

　　在酒店服务中,酒店的服务人员即使什么事还没有为客人做,甚至什么话也没有说,只要他的情绪状态很好,他就已经为客人提供了心理服务。相反,如果他的情绪状态很不好,就凭这一点,他已经得罪了客人。

一、服务人员情绪情感的重要性

1. 情绪情感概念

情绪情感是人对待客观事物产生的一种态度体验。它是个人的主观体验，带有强烈的主观色彩，同样的刺激，对不同的人可能会产生不同的情感体验。如对报纸上的一则新闻，有人读了兴奋，有人读了担忧，有人读后无动于衷。

情绪情感是随着认识而产生的，并随着认识的变化而发生改变。如当我们认识了旅游事业的重要性，便会产生热爱旅游业的情感。当我们认识到学习的重要性，便会产生热爱学习的情感等等。正如古人所说的"知之深，爱之切。"

情绪情感和我们的需要有密切的联系。凡能满足需要的，就会产生积极的肯定的情感，如满意、高兴、兴奋等情感，不能满足需要的就会产生消极的或否定的情感，如不满、憎恶、愤怒、恐惧等情感。

2. 旅游者情绪情感的特点

日本学者前田勇认为，旅游者的心理特征是"解放感"与"紧张感"这两种相反的情绪同时高涨。外出旅游是人们离开熟悉的日常生活环境，去过一种日常生活之外的生活。摆脱了日常生活的压力，会使旅游者有一种"被解放"的感觉；同时，面对一个陌生的世界，许多旅游者都心生疑虑，不知道将会遇到什么样的人，不知道将会发生什么样的事，这又会使他们感到相当的紧张。具体而言，旅游者的情绪情感特点主要表现如下：

第一，兴奋性高。这是游客最明显的情绪情感特征。游客在出游前对将要进行的旅游活动充满了期盼、想象，这种积极的情绪促使游客不辞辛劳地为出游做各种准备。在旅游过程中，游客对接触的任何新鲜的、怪异的事物充满了好奇，会想方设法弄个明白。正是在这种积极的情感激发下，旅游者的旅游行为才得以实现。

第二，波动性大。在旅游过程中，游客希望体验到与日常生活完全不同的感受，这种感受越强烈、与日常的感受反差越大，游客的满意度就越强。比如，人们在日常生活中比较重视安全感，但在游玩华山时，人们更多的是希望从这种与正常安全感背离的危险经历中体验到一种"无限风光在险峰"的成就感。

第三，敏感性强。从日常的工作生活中完全解脱出来的游客，对所面临的旅游环境中的一切事物，都以一种全新的角度、全新的眼光看待。眼前的风景、接触的民风民俗、了解的社会风尚等都可能使游客产生一定的心理感受。

3. 服务人员情绪反应的重要性

服务员的情绪服务可以说是一种心理服务，即使他什么也没做，他情绪的好坏所引起的外在反应已决定了其服务的成败。人的情绪反应主要包括人体内部的生理变化与人体外部的表情动作变化。服务人员的职业特点常常引起其内在的心理变化,而这又常常引发一系列的外在情绪反应。喜怒哀乐溢于言表则会直接影响客人的心情,关乎服务的成败。俗话说得好:"出门看天色,进门看脸色",可以说是客人真实的心情写照。惬意的微笑、殷勤的问候、礼貌的举止会送给客人一份好心情,而冷漠的面孔、漫不经心的语言、粗鲁的举止则会拒人千里之外,客人会产生愤怒、沮丧、失落等心情。所以说,"有了高高兴兴的服务员,才会有高高兴兴的客人",才会有客源稳定的酒店,这难道不是情绪这种心理服务功能的巨大作用么?

针对旅游者兴奋性强、波动性大、敏感性强的情绪情感特点,酒店的服务人员要善于调整好自己的情绪状态,为顾客提供优质的情绪服务。

◆ **案例驿站 9.3**

《追求卓越》引言(节选)

晚饭后,我们决定在华盛顿再过一夜。忙了一整天,竟错过了最末一班合适的班机。事先又没有订妥旅馆,不过,好在当时我们距离新开的四季酒店不远。这家酒店我们以前住过一次,挺喜欢的。我们穿过前厅,心里一边琢磨以什么样的理由去要房间,一边强打精神准备去看晚来客人常常要看的那种冷面孔。可是出乎意料,那位接待员抬头一看,竟莞尔一笑,并亲热地叫着我们的名字,打起招呼来。想不到她还记得我们的姓名!这使我们明白了一个道理,知道了为什么在短短一年之中,四季酒店成了华盛顿旅客们竞相下榻之所;为什么开办不到一年,它就能达到人人说好的一流水平,而这种情况并不多见。

案例来源:托马斯·彼得斯.追求卓越[M].北京:中央编译出版社,2004:1.

二、服务人员的"七色情绪谱"

颜色不仅给我们提供了各种感觉信息,而且涉及我们的情感体验。不同文化传统的人们的颜色情调既相同,又有不同。例如,德国人认为纯红色表现崇高性、尊严性和严肃性,黄色是一种愉快的、软绵绵的和迷人的颜色,绿色给人以"真正的满足",红色中加入蓝色会显得"令人难以忍受"。前苏联的青少年觉得红色表示非常兴奋、活跃,橙色表示快乐、温和,黄色表示明亮、愉快,绿色表示安静、沉着,蓝色表示忧郁、悲伤,紫色表示焦虑、不满意,黑色则与深深的苦闷、颓废联系在一起。张耀翔(1948)的研究表明,中国人的颜色情调特点是:红为喜色,使人兴奋;黄色能使人兴高采烈;绿色为凉色,绿色在我国为一种羞辱颜色;黑色使人烦闷、丧气等。

人要及时对自己的情绪状态进行调整,前提条件是要知道自己的情绪状态发生了什么样的变化。人的情绪状态的变化,主要是在七种不同的状态之间变来变去,心理学家曾用七种不同的颜色来代表这七种不同的情绪状态,排列起来就成为"七色情绪谱",见表9.1。

表 9.1　七色情绪谱

颜色	代表情绪
红色	非常兴奋
橙色	快乐
黄色	明快,愉快
绿色	安静,沉着
蓝色	忧郁,悲伤
紫色	焦虑,不满
黑色	沮丧,颓废

酒店服务人员应该把这个"七色情绪谱"牢记于心,并经常用它来对照检查,看自己处于情绪谱上的哪一种情绪状态,久而久之,就会养成一种敏感性,能够及时地察觉自己情绪状态发生了什么变化。

酒店服务人员在为客人提供服务时,一般应以"黄色"情绪作为自己情绪状态的基调。这样才能给客人精神饱满、工作熟练、态度和善的好印象。服务过程中,即使情绪变化,幅度也不能太大,向上不能超过"橙色",向下不能超过"绿色"。

要掌握好"七色情绪谱"上的"黄色"情绪与"橙色"情绪的区别,先以"黄色"情绪为基调,在需要让客人看到你非常高兴的时候,再从"黄色"变为"橙色"。

在遇到麻烦和困难的时候,则应使自己处于"绿色"情绪状态,避免出错或者因为急躁而冲撞了客人。

"蓝色"、"紫色"、"黑色",显然都是工作中不应有的、消极的情绪状态;而"红色"情绪容易使人失去控制,所以,也是在工作中所不应有的情绪状态。

三、调整好自己的情绪状态

酒店行业是一个"高接触"行业,服务人员不可避免地要频繁地与各种各样的客人打交道,与他们进行着特殊的人际交往。要让客人在与自己的交往中感到轻松、亲切和愉快,就必须调整好自己的情绪状态。"万事如意"只能是一种美好的愿望,其实任何人都会有失意或不满。不良的情绪一旦产生,就要及时地消释它,克服它。消释与克服不良情绪的方法主要有:

1. 学会宣泄

学会宣泄,就是指通过适当的方式与途径将不良情绪宣泄出来。一般来说,主要有哭、喊、诉、动这样几种宣泄途径。

哭是人类的一种本能,是人的不愉快情绪的直接外在流露,可以让不良情绪随着眼泪释放出来,对消极情绪起到缓解作用;当有不满情绪积压在心中时,可以到空旷的地方去大喊几声,也可以唱唱歌,吼几声,发泄心中的一股"气";著名哲学家培根说过,"如果你把快乐告诉一个朋友,你将得到两个快乐;如果你把忧愁向一个朋友倾吐,你将被分掉一半忧愁"。当不愉快时,不要自己生闷气,要学会倾诉;或者对着沙袋或墙壁痛击一阵,也可以参加一些重体力劳动,这样一来就可以把心理上的负荷变为体力上的能量释放出去,气也就顺些了。

2. 学会转移

学会转移,就是说为了控制住不良情绪,可以有意识地转移注意力,把注意力从引起不良情绪反应的刺激情境转移到其他事物或活动上去。比如,到田野里走一走,散散步,呼吸一下新鲜空气,放松一下心情;做一些自己平时非常感兴趣的事,如摆弄摆弄花草树木,拿出笔纸写写画画,到河边钓鱼,听听音乐,和朋友一起打打球、游游泳,也可以读读小说、看看书报杂志等。总之,一旦不良情绪来了,就要学会有意识地把这些不良情绪转移开,这样紧绷的神经就可以松弛一下,不良情绪常常可以得到减轻或排解。

3. 学会控制

学会控制,就是在陷入不良情绪时,要主动调动理智这道"闸门"的力量,控制不良情绪。当你将要发怒的时候,可这样来暗示自己:"别做蠢事,发怒是无能的表现。发怒既伤自己,又伤别人,还于事无补。"

4. 学会改变

学会改变,就是指改变对引起不良情绪的事物的看法,以改变我们的不良情绪。不良情绪的产生,通常是由于我们只注意到事物的负面或暂时困难的一面。如果换个角度,把注意力集中到事物的正面或光明的一面,我们就会看到解决问题的希望,从而乐观、自信起来。

5. 学会自我疏导

人在遇到不良情绪的时候，如果不能自我调节，就会丧失继续前进的勇气。如果善于自我排解、自我疏导，就能将不良情绪转化为积极情绪。

要有快速健忘的勇气。对痛苦的不快的记忆和积累是一种穿肠的毒药。对于这些麻烦事的忘记，也是避免情绪波动最直接有效的方法。

要有提高自我评价的意识。一些不良情绪的出现，常常是因为不能正确评价自己造成的。既不要把自己估计过高，也不要估计过低，既不要因为自己有某些长处而骄傲自满，又不要因为自己的某些缺点短处而自卑自责。正确地看待自己的能力和水平，会减少烦恼，保持乐观奋发向上的心态。

◆ **本节相关知识链接**

中医上有关情绪与健康的谚语

1. 一日三笑，人生难老；一日三恼，不老也老；

2. 遇怒不要恼，遇难莫急躁；

3. 常乐常笑，益寿之道；

4. 房宽地宽，不如心宽；

5. 知足者长乐，善笑者长寿；

6. 要活好，心别小；善制怒，寿无数；

7. 治病先治神，药疗先疗心；

8. 生活上适度，精神上大度；

9. 养生必先养德，大德必得其寿；

10. 人生虽坎坷，总是欢乐多；

11. 要享福，常知足；

12. 药补食补，莫忘心补；

13. 心胸里头能撑船，健康长寿过百年；

14. 遇事不恼，长生不老；

15. 不气不愁，活到白头；

16. 情急百病生，情舒百病除；

17. 怒伤肝，喜伤心，悲忧惊恐伤命根；

18. 笑口常开，青春常在；

19. 要想健康快活，学会自己找乐；

20. 有泪尽情流,疾病自然愈;

21. 人逢喜事精神爽。

第三节　语言服务心理举措

酒店的服务用语是员工在为客人服务过程中,用来传递信息、交流情况、沟通情感、增进友谊的桥梁,也是酒店与宾客相互了解的媒介,服务人员在接待客人过程中,使用规范的礼貌用语是职业的要求,有助于提高服务的质量。

一、服务语言的分类

1.有声语言

指能发出声音的口头语言,即人类社会最早形成的自然语言。它是人类交际最常用的、最基本的信息传递媒介。酒店服务语言大多是有声语言,用来直接与顾客沟通交流,产生预期的服务效果。

2.无声语言

即肢体语言,是有声语言的辅助手段,包括眼神、表情、手势、体姿等。酒店服务员的肢体语言要大方得体、自然端庄高雅,与有声语言配合和谐,给人一种亲切感和美感。

酒店服务员要将二者有机结合在一起,两种语言的结合相得益彰、和谐一致,不要相互矛盾,否则会给客人一种虚情假意的感觉。例如,对待年老的顾客要有耐心,不能嘴上说不急,而又不断看时间或发生一些躁动不安的举止,这样会失去顾客的信任。

二、顾客对服务语言的心理需求

1.求自尊心理

顾客入住酒店是来享受的,在酒店中的自尊心特别敏感,因此更希望听到服务员热情亲切、谦恭有礼的语言,从而得到自尊心的满足。

2.求放松心理

顾客入住酒店是为了缓解旅途的劳顿或寻求一种超脱日常生活模式的感觉,因此服务人员周到的服务和语言艺术会给客人带来一种宁静,感受到惬意和轻松。

3.求自豪心理

顾客在酒店的消费的过程包含了一种价值的实现在其中,在享受中产生被服务、“被伺候”的自豪感,这源于“第二现实”的感觉是一种“上帝”的感觉,服务员冷漠和轻视等语言会严重挫伤其自豪感,从而降低对酒店的满意度。

4.求美感心理

悦耳规范的服务用语会和服务员整体的气质、高雅的酒店环境等因素融合在一起使客人产生美的体验,增加对酒店的认可度。

三、用好服务语言的技巧

1.练好礼貌用语

礼貌是人们之间相互表示尊重和友好的行为规范。在酒店更要注重礼貌用语。礼貌服务用语是酒店服务质量的核心、是酒店赢得客源的重要因素,所以作为服务人员一定要讲究礼貌服务用语。

①礼貌用语的基本要求:使用尊称;语调平和,简洁明白,婉约热情;优美悦耳;机智艺术;辅助语言和谐。

②六种礼貌用语:问候用语,征求用语,致歉用语,致谢用语,尊称用语,道别用语。

③四种服务忌语:蔑视语、否定语、顶撞语、烦躁语。

2.同样的话不同的说法

(1)选取恰当的表达方式

客人是有血、有肉、有感情的人,服务用语在不同场合对不同类型的客人的运用。不能犯"教条主义"的错误,简单地照搬"模式语言"会造成客人的不快。"请慢走"本是一句礼貌用语。但已经不能适应现代高效率、快节奏的生活方式,可改为"请走好"。再如"一路顺风"的祝愿语,现在也已很少使用,道理一样。因为现在旅客乘坐飞机的机会多了,容易发生安全事故,若改用"祝您平安"、"祝您旅途愉快"则更好。

(2)多说肯定语,少说或不说否定语

例一:试比较对在禁烟区吸烟顾客服务用语的效果

A.请您不要在这里吸烟好么?

B.请您到那边的吸烟区吸烟好么?

"A"句否定、带有命令的语气,强硬得让人听起来很不舒服,容易产生逆反心理,不易产生预期的服务效果,甚至会和顾客蹭出"火花"。"B"含有允许的意味,容易让顾客感到是站在他的立场上而易于接受。

例二:试比较对等待上菜的顾客服务用语的效果

A.请您稍等片刻,您点的菜还没做好。

B.请您稍等片刻,您点的菜马上就好。

"A"句否定句表达的是菜没做好,等待的过程易于发生认知错觉,产生焦躁、不耐烦的心情;"B"句顾客感到的是菜马上做好,且体会到一种人文的关怀而心气平和。

3.巧用艺术语言

客人的复杂性和流动性,常常会在服务中出现一些突发实事件或是遇到一些尴尬的局面,这就要求服务员具备机智灵活的语言应对能力,讲究语言的艺术性,"四两拨千斤",及时化解矛盾和尴尬,为顾客提供完美的服务,赢得顾客对服务员的敬重和对酒店的认可。

◆ **案例驿站 9.4**

失败的语言服务

一天,餐厅里来了三位衣着讲究的客人,服务员引至餐厅坐定,其中一位客人便开了口:"我要点××菜,你们一定要将味调得浓些,样子摆得漂亮一些。"同时转身对同伴说:"这道菜很好吃,今天你们一定要尝尝。"菜点完后,服务员拿菜单去了厨房。再次上来时,便礼貌对客人说:"先生,对不起,今天没有这道菜,给您换一道菜可以吗?"客人一听勃然大怒,"你为什么不事先告诉我? 让我们无故等了这么久,早说就去另一家餐厅了。"发了脾气,客人仍觉得在朋友面前丢了面子,于是,拂袖而去。

案例来源:http://www.17u.com/news/shownews_60171_0_n.html(同程网)

◆ **案例驿站 9.5**

"先生,您真幽默"

一日下午一位客人胡先生在广州大厦的大堂吧等人,但是那位客人却迟迟未来。大堂吧的环境虽然优雅、温馨,胡先生却有些坐立不安,毕竟此次生意的成败关系到公司的兴衰。

"先生,请您把脚放下来,好吗?"服务员小林一边添加开水一边委婉地轻声提醒客人。这时,胡先生才发现自己竟不经意地把脚搁在对面的椅子上摇晃。但等待的不耐烦已令胡先生极为烦躁,因此未加思索,他带了怨气盯着服务员一字一句地说:"我偏不放下,你能拿我怎么办?"

片刻的沉默,服务员笑了笑:"先生,您真幽默,出这样的题目来考我。我觉得您蛮有素质的。"说完,她面带微笑转身就离开,并且始终没有回头。稍后,胡先生弯腰借弹烟灰的刹那,把脚放了下来。

案例来源:酒店服务用语技巧 http://www.canyin.68.com/print.aspx? id=7622(职业餐饮网)

4.恰到好处,点到为止

服务不是演讲也不是说教,服务人员在服务时只要清楚、亲切、准确地表达出自己的意思即可,不宜多说话。主要的是启发顾客多说话,让他们能在这里得到尊重,得到放松,释放自己的心理压力,尽可能地表达自己消费的意愿和对餐厅的意见。

5.用好无声语言

用好有声语言的同时还要结合恰到好处的和谐的肢体语言,因为我们的手势、表情和其他身体动作同样在向客人表达着不同的含义。例如,一副咆哮的面孔所表示的信息显然与微笑不同。肢体语言能够传达诸如攻击、恐惧、腼腆、傲慢、愉快、愤怒等情绪或性情。酒店服务人员,要注重自己的仪容仪表、坐姿、走姿和举止等,配合有声语言,为顾客提供最佳的听觉、视觉和心理感受。如忙碌时低头回答顾客的提问与站立微笑答问给人的感受是不一样的,用手递送物品和将物品放入托盘送给客人的心理效果也是不同的。灵活恰当使用肢体语言,是服务人员的一项基本功。

◆ **本节相关知识链接**

应付顾客投诉的一些常用句式

1.“像您这样地位的人……”这暗示了对方的社会地位很高,所从事的工作很重要,别害怕在对方脸上贴金,因为大家都喜欢听到好话和美言。

2.“如果您可以……我会非常感激的。”此话意在征得顾客许可,暗示顾客有很大的权力表示接受或者拒绝。

3.“您真得在……方面帮我一个忙。”此话暗示:顾客不仅在整个处理投诉的过程中地位重要,而且可以让顾客感受到扮演一种“父母兄长般”的长者角色。

4.“也许您可以在……方面给我一些建议。”这样可以让顾客感到他充满思想和机智。

5.“请您……因为您在这方面有专业知识/因为您是这方面的专家。”这话暗示了一种很高的专业技术水准,把对方看成富有智慧的人,这样的话别人爱听。

6.“像您这样有成就的人……”这话暗示顾客的事业很成功。

7.“当然,您肯定知道(了解)……”暗示对方知识面广,信息灵通,当你知道对方不了解(或无法了解到)这方面信息的时候,讲这句话特别管用,因为谁都不愿承认自己无知(尽管有些事情他们完全没理由/完全不可能知道)。

8.“您说的……(内容)完全正确。”这会起到一种很有效的停顿作用,也可以借此认同顾客提出的观点。这样,顾客在大的问题上也就愿意作出让步。

9.“像您这样的大忙人……”这话可以暗示顾客作为“生活委员”的地位,同时也说明问题会得到很快解决。

10."如果……我会感激不尽。"这话可以轻轻松松地让人感到愉快,这也算是人的天性。

第四节　过度服务心理举措

在酒店服务工作中,常常发生这种情况,尽管服务员满腔热情地为顾客提供服务,但顾客有时不仅不领情,反而会不满、抱怨,这是为什么?

一、优质服务与过度服务的区别

酒店的优质服务是一种切合顾客心理需求的服务。它给顾客带来愉快、自豪、惬意等心理体验,是一种规范的服务。

酒店过度服务指的是酒店方提供了不符合顾客的需求而又不为顾客接受、认可的服务方式。过度服务其实是一种不当的不规范的服务,干扰了顾客正常的消费行为,给顾客带来了心理上的烦躁、排斥、愤懑等反应,直接影响到客人对酒店的满意度和忠诚度。

判别优质服务与过度服务的标准是客户的需求和期望,站在客户立场上去思考问题。热情、周到切合的是顾客的需要,而不是酒店方的服务标准。$100-1=0$ 和 $100+1=0$ 表达的是同一个理念,即不符合客户需要的都不是优质服务。用文学的语言讲,则是"增一分则肥,减一分则瘦";过度服务通俗讲是"出力不讨好"的行为。对客人提供热情、周到的服务应站在顾客的角度去理解,超限度的热情和谦恭都会背离服务的初衷,不但不会为酒店留住老顾客,反而会吓跑一些新顾客。

二、过度服务的危害

1.过度服务浪费了酒店资源

过度服务导致酒店投入更多的人力、物力和财力资源,从而直接造成酒店营运成本的上升,这使得酒店难以在竞争中获得价格优势。

2.过度服务降低了顾客对酒店的满意度和忠诚度

酒店的服务过度表面上是表现了对顾客的高度关注,事实上却是画蛇添足的服务,影响了客人在酒店的正常消费,反而引起客人心理上不满、厌烦甚至抱怨,从而降低了顾客满意度,引起饭店客源流失。

3.过度服务挫伤了服务人员的工作热情

服务人员满腔热情的服务过度导致客人的投诉率上升,给员工心理上造成很大的压力,会使顾客产生强烈的受挫感和失落感,从而降低了工作的成就感和积极性。

三、过度服务的症结及心理举措

出现过度服务问题的根结在于优质服务非理性扩大,服务品位没有规范,也没有符合企业自身的特点。过度服务的出现一是酒店方的所谓规范的工作程序和规定缺乏科学性,脱离了顾客的实际心理需求,衡量服务质量的"标尺"本身不规范;二是服务人员机械的规范服务导致服务死板、不灵活,且缺少人情味,不能满足顾客的实际需求。

避免过度服务的措施:

1. 根据顾客的真实需求设计弹性服务流程

在瞬息万变、竞争激烈的酒店业市场环境中,顾客的需求将日益多样化和个性化,酒店产品的生命周期越来越短,标准化、规范化的服务流程已不能应对新时期我国酒店业面临的挑战。酒店只有改变以往那种只凭借管理人员的经验或直觉来制定服务流程的做法,真正以顾客需求为中心,在结合国际服务标准和规范基础上制定出个性化的服务流程,增强酒店服务流程的弹性,才能有效防止或减少流程式服务过度的发生。

2. 根据顾客的需求提供适度服务

酒店服务是一门艺术,顾客需要恰到好处的服务,需要张弛有度、量身定做的服务,太过了或不到位都不能得到顾客的认可。但在执行中,由于服务人员素质等一些客观条件限制,操作起来总会有些机械,因此,如果服务人员能够善于把握服务的"火候"与"度",洞察出顾客的需求并准确捕捉到这样的信息来迎合顾客的需求,不仅可以极大地提高顾客的满意度,而且有时还会超出顾客的期望,培养顾客对饭店的忠诚度。

3. 根据顾客的需求换位思考问题

服务人员要学会站在顾客的立场上思考问题,试想如果目前自己是顾客的话,希望服务员为自己做和不做什么,接受了什么样的服务会感到愉快和不愉快。比如,顾客宴请朋友时,如果服务员站在自己的认知立场上去热情推荐某道价格不菲的菜,顾客虽碍于情面点了菜,但内心可能非常愤懑。而这时如果服务员站到顾客的角度收敛一点儿热情,向顾客比较客观地介绍菜本身的特点,给顾客更宽的选择的余地,则会使客人因选择了符合自己需求的菜而产生愉快轻松的心理体验。饭店员工如果随时都能设身处地为顾客着想,站到顾客的角度思考的话,便会减少一些热情过度的服务。

4. 根据顾客的需求创新服务内容

服务业常提的服务口号是"让客人满意,让客人惊喜,让客人感动"。满意是顾客对基本的服务规范的心理反应,而惊喜和感动则往往需要工作人员通过创新才能达到的高层次的服务境界,是优质服务的最高标准。服务的单调性会使顾客产生过度服务的认知错觉,创新服务以意想不到的服务项目和方式使客人耳目一新,从而相对降低了顾客对过度服务产生的厌倦心理体验率。

四、抓住关键时刻做好瞬间服务

"关键时刻"是 20 世纪 80 年代初,斯堪的纳维亚航空公司的首席执行官詹·卡尔森提出的一个全新的服务理念。什么是关键时刻?对此,卡尔森是这样解释的,"我们 1000 万个顾客中的每个人都与大约 5 名斯堪的纳维亚航空公司的员工接触,每次接触平均持续 15 秒钟。这样,斯堪的纳维亚航空公司的形象每年在我们顾客的脑海中出现 5000 万次。这 5000 万次'关键时刻'是最终决定斯堪的纳维亚航空公司成功或者失败的时刻。我们必须在这些时刻里向顾客证明斯堪的纳维亚航空公司是他们的最佳选择。"在《关键时刻》中,卡尔森这样定义商业中的关键时刻:任何时候,当一名顾客和一项商业的任何一个层面发生联系,无论多么微小,都是一个形成印象的机会。

在客我交往中,顾客与服务企业的第一次接触到最后一刻印象,都关乎着企业的形象。但是,服务企业在建立同顾客关系方面并不是所有的接触都同等重要的,其中有一些特定的接触会给顾客留下深刻的印象,是提高顾客心目中服务质量的关键接触,这就是服务的关键时刻。卡尔森认为,在航空业关键时刻包括:当你打电话预定一个航班;当你到达机场,检查行李;当你走进机场把票放在检票台上;当你在门口受到欢迎,在登机时受到行李生的帮助,在落机时受到欢送……把握好这些关键时刻,有助于提升服务水平,树立企业良好的形象。例如,一个入住酒店的客人,前台服务人员的优质服务会使客人在第一时间建立起归属感,长时间对酒店保持认可;导游员为游客解决困难的瞬间;客房服务员送还客人遗留物品的瞬间——这些都可称之为服务的关键时刻,是树立企业形象的最佳时刻。

俗话说:"路遥知马力,日久见人心。"但是,在酒店服务人员与顾客这种"短而浅"的交往中,"日久见人心"显然是不合适的。"日久见人心"用在酒店服务上,就应该改成"当时见人心",甚至是"瞬间见人心"。

所谓"真实瞬间",是指服务机构或服务人员在服务过程中与宾客的接触,也称服务接触。宾客对服务的真实感知是通过服务过程中的每一时刻,也即一个个真实的瞬间完成的。酒店服务像一个环环相扣的链条,每个环节都会对客人产生影响,形成对酒店的认知。从接待生拉开车门开始,前台登记、导引、入住直至退房、送别等流程以及客房、餐饮、娱乐等服务项目,同时包括酒店环境及各种设施和用品的使用,都会在瞬间影响顾客对旅馆服务质量的真实感知。

真实瞬间是具有决定意义的一瞬间。对于酒店的客人而言,他并不需要知道这家酒店为实现优质服务下了多大的决心,投入了多少资金,进行了什么样的培训。对他来说,最现实的,是当他接触到酒店服务人员时,服务人员是如何为他服务的。酒店的客人常常并不是经过深思熟虑、前思后想,而是在一瞬间就对酒店的服务工作作出评价的。酒店的优质服务能不能从"可能"变为"现实",就取决于让客人作出评价的一些"真实瞬间",犹如一支球队能不能获胜就取决于那些射门的"真实瞬间"一样。总之,顾客对服务企业整体服务质量的评价主要发生在服务接触过程(真实瞬间)中,因此服务人员的态度、行为以及与顾客的互动行为是决定企业服务质量的关键。

◆ **案例驿站 9.6**

电梯操作服务瞬间

一名客房服务人员在电梯间工作,听到客人关门声,就应该意识到关键时刻来临了。抓住这一关键时刻提供高品质的服务,服务员必须做到以下几点:

(1)用标准的站姿关注客人;

(2)与客人目光交流的同时面带微笑点头示意;

(3)用标准的走姿迅速走到电梯按键附近,面对客人;

(4)当客人距离 3 米内时,再次微笑致意,并用得体的语言问候客人;

(5)询问客人是上楼还是下楼;

(6)客人确认之后,迅速做出按键选择,等待电梯;

(7)电梯到达后,用标准的电梯礼请客人进入电梯;

(8)在电梯关门瞬间要与客人目光交流,微笑道别。

整个过程可能不到 1 分钟,但这一个服务过程是由 8 个服务瞬间组成的,而这 8 个服务瞬间的顺利进行都离不开服务员的细心观察、推断,以及迅捷的行动——帮客人按电梯指示键就是瞬间服务的关键,也正是这一迅捷的按键动作留给客人瞬间美好的印象,使客人感受到服务人员正在为其提供服务,让客人在脑海里产生联想。

资料来源:袁琳琳.关键时刻决定服务的成败.海中洲之声,2007-9-26. http://www.pt-tour.com/article/show.php? itemid=996

◆ **本节相关知识链接**

1. http://www.fjccc.com/(福建美食网)

2. http://www.mie168.com/(致信网)

◆ 本章小结

1. 本章结语

酒店服务人员不仅要树立服务意识,而且要树立双重服务的意识,即不仅要为客人提供优质的功能服务,而且要为客人提供优质的心理服务。为此,必须了解自己的情绪状态,做好情绪服务;掌握语言服务的技巧,用好有声语言和无声语言;把握服务的度,避免过度服务,切实满足顾客的心理需要。

2. 本章知识结构图

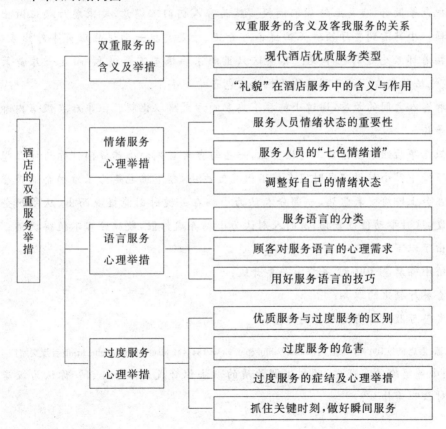

3. 本章核心概念

双重服务　真实瞬间　七色情绪谱　过度服务

◆ 实训练习

以小组为单位,将小组人员分为客人和服务人员两部分。选定酒店某一部门,"客人"负责设置一些服务场景,"服务人员"根据设置的服务场景,分析"客人"的心理需求,采取相应的"双重服务"举措。

◉ **延伸阅读**

鸡毛风波

某日晚,有四位广东的客人在某饭店的餐厅内吃晚饭。在最后上点心时,有一位客人在品尝菜包子时,发现里面有一根细小的鸡毛。于是其余的三位客人也不肯动筷子了。他们要求餐厅服务员小韩加以解释。小韩仔细观察后对客人们说:"对不起各位,是我们没有把包子做好,我马上给你们调换。"然而客人仍旧不满意,要求餐厅领班做出进一步的解释。小韩看到餐厅领班正忙得不可开交,于是灵机一动说领班有事外出未回,接着用手指着那只吃过的包子说:"其实这只里的东西根本不是鸡毛,而是一片黄菜叶根,不信我吃给你们看。"话音刚落他已把这只包子吃下去了。

餐厅和客人之间的矛盾,通过小韩吞下鸡毛的方式得以化解。但事后在饭店内却引发出一场争论。

在该饭店事后组织全体员工讨论会上,一些与会者首先向小韩提问:"你为什么想到把鸡毛吞下肚中?"小韩说:"当时实在想不出其他办法,吞下鸡毛是为了维护企业声誉。"接着大家在会上纷纷发表意见,一部分人认为小韩在关键时刻能挺身而出,从维护企业的声誉出发,这种举动值得赞扬,有的人则认为小韩弄虚作假,欺骗顾客不值得提倡。饭店领导做出了以下决定:

1. 发给小韩奖金300元,并提前一年升级;

2. 免去餐厅领班的职务;

3. 扣发餐厅做点心有关人员的奖金。

案例来源:酒店服务100则. http://wenku.baidu.com/view/184a4493daef5ef7ba0d3cbc.html(百度文库)

思考:小韩消除顾客疑虑,顺利化解矛盾的做法你赞成么? 为什么? 你认为饭店的处理决定对么? 为什么?

◉ **本章试题与知识训练**

一、填空

1. 双重服务是指服务人员在工作中为顾客所提供的_____服务和_____服务。

2. 酒店服务人员与客人之间的客我服务关系,是酒店方与顾客之间建立起来的服务与被服务的_____关系。

3. 酒店服务人员在为客人提供服务时,一般应以"_____"情绪作为自己情绪状态的基调。这样才能给客人精神饱满、工作熟练、态度和善的好印象。服务过程中,即使情绪变化,幅度也不能太大,向上不能超过"橙色",向下不能超过"_____。"

4.旅游者的情绪情感特点主要表现如下:_____、_____、_____。

5.服务员的情绪服务可以说是一种_____服务。

6.有声语言是指能发出声音的口头语言,即人类社会最早形成的_____语言。无声语言即肢体语言,是有声语言的辅助手段,包括_____、_____、_____等。

7.顾客对服务语言的心理需求_____、_____、_____、_____。

8.四种服务忌语:_____、_____、_____、_____。

9."关键时刻"是20世纪80年代初,斯堪的纳维亚航空公司的首席执行官_____提出了的一个全新的服务理念。

10.所谓"真实瞬间",是指服务机构或服务人员在服务过程中与宾客的_____,也称_____。

二、判断

1.金钥匙服务理念是在超越法律和道德观的前提下,使客人获得"满意加惊喜"的服务,让客人自踏入酒店到离开酒店,自始至终都感受到一种无微不至的关怀和照料。

（　　　）

2.微笑服务,并不仅仅是一种表情的表示,更重要的是与顾客感情上的沟通。

（　　　）

3.酒店服务员小张的父亲因病重住院,他表情僵硬引起投诉受到批评是应该的。

（　　　）

4."微笑"是一杯醉人的美酒,服务员应在任何情况下都要向顾客送上一张生动的笑脸

（　　　）

三、简答

1.现代酒店优质服务类型有哪些?

2.礼貌在酒店中有什么含义与作用?

3.什么是"七色情绪谱"?请根据"七色情绪谱"来说明,在工作岗位上,酒店服务人员应处于什么样的情绪状态,不应处于什么样的情绪状态?

4.酒店服务人员应该如何调整自己的情绪状态?

5.优质服务与过度服务有什么区别?

6.过度服务的症结是什么?有哪些应对措施?

四、案例分析

"热情过度"引发的思考

今年 5 月初的一天中午,李先生陪一位外宾来到某酒店中餐厅,找了个比较僻静的座位坐下。刚入座,一位女服务员便热情地为他们服务起来。她先铺好餐巾,摆上碗碟、酒杯,然后给他们斟满茶水,递上热毛巾。当一大盆"西湖牛肉羹"端上来后,她先为他们报了汤名,接着为他们盛汤,盛了一碗又一碗。一开始,外宾以为这是吃中餐的规矩,但当李先生告诉他用餐随客人自愿后,忙在女服务员要为他盛第三碗汤时谢绝了。这位女服务员在服务期间满脸微笑,手疾眼快,一刻也不闲着:上菜后即刻报菜名,见客人杯子空了马上添茶斟酒,见骨碟里的骨刺皮壳多了随即就换,见手巾用过后即刻换新的,见碗里米饭没了赶紧添上……她站在他们旁边忙上忙下,并时不时用一两句英语礼貌地询问他们还有何需要。

吃了一会,外宾把刀叉放下,从衣服口袋里拿出一盒香烟,抽出一支拿在手上,略显无奈地对李先生说:"这里的服务真是太热情了,有点让人觉得……"这位女服务员似乎并没有察觉到外宾脸上的不悦。她见外宾手里拿着香烟,忙跑到服务台拿了个打火机,走到外宾跟前说:"先生,请您抽烟。"说着,熟练地打着火,送到外宾面前,为他点烟。

"喔……好!好!好!"外宾忙把烟叼在嘴里迎上去点烟,样子颇显狼狈。烟点燃后,他忙点着头对这位女服务员说:"谢谢!谢谢!"这位女服务员给外宾点了烟后又用公筷给李先生和外宾碗里夹菜。外宾见状,忙熄灭香烟,用手止住她说:"谢谢,还是让我自己来吧。"听到此话,她却说:"不用客气,这是我们应该做的。"说着就往他碗里夹菜。李先生和外宾只好连声说:"谢谢!谢谢!"

见服务员实在太热情,外宾都有点透不过气来了,李先生只得对外宾说:"我们还是赶快吃吧,这里的服务热情得有点过度,让人受不了。"听到此话,外宾很高兴地说:"好吧!"于是,他们匆匆吃了几口,便结账离开了这家酒店。

试分析:客人为什么匆匆离店?服务员什么样的服务才能留住客人?

案例来源:http://www.17u.com/news/newsinfo-222481.html.2009-10-15 10:32:08(同程网)

第 十 章

旅游售后服务心理与策略

学习目标

知识要点:掌握处理投诉的原则和方法;了解妥善处理旅游投诉对旅游企业的重要作用;认识做好售后服务,可以争取回头客,扩大旅游企业的知名度和美誉度。

技能训练:以饭店工作人员的身份处理一次客人的投诉。

能力拓展:应用所学理论,通过小组形式针对怎样做好售后服务展开讨论。

引 例

琳达的投诉

那是 2002 年夏季,我带着一个近 20 人的美国团在国内进行 13 天的游览观光。一路上非常顺利,我们乘坐的三峡游船由宜昌抵达重庆。下船时,正是早上,下着蒙蒙细雨。由于水位较低,游客下船走到码头的停车场,至少要爬 150~200 级台阶,可我的团里还有几位上了岁数的客人,这台阶可怎么爬呀。想到这儿,我赶紧跑到餐厅,找到正在用餐的客人,向他们通报了情况。同时,又找到游船经理处,请年轻的船员帮助。

轮到我们下船了,我安排行李员先把大件托运行李挑到车上。随后,带领客人,一级一级地向上爬。正在这时,我忽然发现,团里一位大约 70 岁左右的老太太,自己拎了 3 件手提行李,正吃力地爬着。我想,肯定是船员人数有限,没有人手帮她了。于是走上前,问道:"琳达,用不用我帮你拿些行李?"没想到,老人家毫不犹豫地拒绝道:"没关系,我自己能行。"说完,自顾自地继续往上爬。我紧随其后。谁知没走几步,老太太一个趔趄,差点滑倒。这可把我吓得不轻,赶紧赶到她的侧面,二话不说,拿过她手里的行李,并喊来两位刚刚送完客人的年轻船员,帮忙搀着老太太向上快走。这件事,我很快就淡忘了。

团队结束后一周,我们办公室突然接到这位叫琳达的游客的投诉,而投诉对象就是我。投诉理由是我对她有年龄和性别歧视,大庭广众之下替她拎包,而且还叫人将她架到车上,造成了她心理上的严重伤害。

案例引发的问题:游客的投诉会有哪些原因? 怎样才能避免像"我"这样"冤枉"的投诉?

资料来源:刘晓征.琳达的投诉[N].中国旅游报.2009-09-21.

第一节　旅游者的挫折感

一、旅游者受挫心理成因

旅游者的挫折是指旅游者在旅游活动过程中,遇到障碍或干扰,致使个人需要不能获得满足、个人动机不能实现时产生的不良情绪状态。旅游者挫折感的产生,有的直接源于旅游过程中,如果旅游企业的设施和服务不能满足旅游者的需要,使其预想的旅游目的未能实现,致使旅游者产生挫折感。有的根源虽然是在社会,其引发的"导火索"却是在旅游过程中。总之,旅游过程中的某些因素最终能使旅游者产生挫折感。

任何心理挫折都是由外在因素和内在因素引起的。

1. 外在因素

外在因素又可分为:①自然因素。如旅游过程中遇到不可抗拒的自然力量,造成亲友伤亡和自己受伤。②社会因素。指社会环境中政治、经济、道德、宗教、风俗等成分。在旅游这种经济活动中,旅游者期望得到的物质享受和合理的心理需求不能被满足;缺乏安全感;得不到应有的尊重;由于文化差异,不了解旅游目的地风俗而造成与当地居民的冲突,都可能是旅游者挫折感的起因。

2. 内在因素

内在因素包括生理因素和心理因素。生理因素有身材、容貌、智力等方面的不足或缺陷。心理因素指能力、性格、气质和心理状态等特征。

虽然旅游必须离开习惯了的生活环境,但是旅游者已经做了准备,并怀着较高的期望,因而外在因素是直接引起挫折感的主要因素。内在因素往往是旅游者受到外在的社会因素作用时产生挫折感的深层根源。不同的人对挫折有不同的感受,有的旅游者的挫折容忍力比别人差,更易感受挫折。

二、旅游者受挫行为特征

具有挫折感的旅游者会有各种各样的挫折后行为。旅游活动中,除了因自然灾害而死亡、重伤造成的心理刺激太大外,一般的意外事件由于利害关系不大,旅游者都有一定的承受能力,一般不会有失去理智的行为,而消极性行为则形形色色。归纳如下:

1.没有任何外部行动

这类旅游者属理智型,可能是对挫折的来源认识清楚,不把不属于旅游企业和服务人员的过错强加在他们身上;也可能是挫折容忍力较强。但是,一旦超过其容忍限度,这类旅游者爆发起来更猛烈,故不可以认为没有行动的人就不会有挫折感而掉以轻心。

2.有外部行为

①对导游、领队、饭店、旅行社等相关部门有关服务人员抱怨,没有进一步行动的迹象;

②向旅行社、饭店等相关部门管理人员投诉,要求道歉,甚至索赔;

③诉诸新闻媒介,诉诸法律,要求得到赔偿;

④个别人会失去理智,发生口头或动手的攻击行为。

3.采取某种形式的私下行动

①决定再也不购买该饭店或旅行社的产品,有的散客甚至决定马上退房,移居他处;

②向亲朋好友诉说,告诫大家不重蹈覆辙;

③把经历写成文字,在媒体上散布。

三、旅游者受挫心理疏导

如果服务人员能及时发现旅游者的不满、焦虑的情绪,并能进行相应的心理疏导,可能会平息客人的不满,使他重新获得受尊重和内心的愉悦,从而避免投诉。

1.进行积极的心理疏导

服务人员利用或创造某种环境,把旅游者压抑下来的愤怒、忧愁、悲伤、焦虑、痛苦等各种消极情绪疏发宣泄出来,以减轻或消除心理压力,恢复心理上的平衡。

2.谈心

可以采用与旅游者聊天的方法疏导心绪,和谐心境。聊天可以消愁解闷。旅游者不可能处处、事事顺心如意,在某些时候有不愉快的事情时,不让他独自生闷气,忧郁压抑,这时可找他聊聊天。通过聊天可解除一时的不愉快,摆脱激动、愤怒、委屈、不满、忧郁、疑虑等情绪。

3. 幽默

幽默可以使烦恼化为欢畅,让痛苦变为愉快,将尴尬转为融洽,化干戈为玉帛,能使沉重的心情变得豁达、开朗和轻松,具有维持心理平衡的功能。

4. 及时了解情况,帮助旅游者解决问题

如果旅游者的不快是由服务人员自身的原因引起的,如导游员的讲解声音太小,酒店服务人员没能及时提供服务等,服务人员要及时向旅游者道歉,并采取补救措施。

◆ **专题笔谈 10.1**

客人的投诉

117 房间的客人在咖啡厅用餐后对服务员讲"小姐,今天的菜挺好,就是餐厅温度高了些"。这位客人的上述讲话不大像是告状,但我们仍然应该把它视为投诉。因为客人毕竟向我们传达了一种批评的信息。尽管他可能是随口而说,且并无怒气。次日,当他又一次来到餐厅时,经理走上前来对他说:"先生,我们已把您对温度的意见转达给了工程部,他们及时处理过了,您觉得今天的温度怎么样?"尽管客人只是说了声:"谢谢,很好",但他对这家饭店的信心已大为提高。如果饭店在其他方面没有大的问题的话,这位客人算是留住了。然而,在当今饭店业,更大的一种可能性是:客人又一次来到餐厅,包括温度在内的一切都是老样子,也没人向他解释什么。餐厅的员工们不记得他昨天说了什么,即使记得也不会认为那是在投诉,因为他没有发脾气,也没要找经理,只不过随口说说,况且他还夸过餐厅的菜不错呢。一般情况下,无论对哪种结果,客人都不会做出强烈的反应,但这些所闻所见却会形成一种积累,最终会促使他们仍选择这家饭店。他还可能把这愉快的感觉或愉快的经历告诉他的朋友、亲属和同事。

资料来源:http://www.17u.net/bbs/show_15_896194.html(同程网)

◆ **本节相关知识链接**

1. http://www.ynlib.cn(云南省图书馆网)

2. 酒店服务 100 则.http://wenku.baidu.com/view/184a4493daef5ef7ba0d3cbc.html(百度文库)

第二节　旅游者的投诉心理

一、引起旅游者投诉的原因及心理分析

有的研究者将客户投诉比喻为冰山现象,已投诉客户就好比冰山露出水面的一小部分,反映的是激化的矛盾和不满;而准备投诉的客户有如海水中的冰山,是淹没在水下的冰山主体,只有在矛盾激化时,不满的客户才上升,浮出水面,变成准备投诉的客户。潜伏在水底的是大量不满的客户,但他们并不打算将不满告知企业。

正确对待并妥善处理好客户投诉对于旅游企业非常重要,企业的客户无论大小,客户投诉对企业来说都是企业发现质量问题、改进产品的一个重要机会。企业应该珍惜以投诉这种特殊方式关心企业的人,解决好他们的问题就是改进企业的工作。否则,企业可能失去更多的客户。

1.旅游投诉的含义

中国国家旅游局发布的《旅游投诉暂行规定》明确规定,旅游者或旅游经营者认为自身的利益受到损害、人身受到伤害就可以向旅游投诉管理机关提出正式(书面)投诉或向旅行社、导游员等提出口头投诉。投诉必须符合下列条件:

①投诉者是与本案有直接利害关系的旅游者、海外旅行商、国内旅游经营者和从业人员。

②有明确的被投诉者,具体的投诉请求和事实根据。

可见,旅游投诉的主体可以是旅行者个体或旅游经营者两种旅游者,本章重点研究来自旅游者个体的投诉。

旅游投诉是指旅游者对旅游企业提供的设施、项目及员工的服务等各方面表示不满而向服务人员提出或向有关部门提出的批评、抱怨或申诉行为,通常包括口头投诉和书面投诉两种类型。

2.旅游者投诉的内容或范围

根据《旅游投诉暂行规定》,旅游者对下列损害行为,可以向旅游投诉管理机关投诉:认为旅游经营者不履行合同或协议的;认为旅游经营者没有提供价质相符的旅游服务的;认为旅游经营者故意或过失造成投诉者行李物品破损或丢失的;认为旅游经营者故意或过失造成投诉者人身伤害的;认为旅游经营者欺诈投诉者,损害投诉者利益的;旅游经营单位职工私自收受回扣和索要小费。

3.旅游者投诉的原因

引起旅游者投诉的原因是多方面的,但归根到底是人或物的原因造成的,或者说是由于主观原因和客观原因造成的。美国著名的管理学家坦朗针对客人投诉提出"85－15"模式理论。他认为在旅游者的一般投诉中,造成投诉的真正原因,员工的责任往往只占15％,其余85％大多是程序上、管理上或培训上的原因,换言之,大部分责任在于旅游企业的管理。顾客的投诉原因是多方面的,归纳起来主要有以下几种:

(1)因物的因素引起的投诉

①交通工具(飞机、汽车、火车、船等)引起的投诉。如汽车空间小,拥挤不堪,冬天没有暖风,夏天没有空调。

②饭店的住宿、餐饮等引起的投诉。如酒店设施配套不齐全或设备损坏,空调不能制冷,卫生间的热水系统失调,床上物品有污垢,食品卫生状况不良而造成旅游者生病,等等。

③旅游的日程、线路引起的投诉。如日程安排过紧或过松。

◆ **案例驿站 10.1**

客人的愤怒

住在宾馆401房间的王先生早上起来想洗个热水澡放松一下。但洗至一半时,水突然变凉。王先生非常懊恼,匆匆洗完澡后给总台打电话抱怨。接到电话的服务员正忙碌着为前来退房的客人结账,一听客人说没有热水,一边工作一边回答:"对不起,请您向客房中心查询,电话号码是58。"本来一肚子气的王先生一听就来气,嚷道:"你们饭店怎么搞的,我洗不成澡向你们反映,你竟然让我再拨其他电话!"说完,"啪"的一声,就把电话挂上了。

宾馆的每一位服务员都应树立以顾客为关注焦点的服务意识,不管是谁,只要接到顾客的抱怨,都应主动地向主管部门反映,而不能让顾客再找别的部门反映。本案对客人抱怨的正确回答应该是:"对不起,先生,我马上通知工程部来检修。"然后迅速通知主管部门处理,这样王先生就不会发怒。

案例来源:http://www.hoteljob.cn/a/20080108/9544336.shtml(中国酒店招聘网)

（2）因人的因素引起的投诉

涉及服务产品表现的人大致有两类：

一是企业本身的人员，他们的态度、专业技能、知识、行为和仪表对于消费者从服务产品中所获得的满足水平有极大影响。虽然有的工作人员与消费者直接接触，有的不接触，但他们的服务理念都对服务的形态、特色和性质有所影响。引起投诉，从员工主观方面因素分析，主要表现为不尊重旅游者和工作不负责任两类：

①对客人不尊重。不尊重旅游者是引起旅游者投诉的重要原因，较为常见的是接待旅游者时，服务员的态度、语言、行为、风俗及习惯等引起的投诉。例如服务人员在工作时间与同事聊天，忙私事，对顾客态度冷淡，爱答不理。有的服务人员不讲究语言修养，冲撞客人，服务行为粗鲁不按照职业规范操作，未敲门就直接闯入客人房间。误认为客人没有结账就离开，无根据的怀疑客人取走酒店物品。有的服务人员对衣着有身份的客人态度热情、服务周到，而对其他客人则冷淡处之。不了解或不尊重旅游者的风俗习惯。给佛教徒推荐荤菜，给日本客人生日送荷花。如果客人得不到应有的尊重和礼遇就会引起客人的不满、恼怒从而导致旅游者的投诉。

②工作不负责。服务员工作时马虎了事、不细致、不认真、粗枝大叶等不负责任行为会使客人产生不满，导致客人投诉。如导游不遵守时间擅自变更日程，未经全团旅游者同意轻易改变线路或减少旅游景点；导游人员出现漏接、错接、误机（车、船）事故，应付的款项和实际消费有出入等；忘记或搞错客人交办的事情，如客人对菜品的特殊要求餐厅服务员忘记告诉厨房；损坏或遗失客人物品，丢失或损坏客人的行李；工作不主动，不愿意回答客人提出的问题。

二是"消费群体"，包括过去、现在以及潜在的消费人群，由于他们在服务生产过程中均有参与，因此也对"过程"产生影响，同时他们之间也会相互影响，比如，加入某旅游团的消费者对某服务质量的看法，会受到其他曾加入同一旅游团的消费者的影响。

（3）因旅途中突发事件引起的投诉

①因交通事故，造成人员伤亡或延长旅途时间。

②发生火灾或被盗等事件。

③旅游者出现生病、伤害、走失等事件。

4. 旅游者投诉心理需求分析

旅游者的需求具有多变性、多样性而且需求的层次不同，旅游者往往以自我为中心，思维和行为大都具有情绪化的特征，对旅游企业服务的评价带有很大的主观性，即以自己的感觉进行判断。旅游企业服务人员了解和掌握旅游者的需求，对处理和解决投诉意义重大。一般来说旅游者的投诉心理通常包括求尊重、求宣泄和求补偿三个方面。

(1)求尊重的心理

引起客人不满的一个最重要的原因就是不尊重客人,客人由于受到怠慢就可能引起投诉。投诉的目的就是为了找回尊严,因为尊严是人们一种很重要的需要,客人在采取了投诉行动之后,都希望别人认为他的投诉是对的,这样做是有道理的,希望得到别人的同情和尊重,并希望企业有关人员、有关部门重视他们的意见,及时采取相应的处理措施。

(2)求宣泄的心理

客人遇到令他们感到恼火的事情后,心里感到不平衡,认为自己受到了不公正的待遇,他们可能会找有关部门、有关管理人员把心中的怨气发泄出来,以求得心理上的平衡。俗话说:"水不平则流,人不平则语。"这是正常人寻求心理平衡、保持心理健康的正常方式,发泄完胸中的怒气和怨气后郁闷的心情就会一扫而光。客人之所以投诉,还源于客人对人的主体性和社会角色的认知,旅游者花钱是为了寻找愉快美好的经历,如果他得到的是烦恼,会和期望形成强烈的反差,会促使他选择投诉来找回作为旅游者的权利。

(3)求补偿的心理

如果旅游企业未能履行合同或做好职务性行为,或价格不合理给旅游者造成物质上的损失或精神上的伤害他们就会直接向相关企业索赔或通过法律诉讼要求赔偿以弥补物质上的损失,这也是一种正常的普遍的心理现象。

二、旅游者投诉的处理

1.妥善处理旅游者投诉的意义

妥善处理好旅游者的投诉,对于旅游企业,改善服务质量、提高管理水平、增加经济效益具有重要的意义。投诉是显现旅游企业服务质量和管理水平的晴雨表。

(1)发现工作的疏漏和不足

旅游企业理应向游客提供优质的服务,但也难免由于设备设施故障,服务项目不尽如人意,个别服务人员技能或态度差等原因被旅游者投诉。投诉固然反映了宾客的不满,从另一个角度业说明了宾客对企业是寄予期望的,企业应将其看成是了解服务和管理工作中存在的弱点、漏洞和不足的机会,并及时针对性地采取措施改进。

(2)提高企业的声誉

旅游者投诉时往往还有其他一些宾客在场,因此妥善、得当地处理投诉会改善公众对企业的印象,使公众感到企业是认真贯彻"宾客至上"服务宗旨的。有统计表明,投诉在第一次接触就得到解决的客户,其回头率是95%,投诉者一旦获得满意的结果,会加深对旅游企业的感情,会多次光顾该旅游企业,有利于提高企业的美誉度。但是如果处理不得当,其他宾客不可能了解投诉发生的来龙去脉,同是消费者感情上自然倾向于投诉者,因此对旅游企业产生不好的印象。

(3)避免发生企业危机

旅游者投诉常常有一个从小到大,从息事宁人到忍无可忍的发展过程,显然,企业对投诉的态度和处理方法可能起到减缓或加剧事态影响的作用。如果企业对投诉不重视,缺乏适当的应对措施,与投诉者的期望相差太远,旅游者就会不满意,行为就会逐步升级,事态进一步扩大,旅游企业的损失会加大。

2.满足投诉旅游者心理需求的对策

(1)投诉处理的原则

"客人永远是对的"是旅游企业服务人员应该具备的最起码的职业意识,"以和为贵,和气生财",如果让投诉的客人感到满意,那么客人和企业实现了双赢,怒气冲冲的投诉客人一般总是先找来管理人员倾诉他们的不满和愤懑。旅游企业的员工要学会"忍"的哲学,无忍小事则会变成大事,受理旅游者的投诉并非愉快之事,但事关重大马虎不得。处理旅游者投诉时应遵循以下原则:

①换位思考的原则,管理人员对投诉者应该有同情心,要站在投诉者的角度,理解投诉者当时的心情,同情其所面临的困境并给予应有的帮助。管理人员接待投诉者,首先应表明自己的身份,让旅游者产生一种信任感,相信能帮助他解决问题。

②绝不与投诉人争辩的原则,接待投诉者管理人员应当保持冷静态度,投诉的旅游者可能情绪激动、态度不善、举止无礼,接待人员应给与理解和谅解,保持冷静和耐心,绝对不可急于辩解或反驳,与投诉者针锋相对;也不能无动于衷,冷落客人。即使是不合理的投诉,也应该做到有礼、有节,既要尊重他们,不失投诉人面子,又应做出恰如其分地处理。

③维护企业形象的原则,企业是员工的物质领地和精神家园,处理投诉不能以损害企业合法利益为代价,既要维护企业的利益,又要使客人满意。尤其对于一些复杂的问题,在真相明了之前切忌急于表态或当面贬低本企业及其他部门和员工。应该弄清事实,通过相关渠道了解其来龙去脉。在真相清楚后,再诚恳道歉并作恰当处理。

(2)投诉处理的程序

①倾听。客人投诉时心情愤怒,作为接待服务人员,为了弄清客人投诉的真相,一定要耐心倾听。倾听时,适当点头或做一些手势动作,与对方做一些目光交流;一定要做到少讲多听,不要打断对方的讲话;要设法使交谈轻松,使投诉人感到舒适,消除其拘谨不安的情绪;表现出希望聆听的兴趣,不要表现出冷淡与不耐烦;尽量排除外界的干扰,控制情绪,保

持冷静,不要与客人争论,不要计较客人口气的轻重和所提的意见是否合理。

②道歉。客人向旅游企业投诉,当组织感觉到顾客的不满时,应有人向顾客道歉。道歉在一定意义上意味着承认失败,一些组织不愿意这样做,接待人员切忌对旅游者的投诉采取置之不理,甚至与之发生争吵。服务补救开始于向顾客道歉,应该先向客人道歉,且道歉必须是诚恳的,在交谈的过程中,要注意用尊称和姓名来称呼投诉者。不要转移目标,把注意力集中在投诉者提出的问题上,不要轻易推卸责任,也避免因为投诉者对某些细节没弄清而怪罪投诉者。旅游企业承认服务的某些方面失败或存在不足,认识到向顾客道歉的必要性,真诚地向顾客道歉,能让顾客深切地感知到他们对组织的价值,并为重新赢得顾客好感的后续工作铺平道路。同时,顾客会觉得企业重视他们的投诉,自尊心会得到了满足,因此对企业的怒气会随之降低,这样对投诉的处理也会变得容易。

③处理。听完客人的投诉,无论客人投诉出于何种心理,对旅游企业接待服务工作中的一些明显过错,在征得客人同意后应该立即做出补偿性的处理;必须给客人以明确的答复,在最短时间和职责范围内对顾客投诉的缺陷进行紧急复原。紧急复原是道歉的自然延伸,也是投诉顾客所肯定期望的。对一些较复杂的问题,一时不能处理的事件,在弄清真相之前,不应急于表达处理意见,要在征询客人意见的基础上,及时告知客人事情处理的进展情况,避免使客人产生误会,认为接待部门将他的投诉搁置一边,从而使事态扩大。通过快速反应和及时沟通,让顾客体会到,组织将努力处理投诉事宜以消除引起不满的根源。

④移情。移情是指当紧急复原的工作完成后,要站在投诉者的立场上考虑问题设身处地为客人着想,对损失的财物或受伤的状况询问,表现出对投诉者的同情和理解,这也是成功处理投诉所必需的。服务组织应对愤怒的顾客表示理解,理解因服务未满足顾客需求而对顾客造成的影响,尽量满足对方的自尊心,消除其挫折感。

⑤象征性补偿。移情之后的下一步工作是用有形方式对顾客进行补偿,比如用赠券的形式发放礼物,如一份免费电影赠券、一份公司的小纪念品等。象征性赎罪的目的不是向顾客提供服务替代品,而是告诉顾客,组织愿意对顾客的失望负责,愿意为服务失败承担一定的损失。

⑥反馈。投诉处理结束后,服务人员要了解客人对处理结果的满意程度,并对其合作与谅解表示感谢。组织必须检验其挽回顾客好感的努力是否成功,从而获得了一次对补救行动自我评价的机会,以识别哪些环节需要继续改进。当然,投诉处理后,要及时进行内部沟通,不应影响服务人员对旅游者今后的服务态度和工作积极性。

⑦存档。与投诉者联系,检查核实旅游者的投诉是否已经圆满解决,要将整个过程

写成报告并存档,以便做好客人投诉的统计分析工作。投诉处理完毕之后,有关人员,尤其是旅游企业的管理人员,还应该对产生该投诉的原因及其产生过程进行反思,分析应该采取哪些措施,制定哪些制度,对这次投诉的处理是否得当,有没有其他更好的处理方法等等。只有这样,才能防止类似的投诉再次发生,才能不断改进服务质量,提高管理水平,并真正掌握处理客人投诉的方法和艺术。

当然,并非每一次顾客投诉都需要上述全部步骤。有时,顾客仅仅是对服务的某一个具体环节有点儿失望,这时只要采取前几个步骤就可能达到服务补救的目的。一个真诚道歉和一项紧急复原行动就应该足够了。而另外一些情况,顾客被组织的服务失败所激怒,则需要采取服务补救的全部步骤。

(3)处理投诉的技巧

处理投诉是一项集心理学和社交技巧于一体并能体现服务人员道德修养、业务水平、工作能力等综合素质的工作,接待客人投诉具有很强的挑战性,并需要一定的技巧。处理投诉的技巧可以分为处理时机和处理程度的把握,一"快"一"慢"和一"冷"一"热"。一"快"即对旅游者的投诉能快速处理;一"慢"是指当投诉的问题比较复杂时,要弄清事实真相,做延后处理。一"冷"指"降温"处理,让投诉者可以自由发泄他们受压抑的情感;一"热"指热心为投诉者解决问题。

①快速处理。接受投诉者投诉时,要善于分析,听清客人意见、要求,然后迅速果断地处理。管理人员处理投诉的第一个姿态是:向投诉者表示真诚的感谢,把他的投诉看成是对本组织的爱护。如果是本方的失误,首先要代表公司表示道歉,在自己能够解决的职责范围内迅速回复投诉者,并站在客户的立场上为其设计解决方案,在征得投诉者同意后,做出补偿性处理。所有旅游者的投诉,都应当尽量在投诉人离开旅游目的地之前圆满解决,要把处理旅游者投诉当作重新建立企业声誉的机会。

②延后处理。虚心接受客户投诉,耐心倾听对方诉说。客户只有在利益受到损害时才会投诉,作为客服人员要专心倾听,并对客户表示理解,并做好记录。对一些较复杂的问题,在弄清真相之前,不要急于表态或处理,更不要作盲目的承诺;对问题的解决,也许有三到四套解决方案,可将自己认为最佳的一套方案提供给客户,如果客户提出异议,可再换另一套,建议客户回家比较考虑后,再确认后再实施。当问题解决后,至少还要有一到二次征求客户对该问题的处理意见,争取下一次的合作机会。

③热心解决。旅游者在采取了投诉行动后,都希望别人认为他的投诉是正确的,他们是值得同情的;另一方面,投诉者又对旅游企业的管理人员有一种戒备心理。接受投诉的工作人员要以自己一系列实际行动和话语,使客人感到有关部门与人员是尊重和同

情客人的,是站在投诉者立场上真心实意处理投诉的,从而把不满的情绪转化为感谢的心情,这是解决旅游者投诉最积极有效的方法。待客户叙述完后,复述其主要内容并征询客户意见,对于较小的投诉,自己能解决的应马上答复客户。对于当时无法解答的,要做出时间承诺。在处理过程中无论进展如何,到承诺的时间一定要给客户答复,直至问题解决。

④"降温"处理。旅游者投诉时心中往往充满怒火,投诉就是把心中的怒火宣泄出来,在受理投诉者投诉时,应首先耐心倾听,使投诉者不平静的心情逐渐平静下来,同时也有利于弄清事情的缘由。"降温"就是创造一种环境,让投诉者可以自由发泄他们受压抑的情感。"降温"的环境应该是环境幽雅的接待室,投诉者在这里可以获得受尊敬的感受。受理投诉的管理人员最好是女性,因为女性的微笑能平稳投诉者的情绪。

三、避免投诉的举措

减少或避免旅客投诉,可以从提高旅客的满意度入手,采取建立和实施面向顾客的服务质量承诺、顾客服务和服务补救等措施。

1. 坚持服务承诺

所谓服务承诺,是企业向顾客公开表述的要达到的服务质量。首先,服务承诺一方面可以起到树立企业形象、提高企业知名度的作用,另一方面可以成为顾客选择企业的依据之一,但更重要的,它还可以成为顾客和公众监督企业的依据,使企业得到持续改善的压力。其次,建立有意义的服务承诺的过程,实际上是深人了解顾客要求、不断提高顾客满意度的过程,这样可以使企业的服务质量标准真正体现顾客的要求,使企业找到努力的方向。再次,根据服务承诺,企业能够确定反应顾客需求的、详细的质量标准,再依据质量标准对服务过程中的质量管理系统进行设计和控制。最后,服务承诺还可以产生积极的反馈,有可能使顾客有动力、有依据对服务质量问题提出申诉,从而使企业明确了解所提供服务的质量和顾客所希望的质量之间的差距。

有效的服务承诺应具备哪些特征呢? 一项好的服务承诺应无条件、容易理解与沟通、有意义、简便易行和容易调用。一项无误承诺应该既简洁又准确,复杂、令人困惑而且有大量脚注条件的服务保证,即使制作精美,也不会起作用。容易引起误解的服务承诺,会引发有误差的顾客期望。好的服务承诺,只有当包含了顾客认为重要的内容,而且有一个合理的定价,它才是有意义的。

2. 旅客超值服务

顾客服务是指除牵涉旅游服务活动本身之外的所有能促进组织与顾客间关系的交

流和互动。它包括核心和延伸服务的提供方式,但不包括核心旅游服务自身。以一项购物服务为例,旅游地休息期间自发上街游览购物本身不属于旅客服务,但顾客在自行出游购物前后或过程中所得到的待遇却属于顾客服务。假如顾客晚饭后提出自己去访亲拜友,旅游服务者提供了往返交通线路和紧急联系指南,那也构成顾客服务的一项内容。在服务完成之后,假若顾客的惠顾得到感谢和赞扬,这些行径也应归入顾客服务。对旅游业而言,除计划旅游线路和活动之外的所有与旅客的互动,都应看作顾客服务。

3.服务补救

服务补救是指组织为重新赢得因服务失败而已经失去的顾客好感而做的努力。一些服务组织不管发生什么,都不做任何服务补救的尝试与努力。还有一些组织仅投入一半的力量来做这项工作。很少有组织为此制定全面的政策,并竭尽全力地为顾客补偿。开展一项重新赢得顾客信任的工作计划,往往不被组织所认识或者是组织缺乏动力。各种各样的统计表明,补充一位流失顾客位置的成本比保留一位忠实顾客的成本要高 3～5倍,这与服务的性质有关。

◆ **专题笔谈 10.2**

培养忠实顾客

忠实的顾客产生可观的销售额,他们比第一次来享受服务花的钱多,且经常花高价。他们需要较低的交易成本和沟通成本,无需信誉调查或其他初始成本。忠实顾客对服务享用相当熟悉,不需要太多帮助。另外,他们还经常用他们的正向口头宣传来为组织带来新顾客。相反,那些转向竞争对手的顾客会劝阻其他顾客来光顾本企业。有研究表明,顾客流失率降低5％,组织利润就会翻一番。因此,积极努力去挽回因为一次服务体验不满而流失的顾客,是大有裨益的。

资料来源:孙烨,张喜民.论顾客忠诚及其培养战略[J],工会论坛,2001(12):25-26.

◆ **本节相关知识链接**

1. http://www.17u.net(同程网)

2. http://www.china.com.cn(中国网)

第三节　旅游活动中的管理与追踪服务

旅游产品的销售包括售前服务、售中服务和售后服务。售后服务是旅游企业整体服务体系的重要组成部分。许多学者认为,产品价格和质量的竞争是"第一次竞争",售后服务的竞争则是"第二次竞争",是一个更深层次、更高要求、更具有长远战略意义的竞争,它比"第一次竞争"更为重要,更具有决定胜负的作用。它可以提高旅游者的满意度和忠诚度,提高旅游企业的顾客保持率,更好地树立企业的形象。

一、售后服务的概念

旅游企业的售后服务是指,旅游活动完全结束后旅游企业仍然同旅游者保持经常性的联系,继续向其提供一系列的服务。旅游企业的竞争日益激烈,好的售后服务可以了解顾客的真实感受,改进服务的不足,处理旅游过程中的各种问题。目的是加深顾客对企业的感情,为企业创造一个庞大而忠实的顾客群,促进企业不断开拓创新。

二、加强售后服务的心理依据

经市场调查,很多旅客在旅游企业接受一次旅游服务,而不再继续使用该企业的旅游服务,主要原因在于:其他旅游企业的产品价格更便宜,服务更好,因他人建议转而转向其他旅游企业,或者因为顾客的投诉得不到满意的处理,旅游企业缺乏售后服务。同时,在多数情况下顾客整体满意度和顾客保持率成线性正相关关系,通过完善良好的售后服务,从而加强旅客长期满意度,对培养旅客忠诚度和返回率效果明显。无论顾客是流失还是保持,其深层原因在于:

1.社会情境因素对旅客的忠诚度的影响

旅客主观的行为模式,会受到社会规范的影响。例如,当一个青少年旅客对某项旅游活动表现出一定的倾向性时,他会参考他同学的选择和对旅行社的评价,从而做出最终选择。

2.旅游产品或服务经验的惯性

旅客先前的经验和知识会很大程度地影响顾客的态度与行为。顾客以前的经验无形中也就构成了今后使用这种服务的满意度的门槛。在顾客忠诚的形成过程中,旅游产品或服务历史经验通常作为一个情景因素发挥着影响作用。

3.旅游替代选择品的存在

如果顾客感知其他企业的竞争者能够提供价廉、便利和齐全的服务项目或者较高的利益回报，他们就可能决定终止现有关系而接受竞争者的服务或者产品。如果顾客没有发现富有吸引力的竞争企业，那么他们将保持现有关系。所以对于旅游企业来说，必须从游客的替代性选择中保持自己的先发优势，不断推陈出新的同时，保持与顾客的定期沟通和联系，树立良好的售后形象。

4.转换成本的高低

由于转换成本存在，顾客一旦终结当前的关系，先前的投资就会受到损失。即使顾客对这种关系不很满意，仍被迫维持当前与旅游服务商之间的关系，因此当顾客转换成本较高时，顾客的行为忠诚也较高。如果旅游企业前中后的服务都能做到，那么就能保持稳定而广泛的固定的客户群。

这说明，企业要加强与顾客的沟通与交流，增进相互之间的了解与友谊，维系和发展与顾客之间的良好关系。良好的售后服务可以大大降低成本，提高旅游企业的利润率，所以售后服务的重要性不言而喻。

三、旅游售后心理服务的方法

良好的售后服务可以提高企业的声誉，旅游企业主动出击，做好跟踪服务，是取得"第二次竞争"胜利的法宝。售后服务的方法如下：

1.转变观念，树立售后服务的经营理念

旅游企业不应该搞"一锤子买卖"，产品一经卖出就把顾客抛出九霄云外，致使顾客很难在该企业进行二次消费，对顾客使用产品过程中的不满意漠不关心，这是从企业的短期利益出发，企业不可能有稳定长足的发展。对于强烈依赖顾客消费的旅游企业而言，忠实的顾客可以弥补旅游产品价格波动剧烈的缺陷，对服务不足持宽容态度，他们是旅游企业最坚实的支柱，树立售后服务观念，是"顾客第一"经营理念的有机组成部分和不可缺少的环节，只有自觉主动搞好售后服务，企业才会有持久的生命力。

2.及时进行总结策划

任何一个旅游服务组织，在质量管理上都有一定的经验和教训，因此，首先要总结开展旅游服务质量活动或推行全面人性化管理的经验教训，把感性的经验或教训总结提炼成理性的标准、规范或制度。在此基础上，对服务组织的质量体系进行提升设计策划，包括旅客定位；服务质量体系要素的选定；服务质量活动过程网路的确定；服务质量体系文件的设计；服务环境设计等。

3.向标杆组织借鉴学习

服务组织应把本组织的质量工作现状与国际服务、国内质量管理标准的要求进行逐项对照，以肯定成绩，找出差距，明确今后努力的方向。经常性地组织员工，尤其是管理人员认真学习国际服务质量管理标准及相关行业标准，并能联系本组织实际理解和掌握；此外，还可学习同类优秀旅游服务组织全面质量管理工作先进经验，从而逐渐实现服务质量标准化、服务提供程式化、服务行为规范化，取得服务满意度提升的显著成效。

4.建立客户档案

旅游企业建立完善的顾客档案，有利于开展针对性的个性化服务。顾客档案要包括两个方面内容：一是基本档案，主要包括顾客的姓名、性别、年龄、生日、家庭状况及通讯联系方式。二是消费档案，主要包括购买产品的类型，消费的时间，如客房喜欢海景房，喜欢某类数字的房间号；有的顾客喜欢吃海鲜；有的顾客喜欢特殊的活动项目，他们的宗教信仰等，了解这些资料，当旅游者再次光临本企业时，可以有针对性地向顾客提供个性化服务，让客人获得惊喜的感觉。

5.建立与顾客的互动信息交流机制

旅游企业要采用多种多样的交流方式加强与顾客的联系，具体的方式主要有：一是电话回访，在顾客结束旅游企业的消费后，旅游企业向顾客打电话进行回访；二是信函访问，邮寄意见征询单，意见征询单的条目要简单明了，且能反映出核心问题并附上回寄信封及邮资，可以大大提高回寄信封的回收率；三是登门拜访，企业可制定中高层管理人员经常拜访主要顾客的制度，"二八原则"认为，企业绩效的80%来源于20%对企业满意的顾客，企业要加强与主要顾客的联系，认真听取他们的意见，询问对方是否最近出行，是否需要为他预留对方喜欢的餐位和房间；四是赠送企业小礼品，如寄新年明信片和节日贺卡，顾客可以感到企业非常关心他们，从而获得满意感，让顾客真正记住了该企业的名字。

6.设立专门的售后服务部门

旅游企业应重视售后服务这个工作，配备专职人员，专门接待有问题的顾客，整理顾客的意见征询单，处理顾客的来电，及时将顾客反映的意见整理后提供给企业高层，以便及时制定改进措施，不断提高服务质量。美国运通公司进行的一项调查表明，如果你能及时地解决问题，95%的投诉者可以成为企业的忠实顾客。因此，旅游企业应设立专门的旅游者投诉部门，及时查清问题采取补救措施并引以为戒避免此类事情再次发生。

◆ **案例驿站 10.2**

香格里拉的金环计划

为了赢得客人忠诚感,香格里拉制定了一个新的具有战略意义的金环计划。本计划旨在酬谢回头客。金环计划的成员是那些不断光顾香格里拉饭店并被视为最有价值的客人。金环计划是在全集团范围开展的一项活动,客人不需要积分成为金环计划成员。香格里拉把金环计划成员分成三

个等级:①标准级成员——所有第一次住店的客人;②行政级成员——12 个月内在香格里拉饭店住店次数至少 10 次的客人;③豪华级成员——12 个月内在香格里拉饭店住店次数至少 25 次的客人。

对于不同等级的会员,香格里拉提供不同层次的优惠。其优惠内容主要包括:服务项目、价格折扣、特色服务、赠送免费公里数等。例如住店会员可免费拨打当地电话,在酒店内使用电话卡拨打长途电话,免收服务费;每日免费赠送一份当地报刊,并可免费使用健身房和游泳池的设施;在任何一家香格里拉或国贸饭店,18 岁以下的孩子与父母同住免费收房费,6 岁以下儿童有成人陪伴,在咖啡厅可免费享用自助餐等。

案例来源:谷彗敏.世界著名饭店集团管理精要[M].沈阳:辽宁科学技术出版社,2001:333.

◆ **本节相关知识链接**

1. http://down.manaren.com(管理人网)

2. http://blog.sina.com.cn(新浪博客网)

◆ **本章小结**

1. 本章结语

旅游企业与服务人员更应该重视售后服务,从而提高旅游企业的知名度与美誉度。在旅游活动中由于外在因素和内在因素引起旅游者的挫折,要掌握旅游者挫折的心理疏导方法。引起旅游者投诉的原因多种多样,包括物的因素和人的因素等。旅游者投诉心理需求包括求尊重心理、求发泄心理、求补偿心理。要把握好旅游者投诉处理的原则,换位的原则、绝不与投诉人争辩的原则、维护企业形象的原则。要按照一定的程序和方法

处理旅游投诉,倾听、道歉、处理、反馈、存档。

2.本章知识结构图

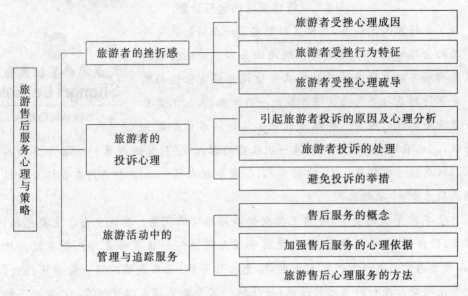

3.本章核心概念

旅游者挫折　旅游者投诉　投诉心理需求　售后服务

◆ **实训练习**

1.假如你现在就职于一家旅行社,请你就做好售后服务谈谈自己的观点。

2.当你发觉你带的旅游团中,有一位游客突然闷闷不乐时,你该怎么办?

◆ **延伸阅读**

处理客人投诉的 50 条建议

法国菲利普·布洛克在其所著的《西方企业的服务革命》一书中提出了处理客人投诉的 50 条建议,列示如下,以飨读者。

1.对待任何一个新接触的人和对待客人一个样。

2.没有无关紧要的接触和不重要的客人。

3.投诉不总是容易辨认清楚的。

4.没有可以忽视的投诉。

5.一份投诉是一次机遇。

6.发牢骚的客人并不是在打扰我们,他在行使他的最高权力。

7. 处理投诉的人一定被认为是企业中最重要的人。

8. 迅速判明投诉的实质。

9. 用关键词限定投诉内容。

10. 每当无理投诉频繁出现时，应当设法查明原因。

11. 在采取纠正行动之前，应立即对每份投诉作一礼节性的答复。

12. 要为客人投诉提供方便。

13. 使用提问调查表以方便对话。

14. 组织并检查答复投诉后的善后安排。

15. 接待不满的客人时，要称他的姓，握他的手。

16. 处理投诉应因人制宜。

17. 请保持轻松、友好和自信。

18. 让客人说话。

19. 要作记录，可能时使用一份印制的表格。

20. 告诉客人他的问题由你负责处理，并切实去办理。

21. 要答应采取行动，还要设法使人相信你的许诺。

22. 要证明投诉登记在案后，你即开始行动。

23. 告诉客人他的投诉是特殊的。

24. 不谈与客人无关的私事。

25. 防止露出羡慕、烦躁或偏执等情绪。

26. 既要让人说话，又要善于收场。

27. 学会有效地发挥电话的功用。

28. 对待不是你的客人的人，要像对待你的老主顾那样。

29. 绝不要在地位高的客人和棘手的问题面前胆怯。

30. 要核实别人向你传递的消息。

31. 要让别人听你的话，但扯着嗓门叫喊是徒劳的。

32. 复述事实莫带偏见。

33. 切忌轻率地作出判断。

34. 想一想有否立即答复的可能，问一问客人期望你做些什么。

35. 别急于在电话中商讨解决问题的方案。

36. 请留下你向客人所做的任何诺言或保证的书面记录。

37. 如你当场爱莫能助，不妨先宽宽他的心。

38. 在对话时,对方未说完之前,切莫打断。

39. 一旦对话完毕,立即采取行动。

40. 写一份意见书,投给你作为顾客的某个企业,试探一下别人对待你的方式。

41. 千万别对客人说:"您应该……"

42. 凡是收到和寄出的一切都得签注日期。

43. 要结识那些多次表示不满的客人。

44. 除非万不得已,不用电话答复书信。

45. 尽快索取你可能需要的补充信息。

46. 若情况允许,就用幽默致歉。

47. 接受过你服务的客人,可能成为你的朋友。

48. 总是由客人说了算。

49. 用典型模式提高速度。

50. 时刻为客人着想,为客人工作,如同你是客人一样。

资料来源:孙喜林,荣晓华.旅游心理学(第2版)[M].大连:东北财经大学出版社,2002:176—177.

◆ **本章试题与知识训练**

一、选择

1. 旅游者投诉心理需求包括_____。

A. 求尊重　　　　　B. 求宣泄　　　　　C. 求补偿

2. 美国著名的管理学家坦朗针对客人投诉提出模式理论。他认为在旅游者的一般投诉中,造成投诉的真正原因,员工的责任往往只占_____,其余大多是程序上、管理上或培训上的原因。

A. 85%　　　　　　B. 15%　　　　　　C. 50%

二、填空

1. 旅游者的挫折是指旅游者在旅游活动过程中,遇到障碍或干扰,致使个人需要不能获得满足、_____不能实现时产生的不良情绪状态。

2. 心理挫折都是由外在因素和_____因素引起的。

3. 旅游投诉通常包括口头投诉和_____两种类型。

4. 处理投诉的技巧可以分为处理_____和处理程度的把握。

5. 顾客档案要包括两个方面内容:一是_____档案,二是消费档案。

6. 旅游企业的_____服务是指,旅游活动完全结束后旅游企业仍然同旅游者保持经常性的联系,继续向其提供一系列的服务。

三、简答

1.旅游者受挫产生的原因有哪些?

2.怎样对旅游者受挫的心理进行疏导?

3.投诉处理的程序有哪些种?

4.服务承诺的含义是什么,为什么要坚持服务承诺?

5.简述加强售后服务的心理依据。

6.旅游企业可以采用哪些交流方式加强与顾客的联系?

第 十 一 章

旅游工作者的心理保健

学习目标

知识要点:掌握身体健康的标准;了解挫折产生的原因;了解旅游工作者受挫折的主要
原因;掌握某些常用的简单心理疗法。

技能训练:以某一企业为例,分析旅游工作者和企业组织维护员工心理健康的措施。

能力拓展:应用所学理论,解决员工的心理问题,通过小组形式展开讨论。

引 例

小王做错了什么?

客房服务员小王因与客人争吵而受了处分,他觉得主管并没有把情况搞清楚,所以他觉得很委屈,几次要去找主管"说理",而主管总是对他说:"你和客人争吵就是不对,不对就应该受处分,这没有什么好说的! 我忙着呢,没工夫跟你说这个!"后来,小王虽然不再找主管"说理",也不再与客人争吵了,却再也没有以前曾经有过的那份工作热情了,而且还常常在同事中间发牢骚、说怪话。

案例引发的问题:你认为小王还是他的主管做得不对? 他们应该怎样做才是合理的、正当的行为方式?

资料来源:吴正平.旅游心理学[M].北京:旅游教育出版社,2003:191.

第一节 心理健康的标准

一、心理健康的概念

在日常生活中,人们往往将健康理解为身体上没有缺陷和疾病,而没有将健康的范畴延伸至人的心理方面。其实,心理方面是否正常也非常重要。一个人若是心理上不正常,即使他的身体上没有缺陷和疾病,也不能算是一个健康的人。健康的概念不仅指个体身体结构和生理功能的正常,还应当包括意识思维等心理活动的正常、性格的正常与行为的正常。世界卫生组织将健康定义为"既没有身体上的疾病与缺陷,又有完整的生理、心理状态和社会适应能力。"这里完整的心理状态即指心理健康。心理学家认为:心理健康是指生活在一定环境中的个体,在适应环境过程中表现出来的最佳精神状态及行为特征。

二、心理健康的标准

心理学家和精神病学家们所提出的判定心理健康正常与否的标准,就是同等条件下大多数人的心理和行为的一般模式,也就是社会常模。一种心理活动、情绪或行为,如果是同等条件下大多数人所具有的,那就是正常的,作为这种心理活动、情绪或行为的背景和基础的个性也被认为是正常的。因此,提出了判定人们心理健康与否的标准:①是否偏离常模;②是否具有可以对自身或社会生产产生直接伤害的行为表现;③是否具有会造成个人内在心理伤害的消极情绪。按照这三个直接标准,如果一个人具有自残、伤人或杀人等攻击性行为表现,则可以认为他在心理上是不健康的。另一方面,即使一个人没有明显的伤人性行为表现,但他的内心深处有着不可摆脱的消极情绪,那他同样可以被看成是心理不健康者。因为这些消极情绪会给他带来严重的心理创伤。

心理健康的标准主要有以下三种:

第一,1946 年第三届国际心理卫生大会曾将心理健康确定为以下标准:①身体、智力、情绪协调;②适应环境,在人际关系中能彼此谦让;③有幸福感;④在工作和职业中能充分发挥自己的能力,过有效的生活。

第二,美国心理学家马斯洛曾经在《变态心理》一书中列举了心理健康者的十条标准:①有足够的自我安全感;②能充分地了解自己,并能对自己的能力作出适度的评价;③生活理想切合实际;④不脱离周围现实环境;⑤能保持人格的完整与和谐;⑥善于从经验中学习;⑦能保持良好的人际关系;⑧能适度地发泄情绪和控制情绪;⑨在符合集体要求的前提下,能有限度地发挥个性;⑩在不违背社会规范的前提下,能适当地满足个人的基本要求。

第三,世界卫生组织(WHO)提出了较高的心理健康标准:①具有健康心理的人,人格是完整的;自我感觉良好;情绪稳定,积极情绪多于消极情绪;有较好的自控能力,能保持心理平衡;自尊、自爱、自信,且有自知之明;②在自己所处的环境中,有充分的安全感,并能维持正常的人际关系,受别人的欢迎和信任;③对未来有明确的生活目标,脚踏实地、不断进取,有理想和事业上的追求。

心理健康水平是一个连续体,心理健康与心理异常之间没有明确界限,而只是程度上的差别,而不是根本的类的不同。正常人有时也会表现出一些看起来与心理障碍患者相类似的行为和情绪体验,只不过在强度上比较轻微,在时间上不像心理障碍患者那样经常。心理健康的水平因人而异,分为较高水平、平均水平和较低水平。多种心理健康水平之间并没有截然分开,每一种水平都与另一种水平相联结。一方面它可以提醒我们,如果不注意保护自己的心理健康,心理健康水平将会不断下降,甚至出现心理病态,变成心理障碍患者;另一方面它可以使我们意识到,我们目前尽管是正常的,但并不是心理健康的最佳水平,我们可以通过自己的努力来不断提高自己的心理健康水平,使个性不断得到发展。本书认为的心理健康标准:

(1)智力正常

智力正常是员工从事一切活动的基本心理条件,它由观察力、注意力、判断力、记忆力、想象力、思维能力、创造力等构成。智力水平高的人能够适应生活,与周围环境取得平衡。智力低下者社会适应能力差,常常不能适应集体生活与学习,心理压力大,难以保持健康的心理状态。

(2)情绪稳定

情绪稳定表示人的中枢神经系统活动处于相对平衡的状态,愉快的情绪反映出人的身心活动和谐与满意。心理健康的人能经常保持健康的情绪状态,使自己保持愉快、开朗、乐观、满足的心境。能够用理智主动地调整和控制情绪的活动,当情绪消极时,能适时、恰当地用积极的方式调整心态,不为情绪所控制,不因为情绪而影响正常的生活、学习和工作。情绪异常往往是心理疾病的先兆。

(3)意志坚强

意志是自觉地确定目的、并根据目的来支配和调节自己的行动、克服困难的心理过程。心理健康的人具有坚忍的意志品质,在挫折、困难、逆境面前不气馁,百折不挠,坚定地为实现目标而努力。心理健康的人具有果断的意志品质,在紧急关头能审时度势、当机立断,善于抓住机会。心理健康的人能自觉支配自己的行为,努力实现既定目标。

(4)行为协调

行为协调是指人的思想与行为统一协调,行为反应的水平与刺激程度相互协调。心理健康的员工,其行为有条不紊,做事按部就班,行为反应与刺激的程度和性质相配。而心理不健康的人往往在行为表现上前后矛盾,思维混乱,语言支离破碎,做事有头无尾,行为反应变化无常,为一点小事就大发脾气,或是对强烈的刺激反应淡漠。

(5)人际关系和谐

心理健康的人,总是喜欢与人交往,在交往中,积极的态度多于消极的态度,不以过高的标准苛求身边的人;学会忘记过去的失败和别人对自己的无意伤害。保持和谐的人际关系时,内心充满快乐,生活充实、轻松且有激情和幸福感。个人在他人和群体的支持下,安全感和自信心也会大大增强。

(6)积极适应和改造现实环境

心理健康的人能客观地认识和评价自身所处的环境,始终使自己与社会保持良好的接触,对未来充满理想,但不脱离现实。心理健康的人能勇于面对和接受现实,主动地去适应现实,根据实际情况,不断地调整自我。即便遇到意想不到或不利的局面,也能勇敢地面对和接受现实的考验,积极地应对和解决面临的困难。

需要指出的是,由于心理健康涉及社会因素,心理健康的标准受文化和社会背景的制约,不同文化、不同民族、不同社会背景下的心理健康标准并不完全相同。

◆ **本节相关知识链接**

达到个人最佳状态的 10 步

1. 有规律地进行锻炼。

2. 营养饮食,膳食平衡(多吃蔬菜、水果和谷物,以及低脂肪和低热量食物)。

3. 维持适当体重。

4. 每晚睡眠 7 至 8 小时,身心放松。

5. 系好安全带,驾驶摩托戴头盔。

6. 不吸烟,不吸毒。

7. 适度饮酒。

8. 有保护、安全的性行为。

9. 定期的健康/牙科检查,采用医学养生法。

10. 保持乐观态度和发展友谊。

资料来源:http//2008zhizhongzhi.blog.163.com/blog/static/647480672010027839384901/(止众止的 blog,网易博客)

第二节　挫折与心理健康

一、挫折的含义及其产生的原因

1. 挫折的含义

挫折是指个体从事有目的的活动过程中,遇到障碍或干扰,致使个人需要不能获得满足、个人动机不能实现时产生的紧张性情绪状态,是一种社会心理现象。其定义包含三方面内容:其一,动机不能实现和需要不能满足的内外障碍或干扰是造成挫折的情境因素,也称为挫折情境;其二,对挫折情景的知觉、认识和评价,称为挫折认知;其三,伴随着挫折认知,对于自己的动机不能实现、需要不能满足时而产生的情绪和行为反应,如愤怒、焦急、紧张、躲避或攻击等,称为挫折反应。

当挫折情绪、挫折认知和挫折反应三者同时存在时,便构成了心理学意义上的挫折感。但如果缺少挫折情境,只有挫折认知和挫折反应两个因素,也可以构成挫折。这是因为,挫折认知既可以是对实际遭受到的挫折情境的认知,也可以是对想象中可能出现的挫折情境的认知。例如,一个服务人员总是怀疑自己周围的同事议论自己,看不起自己,虽然事实并非如此,但他会因此而形成与同事关系上的挫折,产生紧张、烦恼、焦虑不安等情绪反应。在这三个因素中,挫折认知是最重要的,挫折反应的性质及程度,主要取决于挫折认知。例如,如果个人主观上将别人认为严重的挫折情境,认知、评价为不严重,他的挫折反应就会很微弱;反之,他如果将别人认为不严重的挫折情境,认知、评价为严重的,则也会引起非常强烈的情绪反应。

2.挫折的原因分析

(1)客观因素

客观因素包括自然因素和社会因素。

①自然因素,即阻碍和影响人的目标实现,需要得不到满足的自然条件。这些又有轻重之分。严重的,如自然灾害、衰老、疾病、死亡。轻微的,如突然天降大雨,无法守时等等。自然因素带有不可抗拒性。

②社会因素,指社会环境中各种因素,如政治、经济、组织、舆论、道德、宗教、习俗、人际关系等。它们也可能导致个人利益和社会利益的冲突,使人在成就事业过程中遇到困难和障碍。在现代文明社会里,社会因素比自然因素在更大程度上影响着个人动机的实现。

(2)主观因素

主观因素包括生理因素和心理因素。

①生理因素,指个体从遗传得来的生理特征,如容貌、身材、智力等方面的特点。有些生理上的缺陷和不足成为限制个人实现某种动机的因素。

②心理因素,指个体的能力、性格、气质、心理状态等特征,它们更有可能成为阻碍个人动机实现的因素。例如,内向的人不适合做导游。动机的冲突是造成挫折的一个重要因素。与其他因素,如个体容忍力的大小、动机的强弱、目标期望值的高低、付出的代价

大小、心理准备性与否等有很大关系。

（3）工作情境因素

①组织的管理方式。传统的管理理论把人看成是"经济人"，主张采用权威、控制、惩罚的管理方式，形成组织目标与个人动机之间严重的冲突。霍桑研究提出，实行以生产成绩为中心的个人奖励制度，即按件计酬的管理方式，迫使职工在金钱需要与社会需要之间做出抉择，而容易产生动机冲突，导致挫折。行为科学家阿吉里斯在《人格与组织》一书中甚至认为，现代人精神疾病的主要根源在于组织与管理的环境不良，阻碍了个人需求与人格的发展。

②组织内的人际关系。由组织中的人际关系引起的挫折。组织中上下级之间缺乏沟通，互不信任；组织成员之间关系紧张，互相猜疑、嫉妒；人与人之间心理互不相容，从而使个体的友爱、亲和需要得不到满足，产生挫折感。如在一些饭店只有上级向下级发号施令，而下级没有机会向上级反映意见。这样，必然导致上下级关系紧张，产生下级对上级的不满情绪、以至仇视态度，因而增加了引发挫折的可能性或加重挫折的程度。

③工作性质。工作对个人的心理具有两种重要意义：一是能够表现出个人的才能与价值，获得自我实现的满足。二是能使个人在团体中表现自己，以提高社会地位。但如果工作性质不适合个人的兴趣和能力，反而会成为心理上的负担。分权不当、大材小用或小材大用都将造成员工的挫折。旅游等服务行业，难免遇上素质差、不尊重服务人员、甚至有意发泄的客人，恶劣的态度、鄙视的眼神，如果职工缺乏平常心和应对技巧，也易于造成个人挫折。

④工作环境。工作环境引起的挫折。如工作环境不安全，事故经常发生，或者工作环境太差，使人心情抑郁、烦躁，产生挫折感，不利于工作效率的提高。

⑤其他。如分配不公、晋升不合理、工资偏低、管理效率低、层级待遇悬殊化、作息安排不当，强迫加班或恶意延长加班时间等，都足以影响职工的情绪，并易于导致心理挫折。

3. 心理挫折的影响

（1）挫折的消极影响

①挫折导致生理疾病。在日常生活中，我们免不了经受一些带有刺激性的不如意之事，如生离死别、事业挫折等，会使人郁郁寡欢，甚至生理、心理发生病态变化。这些生理、心理上的变化，并不是由直接致病的病原体的作用，而是由于他不能适应或应付所受到的刺激引起的紧张状态造成的。生理心理学研究表明，挫折所导致的紧张状态对个体有威胁性的影响，它能击溃个体的生物化学保护机制，从而降低抵抗力，易为病菌侵袭。

这是因为,人体处于紧张状态时的反应,从生理上来看,原本是为了防止身体受损,是一种防御机制,但是这种防御反应如果不适当,也就是对紧张状态的适应过度,反而会因此而生病。

美国华盛顿大学教授霍尔姆斯和拉赫领导的研究小组,编制了"社会再适应估价量表",表中按照紧张事件影响的严重性,按顺序列举个人生活中的43种关键性的变化,每种变化又从0到100计分,每分称为一个"生活变化单位",以反映生活变化与疾病之间的关系。

表 11.1　社会再适应估价量表

顺序	生活事件	生活变化单位	顺序	生活事件	生活变化单位
1	配偶死亡	100	23	子女离家	29
2	离婚	73	24	姻亲纠纷	29
3	夫妻分居	65	25	突出的成就	28
4	坐牢	63	26	妻子开始或停止工作	26
5	家庭亲人死亡	63	27	入学或停学	26
6	受伤或疾病	53	28	生活条件改变	25
7	结婚	50	29	生活习惯改变	24
8	失业	47	30	与上级有矛盾	23
9	复婚	45	31	工作时间或条件改变	20
10	退休	45	32	搬家	20
11	家人患病	44	33	更换学校	20
12	怀孕	40	34	娱乐改变	19
13	性机能障碍	39	35	宗教活动改变	19
14	家庭增加新成员	39	36	社会活动改变	18
15	调换新工作	39	37	小量借贷	17
16	经济状况改变	38	38	睡眠习惯改变	16
17	好友亡故	37	39	家庭收入变化	15
18	工作职业改变	36	40	饮食习惯改变	15
19	夫妻不和	35	41	假期	13
20	大量借贷	31	42	圣诞节(过年过节)	12
21	抵押或借贷到期	30	43	轻度违法	11
22	工作责任的改变	29			

资料来源:孙喜林,荣晓华.旅游心理学[M].大连:东北财经大学出版社,2002:241.

霍尔姆斯和拉赫等人的研究发现,生活变化单位与健康密切相关。假如一个人在一年之中的生活变化单位总和不超过 150,在来年便可能健康安泰;总和若在 150～300 单位之间,50％的人则会在来年有患病的可能;总和若超过 300 单位,则有 70％的人可能在来年患病。拉赫认为,许多躯体疾病是由于生活事件降低了机体的自然抵抗力,再加上遗传和环境条件促成的。

研究发现,生活变化单位的升高与心脏病发作猝死、心肌梗塞、意外事故、运动损伤、结核病、白血病、多发性梗化、糖尿病等的发生有显著关系。一些研究还发现,每 5 个经历过人生巨变的人中,就有 4 个在剧变后两年内患病;而未经巨变的人,每 3 个人中只有 1 个人患病。研究还发现,最健康的人是那些对婚姻、家庭和职位都感到满意的人,而在婚姻破裂、家庭负担过重或对工作感到灰心失望而又无法摆脱的人中,疾病发生率最高。

②挫折导致心理和行为失调。个体由于遭受挫折,引起情绪紧张、苦恼、失望等消极反应。如果是重大的挫折,则会引起情绪状态的剧变,直接使神经系统,特别是大脑功能处于紊乱、失调状态,严重影响个体心理和行为的变化。主要表现在:

第一,影响思维的敏捷性。现代生理学研究表明:在不良的情绪状态下,大脑会释放一种使人身心疲劳的有害物质,从而影响个体对问题的分析和解决能力;不良的情绪状态下,会引起大脑神经元联系的精确度的变化,引起主体心理状态的积极性的改变,从而影响思维的敏捷性。严重的挫折甚至会导致个体大脑神经细胞的破坏,使人变得毫无创造性可言。

第二,影响个人的抱负水平。经常遭受挫折的人,会过低估计自己的能力,过高估计各种困难,信心不足,从而降低个体的抱负水平,影响积极性,难以达到预定目标,最后可能变得胸无大志,得过且过,无所作为。

第三,影响个人能力的发展。经常遭受挫折的人,使个体的情绪处于不良状态下。这种人常以自责"脑子笨"、"我不行"、"适应不了"等来逃避面临的难题或挑战性的问题。

第四,影响个人的行为表现。经常遭受挫折的人,常使人体处于应激状态下,感情易冲动,控制力差,往往不能约束自己的行为,不能正确评价自己行动的意义,不能估计到自己行动的后果,以致言语偏激,甚至发生攻击性行为,违反社会规范,严重的则会触犯法律。

(2)挫折的积极影响

挫折造成的长期的高度的情绪紧张和心理压力对人体是有害的,但这并不是说凡是紧张和压力就一定有害。在一定的条件下,适度的紧张和压力是必要的和有益的。人在适度紧张和压力的情况下,身体内会产生一系列的生理变化,使身体释放更多的能量,以对付当前的问题。这时人的注意力会更加集中,思维更加敏捷,反应速度加快,力量也会更大。可见,遭受挫折后,适度紧张和压力对人的身心健康是有积极意义的。主要表现在四个方面:

①有助于个体修正自己的行为、目标、认识和处世方法。挫折常常在个体偏离目标或脱离实际之时,亮出红牌警告,使个体清醒过来。例如,导游工作出了差错,被客人投诉,很可能说明自己知识、能力有缺陷;遭到同事的猜疑、压制,很可能在人际关系问题上自己不够注意方式方法。

②可以促使个体最大限度地动员身心潜能,使自己的知识经验、技能技巧和智力能力达到激活状态,从而有利于冲破阻碍,实现目标。人在紧张状态下,比如有可能遭受挫折之时,常常会做出惊人之举。比如急中生智,想出平时想不出来的好主意,像诸葛亮的"空城计",就是情急之中想出来的妙策,出奇制胜,化险为夷。当然,在紧张局面结束,危险消失之后,身体的变化又能够自动地复原,恢复平时的状态,即平衡状态,人的健康也不会受什么影响。

③挫折能增强个体的耐受力。耐受力是指主体对挫折的承受和适应能力。不同的人这种耐受力有很大的差别,一次次遭遇挫折,一次次地改进和应对,日积月累,奠定了日后面对挫折的策略和心理准备,从而降低了今后受挫折的可能性。

④挫折能激发人的活力和意志。挫折是一股强大的内驱力,强者往往因为挫折而激发出更强的身心力量,虽身处逆境,却百折不挠。

可见,挫折不仅能给人们带来痛苦和不幸,也能带给人们经验和磨炼,使人们学会更好地应对挫折造成的紧张状态,保持良好的心理状态。

二、挫折后的行为表现及心理防卫机制

由于受挫折的人各有特点,所以其受挫折后的行为表现也各不相同。当一个人遭受挫折以后,不管是由主观因素还是客观因素引起的,在心理和行为上总会产生三种反应:积极性反应、一般性反应和消极性反应。当人们受到挫折时,有的人能正确对待,冷静分析,做出理智的反应,寻找克服障碍的办法;有的人能从挫折的悲痛中振作起来,在新目标的实现中获得成功。这些都是积极的、理性反应,其产生的行为是积极性自我防卫行为。有的人在受到挫折之后,为自己寻找一个"合理的"解释,"有目的地忘却",意识不到其存在,这是妥协性自我防卫机制。但有不少人在受挫折后情绪反应很大,或悲观失望,一蹶不振;或焦虑不安;或沉于幻想;或出现退化性反应;或固执对抗,甚至攻击他人,危害社会。这些都是消极性反应,它的后果常常很严重,具有破坏性。

1. 积极性自我防卫机制

(1)加倍努力

当个体受挫后,通过分析,发现自己追求的目标是现实的,那么即使暂时遭遇了挫折,也应克服各种困难,找出排除障碍的办法,毫不动摇地朝既定目标迈进,最终实现自己的愿望,达到预定的目标。这种方式的采取必须使个体意识到目标是可能实现的,困难是可以克服的。我们要有敢于犯错的勇气,经受挫折的耐力。个体经过理智分析认为,眼前的失败或错误源于自身主观努力不够,只要坚定信念,调整行为,加倍努力,便能达到期望目标。

(2)重定目标

个体经过理智分析认为,目前的失败或错误源于一时难以改变的自然因素或社会条件的约束,或者由于自身生理或心理条件与目标要求尚有距离,即使自己加倍努力,达到目标仍遥不可及,明智的做法是调低期望目标或更换目标。

(3)升华作用

升华作用是指将那些因受种种因素制约而无法实现的目标或不能为社会所接受的行为目标加以改变,用另外一种更高尚的、富于创造性和社会价值的目标取而代之,从而减轻因挫折带来的精神痛苦的一种心理防御机制。这种以社会允许的方式来表现社会所不接受的欲望或动机的行为,既释放了心理能量又不用担心受到责罚。许多伟大的文学艺术作品就是这样产生的。通常所说的化悲痛为力量也是一种升华。

(4)补偿作用

补偿作用是指个体试图用种种方法来弥补其因过错或某种缺陷而产生的不适感,以找回失去的东西或自尊的一种心理防御机制。当一个人为了弥补由于自己某些方面的不足(如形象不佳或身体残疾)所带来的自我价值缺失,他会在其他方面加倍努力,力求出类拔萃,以求得心理上的平衡,保持自我价值感。比如"失之东隅,收之桑榆"。

2. 妥协性自我防卫机制

(1)文饰作用

文饰作用(又叫合理化或自我安慰)。个体的行为或动机的结果不符合社会公认的价值标准,或是自己的意愿、目的不能实现时,为了减轻因自己的价值得不到确立所带来的焦虑情绪,会为自己寻找一个"合理的"解释,以便使自己的所作所为看起来合乎逻辑或与社会要求不相违背。这就是所谓的合理化作用。这种现象类似于我们平常所说的"阿Q精神"。伊索寓言所说的酸葡萄的故事,就是典型的文饰作用。

(2)逃避

逃避是指个体不敢面对自己预感的挫折情境而逃避到较安全的地方。例如,回避自己没有把握的工作,而埋头于与此无关的嗜好或娱乐,以排除心理上的焦虑,逃向幻想世界。从现实的困难情境撤退而逃到幻想的自由境界,所谓作"白日梦",如此不但能避免痛苦,还可以使许多欲望获得满足。幻想偶尔为之,确能减轻紧张与不安,也能带来某些希望,若超过一定程度,只会徒增适应现实的困难。

(3)潜抑作用

潜抑作用(又叫动机性遗忘),这是指主体将对工作挫折的担心以及由挫折引起的情绪、思想等不知不觉地排除于意识之外,"有目的地忘却",意识不到其存在。压抑的结果虽可减轻焦虑,而获得暂时的安全感,但被压抑的心理并不会因此而消失,而是深入到主体的潜意识和无意识里。它主要是缓冲一下挫折的作用,使其强度有所减弱。如果主体经常采取压抑方式,使这种作用超过主体所能容忍的限度,反而会造成某种身心疾病。因此,在采取压抑方式之后,主体应在自我意识的积极调节下,通过适当的方式予以宣泄,以免造成后患。

(4)反向作用

反向作用是指个体受到挫折之后,为了掩盖自己内心的愤怒、憎恨或敌视情绪,而表现出的与内心的真实感情完全相反的行为,即做出违反自己意愿和情感的行为。比如"此地无银三百两"、"欲盖弥彰"等行为就是反向作用的表现。有人明明很在意对方,但是却表现出不屑一顾的样子。还有的人明明恨某个人,但为了掩盖自己的真实想法,却加倍表现出对某人的喜欢和关心。还有的人明明很自卑却总要用傲慢、自吹自擂的形式装扮自己。长期如此会从根本扭曲真实的自我意识,造成心理异常,大大降低自己的社会适应能力。

3.消极性自我防卫机制

(1)攻击

攻击是指个体的动机和目标受挫时,往往会在态度和情绪上产生敌视和报复心理,在行为上产生过激的攻击性行为。攻击性行为包括直接性攻击和转向性攻击两种。

①直接性攻击。指受挫者将愤怒的情绪直接转向阻碍其目标实现的人或物。一般来说,对自己的容貌、才能、权力等方面比较有自信者,容易将愤怒的情绪向外发泄,而采取直接攻击的行为。

②转向性攻击。转向性攻击在下列情况下表现出来:首先对自己缺乏信心,这种悲观的情绪容易把攻击的对象转向自己,出现自残行为,甚至在极端的情况下出现自杀。其次当个体察觉到引起挫折的真正对象不能直接攻击时,便会把愤怒的情绪发泄到其他的人或物上。比如说有的人在公司里面受了老板的气,回家可能就会拿老婆孩子"开

刀”,或找“替罪羊”出气。

(2)冷漠

冷漠是指个体对挫折情境表现出冷淡、无动于衷的态度。表面上,似乎对挫折情境不关心,表现出冷淡退让。实际上,其内心的痛苦可能很深,只是把愤怒暂时压抑或以间接的方式表现而已。一般说,内向型的人比较容易采取冷漠的形式来对待挫折。长期严重的冷漠容易变成忧郁型精神病。冷漠者对一切都心灰意冷,要燃起他心中的希望之火,激发其工作热情比较困难。

(3)固执

固执是指个体遭受到挫折后盲目地反复地采取某种无效的行动。当个体一而再、再而三地遇到同样的挫折时,他就可能表现出无动于衷,并且总是采取一种不变的反应方式来对待挫折。这是因为暂时找不到适当的应对挫折的方法所造成的,最典型的做法就是“破罐子破摔”。如有些员工,在使用某种服务方式时被领导批评或处分了却心里不服,他们可能在再次出现类似的情况时仍然那么做,甚至违纪行为越来越多、越来越严重。

(4)退化

退化是指个体遇到挫折时会表现出与自己年龄、身份不相符的行为,是一种反常的现象。如有的人在工作中遇到挫折或受到批评时,会像小孩子那样又哭又闹、骂人或蒙头大睡;或为一点小事暴跳如雷,甚至挥动拳头等,旅游工作者因遇到挫折而对顾客发脾气也属于退化之列。领导者有时也会出现这种退化现象,例如,在遇到挫折后不愿意承担责任或敏感性降低,不能区别合理要求与不合理要求等。

◆ **本节相关知识链接**

1. http://www.jk3721.com(健康知识网)

2. http://kb.cnblogs.com/a/354800/(博客文库)

第三节　引发旅游工作者心理问题的原因

很多业外人士认为,在旅游企业工作有着良好的工作环境,比如在酒店工作,环境幽雅,四季如春;在旅行社工作,免费旅游,工作轻松。但是事实并非如此,很多的旅游从业人员身心俱疲,滋生了一些困扰他们的心理问题。

近年来,随着全球化竞争时代的到来,人们的工作、生活节奏越来越快。林林总总的诱惑和选择、对职业发展和企业前景的疑惑、未来发展预期的不确定性,这一切都使旅游从业者的心理健康问题越来越突出、越来越普遍。

一、由于心理问题导致的现象

①心理疾病:抑郁症、焦虑症、心理疲劳、心力衰竭等认知和情绪病态,主要表现为失眠、心悸、易怒、健忘、沮丧、烦躁、自卑、悲观、逆反、自闭、神经质、怨天尤人、注意力分散、高挫折感和不安全感、人际障碍、与社会隔绝等。

②身体疾病:疲惫、偏头痛、食欲下降、消化不良、背部痉挛、恶心呕吐、月经不调、性功能障碍、内脏器官病变、免疫系统紊乱等。

③行为扭曲:吸毒、酗酒、滥交、暴食、开快车、婚外情、不修边幅、沉溺网络和电子游戏、攻击行为、自杀倾向等。

二、问题产生的主要原因

1. 服务工作的复杂性与员工个性心理特征的冲突

旅游工作高强度性、多样性与服务对象的复杂性等特点导致工作人员长期处于应激状态,信息的"爆炸"、教育的发展,越来越成熟的旅游者,对导游人员提出了更高的要求,对此许多旅游业员工尤其是新员工深感力不从心,无所适从,这种状态易引起旅游从业人员脑力负荷强度过大、精神过度紧张等问题。心理学研究表明,心理健康程度与内外压力成反比,与自我强度(个体对内外压力的承受能力)成正比。造成员工职业心理偏差的原因除了外在的压力,更重要的是员工内在的压力以及员工的自我强度不够。个体的压力主要体现在:个体的认知偏差,比如对职业的认同感、对金钱的认识、对人生价值的认可等方面的偏差所产生的压力;人格缺陷,比如偏执、强迫、抑郁等方面造成的压力;旅游从业人员的心理特征,存在显著的个体差异性而且改变较难。同时,员工自我强度不够,心理素质欠佳,缺乏对心理健康的有效维护,也是出现心理问题的重要原因之一。

一些旅游从业人员感受性很高,很容易因客人的一言一行产生心理反应,而有的则太低,对周围发生的一切现象熟视无睹,又会怠慢客人。一些旅游从业人员的忍耐性较低,对一些要求比较苛刻的客人,控制不了情绪,出现客我交往不顺畅和不和谐的情况,甚至和客人发生冲突,从而出现心理焦虑、精神紧张、情绪紊乱、身心疲惫、行为懒散、工作疲劳等问题。客人产生不满情绪,旅游从业人员的工作热情也会消失殆尽。当面对过多的压力的时候,可能会出现自我中心、自卑、狭隘、悲观等不健康的个性品质。因而在从业过程中他们变得无趣、无能、无效,当然也就谈不上积极性、主动性、创造性的发挥了。可见,近乎完美的工作要求与旅游从业人员的个性心理会产生矛盾,这种矛盾无疑会增添旅游从业人员的心理压力,使旅游从业人员产生心理不适。

2.社会认知偏差导致职业倦怠

当前,社会上对旅游服务工作者的认同度偏低,职业发展前景与部分员工的职业规划发展现实相矛盾。受传统思想观念的影响,很多人认为服务工作是低等的工作,从事服务工作是没有出息的表现,也没有前途可言。很多一线的旅游从业人员,工作量大,工作辛苦,有时还要遭受个别客人的有意刁难甚至是人格侮辱,从而产生对旅游组织文化、发展理念、工作环境、管理机制及个人待遇不认同,质疑自己的工作意义和价值,感到职业生涯前景黯淡。比如,在当今旅游方面的立法尚不健全的情况下,一方面导游人员地位低,待遇低,工作不稳定,员工心理落差较大。导致很多导游员没有把自己的工作看作是一个长期的工作。旅游从业人员在这种负面的社会暗示之下,一些员工认为自己所从事的服务工作低人一等,工作单调重复,缺乏创造性。

在挫折面前,有的旅游从业人员产生怨恨、愤怒和不满,可能会采取一些不理智的攻击性行为去发泄;有的旅游从业人员则产生退缩行为,变得自卑抑郁,产生工作倦怠。工作倦怠又称职业枯竭,表现为心理疲劳、缺乏热情、效率较低、丧失成就感和工作动力。

3.人际关系紧张滋生人际关系焦虑

企业中如果缺乏彼此信任、尊重、关怀、理解、谦让、体谅,那么一些员工就会缺乏归属感,情绪低落,产生消极的心理反应。从行业的角度看,作为服务性行业,对旅游从业者服务的要求及标准很高,内部管理很严格,员工的点滴过失会受到较为严厉的惩罚,所以员工往往为寻求自我保护而淡化同事间的关心和友爱。另外,部分一线操作员工自身素质不高,员工之间的关系冷漠,使旅游从业人员因人际关系和企业氛围问题产生的心理疲劳问题日益突出,表现为人际关系焦虑。

4.职业压力与个人生活造成的心理危机

伴随着生产力的发展,社会分工越来越细,部分旅游工作越来越缺乏多样性与挑战性,而长时间单一内容、程序化的流程操作易引发慢性疲劳综合症以及职业倦怠等问题。职业压力使劳动者在职业生涯中受到令个体紧张、感受到威胁性的刺激情境或事件,由此而产生持续性紧张的情绪、状态。一般而言,现代企业为取得和保持竞争优势,对员工的要求越来越高,比如持续的旅游旺季要求员工的工作是超负荷、超强度、超时间的,造成员工身心疲惫,而产生心理压力。

心理学研究表明,家庭压力,比如疾病、离异、失业、经济等方面产生的压力会高度影响到员工的职业行为。如果个人生活中的一些困难如身体健康欠佳,恋爱失败,法律纠纷,家庭暴力,夫妻关系紧张,分居或离婚,家属疾病或伤亡,子女成长挫折,经济负担过重,家庭财务窘迫,对失业和收入下降的恐惧,对多样化选择的不知所措,来自家庭的过高期望,自我评价的标准及与人比较的方式有欠客观,由于工作占用精力、时间过多而对家庭和朋友产生的愧疚,等等,都会影响劳动者的心境。

如果此时企业人力资源管理缺乏弹性或情感管理理念,与员工的家庭或个人生活压力及危机相冲突重合,非人性化的工作环境、对时间分配的失控,心理承受到全天候工作的职业压力,人际沟通不畅所形成的职业压力就会加剧。工作枯燥例行化、工作缺乏自主性、突发事件的心理冲击,使许多劳动者情绪陷入低潮,恐慌、迷茫。

◆ 专题笔谈 11.1

EAP 计划与员工情绪管理

EAP,直译为员工帮助计划。它是企业为员工设置的一套系统的、长期的福利与支持项目,通过专业人员对组织的诊断、建议和对员工及其直属亲人提供的专业指导、培训和咨询,帮助解决员工及其家庭成员的各种心理和行为问题,提高员工在企业的工作绩效。这一计划时下被形象地称为"精神按摩"。

EAP 的具体内容包括压力管理、职业心理健康、裁员心理危机、灾难性事件、职业生涯发展、健康生活方式、法律纠纷、理财问题、饮食习惯、减肥等方方面面,全面帮助员工解决个人问题,从而使员工在纷繁复杂的个人问题中得到解脱,减轻员工的压力,维护其心理健康。

在激烈的市场竞争条件下,饭店业"简单重复性"的工作特点已使员工感到相当疲惫,加之服务对象的复杂多样化和婚姻感情等方面的困扰所带来的巨大心理压力,相当数量员工的心理受到严重扭曲并处于极大的"反弹"状态。如果管理者不能及时有效地排遣员工的心理压力,甚至采取一些不当的管理方法,就会激起员工更大的不满。所以重视员工的情绪和心态管理,适时引入 EAP 员工帮助计划,帮助员工疏导不良情绪,缓解心理压力,已成为现代饭店人力资源管理必须直面的新课题。

资料来源:刘筱筱.EAP 计划与员工情绪管理[N].中国旅游报,2005-07-15.

◆ **本节相关知识链接**

1. http://www.people258.com(宁波人才网)

2. http://www.ccyl.org.cn/zhuanti/tgjyz/qsnyj/qsnxl/200910/t20091030_307068.htm
(中国共青团网)

第四节　旅游工作者的心理保健措施

世界卫生组织(WHO)认为健康是一种身体的、心理的和社会适应的健全状态。现代意义上的健康应该包括躯体健康、心理健康、社会适应良好和道德健康。心理学上一般认为,心理健康主要与心理压力、身心疾病、心理应付技能、自信心和社会支持等因素有关。

员工心理问题的出现有员工个人、企业组织和自然社会三方面的原因。前者与个体的生理、性格、经历、爱好、受教育程度、婚姻状况、家庭与社会生活质量、家庭生活中的重大事件等相关;中者则是企业环境、企业文化、企业制度、企业领导等因素造成的;后者是普遍性的自然灾害、社会危机等因素在企业中的体现。

要真正的消除这些压力需做三个方面的努力:首先,作为工作人员,自身要积极调整,努力去适应工作,缓解压力;其次,旅游行业管理部门应该改善管理制度,为员工营造一个公平合理、相对宽松的环境;最后,社会各个方面应该理解旅游从业人员的工作并支持其工作。

既然造成员工心理问题的来源多元化,那么,从切实维护旅游从业者的心理保健的角度来看,员工心理保健需要从以下几方面入手,即政府和社会、企业、个人和家庭。政府和社会组织关注公众的心理健康,目的是为了一个地区或一个国家劳动者心理素质的提高以及公共福利的维护。个人和家庭重视劳动者心理保健和心理治疗,以提高就业能力和生活质量。同时,员工个人的心理问题具有扩散性,会传染到其他员工,影响团队士气;企业领导层的心理健康问题则更容易传递到整个员工队伍中,能否正确解决员工心理问题,关系到企业经营的好坏、形象的优劣。

本节重点论述个人、企业组织在维护旅游企业员工心理健康方面的对策。

一、自我调适措施

1. 提高对工作压力与心理障碍的认识与态度

人生活在社会中,有点压力是正常的。因此工作人员在参加工作之前就应该在心理上做好应对压力的准备,对来自正常的压力并不需要全面排除。人的心理健康水平是连续的、变化的,由于受到各种外界因素的影响,人们有时健康水平高,有时健康水平低,甚至出现心理疾病,因此,工作人员适应工作应该有个循序渐进的过程。

要想维护员工的心理健康,提高他们的心理水平,使他们的健康水平保持在较高的阶段,就要提高员工对心理疾病的正确认识。首先,心理疾病是可以预防的。虽然心理疾病的产生有遗传的因素,但一般说来主要是出于后天生活经验不能适应已成习惯所引起的。长期焦虑是形成心理异常的主要原因,而焦虑又是由挫折和冲突所致。因此,减少员工挫折与冲突的机会,培养员工适应环境的能力,培养员工多方面的兴趣,建立正确的人生观和职业观是非常重要的。作为旅游从业人员对人对事要拿得起、放得下,才不至于患得患失,整天处于紧张、防卫、焦虑的情绪状态中。其次,心理疾病是可以治疗的。一方面,心理疾病的原因不易确定,另一方面,它具有很大的"不治而愈"的可能。生理上的疾病多靠医术和药物,心理上的疾病则多靠患者对自己的了解、调适、信心与毅力。如个人不幸患有某种心理疾病,首先应该坚信,只要遵从心理治疗者的指导,心理疾病是可以治愈的。另外,心理疾病并非可耻之病。严格地说,任何人在某时某地都会有某种程度失常的表现,而且任何人也无法预料到自己将来是否会遇到挫折而导致心理失常,对因工作压力和挫折造成的心理不适患者来说,并非是羞耻。从大的方面说,心理失常不仅是个人的不幸,而且也是社会的损失。因此失常者值得同情与协助,需要获得安全与自救的机会。

2. 主动疏泄,掌握应对工作压力和心理障碍的基本技能和能力

当感到工作中压力太大时,应当学会主动疏导发泄,把自己在工作中的体验讲给亲人、同学、朋友,让郁闷释放出来。例如,作为导游,每接待一个团队结束后,工作人员都应当积极地去总结自己的工作,把中间遇到的压力及时释放出来,避免带到下次的工作中去。必要的时候工作人员应当到一些专业的心理咨询师那里进行心理咨询,缓解压力。

挫折造成的压力和由此而产生的焦虑、紧张的情绪令人痛苦。在挫折情境一时无法改善或排除时,为了维护自己的身心健康,也可以采用一些自我调试的方法来对付挫折压力,以化解焦虑和紧张的不良情绪。

这类方法较多,主要介绍以下几种:

(1)积极的自我暗示疗法

这是一种在现代心理治疗、心理训练中广泛运用的调节身心机能的方法。它的特点在于自己通过言语或想象使自己的身心机能发生变化,其方法简洁,并且容易达到自助的效果。暗示是指一个人不加批判地无意识地接受他人的语言或外界其他刺激,借以消除不良的思想情绪的一种心理治疗方法。自我暗示就是自己把某种观念暗示给自己,从内容上可分为积极暗示和消极暗示,积极暗示起治疗作用,消极暗示起相反作用。自我暗示法分为语言性自我暗示、动作性自我暗示、情景性自我暗示,暗示的作用对人的心理活动和行为的影响是很显著的。

语言性自我暗示是利用内部语言,即内心独白对自己进行暗示。运用自我暗示法缓解压力和调整不良情绪,主要也是通过语言的暗示作用。比如,发怒时,提醒自己"发怒会把事情办坏";当有比较大的内心冲突和烦恼时,安慰自己"已经度过了许多难关,这次也一定能顺利度过"等。

动作性自我暗示是通过意愿性动作,即自认为有助于身心健康的动作对自己进行暗示。例如,相信在空气清新的环境中慢跑,有利于消除不良心情,于是便抱着极大的期望去从事这些活动。

情景性自我暗示是创设足以引起积极情绪的情景对自己进行暗示。如将提示语写在日记本上、条幅上,贴在墙上、床头,压在玻璃板下等,以便经常鞭策自己。

(2)疏泄疗法

疏泄疗法就是利用或创造某种环境,把压抑下来的愤怒、忧愁、悲伤、痛苦等各种消极情绪疏发宣泄出来,以减轻或消除心理压力,恢复心理上的平衡。人在受挫折以后,其心理会失去平衡,常常以紧张的情绪反应代替理智行为。这时唯有让紧张的情绪发泄出来,才能恢复理智状态,达到心理平衡。从这个意义上讲,管理者应该倾听职工的抱怨、牢骚、怪话,让他们有气发泄出来、有话说出来,待不满的情绪发泄出来以后,自会心平气和。具体操作中可以向亲朋好友甚至游客倾吐,或通过写信、写文章、记日记等方式,将内心的消极情绪疏泄出来;也可以适当增加些令人精神振奋、心情愉快的文体娱乐活动,甚至把内心的不满、愤怒和悲伤等投射到对事业的追求、忘我的工作、执著地追求高尚的目标上来,以此消除心中的抑郁等。

(3)制造幽默或大笑疗法

心理学家认为幽默是"人的一种健康机制,是美化心理的良方"。人的大脑皮质有个"快乐中枢",那种令人觉得有趣或可笑的幽默,正是其最佳的刺激源之一。这个"快乐中枢"接受适宜的刺激后呈兴奋状态,能把各种美好的东西复制出来,在人的机体内发生一场"生物化学暴风雨",激活人体功能,洗净生理疲劳和精神倦怠,改善体内循环,提高免疫功能。因此,科学家们把幽默疗法生动地比喻为心理保健的"心理按摩"。旅游从业人员可以在与游客交往中主动讲些笑话制造轻松氛围,或者多挖掘游客中的幽默之人或幽默感,活跃气氛,形成融洽欢乐的场景。

心理学家把笑当作人体最好的"体操",有人把笑称作"超级维生素"。对旅游从业者来说,笑不仅是积极情绪的活化剂,笑有助于抒发健康的情绪、消除旅途中的精神紧张、驱散愁闷的心情和各种烦恼、减轻社会束缚感以及乐观地对待现实等积极作用。

笑是可以训练的,而且可以训练到捧腹大笑的程度。首先,要多些"心底笑"。心是快乐之根。苏东坡有一句豪言:"百年须笑三万六千场。"意在劝君每天大笑一场,正好百年人生。因此,坚持每天多看些、听些使人开怀大笑、耐人寻味的幽默笑话、漫画、相声、小品、喜剧、书籍等,每天尽量寻找笑料,纵情地笑,放声地笑,从而使生活充满朝气,使你的心情充满愉悦感,以驱散你的一切烦恼、不快和疲劳,赶走病魔,迎来身心健康。其次,要融入"群体笑"。欢笑是最容易传染的,因为人人身上都有笑的鲜活细胞,跟着别人一起大笑可以使气氛保持轻松、愉快。再次,要学会"变通笑"。高兴时,你尽量开怀大笑;愤懑时,你不妨发出怒笑;无奈时,你可以摇头苦笑;被人奉承,你应该巧妙调笑;遇上尴尬,你则自我嘲笑。学会变通笑,烦恼绕道走。

◆ 案例驿站 11.1

导游职业心态的特征

近年来,伴随导游生存危机的加深以及社会舆论对导游违规行为的大量曝光,导游人员心理负担加重,职业心态发生了改变,呈现出职业认同感低、心理焦虑、对未来充满迷茫等特征。

其实,比身体劳累更严重的还是精神上的压力。由于没有固定收入,导游带团本质上就是一场赌博,向旅行社支付人头费后能有多少盈余谁都无法预料,即使眼前收入可观,但老了咋办?对现实收入的不可预期和对未来生活的困惑与迷茫,使导游人员身心俱疲,趁年轻挣点钱就改行的心态在导游中相当普遍。导游心态的转变,使导游职业吸引力大大降低。

社会各界应该高度关注导游心理健康状态,给予导游更多的人文关怀。譬如,司机、游客应多体谅导游的困难,理解、支持导游工作,创建融洽的团队氛围,使导游感受到团队的信任和友爱,有效地克服恶劣心态;新闻媒体应引导游客正确消费,倡导和谐的旅游环境,切不可为了追求卖点一味地声讨导游,制造负面新闻;旅行社应该创新经营管理模式,杜绝恶性竞争,建立合理的薪酬制度,让导游人员有正常的收入来源;旅游主管部门应主动维护导游人员的合法权益,既打击违规导游,也多宣传导游的先进事迹,通过树典型、评定星级导游等活动,提高导游的社会声誉。只要全社会共同努力,游客与导游的对立关系将会大大减弱,导游从业心态一定会向好的方向转变,导游职业仍将成为旅游业中最富吸引力的职业。

案例来源:陈乾康,陈琪瑶.导游职业心态的特征[N].中国旅游报,2007-12-17.

（4）想象疗法

人的情绪通常都与浮现在头脑中的形象有关,我们可以通过控制出现在头脑里的形象来影响自己的情绪。如果你在着手做一项难度较大的工作时信心不足,你就应该让自己的头脑里生动地浮现出过去做这一类工作做得出色时的情景,你的潜意识会根据这些情景,迅速地使你进入一种充满信心的情绪状态。如当为房务整理服务比赛而挥汗训练时,想象一下获奖时的激动,继续投入百分百的热情练下去。记忆中的美好形象越多,就越利用这些美好形象来使自己进入积极的情绪状态。如导游可以回忆一下自己曾经在某种情境中采取某种行动的良好的感受,以前带团时的感人瞬间和来自游客的衷心称赞,有意识地忘掉不愉快的事情,这样就能消除不良情绪。

通过在想象中对现实生活里的挫折情境和使自己感到紧张、焦虑的事件和预演,学会在想象的情境中放松自己,从而达到能在真实的挫折和紧张场合下对付各种不良的情绪反应,也是一种对付紧张和焦虑的有效方法。有的工作人员初次带团没有经验,对路线和景点不熟悉,可以用想象演习法在脑海中一遍遍重复自己应该做的工作;先在想象中演习,要尽可能生动地想象出自己将会遇到的情境、尽可能具体地想象出自己将要采取的行动、认真地想象出自己在某种情境中采取某种行动的良好感受、充分估计事情的复杂性和可能性,使自己觉得"这已经不是第一次了",用这样的演习来保证自己在将要从事的活动中处于良好的情绪状态。

（5）强化的方法

积极强化的基本原理是当行为有改善时就给以奖励或强化,而每当他们行为异常时就尽量忽略。这样,人们就会越来越多地表现正常行为,使非正常行为得到矫正。如在涉外交往中,能够克服语言文化障碍,积极与境外游客进行语言交流、互动,从而减少了因风俗习惯不同而产生的误解,获得游客理解和同事赞赏时,管理层给予的物质奖励或当事人自己做了平常舍不得做的事情,就是积极的强化。

（6）厌恶疗法

厌恶疗法亦称为厌恶性条件法,是一种具体的行为治疗技术,即将欲戒除的目标行为(或症状)与某种不愉快的或惩罚性的刺激结合起来,通过厌恶性条件作用,而达到减少目标行为的目的。在异常的行为之后,接着是一次短暂隔离或痛性电击。例如,用厌恶法治疗酗酒者。先让患者服吐酒药，或注射药物，在即将出现恶心、呕吐时，令患者饮酒，患者饮酒后即发生恶心呕吐。如此每天1次，重复7～10次，直到病人单纯饮酒也出现恶心、呕吐，对酒产生厌恶情绪为止。

3.端正职业态度，正确对待功与过

敬业爱岗，追求上进，是对旅游从业者的基本职业要求，但成绩的大小，进步的快慢，与对旅游行业的热爱和努力的程度不是完全一一对等的。一旦只把来自工作中的成绩看成唯一的成功，就会使从业人员工作上春风得意时会沾沾自喜，而一旦工作遇到麻烦，就感到痛苦不堪。必须加强从业者的职业意识培养，让服务人员认识到从事的职业是社会分工的结果，整个社会中，服务工作并不是低贱的，从而准确地把握在服务工作中所扮演的角色，摆正客我位置。

一方面，防止以唯一的标准进行比较。人们的自卑情绪也常常源于在一定的范围内用唯一的标准来衡量自己、同别人相比较，势必出现优劣、高低之分。当自己处于不利地位时，就容易引起自卑和自我拒绝情绪。世界是复杂的，人的特征都具有两面性。导游在某景点讲解的落后（有时还是暂时的、偶然的）并不能成为其在组织游客活动能力上自卑的理由，甚至可能在更多的方面超越了别人。考虑清楚有关自己职业的每一件事——从工作形式到工作环境，然后确定自己所追求职业的标准或目的，把每个阶段所要完成的目标具体订立出计划。如果目标明确，就应当加强意志和魄力的训练，培养自己不畏强手，敢于拼搏的精神。同时提高自信心。自信心是一个人重要的内在品质，是自我认可、自我接纳和自我价值感。另外，如果把成功的感觉也系于职业努力之外，工作中受挫时，就容易保持一种积极的态度。

另一方面，要正确面对挫折。对挫折进行正确的分析和归因，对造成挫折的原因进行实事求是的认识和分析，弄清挫折的原因，及时找出失败的症结所在，用切实的行动去促使挫折情境的改变，是应付和解决挫折情境的必要基础。正确的挫折观包括两方面的内容：其一，挫折的存在具有普遍性，生活中挫折无处不在，逆境无时不有。如果认识了挫折是人生中不可避免的一部分，把逆境当做生活对自己的考验，就能把挫折当做进步的阶石、成功的起点，从而不断取得进步。其二，挫折具有两重性。挫折一方面有可能使人失望、痛苦、忧郁、不安；另一方面，挫折给人以教益和磨炼，使人变得聪明、坚强和成熟。

4.正确评价自己与同事，营造良好的人际关系

对自己有一个全面的了解。既了解别人对自己的评价、自己与别人的差别，也了解自己操纵、把握周围世界的情况；既了解自己的能力、身体特征，也了解自己的性格、品德

等。这样,我们才能重新评价自身,改变对待他人的态度。当需求与可能之间发生矛盾时,要有所取舍。若事与愿违就要进行重新评价,不能期望太高,更不能盲目追求。当感觉与同事、客人、合作者的关系紧张的时候,要学会适当改变自己的看法,意识到这个时候可能是心理压力到了一定时期的体现。以礼相待是人的本性,工作人员要用一种积极方式与人交谈,寻求与他人的共同点,营造良好的人际关系。

5.练就强健的体魄,培养广泛的兴趣和爱好,适时进行调整转移

身体健康是心理健康的基础。要保持身体健康,必须加强营养,注意卫生,生活有规律,保证充足的休闲时间,进行适当的运动。积极参加体育运动,增强对外界的适应力与抵抗力,于不知不觉中释放消极情绪,从而达到既健身又健心的目的。工作人员应增加自己的兴趣,通过多方面兴趣的培养,使自己的生活内容更加丰富。而丰富的生活内容,对调整自己的情绪,维护人的心理健康起重要作用。工作人员在接待完一个团队以后要采取积极的休息方式,参加文娱或体育活动,而不仅仅只是通过睡觉来休息。

拥有广泛的兴趣、爱好和多彩的生活,就拥有了多条转移不良情绪的途径。通过转移注意力达到稳定情绪、调整心境的目的。

二、企业组织维护员工心理健康的措施

维护员工的心理健康,不仅是旅游企业员工避免职业压力和倦怠、产生职业心理障碍的必要一环,更有益于员工以积极健康的身心状态投入到各项管理和服务工作中,从而降低管理成本,提高企业绩效。解决员工心理问题,企业需要通过恰当的心理健康教育体系、资本投资和管理手段来实现。既要解决员工因组织因素引发的心理问题,也帮助他们解决因个性、家庭和社会问题等非组织因素引发的心理问题,帮助员工缓解工作压力,改善工作情绪,提高工作积极性。一般来讲,旅游企事业单位可以从以下几个方面来进行:

1.实施相关培训,多途径提高心理保健能力

(1)加强人力资源培训

提高员工的工作技能,使之工作起来更为得心应手,从而减少员工完成工作的能力压力。通过职业技能和职业素养的培训,使旅游从业人员符合职业要求,适应服务环境。

(2)实施心理培训

开设有关心理卫生的课程或定期邀请专家作讲座、报告,让员工学会缓解压力、应对挫折;进行心理辅导,引导职工进行心理修养;克服受挫心理的关键在于提高职工的心理健康水平。

（3）普及心理健康知识

管理者应该向广大职工普及心理学知识，提供有关心理健康期刊、书籍、光盘，利用内部网向员工发送心理保健信息，帮助员工学会维护自身的心理健康。管理者也应该倾听员工的抱怨、牢骚、怪话，让他们不满的情绪发泄出来，同时加强员工的沟通技巧培训等。

2.营造良好的工作环境，加强企业文化建设

良好的工作环境一方面能减轻或消除员工的职业心理压力，确保员工们的身心健康，另一方面能提高员工的职业安全感和工作舒适感，提高员工的工作效率。从人体舒适度的需要出发，创造良好的工作环境，给员工提供良好的工作空间，如在工作场所或旅途中设置必要的生活设施、休闲设施，向员工提供保健或健康项目，可以建立专门的保健室和内部健身中心，让员工免费使用，配备专职的健康指导员监督锻炼计划和活动。工作时播放一些轻松舒缓优美的背景音乐，可以达到减压的目的。对于职业压力大、时间长的部分员工，改变环境是相当有效的方法，主要有两种方式：一是调离原来的工作岗位或居住地点；二是改变环境的心理气氛，给受挫者以广泛的同情和温暖。

完善薪酬体系，向员工提供富有竞争力的薪酬，增强员工的安全感和较为稳定的就业心理；在员工家庭的婚丧嫁娶等特殊情况时给予额外的带薪假期，保障员工的生活质量。

同样，加强以价值观念、企业精神为主要内容的企业文化建设，旅游企业应从细节入手，以人为本，充分尊重、理解、关心员工，努力打造温馨的人文环境，鼓励员工健康的生活方式。

3.改善企业内部员工的人际关系

梅奥的人际关系理论揭示了非正式组织的积极作用，表明人们需要关心、友谊、尊重、关怀等。调查显示，相当一部分员工的职业压力和心理疾患是因为公司内部员工的人际关系不和引起的。所以，友好的和支持性的同事会提高对工作的满意度。良好的人际关系必然会降低员工职业性心理障碍发生的几率。企业要鼓励员工兴趣爱好，举办集体活动，如唱歌、绘画、体育比赛等，在公司内部成立员工兴趣爱好团体，有助于营造积极、拼搏的工作氛围和人际关系，形成企业特有的吸引力和凝聚力。管理层对待受挫折的员工要宽容相待，遭受挫折的人需要关心、照顾。凡遭受挫折者，哪怕是"自作自受"，管理者均应伸出热情的手给予帮助。宽容的态度并不等于一味迁就，但唯有帮助受挫折者提高了认识，才能使其分清是非。

4.聘用专业机构，解决员工心理问题

请心理学家进行心理咨询，是应用十分广泛的办法。企业与专门提供心理咨询和心

理治疗服务的公司签订合同,当企业有此方面需求时,心理咨询公司派人对问题进行评估、咨询,对超出自身服务范围的严重心理问题,介绍其到相应的专业医疗机构或治疗师那里接受治疗。心理服务公司可以组织多种形式的员工心理咨询:电话咨询、网上咨询、信件咨询、一对一咨询、团体(小组)咨询等。员工可以通过电话或电子邮件与咨询公司预约。咨询公司定期将咨询中发现的与组织管理相关的问题反馈给企业,以便其改进管理。

5.加强员工职业规划建设,在组织设计中激发员工兴趣

公司用不同的方式告诉员工公司发展方向,让员工看到自己的发展前景,职业计划特别要着重于实现员工心理上的成功。如果一个人的职业计划不能在组织内实行,那么这个人迟早会离开这家企业。因此,企业应在职业计划方面帮助员工,从而使双方的需要都能得到满足。一般来说,员工工作兴趣的激发与培养依赖于以下一些因素:岗位与人的相互匹配有利于员工提高工作兴趣;目标设置是否适中、具有个人价值、可以被个人接受;激励机制要实现组织目标与员工目标的统一;工作设计的丰富化和工作扩大化程度等。

◆ 本节相关知识链接

1. http://www.jk3721.com/(健康知识网)
2. http://www.who.int/en/(世界卫生组织官方网站)

◆ 本章小结

1.本章结语

人的健康有两种,即生理健康和心理健康。心理上的正常和不正常没有绝对的界限,其标准是相对的。挫折由主、客观因素所致,是导致心理出现偏差的最重要原因。个体由于遭受挫折,引起情绪紧张苦恼等消极反应。严重的挫折会导致生理疾病及心理和行为的失调,但适度的挫折对人的身体健康具有积极意义。一个人遭受挫折以后在心理和行为上会产生三种反应。积极性心理防卫机制包括加倍努力、补偿作用、升华作用、重定目标;妥协性自我防卫机制包括文饰作用、逃避、潜抑作用、反向作用;消极性自我防卫机制包括攻击、冷漠、固执、退化。旅游工作者因为旅游行业特殊性的原因而引发心理问题,个人、企业组织在维护旅游企业员工心理健康方面需采取相应对策。

2.本章知识结构图

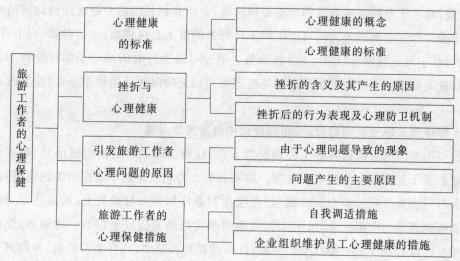

3.本章核心概念

健康　挫折　升华作用　补偿作用　文饰作用　退化　自我暗示疗法　疏泄疗法

◉ **实训练习**

1.作为一名旅游工作者,假设你遇到一个强迫性症状的客人,你怎样与他打交道?

2.当员工在服务工作中因比较忙没有及时给客人服务而遭到投诉时,应该采取哪些积极的防卫机制?

◆ **延伸阅读**

A 型性格

A 型性格或称 A 型行为模式的提出是心理学对于身心疾病研究的一大贡献,长期以来医学界认为诱发心脏病的原因是高血压、血清胆固醇、吸烟等,但这些因素解释或预测不到心脏病的半数。后来心理学提出易患心脏病的人有一种共同的行为模式,称为 A 型行为模式。A 型以外的行为模式称为 B 型行为模式。现在临床上用是否为 A 型行为模式预测心脏病具有很高的准确性。

A 型性格者的突出特征:

1.运动、走路和吃饭的节奏很快。

2.对很多事情的进展速度感到不耐烦。

3.总是试图做两件以上的事情。

4.无法处理休闲时光。

5.着迷于数字,他们的成功是以每件事情中自己获益多少来衡量的。

A 型性格者有两个最大的特点:一是具有较强的竞争性。如果是平衡有度的竞争感并没有没坏处,但是具有 A 性格的人却失去了平衡点。他们高度竞争感的动机来自于胜利的喜悦和对失败的厌恶。在工作上、游戏中、家庭里,甚至对自己都抱有竞争的态度。在他们身边的人很难有喘气的机会。二是缺乏耐性。任何的拖延或中断都将使之发怒,但是他们却容许自己打断别人,告诉别人一个更好、更快的做事方法。他会抢别人未说完的话说;一次又一次地不停按电梯按钮,只为了要让它走快一点;不断看手表、看时钟以注意时间。他不仅把自己的行程排得满满的,而且也想让别人照着做。他具有多重的行为和思想,这表明他希望能在同一段时间内做许多不同的事情。可以看到他一面喝茶,一边看杂志,还与别人通电话,并同时对进入办公室的人打招呼。他们对于自己的思考能力、精力源泉,甚至消化功能都有极端的要求。他觉得唯一使自己能领先别人一步的方式就是要高度的功能运作。

与 A 型性格相对应的是 B 型性格,其突出表现为:

1.从来不曾有时间上的紧迫感以及其他类似的不适感。

2.认为没有必要表现或讨论自己的成就和业绩,除非环境要求如此。

3.充分享受娱乐和休闲时光,而不是不惜一切代价表现自己的最佳水平。

4.充分放松而不感到愧疚。

A 型性格者常处于中度的焦虑状态。他们不断给自己施加时间压力,总为自己制定最后期限。这些特点导致了一些具体的行为结果。如果 A 型性格是工作很快的人,那他们对数量的要求高于对质量的要求。从管理的角度看,A 型人表现为愿意长时间工作,但他们的决策欠佳也绝非偶然,因为他们做得太快了。A 型人很少有创新性。因为他关注的是数量和速度,常常依赖过去的经验解决自己当前面对的问题。对一项新工作,无疑需要专门时间来开发解决它的具体办法,但 A 型人却很少分配出这种时间。他们很少根据环境的各种挑战改变自己的反应方式,因而他们的行为比 B 型人更易于预测。

在组织中 A 型性格者和 B 型性格者谁更容易成功?尽管 A 型人的工作十分勤奋,但 B 型人常常占据组织中的高层位置。最优秀的推销员经常是 A 型人,但高层经理管理人员往往是 B 型人。为什么?答案在于 A 型人倾向于放弃对质量的追求而仅仅追求数量,然而在组织中晋升常常授予那些睿智而并非匆忙、机敏而并非敌意、有创造性而并非仅有好胜心的人。

案例来源:《A 型性格》http://baike.baidu.com/view/144087.htm(百度百科)

◆ 本章试题与知识训练

一、判断

1.心理健康水平不是一个连续体,心理健康与心理异常之间有明确界限,是根本的类的不同。 （ ）

2.只要一个人的身体上没有缺陷和疾病,就是一个健康的人。 （ ）

3.工作倦怠又称职业枯竭,表现为心理疲劳、缺乏热情、效率较低、丧失成就感和工作动力。 （ ）

4.心理健康程度与内外压力成正比,与自我强度(个体对内外压力的承受能力)成反比。 （ ）

二、填空题

1.消极性自我防卫包括_____、_____、_____、_____。

2.自我暗示法分为语言性自我暗示、_____自我暗示、_____自我暗示。

3._____疗法就是利用或创造某种环境,把压抑下来的愤怒、忧愁、悲伤、痛苦等各种消极情绪疏发宣泄出来,以减轻或消除心理压力,恢复心理上的平衡。

三、选择题

1.合理化作用也叫_____作用。

A.补偿作用　　　　　B.升华作用　　　　　C.投射作用　　　　　D.文饰作用

2.挫折后的行为表现有哪些种?

A.攻击　　　　　　　B.冷漠　　　　　　　C.幻想　　　　　　　D.退化

三、名词解释

1.文饰作用

2.潜抑作用

3.升华作用

4.语言性自我暗示

5.强化的方法

四、简答

1.世界卫生组织(WHO)提出的心理健康标准是什么?

2.判定人们心理健康与否的标准包括哪些方面?

3.引发旅游工作者心理问题的原因是什么?

4.旅游企业营造良好的工作环境和加强企业文化建设的途径有哪些?

5.如果导游员初次带团没有经验,对路线和景点不熟悉,怎样用想象演习法练习?

第 十 二 章

旅游企业员工的激励心理

学习目标

知识要点:了解三大类激励理论的创立者及主要内容;理解激励的含义与作用;掌握心理学理论在激励中的应用,结合实践了解激励的心理原则与激励旅游企业员工积极性的举措。

技能训练:联系实际谈谈如何采取有效的激励措施来调动旅游企业员工的工作积极性。

能力拓展:通过小组形式展开调研,做一份旅游企业人力资源部激励员工策略的研究报告(主要包括访谈问卷的设计、结果分析、激励手段的创新设计等)。

引 例

"雇主"也是"品牌"

"雇主品牌"对于大多数中国人来说还是新鲜事,但在国际上,"企业公民"以获选而骄傲。国内比较熟悉的、时间较久的是由翰威特咨询公司、亚洲华尔街日报、远东经济报道和21世纪经济报道组织的每两年一次的评选。在这一评选项中,上海波特曼丽嘉酒店连续几年蝉联"亚洲最佳雇主"第一名,今年也是如此,丽嘉在中国香港和吉隆坡的酒店,在评选中名列前茅。作为世界知名酒店集团,丽嘉的座右铭"我们是绅士和淑女,我们为绅士和淑女服务"对这个行业影响深远。丽嘉集团认为,员工是酒店中最重要的资源,酒店要重视以人为本的管理。

近年来,翰威特在全球多个国家和地区进行过多次最佳雇主研究,发现企业不约而同地都面临着如何吸引、留用和激励人才的困惑,在酒店行业,这成为一个世界性的问题。

翰威特的评选结果令人深思。2005 年中国十家最佳雇主中没有一家是中国本土企业,其中重要原因之一,就是众多的中国企业尚未建立一种培养人才、留住人才的激励机制。

案例引发的问题:旅游接待业是个以人为本的行业,也是员工流失率较高的行业,你认为应该如何鼓舞员工的士气呢?

资料来源:尚力."雇主"也是"品牌"[N].中国旅游报,2005-11-30.

第一节 激励的含义、作用与激励理论

一、激励的含义

作为心理学的术语,激励指的是持续激发人的动机的心理过程。在组织行为学中,激励主要是指激发人的动机,使人有一股内在的动力,朝着所期望的目标前进的心理活动过程。激励也可以说是调动积极性的过程。通过激励,在某种内部或外部刺激的影响下,使人始终维持在一个兴奋的状态。从管理的角度来讲,激励指的是以满足个体的某些需要为条件,努力实现组织目标的过程。其实质是调动人的积极性,提高工作绩效,使个人目标与组织目标相统一,在实现个人目标的同时,有效地实现组织目标。

激励的出发点是满足组织成员的各种需要,即通过系统地设计适当的外部奖酬形式和工作环境,来满足企业员工的外在性需要和内在性需要。科学的激励工作需要奖励和惩罚并举,既要对员工表现出来的符合企业期望的行为进行奖励,又要对不符合期望的行为进行惩罚。激励贯穿于企业员工工作的全过程,包括对员工个人需要的了解、个性的把握、行为过程的控制和行为结果的评价等,因此,激励工作需要耐心。

信息沟通贯穿于激励工作的始末,从对激励制度的宣传、企业员工个人的了解,到对员工行为过程的控制和对员工行为结果的评价等,都依赖于一定的信息沟通。企业组织中信息沟通是否通畅,是否及时、准确、全面,直接影响着激励制度的运用效果和激励工作的成本。激励的最终目的是在实现组织预期目标的同时,也能让组织成员实现其个人目标,即达到组织目标和员工个人目标在客观上的统一。

二、激励的作用

现代管理活动的重要内容之一就是激励员工。现代企业最重要的资源是人力资源，如何调动人的积极性、激发人的潜能，是管理的主要任务，也是企业成败的关键。员工对待工作的积极性、投入工作的热情程度以及完成工作的决心，对企业目标的实现具有决定性的作用。现代管理者必须擅长采用各种方式激励员工，最大限度调动员工的工作积极性，以求为企业创造出良好的经济效益和社会效益。目前，我国正在进行的改革的关键之一就是要有效地调动人的积极性。

1.调动员工的积极性[①]

美国哈佛大学的心理学家威廉·詹姆士认为，同样一个人在通过充分激励后所发挥的作用相当于激励前的3～4倍。即员工只有在激励的作用下，才能发挥其主观能动性和创造性，并创造出高质量、高效率的工作业绩。因此，激励最为重要的一个作用就是最大限度地调动员工的工作积极性。旅游企业管理者应在了解员工心理需求的基础上，通过具体分析，有针对性地设置目标，把旅游企业的目标与员工的需求有机地结合起来，从而更好地发挥员工的内在潜能，并使用合理的手段，转化员工的行为，释放出每一位员工的潜能，使之做出最佳的表现。

2.开发员工的潜能

心理学家发现，按时计酬的员工，一般只要发挥他们能力中的20％～30％，就足以保住职位、应付工作。而当工作受到充分的激励时，其能力可以发挥出80％～90％，这说明大约有50％～60％的能力是可以通过激发员工的动机来实现的。研究还发现，普通人只运用了头脑和身体资源中极少的一部分，人有许多潜力尚未被激发出来，这是人力资源的一种浪费。由此可见，激励是挖掘潜力的重要途径。

管理学家的研究表明，员工的工作绩效是员工能力和受激励程度的函数，即工作绩效＝能力×激励水平。如果把激励制度对员工创造性、革新精神和主动提高自身素质的意愿的影响考虑进去的话，激励对工作绩效的影响就更大了。索尼公司鼓励每一位员工对产品提出任何意见，由此，便有了随身听的诞生，这便是挖掘潜力非常成功的典范。因此，以调动人的积极性为主旨的激励是人力资源开发和管理的基本途径与重要手段。企业管理中引入激励机制不仅是企业现代化管理的表现，更是迎接未来挑战的一剂良方。

---

① 蒋丁新.饭店管理概论[M].大连：东北财经大学出版社，2004：117.

3. 营造良好的竞争环境

科学的激励制度包含有一种竞争精神,它的运行能够创造出一种良性的竞争环境,进而形成良性的竞争机制。在具有竞争性的环境中,组织成员就会受到环境的压力,这种压力将转变为员工努力工作的动力。正如麦格雷戈所说:"个人与个人之间的竞争,才是激励的主要来源之一。"在这里,员工工作的动力和积极性成了激励工作的间接结果。在员工达到被充分激励的前提下,旅游企业对员工会有较强的吸引力,企业的凝聚力和向心力也会自然形成。管理者通过对员工进行有效的沟通和激励,使其树立全局的观念,进而形成这个企业的团队精神。

4. 提高服务质量及管理水平

旅游企业是劳动密集型的行业,其核心产品是为客人提供的服务。服务人员的态度、言行举止、工作积极性将直接影响服务过程质量的优劣。员工如果对工作不满意,就可能通过服务过程传递给顾客,造成顾客不满意,从而失去他们给予企业忠诚的基础。而激励可以使员工具有工作的积极性、主动性和创新性。此外,员工最清楚企业运转中存在的各种问题,通过激励员工提出合理化建议,让员工参与管理,以激励员工以主人翁的姿态去工作,发现问题并积极想办法解决问题,使企业经营管理水平和服务质量得到不断提高。

三、激励理论

激励理论是关于如何满足人的各种需要、调动人的积极性的原则和方法的概括总结。激励的目的在于激发人的正确行为动机,调动人的积极性和创造性,以充分发挥人的智力效应,做出最大成绩。按照不同激励理论形成时间及其所研究的侧面不同,可分为行为改造型激励理论、内容型理论和过程型理论三大类。

1. 行为改造型激励理论

行为改造型激励理论重点研究如何改造和转化人的行为,以达到变被动为主动、变消极为积极。主要包括强化理论、归因理论和挫折理论。

（1）强化理论

强化理论的代表人物是美国哈佛大学心理学教授斯金纳。所谓强化,指的是对一种行为的肯定或否定的后果,它至少在一定程度上会决定这种行为在今后是否会重复发生。强化理论不考虑人的内心状态,只关注行为的结果。该理论认为:人的行为是其所获刺激的函数。行为主义心理学强调环境对人的行为的决定作用。斯金纳认为:人在给定环境中,特别是在新环境中,是不清楚什么样的行为会对自己有利的,其很多行为具有操作性或工具性。当他尝试一种行动给自己带来有利的结果时,该行为就可能重复发生;如果给自己带来不利的结果,该行为就会停止。这样,管理者就可以通过控制员工在组织环境中的行为结果,来影响、控制员工的行为。强化包括正强化、负强化和自然消退(衰减)三种类型。

强化理论的应用应注意:第一,应以正强化方式为主。第二,采用负强化(尤其是惩罚)手段要慎重。第三,注意强化的时效性。第四,要依照强化对象的不同采用不同的强化措施。第五,利用信息反馈增强强化的效果。

(2)挫折理论

挫折理论是由美国的亚当斯提出的。挫折是指人类个体在从事有目的的活动过程中,指向目标的行为受到障碍或干扰,致使其动机不能实现,需要无法满足时所产生的情绪状态。挫折理论主要揭示人的动机行为受阻而未能满足需要时的心理状态,并由此而导致的行为表现,力求采取措施将消极性行为转化为积极性行为。

在现实生活中,不但个体动机及其动机结构复杂,而且影响动机行为满足的因素也极其复杂,因此,挫折的产生是不以人们的主观意志为转移的。引起挫折的原因既有主观的,也有客观的。主观原因主要是个人因素,如身体素质不佳、个人能力有限、认识事物有偏差、性格缺陷、个人动机冲突等;客观原因主要是社会因素,如企业组织管理方式引起的冲突、人际关系不协调、工作条件不良、工作安排不当等。当然,人是否受到挫折与许多随机因素有关,也因人而异。

挫折对人的影响具有两面性:一方面,挫折可增加个体的心理承受能力,使人猛醒,汲取教训,改变目标或策略,从逆境中重新奋起;另一方面,挫折也可使人们处于不良的心理状态中,出现负向情绪反应,并采取消极的防卫方式来对付挫折情境,从而导致不安全的行为反应,如不安、焦虑、愤怒、攻击、幻想、偏执等。

(3)归因论

归因是人们对他人或自己的所作所为进行分析,指出行为的性质或推断发生这种行为的原因的过程。美国心理学家韦纳对行为结果的归因进行了系统探讨,并把归因分为三个维度:内部归因和外部归因(内外源),稳定性归因和非稳定性归因(稳定性),可控制归因和不可控制归因(可控性)。

内因,指存在与个体内部的原因,如人格、品质、动机、态度、情绪、心境以及努力程度等个人特征。如果将行为归因于个人特征,称之为内归因。

行为外因,是指行为或事件发生的外部条件,包括背景、机遇、他人影响、工作任务难度等。如果将行为原因归于外部条件,称之为外归因或情境归因。在许多情境中,行为与事件的发生并非由内因或外因单一因素引起,而是兼有二者的影响,这种归因称之为综合归因。成功和失败的不同归因会影响人们当时的心理感受和对以后的期望及今后的努力程度。

2.内容型激励理论①

内容型激励理论主要研究激励的原因与起激励作用的因素。主要包括马斯洛的需要层次理论、奥尔德弗的 ERG 理论、赫茨伯格的双因素理论和麦克利兰的成就激励理论。马斯洛的需求层次理论在前面章节介绍过,我们着重介绍其他理论。

(1)奥尔德弗的 ERG 理论

美国耶鲁大学的克雷顿·奥尔德弗在马斯洛提出的需要层次理论的基础上,提出了一种新的人本主义需要理论,认为人们共存在三种核心的需要,即生存(Existence)的需要、关系(Relatedness)的需要和成长(Growth)的需要,因而这一理论被称为"ERG"理论。

"ERG"理论表明人在同一时间里可能受到不同层次需要的激励。如人们工作是为了生计(生存需要得到了满足),而同时由于与同事之间良好的关系得到激励。此外,ERG 理论并不强调需要层次的顺序,当人们在某一层次上受挫时,他们可能会转向较低层次的需要。某种需要在得到基本满足后,其强烈程度不仅不会减弱,还可能会增强,这与马斯洛的观点不一致。

(2)赫茨伯格的双因素理论

赫茨伯格认为,员工们的工作中存在两类因素:激励因素与保健因素。保健因素是指那些与人们的不满情绪有关的因素,如企业政策、工资水平、工作环境、稳定与保障、个人生活等。这类因素处理得不好会引发工作不满情绪的产生,处理得好可以预防和消除这种不满。但它不能起激励作用,只能起到保持人的积极性,维持工作现状的作用。激励因素是指能够激励员工积极性、提高工作效率的因素。主要包括:成就、赏识、挑战性工作、晋升、工作上的责任感、由于良好的工作成绩而得到的奖励、对未来发展的期望等。

作为管理者,首先必须保证员工在保健因素方面得到满足。但即使满足了员工上述保健因素的需求,也不能引起积极的后果,只能防止员工在这些方面不满意的产生,能安抚员工,却不能激励他们。因此,管理者必须重视员工的激励因素,强调成就、认可、工作本身、责任和晋升的重要性,以此来刺激员工工作绩效的提高。具体做法有:

第一,工作丰富化。让员工有机会参加工作的计划和设计,得到信息反馈,估计和修

① 海因茨·韦里克,哈罗德·孔茨.管理学——全球化视角(第十一版)[M].马春光译.北京:经济科学出版社,2004:287-293.

正自己的工作,使员工对工作本身产生兴趣,获得责任感和成就感。

第二,工作扩大化。让员工增加工作的种类,同时承担几项工作或完成更长的工作链,以增加其对工作的兴趣,克服因精细专业化和高度自动化带来的工作单调与乏味。

第三,弹性工时。规定员工除一部分时间须按规定时间上班外,其余时间在一定范围内可以让员工自行安排,以提高员工的工作情绪和工作效率。

(3)麦克利兰的成就激励理论

美国管理心理学家戴维·麦克利兰的成就激励理论在西方学术界的影响也较大。该理论认为人们被按高标准工作或者在竞争中取胜的愿望激励着,也就是说,做出成就的动机存在于每个人的思想深处。但真正受到成就欲强烈激励的人并不多。他把这些激励需要分为权力需求、归属需求和成就需求。金钱刺激对高成就者的影响表现为两个相互矛盾的方面:一方面,他们需要得到较高的薪水;另一方面,金钱刺激对于提高他们的工作绩效很难起太大的作用。

管理者应该注意:其一,对员工的工作进行及时反馈。主要是为了让其了解自己的成功之处,刺激其取得更大成就的需求。其二,树立取得成就的楷模。主要是为了刺激所有员工取得成功的愿望和动机。其三,肯定员工的成就。在组织中形成这样的环境:成就可以获得承认,成果可以得到鼓励,这样,有高度事业心的人就会乐于承担重担。其四,不去限制员工的创新。创新往往也是人们取得成就的关键因素,限制创新实际上就是限制人们取得成就。当然,创新也需要脚踏实地,麦克利兰就十分欣赏脚踏实地的创新。

3.过程型激励理论

过程型激励理论主要说明行为是怎样产生的,又怎样向一定的方向发展,如何使这种行为持续下去,如何通过心理激励使人的行为积极性维持在一个较高的水平上。

(1)佛隆的期望理论

期望理论是由美国心理学家维克托·佛隆在 1964 年提出的。其主要观点是:人的固定要求决定了他的行为以及行为方式。组织成员的活动是建立在一定的期望之上的,因此,可以在个人活动与其结果之间建立某种联系。期望理论可以用下列公式来表示:

激励强度＝期望值×效价

期望值是指个体根据自己的经验对所采取的行动将达到某一目标或结果的可能性或概率的估计。效价是指个人对某种结果的期待程度。当一个人对实现某个目标认为无所谓时,效价为零;而当他宁愿不去实现这个目标时,效价是负的。这两种结果当然不会产生激励作用。同样,如果期望值为零或负时,就不会激励一个人去实现目标。该公式说明,假如一个人把目标的价值看得越大,估计能实现的概率越高,那么激发的动机就越强烈,激发的内部潜力也就越大。

该理论还指出,效价受个人价值取向、主观态度、优势需要及个性特征的影响,同一个目标在不同人的心目中,目标价值不一定相同。效价和期望值的不同结合,决定不同的激励效果。从公式可以看出,期望值与效价越大,激发的动机越强烈,激发的力量也越大。

（2）公平理论

美国心理学家斯达西·亚当斯于 20 世纪 60 年代提出了公平理论。重点研究人们报酬分配的公平性问题,尤其是研究报酬的合理性、公平性对组织成员工作积极性的影响。公平理论表明,一个人所获得报酬的绝对值与他的积极性高低并无直接必然的联系,真正影响人的工作积极性的是他所获得报酬的相对值。其公平理论的主要方面可以用以下公式来表示:

$$\frac{个人所得的报酬}{个人的投入} = \frac{别人所得的报酬}{别人的投入}$$

一个人和用来比较的其他人的报酬和投入之比应该是平衡的。输入是指个体向组织投入的努力、技能、绩效、生产数量和生产质量等因素,这是个体应得报酬的依据;输出结果是指组织向个体提供的工资、表扬、晋升等因素。员工感到结果公平时就会使人心情舒畅,产生积极性并继续努力工作;若感到不公平,就会苦恼和不安,并带来各种消极作用,甚至失去工作努力的积极性。

公平理论把激励与报酬分配联系在一起,说明人是要追求公平的,这一观点在现实中普遍存在,但是在实际运用中很难把握。因为公平感是一种主观体验,由于价值观、比较对象、比较标准等因素的不同,以及何种因素属于投入、何种因素属于产出的归属不同,公平与否的判断差异很大,人们总是倾向于过高估计自己的投入量,而过低估计自己所得到的报酬,对别人的投入量及所得报酬的估计则与此相反。因此管理者在运用该理论时应当更多地注意实际工作绩效与报酬之间的合理性。有时管理者也可将产出（收入分配）保密,采用单独秘密发奖的办法,以避免无谓比较,引起不公平感。

◆ **案例驿站 12.1**

建立"以人为本,动态竞争"的激励机制

我国的旅游饭店及各大管理集团应尽快普及"以人为本,动态竞争"的激励机制,并逐步强化以下观念:

1.员工不是简单的劳动成本,而是可持续开发的人力资源;

2.员工追求的不仅仅是一份谋生的工作,还是一项有发展前景的事业和职业;

3.员工不应仅仅靠机械的奖惩制度来管理,而且还应靠公平竞争的机制来管理;

4.员工不应仅仅靠物质刺激来激励,还应靠成就感、被尊重感、被承认感和被关心感等精神刺激来激励;

5.管理者不应只提供工作技能与工作知识方面的培训,还应提供综合素质和个人特长方面的培训;

6.管理者不应再把员工长期固定在一个岗位或一个部门,而应允许定期调换岗位、部门甚至酒店;

7.管理者不应再仅仅鼓励忠于职守、勤奋工作,还应鼓励拼搏向上与开拓创新;

8.管理者不应再设法阻止人才外流,而应主动为人才提供并创造内部流动的机会和条件。

案例来源:谷彗敏.世界著名饭店集团管理精要[M].沈阳:辽宁科学技术出版社,2001:80.

(3)洛克的目标设置理论

目标设置理论是马里兰大学管理学兼心理学教授爱德温·洛克于 1968 年提出的。认为目标本身就具有激励作用,目标能把人的需要转变为动机,使人们的行为朝着一定的方向努力,并将自己的行为结果与既定的目标相对照,及时进行调整和修正,从而能实现目标。这种使需要转化为动机,再由动机支配行动以达成目标的过程就是目标激励。该理论认为,目标是行为最直接的动机,设置合适的目标会使人产生希望达到该目标的成就需要,因而对人有强烈的激励作用,工作目标的明确性可以提高工作的绩效。

目标设置理论认为,指向工作目标的工作意向是工作激励的主要源泉,而目标的明确性、困难性和反馈性则是提高工作绩效的重要力量。所以,任何目标都可以从这三个维度来进行分析。在管理中,目标的价值是有目共睹的。目标的明确与否,对员工行为的激发力量的大小是不同的。在明确目标的指引下,通常来说员工的行为是高效率的,而模糊的目标则会导致员工行为的盲目性,从而效率低下。另一方面,有一定难度的目标总是比容易的目标更能激发员工付出更大的努力,效率也更高。实践还证明,对于参与制定的目标,员工的努力程度总是比对上级指定的目标所付出的努力大,也更容易为员工所接受。所以,困难的目标,应该积极地吸引员工参与其中。在实现目标的过程中,反馈与否,对员工的效率有很大的影响。反馈可以告诉员工已经取得的成就与所要达到的目标之间的差距,从而促使他们及时地完善策略,提高效率。

自我效能感也会对人的行为产生影响。自我效能感是指个人对自己胜任工作的信心。自我效能感越高,其行为效率越高,实现目标的可能性越大;反之,则相反。对于不同的反馈,具有不同效能感的人,其反应也是不同的。自我效能感高的人,对于消极的反馈,其反应是积极的;而自我效能感低的人则相反。

属于过程型激励理论的还有波特和劳勒的激励过程模式与罗伯特豪斯的综合激励模式。前者把努力、绩效、能力、环境、奖酬、满足等都纳入激励模式中,详细说明这些因素对积极性的影响。后者试图把几类激励理论综合起来,同时把内在激励和外在激励也归纳进来,更全面探讨各种因素对积极性的影响。

◆ 本节相关知识链接

中国古代的管理思想

现代行为科学的发祥地是国外,但是,强烈的人文主义色彩是中国传统文化的突出特点,关切人、研究人,是中国传统文化的重要内容。

在中国传统文化中,古人对奖惩激励进行了探讨。古人在承认人的多种需要的基础上,注意运用多种激励手段去实现目标。如"赏",诸葛亮主张"赏以兴国"。只有做到赏罚分明,才能确保管理组织的正常科学运转。此外,通过"羞辱"方式以激励人,春秋时,齐国田单诱使敌人挖掉齐人祖坟,从而使全城老少同仇敌忾,使孤城得以长期坚守。激励行为通过对行为的肯定,诱发、引导人们的动机指向,并强化动机,从而调动人的积极性和创造性。

中国古代管理思想众多,如《孙子兵法》中的管理思想,如今,在日本、美国等西方国家将其作为培训经理的教材;又如《周礼》中的管理思想,《管子》中含有的管理思想等等,这都要求我们深一步研究中国的古代管理思想。

资料来源:周三多.管理学[M].上海:复旦大学出版社(第四版),2005:41-48.

第二节　心理学理论在激励中的运用

一、鲶鱼效应

鲶鱼效应即采取一种手段或措施,刺激一些企业活跃起来投入到市场中积极参与竞争,从而激活市场中的同行业企业。其实质是一种负激励,是激活员工队伍的奥秘。

　　一位精明的挪威船长,在捕放沙丁鱼的鱼槽内放入了一条鲇鱼,结果他的沙丁鱼见"异己分子"夹杂其间,便紧张而加速游动,大多能活着返港,且卖价比其他船高。这就是鲇鱼效应的作用。鲇鱼效应对于渔夫来说,在于激励手段的应用。渔夫采用鲇鱼来作为激励手段,促使沙丁鱼不断游动,以保证沙丁鱼活着,以此来获得最大利益。在企业管理中,管理者要实现管理的目标,同样需要引入鲇鱼型人才,以此来改变企业相对一潭死水的状况。

　　鲇鱼效应的根本就是一个管理方法的问题,而应用鲇鱼效应的关键就在于如何应用好鲇鱼型人才。如何对鲇鱼型人才或组织进行有效的利用和管理是管理者必须探讨的问题。由于鲇鱼型人才的特殊性,管理者不可能用相同的方式来管理鲇鱼型人才,已有的管理方式可能有相当部分已经过时。因此,鲇鱼效应对管理者提出了新的要求,不仅要求管理者掌握管理的常识,而且还要求管理者在自身素质和修养方面有一番作为,这样才能够让鲇鱼型人才心服口服,才能够保证组织目标得以实现。因此,企业管理在强调科学化的同时,应更加人性化,以保证管理目标的实现。当一个组织的工作达到较稳定的状态时,常常意味着员工工作积极性的降低,"一团和气"的集体不一定是一个高效率的集体,这时候"鲇鱼效应"将起到很好的"医疗"作用。一个组织中,如果始终有一位"鲇鱼式"的人物,无疑会激活员工队伍,提高工作业绩。

　　鲇鱼效应是企业领导层激发员工活力的有效措施之一。它表现在两方面,一是企业要不断补充新鲜血液,把那些富有朝气、思维敏捷的年轻生力军引入职工队伍中甚至管理层,给那些故步自封、因循守旧的懒惰员工和官僚带来竞争压力,才能唤起"沙丁鱼"们的生存意识和竞争求胜之心。二是要不断地引进新技术、新工艺、新设备、新管理观念,这样才能使企业在市场大潮中搏击风浪,增强生存能力和适应能力。

◆ **案例驿站 12.2**

青岛:鲇鱼效应让餐饮市场生机勃勃

　　最近,落户在银海国际游艇俱乐部的高端餐饮项目净雅酒店宣布将于年内开业,银海净雅大酒店作为中国首家海底餐厅,定位高端,建成后将成为全世界第三家有海底世界就餐环境的酒店。

　　青岛是一个海滨旅游城市,大量的客流和外向型的城市特点使得本土与外来餐饮竞争激烈。专家认为,正是外来企业的鲇鱼效应,让整个青岛餐饮市场充满勃勃生机。

看好青岛市场的并非只有净雅集团和俏江南,像颐中皇冠假日、香格里拉、丽晶、海天等酒店都是外来企业投资建设的。

面对外来企业的强势,青岛的本土餐饮企业也在尝试改变,以适应新形势,夺回失去的市场。针对存在的问题和自身的特点,青岛本土餐饮企业在外来企业这条"鲇鱼"的搅动下,也以较快的速度进行着改革。

案例来源:王桂桂,李强.青岛:鲇鱼效应让餐饮市场生机勃勃[N].中国旅游报,2009-11-25.

二、归因效应

归因,即归结行为的原因,指个体根据有关信息、线索对行为原因进行推测与判断的过程。归因是人类的一种普遍需要,每个人都有一套从其本身经验归纳出来的行为原因与其行为之间的联系的看法和观念。

归因理论对员工激励与管理都有重要的指导意义。根据归因理论,一个人对过去工作中的成功与失败、得与失、兴与衰是归因于内部原因还是外部原因,是归因于稳定性因素还不稳定性因素,这是影响今后工作、成功的期望和坚持动力行为的关键之一。也就是说,如果工作中的失败和挫折,被归因于智力差、能力低、任务难等内外原因中的稳定因素,就必然会造成人们对今后工作的成功的期望失去信心,也就难以产生坚定的努力行为。相反,如果工作中的失败和挫折,被归因于个人努力不够、马虎大意等不稳定性的偶然因素,就会使员工在今后的工作中,容易接受教训,改正不稳定性因素造成的影响,增强成功的信心,坚持努力行为。所以,领导者要注意树立通过改变人的思想认识来改变人的行为的工作方针,注意对成功者和失败者今后行为的引导,尽可能地把成功与失败的原因,归因于不稳定性因素。

员工的归因倾向对自身的工作有多大的影响呢? 心理学家进行了归纳:

1. 成功的归因

若把成功归因于内部原因(努力、能力),则会使人感到满意和自豪。若把成功归因于外部原因(任务易或机遇),则会使人产生惊奇或感激的心情。若把成功归因于稳定因素(任务易、能力强),会提高以后工作的积极性。若把成功归因于不稳定因素(机遇与努力),则以后的工作积极性可能提高,也可能降低。

2. 失败的归因

若把失败归因于内因,会使人产生内疚和无助感。若把失败归因于外因,则会使人产生气愤和敌意。若把失败归因于稳定因素(任务难、能力弱),会降低以后的工作积极性。若把失败归因于不稳定因素(运气不好或努力不够),则可能提高以后的工作积极性。由此可见,领导者如果根据归因理论了解人的归因倾向,掌握人的归因规律,就可按一定规律进一步指导和训练人的正确归因倾向,有助于人们正确地总结工作中成功的经验和失败的教训,从而调动人们的工作积极性,提高工作效率。

著名企业家、索尼公司创始人盛田昭夫如何对待犯错误的员工呢?

他曾经说过:"我并不怕对我所做过的任何一个决策承担责任,但如果一个人犯了错误就受到污辱,就被剥夺了晋升的机会,那他在今后的企业生涯中,就将失去动力,也就不可能在今后再向公司提出任何建议。但是,要是采取另一种方法,澄清错误的原因,并将它公之于众,那犯错误的人将会记住它,其他的人也不会再犯同样的错误。我对公司里的人说:'放手干吧,你认为是对的事就去干吧。如果你出了错误,你可以从中学到东西,只要不再犯同样的错误就行了。'重要的是要找出原因,这样你就能避免将来再犯同样的错误。如果你追查原因不是为了要毁掉某个人的前途,而是授命全体员工从中吸取教训,那结果将不是一次损失而是一次有价值的教训。"

这就是运用归因理论的一种表现,可以说归因理论的运用对员工激励有很大的用处。

三、期望效应

期望理论认为,当人们预期某种行为能带给个体某种特定的结果,而且这种结果对个体具有吸引力,个体就倾向于采取这种行动。它包括以下三项变量或三种关系,见图12.1。

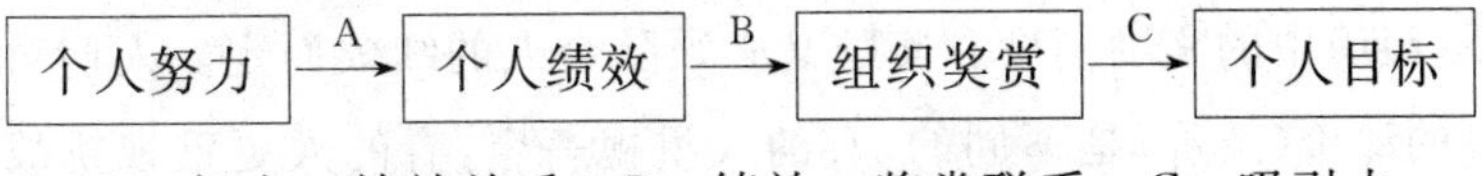

$$\boxed{个人努力} \xrightarrow{A} \boxed{个人绩效} \xrightarrow{B} \boxed{组织奖赏} \xrightarrow{C} \boxed{个人目标}$$

A＝努力—绩效关系　B＝绩效—奖赏联系　C＝吸引力

图 12.1　简化的期望模式[①]

1. 三种关系[②]

根据期望理论,有效地激发员工,需要处理好以下三种关系:

(1)努力—绩效关系

这包括两个方面:一方面是个人认为通过一定努力会带来一定绩效的可能性;另一方面就是这种努力是否会在绩效评估中体现出来。人总是希望通过一定的努力能够达到预期的目标,如果个人主观认为通过自己的努力达到预期目标的概率较高,就会有信

---

① 斯蒂芬·P·罗宾斯.管理学(第七版)[M].北京:中国人民大学出版社,2003:465.

② 周三多.管理学(第四版)[M].上海:复旦大学出版社,2004:521.

心,就可能激发出很强的工作热情。但如果他认为再怎么努力目标都不可能达到,就会失去内在的动力,导致工作消极。但能否达到预期的目标,不仅仅取决于个人的努力,还同时受到职工的能力和上级提供支持的影响。

(2)绩效—奖赏关系

人总是期望在达到预期的成绩后能得到适当的合理的奖励。这种奖励既包括提高工资、多发奖金等物质奖励,也包括表扬、自我成就感、同事的信赖、提高个人威望等精神奖励,还包括得到晋升等物质与精神兼而有之的奖励。如果他认为取得绩效后能够得到合理的奖励,就可能产生工作热情,否则就可能没有积极性。

(3)奖赏—个人需要关系

指组织奖励满足个人需要的程度以及这些潜在的奖励对个人的吸引力。人总是希望获得的奖励能够满足自己某方面的需要。然而由于人们各方面的差异,他们的需要的内容和程度都可能不同。因而,对于不同的人,采用同一种奖励能满足需要的程度不同,能激发出来的工作动力也就不同。

总之,期望理论的关键是了解个人目标以及努力与绩效、绩效与奖励、奖励与个人需要之间的关系。

2.具体应用

期望理论在管理上的应用,主要表现在人们可以自觉地评价自己努力的结果(绩效)和自己绩效的结果(报酬)。一个管理人员可以通过指点、指导和参加各种技术训练的办法,明确提高下级对努力—绩效的期望。而报酬必须紧密、明确地与对组织有重要意义的行为相联系,组织中的奖励制度和奖励又必须随个人的绩效而定。人们对自己从工作中得到的报酬的评价(效价)是不同的,有的人重视薪金,有的人更重视挑战性工作。因此,管理人员应重视使组织的特定报酬同职工的愿望相符合。

具体说,应该从以下几个方面着手:

(1)树立目标,激发期望心理

在调动员工积极性的工作中,我们不仅要了解员工的需要,还要根据员工的需要,适时地树立起有一定价值的目标,这是调动人的积极性的一项重要工作。当然,确立目标,激发期望心理,引导员工行为是一项细致的工作。

需要指出的是:目标过高,令人望而生畏;目标过低,使人轻而易举,这都不能激发人的积极性。此外,还有一个目标价值问题,这是因为没有满足人们精神和物质生活需要价值的目标,同样不能起到调动积极性的作用。实践证明,适时地确立适当的目标及目标价值是调动员工积极性的一个行之有效的方法。然而,确立了目标是不是就可以自然而然地调动起员工的积极性呢？我们认为，作为一个管理者，还应帮助员工通过努力达到目标。

（2）运用期望值调动积极性

由于人们的经验、能力、需要等各方面的不同，因而人们对同一客观事物的期望概率也不一样。此外，又由于人的期望概率常与环境和事物发展的结果出现矛盾，因此，了解、掌握员工的期望概率值，有针对性地进行工作，是防止挫伤及消极因素，调动积极性的重要环节。

由于人的需要不同，觉悟高低不同，加上所处环境因素的影响，有些人期望的目标和方向难免不切实际或偏离正确轨道，所以端正、疏导以至改变期望方向的工作是重要的，要把人的期望方向引导到正确轨道上来。

◆ **案例驿站 12.3**

一个期望激励理论应用的成功案例

下面是 MTW 公司和员工制定"期望协议"的案例，从案例我们可以看出，MTW 公司如何通过提高结果的个人价值，来激励员工更加努力工作。

公司总裁兼首席执行官爱德·奥西认为：MTW 成功的基石在于公司和每位员工签订的"期望协议"。"期望协议"的价值在于"换位思考"。在此过程中，每一方都说出他的目标，然后由他人再次重复目标。加入 MTW 公司的每一位员工都要签订一份"期望协议"，MTW 公司鼓励新员工提出所有的期望，说出他们心目中最重要的东西。有时，人们想灵活地处理家庭事务，比如照顾上了年纪的父母或者需要特殊护理的孩子。

在 MTW 公司，"期望协议"是一个双向的，随着员工的职业发展不断改进的文案，大约每 6 个月就要对它进行一次回顾，并进行修改。员工有较清晰的使命感，"公司知道你想去的地方，你也知道公司发展的方向"。

在市场部工作的 John 说，他的"期望协议"既包括共同的目标也包括个人的目标。他想获得公司支持，丰富软件市场的经历；他想找到一位导师帮助他变得更加专业；他想参加许多专业贸易协会，丰富他的行业知识；他想接触更多的经营活动，学习更多的业务知识，而不仅仅是营销。MTW 公司赞同这些想法并在"期望协议"中以同样具体的条件要求他。John 说："详细的协议有助于我制订计划，并在未来的一年内专注于这一计划。它可以让你反思你正在做的事情，同时也预期你应该做的事情。"

案例来源：江幼枫.一个期望激励理论应用的成功案例[J].人力资源开发与管理,2001(09).

◆ **本节相关知识链接**

基于心理契约的饭店员工离职分析

一、饭店组织中的心理契约

20世纪60年代初,以Rousseau为代表的一批学者把心理契约这一术语引入管理领域。使用这一概念是为了强调在员工与组织的相互关系中,除了正式的雇佣契约规定的内容之外,还存在着隐含的、非正式的、未公开说明的相互期望,它们同样是决定员工行为的重要因素。其理论基础是社会心理学中的交互关系理论。

广义的心理契约是组织与员工之间隐含的、未公开说明的相互期望的总和,包括员工个体水平和组织水平的两种期望。狭义的心理契约是组织与员工互动关系的情境中,员工个体对于相互之间责任与义务的信念系统。由于广义心理契约中,组织对员工的心理契约的难以确定性,当前众多关于心理契约的研究都是以狭义的心理契约为研究对象。

二、饭店员工离职的心理契约解析

1.饭店业人力资源管理领域存在"柠檬市场"现象

由于难以判定每个员工真实的技能和绩效,酒店企业只能按全体员工的平均水平支付薪酬,高于平均水平的员工没有得到应有的薪酬并因此感到不满意;这种状况如果长久没有改善,其中一部分人就选择离开酒店;现有全体员工技能和绩效的平均水平由此下降,所以能得到的薪酬也将相应调低,高于平均水平的员工又感到不满意,进而引发新一轮员工流失。这样,将导致核心层员工尤其是技术(能)型员工最终选择离开。

2.不重视员工的选拔和培训

通过调查发现,多数饭店在招聘员工时,过多地关注其年龄、婚育状况、外形条件以及从业经验,忽视被招聘人员的能力和价值观,从而抑制了员工的积极性,降低了他们的满意度。部分国有饭店处于转轨时期,从节约成本的角度出发,也尽量减少员工参加培训的费用。许多饭店由于担心员工早晚会跳槽而不愿花大力气进行员工培训,即使开展培训,也仅限于入职培训。至于让员工到旅游院校甚至出国深造的机会更少。对于管理储备型员工而言,其心理契约必然破裂,从而产生强烈的情绪体验,最终导致离职。

3.环境失调

对于管理人员来说,由于环境的改变,原有的工作方式在新的组织中可能失效;

同时,新的人际关系也会给工作带来很大的阻力,最终使得他/她的绩效不能很快得到提高,达不到自己的预期目标,从而产生挫败感。另一个重要危机来源于"工作倦怠"。当管理人员长期工作在一个饭店里,其业绩比较稳定但没有大的突破,工作就慢慢开始显得缺乏变化,让其失去激情。因而期望通过环境的变化,重新激发对工作的热情。

4. 岗位设置缺乏灵活性

饭店以提供服务为主,岗位设置较为单一并且固定,一线员工占据了饭店员工的大部分比例,工作仅限于班次差别,部门内及部门间的"跨线"调动不常见,缺乏岗位竞争,不能满足员工。这必然导致员工对饭店的期望值降低,最终导致心理契约的违背。

心理契约是一个很奇妙的东西,对它的遵守与管理需要高超的艺术性水平作为指导。Robinson、Kraatz、Rousseau 对心理契约的实证研究表明,员工认为组织的义务体现在以下方面:内容丰富的工作、公平的报酬、成长和晋升的机会、充分的工具和资源、支持性的工作环境和有吸引力的福利。研究者还发现,情境因素对心理契约违背所产生的后果具有非常重要的影响。如对雇主的原有信任程度、对离职后的预期、劳动力市场的人力资源状况、违约的外部不可控因素等变量对违背心理契约的后果都存在调节作用。这在某种程度上反映了违背心理契约后果的作用机制,为组织设计合理有效的管理策略提供了重要启示。

资料来源:陈波,梁平.基于心理契约的饭店员工离职分析及管理对策[J].中外企业家,2007,4:80—84.

第三节　激励员工的举措

旅游企业管理者应通过对各种激励理论的灵活运用,并采取各种有针对性的激励方式对员工进行管理并激发其工作热忱,使员工竭尽全力、自觉自愿地完成各项任务。常见的激励方式有目标激励、参与激励、情感激励、榜样激励、惩罚激励、荣誉激励、内在激励等。管理者在具体的激励过程中应根据具体情况注意以下几方面的问题。

一、物质奖励与精神奖励结合

调动员工积极性的因素包括物质因素和精神因素。物质激励是指通过物质刺激的手段,鼓励员工工作。它的主要表现形式为正激励,如发放工资、奖金、津贴、福利等;负激励,如罚款等。物质需要是人类的第一需要,是人们从事一切社会活动的基本动因。所以,物质激励是激励的主要模式,也是目前我国企业内部使用得非常普遍的一种激励模式。而精神奖励主要从思想、政治上给予肯定，赋予荣誉和光荣称号，以激发员工的自尊心、自我实现和成就感。目标激励、情感激励、参与激励、榜样激励等都是精神激励的有效方式。在旅游企业中，无论是物质还是精神激励必须在绩效考评、客观评价员工工作行为表现的基础上进行，这样才能取得良好的激励效果。总之，物质激励是基础，精神激励是根本，在两者结合的基础上，逐步过渡到以精神激励为主。

1. 不要忽视金钱的作用

管理者可能很容易沉浸在设置目标、创造工作的趣味性、提供参与机会这些因素上，而忘记大多数人从事工作的主要原因是为了钱。因此，在工作业绩基础上进行的加薪、计件奖金及其他报酬奖在决定工作积极性上起着重要作用。据研究，以金钱作为刺激物可以使生产率平均提高30%，而让员工参与决策的做法可提高不到1%，仅靠目标设定这一项，员工的生产效率平均可以提高16%。当然，物质奖励不是万能的，而且其作用是有限的。所以管理者要注意将物质激励同其他激励方法结合起来应用，才能起到相得益彰的作用。而且物质激励不一定多花钱才能有效，关键是要做到公平合理。

2. 工作激励

激励效果的产生取决于员工自身需求、所从事的工作和管理者的强化手段。没有工作，激励必然不会产生。员工在完成工作的同时满足了其兴趣和自我实现的成就欲，即高层次的需求，因此，工作本身具有激励作用。工作激励包括职位的提升、权限的扩大、工作范围的扩大、安排更具有挑战性或更符合个性爱好和特点的工作等。如通过分配恰当的接团任务来激发导游的工作热情和努力程度。

为了发挥工作激励的效果，要注意做到：人尽其才、工作丰富化、角色激励和工作目标激励；工作的适应性、工作的意义与挑战性、工作的完整性、工作的自主性、工作扩大化、工作的丰富化、及时获得工作的成果反馈等。其中，角色激励就是让员工认识并担负起应负的责任，激发其为扮演的角色而努力工作的精神，满足其成就感。如果没有责任激励，员工的生活节奏就会放慢；反之，一旦"重任在肩"，就会废寝忘食、孜孜不倦。当员工想充分表现自身能力、发挥自身潜力、实现自我价值或赢得他人尊重时，这是一种有效的激励方式。

3. 领导行为激励

管理手段的使用即领导是激发员工动机的又一大要素。领导的良好行为、模范作用、以身作则就是一种无声的命令，能够有力地激发下属的积极性。"军井未汲，将不言渴"，"上有所好，必甚焉"。如果领导者在每个工作日中仅有两个小时待在办公室，其余六个小时都在麻将桌上度过,那他就不能要求下属全力以赴地工作;如果领导者兢兢业业,废寝忘食,那他的下属也必能效法而冲锋在前,勇于承担艰巨的任务。领导行为激励主要表现为:

(1)情感激励

管理者自身的情绪、情感对下属具有很强的传递性和感染力,管理者高昂的情绪、十足的信心和奋发的斗志往往能极大地调动员工的积极性。因此,管理者保持高昂的情绪,高尚饱满的情感,才能充分地调动员工的积极性。世界上许多大公司非常重视通过对员工生活上的关怀、解决他们的后顾之忧来增强企业的凝聚力。

(2)期望激励

管理者充分信任员工并对员工抱有较高的期望,员工就会充满信心。如果管理者要求员工严格按照标准,一丝不苟地完成工作,员工就会绝对达到工作标准。这是指管理者的期望值在左右着员工的工作动力。当然,如果对下属期望值过高,员工可望而不可即,仍然无法激发员工的工作热情。

(3)榜样激励

领导者的行为本身就具有榜样作用。要想有效地激励员工,管理者就应树立良好的榜样。领导者行为通过榜样作用、暗示作用、模仿作用等心理机制激发下属的动机,以调动员工的工作、学习积极性。

◆ **案例驿站 12.4**

荣誉激励

　　有报道说,IBM 美国公司有一个"百分之百俱乐部",当公司员工完成他的年度任务,他就被批准为"百分之百俱乐部"成员,他和他的家人被邀请参加隆重的集会。结果,公司的雇员都将获得"百分之百俱乐部"会员资格作为第一目标,以获得那份光荣。这一激励措施有效地利用了员工的荣誉需求,取得了良好的激励效果。

案例来源:杜豪.让报酬策略成为企业的主动战略[N].中国经营报,2005-16-04.

二、严格管理与尊重、关怀结合

旅游企业对员工的管理,应坚持以制度管理为基础,以思想政治工作为主导,以物质刺激为辅助的管理思想,把制度激励机制、物质激励机制、精神激励机制有机地结合起来。

战国时,魏国大将吴起曾驻守西河。有一次他见一个士兵身上生疮化脓,就亲自跪在他身边用嘴为他吸脓,士兵的母亲听到这件事后大哭起来,别人问她为啥要哭,她说:"以前吴将军也曾为孩子的父亲吸过脓,结果他父亲打仗时拼命冲锋,死在战场上。现在将军又为我儿子吸脓,我害怕又失去亲人呀!"由此可见,企业领导对于下级的关怀,哪怕是微不足道,但却是出自真诚的关心,对于下级都是无穷的激励。此激励法被人们称之为"爱的经济学",即无需投入资本,只要注意关心、爱护等情感因素,就能获得产出。

1. 给员工以希望

管理者在旅游企业管理的过程中应善于激发员工的工作热忱,让其感到所从事的是一项值得付出时间和精力的有前途的事业,并加倍珍惜机会,从而努力工作。另外,管理者的工作作风也会给员工以潜移默化的影响,公正、务实的管理者会取得员工的信任,并让他们感到自己的工作做得好会得到管理者的肯定,是有前途、有希望的。反之,员工会感到工作前途渺茫而难以产生工作积极性。

2. 给员工以机会

管理者应善待自己的员工,通过给予员工以发展的机会,激发其工作积极性。比较有效的方式主要包括升迁的机会、培训的机会、发挥员工特长的机会等。成功的管理者一定善待自己人,将各种升迁的机会首先给予为企业做出贡献而且具有管理能力符合岗位要求的员工。这样也激励了其他员工,让他们感到晋升机会的存在。而培训是为员工提供了一种自我完善和发展的机会,增强了其就业能力;培训是更新员工知识,激励和留住人才的有效手段之一。更重要的是,管理者应努力创造机会使每位员工发挥其特长,这对于激发员工工作兴趣和积极性、增强企业凝聚力、节约劳动力、促进旅游企业发展具有重要意义。

3. 给员工以出路

职业生涯规划功在当代利在千秋。对于人才流动最为频繁的旅游业,职业规划或职业发展,不仅是一种有效的留人之道,而且能开发人们的潜能,提高员工对企业的承诺度、工作绩效、工作的满意度、工作的投入度,满足员工自我实现的需要,从而达到组织与员工双赢的目的。

正如苹果计算机公司员工事务负责人阿代尔·第吉奥吉奥所说:"我们要让员工知道,他们个人事业的发展,最终要靠自己,但是我们会帮助他们找到最合适他们走的道路。"

其一是管理之路。要把有管理能力的员工提拔到管理岗位上来。如果本单位管理职位没有空缺,应考虑向外输出管理,从而增加管理岗位。其二为技术之路。有些员工是技术上的能手,但缺乏管理能力,他们也是企业的财富。可以在做原来工作的同时,给他们以管理者所享受的相应的称号和待遇,以激发其工作积极性。

4. 给员工以温暖

通过人文关怀将会使旅游企业员工的喜怒哀乐等情感得以宣泄,使其更加努力,更加团结。同时,知识型员工受尊重愿望比普通员工强烈,管理者要学会给予知识型员工尊重、理解、关心和信任。

首先要关注员工。员工是普通的、具有一定需要的人。管理者应关注员工的需要,并尽量满足其中的合理部分,以提高员工的工作积极性。

其次要理解员工。理解是人们的共同需要,是人与人之间建立融洽关系的基础。企业需要社会和员工的理解,员工更需要社会和管理者的理解。因此,管理者应体谅员工在工作中遇到的各种烦恼和苦衷,并在管理中增加情感性内容,以激发员工的工作积极性。

5. 给员工以信任[①]

管理者应充分信任员工并对员工抱有较高的期望,员工就会充满信心,并产生强烈的荣誉感、责任感和事业心。这样的员工愿意承担工作,更愿意承担管理工作,同时也愿意在自己的工作和职责范围内处理问题。此外,员工通常认为他们会自觉遵守规定的程序来完成任务,不希望管理者过多地干涉其工作,否则,员工会认为是上级对他们的不信任,从而影响其工作积极性。

总之,旅游企业应把各级管理人员对自己属下的关心工作指标化、量化,并同其他管理工作一样进行考核和管理。即管理者通过管理工作,使员工感受到人与人之间的一份真情,工作成为最有意义的一种生活方式。这项工作应当纳入管理的范畴进行重点管理,这也是现代企业管理的基本理念之一。

◆ **专题笔谈 12.1**

建立员工忠实感——香格里拉饭店集团的经营战略之一

香格里拉相信有了忠实的员工才会有忠实的客人。因此在努力提高员工素质的同时,十分关心员工是否满意。集团创造一种员工感到自身价值受到认可,并有参与感的工作环境;使员工能看到自己将来事业发展的方向;提供具有竞争力的工作与福

---

① 蒋丁新. 饭店管理概论[M]. 大连:东北财经大学出版社,2004:119—121.

利。从长远的观点聘用有潜力的员工,向员工投资,促使他们个人发展,鼓励每个人实现事业发展目标的积极性。在物质方面,香格里拉饭店的工资比同行相对要高。集团还着重加强下列方面的工作。

重视培训

整个入职培训将从集团历史开始,使员工了解集团的经营之道、待客原则、企业文化和服务意识,使每名学员都感到成为香格里拉集团的成员所肩负的使命感。日常工作中,各部门员工平均每月都要参加一次技能培训,还要接受有规律的部门交叉培训。

中高层干部实行不定期轮岗制

一来防止饭店内的裙带关系和利用职权谋取私利;二来丰富中高层管理人员的经验,使他们熟悉本集团在不同地区的运作和业务,为集团培训高质量的管理人才。

提高凝聚力,尊重员工

饭店设有总经理热线,员工可随时打电话投诉或提建议。每个香格里拉饭店都有"员工日",各饭店可设立某一日为员工开晚会,由总经理主持,员工可与经理们自由交谈,相互沟通。各饭店每年专为员工举行春节晚会,从总经理到领班为员工端茶倒水,让员工享受贵宾待遇。饭店每月给当月过生日的员工集体过生日,发送总经理签字的贺年卡,各种小礼物和纪念品。组织合唱团,如深圳香格里拉有"亨利合唱团",每逢圣诞节为客人唱圣歌。

资料来源:谷慧敏.世界著名饭店集团管理精要[M].沈阳:辽宁科学技术出版社,2000:334-336.

三、目标管理与过程管理结合

目标管理亦称"成果管理",俗称责任制。是指在企业个体职工的积极参与下,自上而下地确定工作目标,并在工作中实行"自我控制",自下而上地保证目标实现的一种管理办法。其本质是注重工作成果,形成激励性的组织环境,激发各级管理人员实现各自目标。其不足就在于目标管理易使管理者急功近利,易诱导组织将管理重心全部放在目标的实现上,而缺乏对目标实现过程的管理。

与目标管理相对应的是过程管理,而过程管理则强调加强过程设计的科学性和有效性,注重对过程中发生问题的及时反馈和果断处理,注重对设计的及时调整。过程管理并非没有目标,只是注重管理过程中信息反馈及处理的及时性,它弥补目标管理的不足,目标管理与过程管理两者并不矛盾,只是关注的重点、采取的方式、方法不同。

1. 运用目标

目标在心理学上通常称为"诱因"，即能够满足人的需要的外在物。一般来讲，个体对目标看得越重要，实现的概率越大。因此，设置的目标要合理、可行，与个体的切身利益要密切相关。如果一家旅游企业有了正确而又有吸引力的目标，就能激励其员工奋发向上的斗志。

目标制定应该是多层次、多方向的。除了企业的总目标外，还要明确阶段性的目标，以及各级管理层次以至个人的具体目标。总目标可使人感到工作有方向，但达到总目标是个复杂过程，有时使人感到遥远或渺茫，影响人的积极性。因此要采取"大目标，小步子"的方法，把总目标分成若干个阶段性目标，通过实现几个阶段性目标来实现总目标。阶段性目标可使人感到工作的阶段性、可行性和合理性。

2. 目标的可达性

应用目标管理要注意目标效价和期望值的关系。目标效价越大，就越能鼓舞人心，激励作用就越强。目标的期望值越大，使人们感到不是可望而不可即，才会起到激励作用。因此，要确保员工认为目标是可达到的。管理者要保证员工充满自信，让他们感到只要努力，就可以实现绩效目标。

3. 奖励的个性化

每位员工的需要是不同的，那么对于某位员工有效的强化措施，并不一定适合于其他员工。因此，管理者应该充分了解员工的差异并对其实施个别化奖励。激励措施和手段应因员工的不同而有所差异。如今兼职工、合同工等短期工已成为旅游业的一支重要队伍，对于其中的青年学生来说，挑战性的工作能有效提高其工作热情和积极性；而对于正在寻找工作的短期工来说，提高长期工作的机会或技能培训是不错的选择。

4. 奖励与绩效挂钩

在管理过程中，必须使奖励与绩效相联系，如果不对绩效因素进行奖励，只会强化那些非绩效因素。当员工达到特定目标时，应给予奖励，如晋升、加薪、奖励旅游等。应当增加奖励的透明度，以充分发挥奖励的激励作用。

5. 公平的激励体制

员工需要公平，公平在比较中获得，因此不仅要重视绝对量，更应注重可比的相对量，要充分考虑一个群体内及群体外相关人员激励的公平性。因此，应该使员工感到自己的付出和所得是对等的，员工在经验、能力、努力等方面明显的付出应当使其在收入、职责等方面体现出差异。建立理想的激励系统，使每项工作中的投入与奖励所占的比重能够进行评估。

四、正激励与负激励结合

所谓正激励就是对员工的符合组织目标的期望行为进行奖励。所谓负激励就是对员工违背组织目的的非期望行为进行惩罚。正负激励都是必要而有效的,不仅作用于当事人,而且会间接地影响周围其他人。

在激励理论中,对某种行为给予肯定和奖励,使之得以巩固、保持,这叫做正强化;对某种行为给予否定和惩罚,使之减弱、消退,这叫做负强化。惩罚的目的是"惩前毖后,治病救人",使受惩罚的人认识错误、改正错误。另一方面,对错误行为进行惩罚,也是对良好行为的表彰。当然,惩罚要合理、适当,要防止主观武断、感情用事。恰如其分的惩罚与奖励激励相结合应用,会起到更好的激励作用。

奖惩都是一种强化手段,奖励是对人行为的肯定,是正强化,属于直接激励。而惩罚是对人的行为的否定,是负强化,属于间接激励。奖励的心理机制是人的荣誉感、进取心理,有物质和精神需要。惩罚的心理机制是人的羞怯、过失心理,不愿受到名誉或经济的损失。

奖罚激励的心理过程是通过反馈实现的。奖励或惩罚与实际情况相符合,即奖罚分明,是正反馈;奖励或惩罚不符合实际情况,或不公平,是逆反馈。因此,在实施奖罚激励时要尽量做到与实际情况相符。

总之,在激励过程中,管理者要做到以下几点。首先,管理者要了解职工的需要,掌握旅游企业职工的工作动机,没有内在需要,外部刺激难起作用。其次,要适当设置目标,目标与职工的切身需求相关联,个体、集体利益保持一致;目标有实现和获得奖赏的可能性,并有一定的挑战性;目标实现后应当有适当的奖赏方式。再者,积极推广"工作扩大化"、"工作丰富化"的劳动组织办法。横向扩大工作种类、工作范围;纵向推广工作的深度,使其感受到变化、新鲜,这样才能保持职工的热情和积极性。而且做出成绩后有信息及时反馈,对工作成绩进行认定和评价,这能让员工看到工作成果的意义和价值,从而产生成就感和信心,更好地激励员工努力工作。更重要的是,要因人而异的进行激励:一般来说,对低层次需求的职工,多用物质刺激才能激励他们的工作积极性;对高层次需求的职工最好的办法是提供能满足其成就和提高能力的机会;对一般员工只要向他们提供物质及社会满足来激励就能达到效果。

在实际工作中,激励并没有固定的模式,需要管理者根据具体情况灵活掌握和综合运用,才能真正达到激励的目的。任何管理者只要把握住"人尽其才"的原则,关注员工、理解员工、信任员工、爱护员工,并灵活运用各种激励方式,就会收到良好的效果。应当指出的是,激励是一种有效的管理方法,但不是唯一的方法。在实际管理工作中只有与其他方法有机地结合起来,才能发挥激励的更大作用。

◆ **专题笔谈 12.2**

从内部营销视角探讨饭店员工忠诚的培养

●内部营销增强了员工对企业的向心力和凝聚力

内部营销主张饭店内部各部门、各员工之间不断地进行双向沟通,通过培养员工忠诚将员工的个人目标与饭店的整体目标有机地结合起来。它突破了企业仅仅把员工视为其经营发展的工具、忽略员工需求的观念与管理方式,把以提高饭店员工的满意度作为企业经营的基础,强调以人为中心的管理,即尊重人、理解人、关心人、依靠人、发展人和服务人。通过对员工的有效激励来充分发挥员工的主动性、积极性和创造性,最大限度挖掘其潜能以实现个人目标和组织目标的契合。其目的是通过满意和忠诚的员工来实现企业外部顾客的满意,从而获得企业竞争优势,体现以人为本的企业文化。

●内部营销能树立顾客导向的服务观念

实施内部营销,企业员工之间相互以顾客的身份彼此对待,这使员工能站在顾客的角度了解市场的需求。顾客则能从所接触员工的身上感觉到饭店的经营理念。因此,越重视员工需求,员工的满意度和忠诚程度就越高,员工也就会越重视顾客需求,从而也就越有可能建成一个以顾客为导向的企业。即使是在竞争环境恶劣的情况下,员工仍会坚持企业已有的工作理念,积极主动地为顾客服务,并尽最大努力去满足顾客的需求,这将使企业更具竞争力。

资料来源:李应军.从内部营销视角探讨饭店员工忠诚的培养[J].现代企业,2007(05):45—46.

◉ **本节相关知识链接**

饭店经营管理中员工的"面子"问题

"面子"是中国人在社会互动中产生的一种典型社会心理现象,它可以激励人努力工作,并不断审视自己。维护良好的自身形象,维护"面子"有利于保持个人快乐的工作心态、激发其潜能。在饭店经营管理中,由于各种主客观原因,员工在"面子"问题上总处于劣势地位,许多饭店也忽视了员工的"面子"心理需求。针对这种现象,措施制定如下:

1. 促进员工个体发展,培育员工的信心

"面子"问题首先体现在个人能力与工作表现等方面。服务水平不高、工作经常犯错挨批评的员工往往总觉得自己没有"面子",自信心也不足。因此,将员工个人工作能力与"面子"问题结合起来,重视提高员工基本服务技能,促进员工个人发展,是饭店做好员工"面子"工作的前提。

2. 保护员工的"面子",维护员工的自尊心

中国人的"面子工夫"总以不使他人"丢脸"或以维护他人的"面子"为基本策略。对员工的"面子"问题,管理者不仅不能回避,而且要与保护顾客的"面子"问题结合起来考虑。在管理方式方面,饭店在采取严格的制度化管理的同时,提倡各部门定期召开民主生活会等,及时通过座谈等方式化解员工心中的结,使员工不觉得失去"面子";在对客服务方式、绩效考评等方面,尽量征求员工的意见,改变一贯的自上而下的工作方式,培育员工的信心,让员工有"面子"。在处理宾客关系方面特别是顾客投诉方面,既要奉行"顾客至上"、"把理让给顾客"的服务观念,也要注意客观事实,保护员工,坚决杜绝有损员工"人格"的要求。对受到顾客刁难的员工,给予精神或物质上的补偿,但不将奖励作为弥补员工"尊严"的手段。

3. 重视员工对"面子"的心理需求,引导员工树立正确的"面子"观念

"面子"还是一种心理现象,是个人的一种自我心理意象。不能正确地树立人生观、以一种狭隘的观念来对待"面子",往往是导致员工"面子"障碍的又一个重要因素。因而,饭店要重视对员工"面子"观念的正确引导,饭店要培育积极向上、宽容的饭店文化。在实际工作中,对受到委屈的员工,要及时沟通与引导,避免将一些小事故转化为有关人格、面子的心理问题。

4. 为员工"撑面子",激发员工的工作热情

现阶段,饭店员工社会地位相对较低,员工在社会交往中,往往比较被动。利用饭店的条件,为员工"撑面子",既有利于帮助员工树立积极的"面子"自我意象,激发员工的工作热情,也有利于社会进一步了解饭店工作,改变对饭店工作的偏见。

首先,提倡激励的工作管理手段,对员工的优点要及时用不同的形式予以表彰,特别在顾客面前,适当地予以表扬。对员工所犯的错误,要及时就事论事处理,既不要情绪化地批评,也不要无休止地追究和延伸。其次,制定年度计划并划拨专项经费举办或支持员工参与各类能够展示特长的活动,让员工能有显示自己能力的机会,培育饭店习俗文

化,增强饭店员工的凝聚力。最后,通过制定优惠的政策,使员工的朋友、家人也能享受到饭店的优质服务,让员工能够在朋友或家庭中"有面子"。

资料来源:王新建,李祝舜.饭店经营管理中员工"面子"问题探析[J].华侨大学学报(哲学社会科学版),2006 (03):45—49.

◆ **本章小结**

1. 本章结语

本章通过学习激励的含义、作用及激励理论,重点突出心理学理论中的鲶鱼效应、归因效应和期望效应在调动员工积极性的重要作用,这些理论为旅游企业如何激励员工提供了策略依据和研究基础。

2. 本章知识结构图

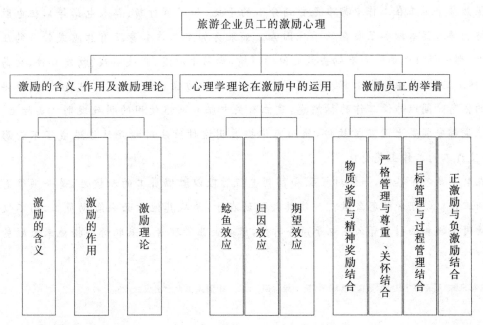

3. 本章核心概念

激励　激励理论　强化　挫折　归因　双因素理论　成就激励理论　期望理论
鲶鱼效应　目标管理　过程管理　正激励　负激励

◆ **实训练习**

1.通过小组形式展开讨论,做一份有关旅游企业人力资源激励管理案例的研究报告。

2.以小组为单位对本地区的某家旅行社或饭店进行深度访谈,用所学理论分析其管理者在员工管理中的成败,并提出自己的看法和改进措施,写出调查报告。

◆ 延伸阅读

电子商务组织的激励问题

激励电子商务世界的员工是否面对一些独特的挑战? 答案显然为"是"。挑战之一,这一领域中的员工更容易受到干扰,从而降低了他们的工作努力水平,影响了他们的生产效率。挑战之二,电子商务世界中的专业技术员工所拥有的技能使他们很受市场青睐,很多人认识到他们的雇主依赖他们的技能而生存。因此,该领域中的员工常常比传统组织中的同伴对报酬有不同的期望。

虽然每个员工在工作中都难免受到分心的干扰(如同事打断、私人电话等),但电脑和网络的接入显著增加了潜在的干扰因素。如果再加上工作本身没有意思或带来的压力过大,那么很可能因受到激励去做其他的事情,如网上冲浪、在线游戏、收发邮件、交易股票、网上购物,甚至网上求职。管理者怎么办? 解决方案包括:使工作更有兴趣,提供正式的休息时间以降低工作的枯燥感,建立有关电脑和网络使用的明确规则。实际上,很多雇主都安装了上网监控软件,然而有证据表明这种做法对相互信任造成了不利影响,并使员工的工作士气受挫。

在电子商务世界中,如何对报酬和福利进行管理以激励员工的积极性,是一项很有技巧的工作! 管理者该怎么做? 可能其关键还在于:要从其他方面来激励员工,而不仅仅是使用报酬和福利。那么在电子商务时代,旅游企业管理者应采取哪些措施来激励员工的积极性呢?

资料来源:斯蒂芬·P·罗宾斯.管理学(第七版)[M].北京:中国人民大学出版社,2003:474.

◆ 本章试题与知识训练

一、填空

1.激励过程是使外部刺激内化为_____的行动过程。

2.激励理论归纳起来可以划分为_____、_____和_____三大类。

3.赫兹伯格的"双因素理论"将影响员工满意程度的各种因素分为_____和激励因素两种。

二、判断

1.亚当斯的"公平理论"认为,一个人对他所得报酬是否满意,主要看其绝对值的大小。 （　）

2.双因素理论是研究满足人们需要的目标或诱因对人的动机作用的理论。 （　）

三、简答

1.什么是鲶鱼效应?

2.如何运用期望理论来调动旅游企业员工的工作积极性?

3.何谓归因效应? 其在管理工作中的作用?

4.根据马斯洛的需求层次理论,你认为对不同类型的员工应采取哪些不同的激励措施?

四、案例分析

某民营旅行社的老板通过学习有关激励理论,受到很大启发,并着手付诸实践。他赋予下属员工更多的工作和责任,并通过赞扬和赏识来激励下属员工。结果事与愿违,员工的积极性非但没有提高,反而对老板的做法强烈不满,认为他是在利用诡计来剥削员工。请根据所学习的有关激励等理论,分析该老板做法失败的原因并提出建议。

第十三章

旅游企业人际关系与群体规范

学习目标

知识要点:了解人际关系和群体规范的基本含义、功能以及有关理论;掌握建立和谐的人际关系及群体规范的方法;提高员工的竞争能力和合作能力,避免和控制不良群体冲突。

技能训练:指定任务,分成两组去完成。A组提出明确的要求和步骤,并建立组织机构;B组不提任何要求。试比较完成任务的结果,并分析其中的原因。

能力拓展:对自己所在的班级进行细致的调查和分析,总结班级在管理上的特色和不足,并写出切合实际的班级建设建议。

引 例

上班后的早餐

在科尔曼信实公司(Trust and Realty)的办公室职员中有一项"上班程序"的规范。上班时间是早上八点,大多数员工一般都提前几分钟到达,他们把自己的外套、皮包、午餐饭盒和其他可以证明本人已到的物品搁在各自的桌椅上,让所有人看到自己"开始工作了"。然后,就到楼下的公司咖啡馆里一边喝咖啡,一边聊天。要是哪个员工破坏了这条规矩八点整准点上班,则必定受到嘲讽和压力,促使其行为服从群体的标准。

案例引发的问题:这是一种什么行为,你怎样看待?列举类似的现象。

资料来源:斯蒂芬·P·罗宾斯. 管理学(第7版)[M].北京:中国人民大学出版社,2003.475-476.

第一节　旅游企业中的人际关系

一、人际关系的概念

人际关系是指人们在物质和精神交往过程中发生和建立起来的,人与人之间相互影响的心理关系。对人际关系的理解可从以下几个方面来进一步把握。

首先,人际关系是在人际交往的基础上产生的。通过人际交往,人们才能形成彼此有语言和情感的交流,才能引出相互的心理联系。人际关系不仅在交往中产生,且只有在交往中才能不断发展和表现出来。人际交往是人际关系实现的根本前提和基础,也是人际关系形成的途径;而人际关系则是人际交往的表现和结果。因此,没有人际交往,就没有人际关系可言。

其次,人际关系的外延是角色关系。人们在工作和生活中的直接交往关系多半是在各种角色之间进行的,如领导关系、同事关系、同乡关系等等。由于每个社会成员都扮演着多种社会角色,这就使人们的直接交往关系具有错综复杂性。

再次,人际关系的内涵则是心理的亲疏关系。人们不论以什么样的角色进行交往,交往双方都会产生亲密或疏远的感受。

一个群体的人际关系的好坏,对群体成员的积极性和生产、工作效率有重要的影响。如果群体人际关系良好,成员之间感情关系融洽,成员的士气就会提高,内聚力就会增强,成员就能激发出生产、工作积极性和热情,生产和工作效益就会提高。反之,如果一个群体人际关系较差,成员关系紧张,则会削弱群体的内聚力,降低生产和工作效益。旅游业的一个重要特点是具有很强的综合性和整体性。它是由吃、住、行、游、购、娱六大要素组成的行业整体。对旅游者来说,他们需要购买和消费的是在一次旅游活动中所得到的整个感受,因此,在旅游全过程中任何一个行业、一个环节上供给不足,服务不好,甚至出了问题,不能满足旅游者的需求,都会被认为旅游服务质量不高,从而影响到整个旅游业的声誉。

二、人际关系的功能

1.信息沟通功能

当今的时代,是信息时代,在社会生活中,信息的交流与沟通,是人们相互联系的重要形式。人们的生产、生活、工作、娱乐都离不开信息的交流。可以说,没有信息交流,就没有个人和社会的进步。信息沟通在旅游企业中起着重要作用。它是影响企业内部群体成员行为的一个重要因素,是企业建立和维持良好的人际关系,提高员工士气,促进企业发展的有效途径之一。

人际关系的构建必须发生人际交往,人们之间的交往就是信息交流的过程。首先在群体内部的交往,可以使人获得更多的信息情报,促进领导与员工之间、同事之间的了解,增进团结和友谊。对领导来说,通过交往可以了解群众的愿望要求、态度与干劲,以及个人之间、部门之间的关系等,有助于管理工作的开展和目标、制度的制定。其次,与群体外的交往可以获得大量外界信息,上至政府政策法令,下至市场行情,及时了解顾客的需求与意见,这是个体对外界适应、生存和发展不可缺少的条件。在今天信息社会条件下,信息不灵,就会被竞争所淘汰。在信息的交流中,每个人都是一个信息源,既是信息的传播者,也是信息的接收者,人际关系具有交流信息的功能。

2. 心理保健功能

良好的人际关系既是心理健康的标准之一,也是维护心理健康发展的重要条件。人际关系的广泛性和复杂性,对人的心理健康产生深刻而持久的影响。心理健康的人乐于与人交往,能充分认识到人际交往的重要作用,富有同情心,对人友善、理解,采取恰当的形式与他人沟通,交往中不卑不亢,人际关系比较和谐。心理不健康的人时常表现出人际交往障碍,对人与人交往缺乏正确的认识,不能采取恰当的方式与他人交往,结果人际关系紧张,缺乏知心朋友,总把自己流离于群体之外。旅游活动涉及各方面的心理需求,游客的、员工的、管理者的……和谐人际关系的建立可以有助于满足各种心理需求,提高旅游服务的质量和管理水平。

3. 相互作用功能

因为人际关系本身就是人与人的互动,这也是社会得以形成和发展的基本要求。人际关系的基础是人与人之间相互重视,相互支持。对真心接纳喜欢我们的人,我们也会倾向于接纳对方,愿意同他们交往并建立和维持关系。"爱人者,人恒爱之;敬人者,人恒敬之。"人们之间的善意和恶意都是相互的,一般情况下,真诚换来真诚,敌意招致敌意。因此,与人交往应以良好的动机出发。

良好的人际关系表现为人与人之间的相互依存,通过对物质、能量、精神、感情的交换而使各自的需要得到满足。

互助,表现为交往的双方相互关心、相互帮助、相互支持、相互理解,既满足交往双方各自的需要,又促进相互间的联系,深化相互间的感情。

互惠,是行为的良好结果,包括物质和精神两个方面。在现实生活中,人与人的关系之所以会出现不和谐的音符,产生一些矛盾和摩擦,其中就与一方面的利益受损有关。因此,要有效化解矛盾,消除摩擦,就不能太自私、"吃独食",而应坚持"互惠",追求"双赢"。

互补,是指集体内部,人与人之间能够互相学习、取长补短。俗话说:"红花虽好,也要绿叶扶助","尺有所短,寸有所长",这是对人际关系互补的生动比喻。当双方的需要和期望成为互补关系时,就会产生强烈的吸引力。例如,独立性较强的人,往往喜欢和依赖性较强的人在一起;脾气急躁的人,往往喜欢和脾气耐心的人相处,从而使双方的关系更为协调,特点互补,各得其所。研究表明,在实际工作中,互补可以产生强大的合力,易于形成群体的凝聚力和向心力。例如,在配备领导班子要讲究人员知识、专业、性格、年龄、男女互补,组成科研攻关组织更要讲究人员知识结构上的互补,不同知识、才能、气质、性格的科学工作者,优化组合成一个研究集体的作用,是任何一个科学家所望尘莫及的。人无完人,作为社会人,都有自己所不能为,总有别人所能为之事,人际关系的互补体现了社会对人才协作性的要求。

互励,即相互激励。所谓激励,就是激发鼓励。对于群体中的人来说,通过互相激励,能够给群体成员带来创造活力。在一个群体中,群体的压力、成员之间的相互比较、成员之间的情感、成员之间的竞争等因素都会使成员之间产生激励作用,从而使整个群体保持旺盛的生命力。

三、人际交往的理论

涉及人际交往过程的个体心理需要满足方面的社会心理学理论主要有两种,一是人际需要的三维理论,二是社会交换理论。

1.人际需要的三维理论

社会心理学家舒茨提出的人际需要三维理论分为两个方面。首先,他提出了三种基本的人际需要;其次,他根据三种基本的人际需要,以及个体在表现这三种基本人际需要时的主动性和被动性,将人的社会行为划分为六种人际关系的行为模式。

(1)三种基本的人际需要

舒茨认为,个体在人际互动过程中,都有三种基本的需要:即包容需要、支配需要和情感需要。这三种基本的人际需要决定了个体在人际交往中所采用的行为,以及如何描述、解释和预测他人行为。三种基本需要的形成与个体的早期成长经验密切相关。

包容需要指个体想要与人接触、交往,隶属于某个群体,与他人建立并维持一种满意的相互关系的需要。在个体的成长过程中,若是社会交往的经历过少,父母与孩子之间缺乏正常的交往,儿童与同龄伙伴也缺乏适量的交往,那么,儿童的包容需要就没有得到满足,他们就会与他人形成否定的相互关系,产生焦虑,于是就倾向于形成低社会行为,在行为表现上倾向于内部言语,倾向于摆脱相互作用而与人保持距离,拒绝参加群体活动。如果个体在早期的成长经历中社会交往过多,包容需要得到了过分的满足的话,他们又会形成超社会行为,在人际交往中,会过分地寻求与人接触、寻求他人的注意,过分地热衷于参加群体活动。相反,如果个体在早期能够与父母或他人进行有效的适当的交往,他们就不会产生焦虑,他们就会形成理想的社会行为,这样的个体会依照具体的情境来决定自己的行为,决定自己是否应该参加或参与群体活动,形成适当的社会行为。

支配需要指个体控制别人或被别人控制的需要,是个体在权力关系上与他人建立或维持满意人际关系的需要。个体在早期生活经历中,若是成长于既有要求又有自由度的民主气氛环境里,个体就会形成既乐于顺从又可以支配的民主型行为倾向,他们能够顺利解决人际关系中与控制有关的问题,能够根据实际情况适当地确定自己的地位和权力范围。而如果个体早期生活在高度控制或控制不充分的情境里,他们就倾向于形成专制型的或是服从型的行为方式。专制型行为方式的个体,表现为倾向于控制别人,但却绝对反对别人控制自己,他们喜欢拥有最高统治地位,喜欢为别人做出决定;服从型行为方式的个体,表现为过分顺从、依赖别人,完全拒绝支配别人,不愿意对任何事情或他人负责任,在与他人进行交往时,这种人甘愿当配角。

情感需要指个体爱别人或被别人爱的需要,是个体在人际交往中建立并维持与他人亲密的情感联系的需要。当个体在早期经验中没有获得爱的满足时,个体就会倾向于形成的个人行为,他们表面上对人友好,但在个人的情感世界深处,却与他人保持距离,总是避免亲密的人际关系;若个体在早期经历中,被过于溺爱,他就会形成超个人行为,这些个体在行为表现上,强烈地寻求爱,并总是在任何方面都试图与他人建立和保持情感联系,过分希望自己与别人有亲密的关系;而在早期生活中经历了适当的关心和爱的个体,则能形成理想的个人行为,他们总能适当地对待自己和他人,能适量地表现自己的情感和接受别人的情感,又不会产生爱的缺失感,他们自信自己会讨人喜爱,而且能够依据具体情况与别人保持一定的距离,也可以与他人建立亲密的关系。

(2)六种基本的人际行为倾向

舒茨认为,上述三种基本的人际需要都可以转化为行为动机,使个体产生行为倾向,而个体在表现三种基本人际需要时又分为主动的和被动的两种情况,于是个体的人际行为倾向就可以被划分为六种,见表 13.1。

表 13.1　人际关系行为倾向①

行为倾向 需要	主动性	被动性
包容需要	主动与他人交往	期待与他人交往
支配需要	支配他人	期待他人支配
情感需要	主动表示友好	期待他人情感表达

2.社会交换理论

社会学家霍曼斯采用经济学的概念来解释人的社会行为,提出了社会交换理论,他认为人和动物都有寻求奖赏、快乐并尽量少付出代价的倾向,在社会互动过程中,人的社会行为实际上就是一种商品交换。人们所付出的行为肯定是为了获得某种收获,或者逃避某种惩罚,希望能够以最小的代价来获得最大的收益。人的行为服从社会交换规律,如果某一特定行为获得的奖赏越多的话,他就越会表现这种行为,而某一行为付出的代价很大,获得的收益又不大的话,个体就不会继续从事这种行为。这就是社会交换。

霍曼斯指出,社会交换不仅是物质的交换,而且还包括了赞许、荣誉、地位、声望等非物质的交换,以及心理财富的交换。个体在进行社会交换时,付出的是代价,得到的是报偿,利润就是报偿与代价的差值。个体在社会交往中,如果给予别人的多,他就会试图从双方的交往中多得到回报,以达到平衡。如果他付出了很多,但得到的却很少,他就会产生不公平感,就会终止这种社会交往。相反,如果一个人在社会交往中,总是付出的少,得到的却多,他就会希望这种社会交往继续保持,但同时也会产生内疚感。只有当个体感到自己的付出与收益达到平衡时,或者自己在与他人进行社会交往时,自己的报偿与代价之比相对于对方的报偿与代价之比是同等的时候,个体才会产生满意感,并希望双方的社会交往继续保持下去。

当然,个体在进行社会交往时,他们对报偿和代价的认识并不是固定不变的,也不一定是根据物质的绝对价值来估计的,这完全是一个与心理效价有关的问题,所以,当个体对自己的报偿与代价之比的认识大于他人的报偿与代价之比时,也许会被别人所不理解或不认可。这就是为什么在人们的社会交往过程中,有时会出现在有些人看来根本不值得做的事情,却被当事人做得很有趣,而有些时候在别人看来是值得做的事情,却被另一些人所不齿。可见,社会交换过程中,包含了深层的心理估价的问题。

---

①　李祝舜.旅游卫生学［M］.北京:高等教育出版社,2005:166.

四、旅游企业改善人际关系的途径

卡耐基说:"和谐的人际关系是一笔宝贵的财富。"良好的人际关系对企业的发展具有积极的意义,在群体中建立良好人际关系的途径,主要有以下四个方面。

1. 形成富有凝聚力的领导核心

领导班子具有良好的思想作风、工作作风和生活作风,在工作中就能表现出高度的事业心、正确的权力观、实事求是的态度、讲究领导方式、关心职工疾苦、广泛联系群众等优良作风。这些作风能够使集体心理气氛融洽、和谐,形成良好的人际关系。

2. 创立有利的群体环境和良好的交往气氛

管理者要有意识地利用组织的力量,创造适宜的群体气氛(如优美的工作环境,优越的工作条件,有竞争性的工作任务,和谐的上下级关系等),就能促进成员间的相互交往,建立良好的人际关系。

3. 建立合理的组织机构和采取必要的组织措施

组织机构是组织完成其特定目标与任务的基础,只有建立科学的组织机构,组织内部分工才能得以实现,组织的整体目标与任务才能分解落实到岗位与个人。依据组织达成目标需要设置机构,划分部门与岗位,明确各自职责和协作关系,辅之以"责—权—利"机制,则人们任务清、职责明,有利于建立良好的人际关系。反之,必然出现互相扯皮、推诿责任、甚至互相拆台等现象。可见,组织机构设置的合理与否,对组织内人际关系的状况影响是巨大的。

4. 提高群体成员的自我修养

在群体中,良好人际关系的建立与群体成员的自我修养是密不可分的。

(1)对上司——服从为先

任何一个上司(包括部门主管、项目经理、管理代表),一般都有丰富的工作经验和待人处世方略。对于他们的指令一般采取服从的态度,这是从工作大局出发。但是,上司作决策、订计划、实施指挥,囿于各种限制,难免会出现失误。如果有不同看法,应敢于指出和弥补上级的失误,对待上司应以尊重为前提,有礼有节有分寸地进行磨合,建立和谐的上下级关系,从而有利于工作目标的实现。

(2)对同事——理解为先

人与人相处久了,难免产生误会和摩擦。特别是在利益面前,最易于感情用事,导致人际关系的恶化。因此,需要培养大度的胸怀,提高自己的修养,以包容的心态对待名利之争,多换位思考,善于理解对方,建立一种积极的、良性的工作伙伴关系。与同事和睦相处,会树立良好的公众形象,增加竞争的人气指数,因为人际关系的和谐处理不仅仅是一种生存的需要,更是工作、生活和个人发展的需要。同时,和谐的同事关系让你和你周围同事的工作和生活都变得更简单,更有效率,使身心处于一种和谐的氛围中。

(3)对下属——尊重为先

尊重他人,是企业人性化管理的基本体现。在工作中,有职位的差别,但无人格的高低之分。处理好人的问题是领导作用得以有效发挥的关键,也只有处理好人的问题,企业才能走上坦途。美国著名的管理学家托马斯·彼得斯曾大声疾呼:你怎么能一边歧视和贬低员工,一边又期待他们去关心质量和不断提高产品品质!管理者要在充分尊重下属的基础上提高下属对自己的信任度,见表13.2,从而真正提高管理水平。

表 13.2　帮助管理者建设信任的六条建议

沟通交流	通过解释相关决策和政策、提供及时反馈等途径,向团队成员或下属通报信息;坦率地承认自己的缺点和不足。
支持下属	对团队成员和蔼可亲,平易近人;鼓励和支持他们的想法。
尊重下属	真正授权给团队成员,认真倾听他们的想法。
公正无偏	恪守信用,在绩效评估中做到客观公正、慷慨地提供你的表扬。
易于预测	处理日常事务应始终如一,兑现你所作出或明确或隐含的承诺。
展示实力	展示自己的专业技术能力和良好的职业素养,赢得下属的钦佩与尊敬。

资料来源:Adapted,From F. Bartolome. Nobidy Trusts the Boss Completely—Now What? Harvard Business Review,1989 March—April,pp. 135—142.

◆ **案例驿站 13.1**

"把人当人看"

一个跨国集团,不仅撤销了上下班计时用的打卡钟,并且在公司餐厅没有专人管理钱物,工厂不设专门的品质监管人员,主管与员工拿同样的生产奖金,"出门在外时,生活方式要像在家一样"不成文的报销规定。

这是许多公司所不能做到的。这个跨国集团就是阿姆斯北,在97年的历程中,从几个人的作坊发展到国际性的知名制造商,正是因为始终坚持了人性化的管理风格。年仅三十多岁的新一代领导人大卫深刻地体会到以命令方式要求别人做事的时代已经过去,他积极探索建立一个使员工更容易接受新观念的环境。

对旁人的惊讶,大卫总裁是这样说的:"你对员工的态度不是信任就是不信任,如果你要信任他们,就不必将收银机上锁,不需要打卡钟和大批管理员,如果你不信任他们,干脆把他们开除。"

人性化管理风格的实质在于"把人当人看",企业对员工表示出极大的尊重。我想任何工作在这种环境中的人都会得到很高程度的心理满足。一个人,哪怕是一个文化水平不高的人,当别人给予他尊重与信任,他难道会自己打破这一现状,证明自己是不值得尊重、不值得信任的吗?

案例来源:话说人性化管理 http://www.rs66.com(人生指南)

（4）对顾客——诚信为先

古人云:"人无信不立,政无信不威,商无信不富。"商业社会的发展,最需要的就是"诚信"二字,品牌需要做到"信守诺言"四字。诚信是旅游企业为客户提供的各种服务的核心,"顾客是上帝""视顾客为家人"等优质服务理念是其具体的体现,见图13.1。企业员工要"全心全意为顾客服务",做到主动热情、耐心周到、文明礼貌、尊重顾客,像对待自己的亲人一样对待顾客,为顾客提供优质的服务。由此而建立起来的客我人际关系则是和谐、长久、稳固的,会成为企业雄厚的发展资源。

图13.1 金牌客户服务

资料来源:《金牌客户服务技巧》中国呼叫中心行业门户网站 ccwchinese.com 呼叫中心世界网 http://www.ccwchinese.com/upload/20100122/20100122111058.doc

◆ 本节相关知识链接

良好的人际关系形成的条件

良好人际关系的建立,除思想政治倾向外,还必须具备个人吸引力和心理相容度两个方面的因素。个人吸引力是影响人际关系状况的重要因素。

决定个人吸引力大小的因素主要有以下三种:

1.人品:人品是个人吸引力大小的根本因素,在人际关系的形成中具有巨大的感召力。

2.仪表:仪表是重要的吸引因素。人们都喜欢漂亮的人。仪表在人际交往初期能够给人以良好的初步印象。

3.能力与专长:能力与专长是实践性和科学性因素,具有很强的影响力。一个能力较强,且有专长的人,容易使人对他产生一种敬佩感和信赖感,愿意与他接近,成为好朋友。

决定心理相容度的因素主要有三种:

1.相熟程度:越是相互熟悉,越可能建立较接近的人际关系。由于工作或生活场所等地理位置上的接近,人们彼此之间交往频率增多,越是交往越熟悉,越容易拥有共同的话题、共同的情感,越容易建立密切的关系。

2.相似程度:人与人之间相似的因素(如年龄、经历、长相、性格、态度、家庭社会背景、经济条件、职业、文化素质、宗教信仰、价值观念等等)越多,越容易形成良好的人际关系。

3.需要的互补度:当双方的需要正好与对方的期望成互补关系时,彼此容易产生吸引力,形成友好的关系。

第二节　旅游企业中的群体规范

一、群体概述

群体行为并不等同于群体中个体行为的简单累加。为什么?因为个体在群体中的表现与他们独自一人时的表现十分不同。因此,为了更全面地了解旅游企业管理,我们需要研究群体。

1.什么是群体?

群体(group)可以界定为:是两个或两个以上相互作用、相互依赖的个体,为了实现特定的目标而组合在一起的集合体。群体是人类存在的基本方式,个体不能离开群体而存在,"物以类聚,人以群分"。个体所赖以生存的群体的形态、规范、气氛、交往、关系、竞争、合作等方面所表现出来的特点,对于个体自身以及所在组织的活动效率都将产生深远的影响。群体具有以下特征:

①群体必须是一群人。群体不是一个人,而是有一定数量的成员组成。

②群体具有一定的组织结构。群体中的每一个成员都占有一定的地位,扮演一定的角色,并由此构成一定的等级体系和人际关系网络,以保证群体目标和利益的有效达成和实现。

③群体成员有共同的目标。共同的追求或目标,是将个体结合在一起的基本条件,否则就是去了动力,更谈不上发展。

④群体具有共同的行为规范和心理现象。群体规范是群体成员必须遵守的行为准则,如果有人违反就会受到惩罚。群体心理倾向是指群体成员拥有一致的愿望、需要、兴趣、信念及世界观等,彼此在心理上发生共鸣。

2.群体的类型

群体各种各样,每一种群体的性质、结构、作用和活动方式各不相同。

(1)正式群体与非正式群体

按群体构成的原则和方式标准,可把群体分为正式群体和非正式群体。

正式群体是指有固定编制和严格的组织原则的群体。正式群体是由组织建立的工作群体,它有着明确的工作分工和具体的工作任务。正式群体往往一旦形成就比较稳定,成员对群体具有较强的依赖感和服从心理。在正式群体中,什么是恰当的行为取决于组织的目标,这些行为直接指向组织目标。表13.3给出了当今组织中各类正式群体的一些例子。

表13.3 正式群体的例子

命令群体	这是一种基础的和传统的工作群体,由正式权力关系所决定,并在组织章程中有明确描述。典型的命令群体包括一名管理者以及一些直接向其汇报工作的下属。
交叉功能团队	它由来自不同工作领域的人员组成,因此这个群体中荟萃了不同的知识和技能,目的是共同解决工作中出现的各种问题。交叉功能团队还包括那种成员之间受过培训因而能够相互替代工作的群体。
自我管理团队	这是一种基本上独立的群体。除了完成本职工作之外,还承担着一些传统意义上的管理职责,如人员招聘、计划安排、绩效评估等工作。
特别行动小组	它是为了完成某一具体任务而临时组建起来的群体,一旦任务完成,这个小组也就解散了。

非正式群体是未经官方正式规定、自发形成的群体。这类群体往往是由一些性格相投、志趣相近、信念一致、感情亲近、关系密切的个体在人际交往过程中聚合而成的。非正式群体成员之间的关系存在明显的感情色彩，以个人好恶为基础。尽管这类群体没有正式群体那样的明确的组织结构，但也有自己的规范和规则，也有自己的中心人物，存在一定的约束力。非正式群体的存在，主要意义在于弥补正式群体无法满足的需要。

（2）大群体和小群体

按照群体规模的大小，可将群体分为大群体和小群体。群体规模大小是相对的。大群体是指人数众多，成员之间只是一种间接的方式连接在一起，没有直接的社会交往和互动群体。一是历史原因形成的，如阶级、民族等；一是临时组成的，如观众、听众等。小群体是指人数少、成员间有面对面的直接接触和互动群体。本教材以研究小群体为主。

（3）松散群体、联合群体和集体

根据群体发展水平和群体成员之间亲密程度，把群体分为松散群体、联合群体和集体。

松散群体是指人们由于时间和空间的接近而形成的集合体。成员之间没有共同的活动内容和目的，没有深刻的交往。如公共汽车上的乘客、电影院里的观众，都是松散群体。

联合群体的成员彼此都认识到同属于一个社会共同体，成员在群体中的地位由个人参与共同活动的程度和所作出的贡献决定。

集体是群体发展的最高形式，是执行一定社会职能的群体。其活动有明确的社会目的，以完成集体的任务作为执行其社会职能的手段。在集体活动过程中，其成员逐渐内化集体的目标、价值与规范，不仅意识到集体活动对集体和个人的意义，而且也意识到它的社会意义。

（4）参照群体和非参照群体

按照群体在社会上发挥的作用，可以把群体分为参照群体和非参照群体。

参照群体也可称为标准群体和榜样群体。其目标、标准和规范深入人心，成为人们行为的指南，是人们仿效追求的榜样。参照群体可能是个体实际所述的群体，也可能是未参加心意所向的群体。一个人可能有多个参照群体，如果发生相互矛盾就会引起个体内心的冲突。参照群体以外的群体，就成为了非参照群体。

3. 群体的作用

群体一经形成，便成为一个有机的整体，存在自身运转的规范、规则、目标和价值体系,对于群体内部的成员及其所在组织都将产生深刻的影响。

(1)从众行为

从众行为指个人在群体中,不知不觉中会受到群体的压力,而使个体改变意识、判断和行为,与群体的其他成员保持一致的现象,如人云亦云,随波逐流等。

美国心理学家阿希在 20 世纪 50 年代曾以大学生为被试进行过实验。实验材料是18 套卡片,每套两张,见图 13.2。

 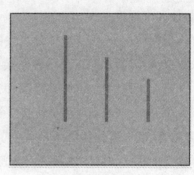

标准线段   比较线段

图 13.2   阿西实验

被试者分若干组,每组 7 人,其中 6 人是假被试,只有 1 人是真正的被试,而且总是被安排在倒数第二个回答。几个被试者面对两张卡片,比较判断 a、b、c 三条线段中的哪一条与标准线段等长。实验要求被试大声说出他所选择的线段。18 套卡片共呈现 18 次,头几次判断大家都作出了正确的选择;从第 7 次开始,假被试者故意作出错误的选择。结果发现,大约有 1/4~1/3 的被试者保持了独立性,无从众行为。从所有被试者的总成绩来看,有 1/3 的人表现出从众行为。从众是个体在群众压力下寻求的一种试图解除自身与群体冲突、增强安全感的手段。

(2)助长作用与致弱作用

群体的助长作用,是指群体对成员行为具有促进和激发作用。群体是以成员共同活动和工作为标志的,因此,成员的行为不同于个体的孤立行为,而是在一种群体氛围下的活动。这种氛围包括评价、监督、鼓励等因素的渗入,个人在竞争意识和成就欲激发下,会充分挖掘自身的潜能,调动全部智慧,努力完成当前的活动,从而获得承认、赞誉和尊重。

群体致弱作用,即群体的氛围也有可能妨碍成员能力的发挥,降低活动效率。一般说来,当成员面临的压力太大,竞争气氛过于浓厚,工作难度超出了个体所能够应付的程度,或对某种工作不够熟练时,都可能发生社会致弱作用。另外,特定的群体氛围对成员而言,是助长还是致弱,还取决于成员的个性和成就动机的强弱。那些内向、拘谨、羞怯者面对压力情景往往降低工作效率,而外向、自信、开朗者则容易提高活动效率。而成就动机过强,"想赢怕输"的心理占了上风,也容易发生致弱效应。

二、群体规范

1.群体规范的含义

所谓群体规范,是指由群体成员建立起来的、共同遵守的行为准则。群体规范让群体成员知道自己在一定环境条件下,应该做什么,不应该做什么。任何一个群体都有规范,可能是成文的,也可能是不成文的。群体的正式规范即组织的规章制度是成文的,被写入组织手册的,明确地规定员工应遵循的规则和程序。不过一般来说,群体中大部分的规范是非正式的,它们在某种程度上被群体成员所接受并乐于执行。群体规范一经为群体成员所接受,就会对群体成员产生巨大的控制力量,以至于群体成员在违背群体规范时,便会感受到群体的压力。

美国心理学家谢里夫用"暗室光点"实验证明了群体规范的形成过程。实验在一个暗室内进行,先让每一个被试者单独坐在里面,在他面前的一段距离内出现一个光点,几分钟后就消失了。然后,让被试者判断刚才的光点移动了没有,向哪个方向移动,移动了多远,但实际上光点根本没有移动。由于人在暗室里的视错觉现象,所以都感到光点似乎移动了。这样的实验反复进行了多次,结果被试者都很快建立了自己的反应模式,即建立了个人的反应标准。有的认为光点向上移动,有的认为向下移动,还有的认为向左或向右移动等等。谢里夫根据这些各不相同的反应标准,然后又多次让所有被试者同时在暗室里观看光点,其结果是所有被试者的反应标准逐次趋于一致,最后形成了共同的反应标准,这就是群体规范的形成。这一实验说明,群体的规范取代了个人的反应标准或模式,而这种规范的形成显然是受了模仿、暗示等心理机能的影响。后来,谢里夫又把这些人分开单独实验,结果所有被试者都没有回到自己原来的反应模式上,仍然一致地保持着群体的反应标准。这说明已经形成的群体规范具有一种无形的压力,约束着人们的行为表现,甚至这种约束力并没有被人们所意识到。因而,群体的规范一旦形成,就会成为群体成员的行为准则,自觉或被迫地来遵守它。

2.群体规范的一般类型

每个工作群体都有自己的规范,且规范各具特色。就大多数工作群体而言,群体规范还是可以划分出一般的类型。

第一类群体规范大多与群体绩效方面的活动有关。群体通常会明确地告诉其成员:他们应该多努力地工作,应该怎样去完成自己的工作任务,应该达到什么样的产出水平,应该怎样与别人沟通,等等。这类规范对员工个人的绩效有巨大的影响。

第二类群体规范是群体成员的形象方面的,包括如何着装,在何时应该忙碌,何时可以聊聊天,对群体或组织表现出忠诚感。有些组织是有明文规定的,有些则没有,即使没有,大家也都有心照不宣的标准。如个人表现出群体或组织的忠诚感是很重要的。比如,在许多组织中,尤其是对专业技术人员和高层经营管理人员而言,公开寻找另一份工作,被看作是不合适的。

第三类群体规范与资源的分配有关。这类规范主要涉及员工报酬、困难任务的分配、新型工具和设备的分发等。

3.影响群体规范的因素

①个体的特征。群体成员智力越高,他们就越不愿意建立和遵循规范。

②群体构成。同质群体比异质群体更容易确认规范。

③群体的任务。如果任务较常规、清楚,那么规范容易形成。

④物理环境。如果成员们工作地点离得近、相互作用机会多,则容易形成规范。

⑤组织的规范。多数群体规范与组织规范是一致的,但如果群体成员不赞成组织的规范,他们就会发展与组织规范相对抗的规范,如怠工、罢工等。

⑥群体的绩效。一个成功的群体将维持现有的规范并发展与其一致的新规范。而一个失败的群体将不得不改变有关的规范,而重建一些可能导致好结果的规范。

⑦心理因素。群体规范,特别是非正式群体的规范的形成,受模仿、暗示、顺从等心理因素的制约。

4.群体规范的作用

群体规范一旦形成,就要反过来对群体发生作用,这种作用小到每个人的穿衣戴帽,一言一行,大到成千上万人的一致行为。不仅如此,这种作用还是深入的、持久的,它使成员在社会生活中遵守共同的行为模式,沟通思想,交流感情。可以说,没有群体规范,共同活动就不可能进行。它的作用概括起来有以下几种。

(1)维系群体的作用

群体规范是一切社会群体得以维持生存、巩固和发展的支柱。这是因为,群体规范在群体成员的交往中发挥着"法典"或"媒介"的作用。一个群体的规范越标准化,成员的活动就越协调,关系就越密切,群体也就越整合、越集中,也就越容易让人们感到他的存在。相反,如果群体化的标准很低,那么群体就很松散。所以,没有群体就不会有群体规范,同样,没有群体规范,群体也就不可能存在。

(2)认知的标准化作用

群体规范就像是一把标尺,为其成员提供了一个认知和评价的标准,从而最终形成共同的认识意向,即使个别人持不同意见,但由于群体规范的压力和个人的遵从性,也势必使其与规范保持一致。群体规范的这种标准化作用并不是外在的、强迫的,而是内在的、自觉的。它内化成每个成员的个人意识,在无形中起着作用。

（3）行为的定向和行为矫正作用

群体规范不仅约束着成员的认知评价,还约束着成员的行为。群体规范作为引导个体行为的指南,就是使个人了解为实现某种目的,应该做什么和不应该做什么以及怎么做。如佛教群体的成员不能杀生,体育群体的运动员要参加锻炼、比赛等。

（4）群体动力的作用

组成群体的个体都会对群体产生影响,个体之间是一种平衡状态,其中一个个体发生变化,会对整个群体产生影响,可谓"牵一发而动全身",所以群体关系本质上是一种动力状态。由于群体规范是公众的行为准则,所以通过互动和互相激励,从而在成员中产生为统一的目标而努力的动力。

（5）群体惰性作用

群体规范是一种多数人的意见,他要求成员行为趋于中等水平。它约束人们的行为,既不能超前,也不能落后,把人的行为限制在一个中等水平上,限制了人的积极性。规范给人划定了范围,就使人习惯于既定范围内思考、活动,而不敢越雷池一步,从而限制了人们的创造性。

三、旅游企业群体规范的建立

1.什么是群体规范分析法

群体规范分析法是由美国心理学家皮尔尼克在 20 世纪 60 年代后期创立,作为优化群体行为、形成良好组织风气的工具。他认为群体所确立的行为标准即群体规范,是在群体成员相互影响、彼此接近,趋同和类化过程中形成的非正式规定的群体规范。

群体规范与现代企业利益和发展有着密不可分的关系,因而群体规范分析法对提高群体工作效率起了促进作用。群体规范分析在美国和其他西方国家的企业管理中有很大影响。

2.群体规范分析法的内容

（1）明确规范内容

了解群体已形成的规范模式,特别要了解起消极作用的规范、习惯,如分别负责任而非联合负责任,彼此攻击而非互相支持等负面行为。

（2）制定规范剖面图

进行影响企业经营的规范分类,每类定出理想的给分点,这种理想的给分点与实际评分的差距,称为规范差距。

（3）改革

改革从最上层的群体开始，逐步向下，确定优先改革的项目，主要考虑对企业改革影响的大小，不一定要把规范差距大的项目列为优先改革的项目。改革不合理的规范制度，最大限度地调动员工、管理者的积极因素，自上而下逐级确定优先改革的规范项目。衡量的标准是看规章制度和规范措施对企业效率的影响作用，而不一定是看规范差距的大小。根据皮尔尼克的报告，实行这一办法的一些企业收到了好的成效，一家制造公司的质量缺陷减少了55%，一家零售商店的货品损坏减少了70%。

群体规范分析法的优点在于不让任何员工难堪，因为在改革过程中，对象是抽象的而不是具体的人，批评小组工作时不追究责任，不追究事故是由谁造成的，只研究为什么没有做好。对于表现差强人意的团队组织，可以按照上述说明的三项内容来进行分析，从而改进团队组织。

3.旅游企业群体规范的建立的方法

（1）目标管理

"目标管理"的概念是美国管理专家彼得·德鲁克1954年在其名著《管理实践》中最先提出的，其后他又提出"目标管理和自我控制"的主张。德鲁克认为，并不是有了工作才有目标，相反，有了目标才能确定每个人的工作。所以"企业的使命和任务，必须转化为目标"，如果一个领域没有目标，这个领域的工作必然被忽视。因此管理者应该通过目标对下级进行管理，当组织最高层管理者确定了组织目标后，必须对其进行有效分解，转变成各个部门以及各个人的分目标，管理者根据分目标的完成情况对下级进行考核、评价和奖惩。从目标的制定、目标的实施到目标的考核，对成员会潜移默化地内化为共同的行为指向和标准，目标管理化程度的高低决定了群体规范的强弱。

（2）制度管理

制度管理，是管理中一种比较程式化的管理模式，制度化管理能够让企业运行得更加稳妥，没有制度企业的员工就不受约束。企业制度管理是落实目标管理的基本保障，没有制度的执行，企业目标就难以实现，因此，企业只有去完善各种制度，比如奖罚制度、考核制度等，通过这些制度才能更好地让员工发挥他们的工作积极性，更好地为企业服务。常见的企业制度包括员工手册；各部门、各岗位、各项操作的服务程序与标准；企业管理制度、干部评核与任免制度、奖惩制度、培训制度、质量管理制度、成本管理制度、利益分配制度，等等。

（3）人性化管理

所谓人性化管理，就是一种在整个企业管理过程中充分注意人性要素，以充分开掘人的潜能为己任的管理模式。至于其具体内容，可以包含很多要素，如对人的尊重，充分的物质激励和精神激励,给人提供各种成长与发展机会,注重企业与个人的双赢战略,制订员工的生涯规划,等等。

人性化管理的内容一般分为五个层次:情感管理、民主管理、自主管理、人才管理和文化管理,它包括这样一些具体内容:运用行为科学,重新塑造人际关系;增加人力资本投入,提高劳动力的质量和价值;改善管理,充分利用劳动力资源;推行民主管理,提高员工的参与意识;建设企业文化,培育企业精神等。

通过人性化管理,企业与员工建立起相互信任的新型伙伴关系,架起企业与员工正常交流信息的桥梁,为员工创造"人尽其才,才尽其用"的机会,对开展企业文化建设,培养员工的团队精神有着极为重要的作用。

◆ **案例驿站 13.2**

车祸发生以后

来自江苏盐城的一位打工者成某,在江阴国际大酒店餐饮部任中餐厨师长。一天深夜 11 点半,他在江阴市区发生摩托车车祸,很快 110、120 赶到出事现场,把他送到市人民医院。酒店总值班的餐饮部经理和安保部经理接到医院通知后,第一时间赶到医院,配合医院的抢救工作,办理各项手续。在得知被医院确诊为呼吸道破裂,需做手术时,两位经理一直忙前忙后,守在手术室外,三个多小时的手术一直到凌晨 6 点才结束。天一亮,酒店董事长、总经理、副总经理带着鲜花、补品及 2 万元的住院费到医院看望他,使他全家感动得流下了眼泪。作为一位外地打工者,在异地他乡备受关怀,广得援助,真正感到了人间真挚的爱。在医院治疗了两个星期,每天都有鲜花和问候,成某的病情很快得到了控制。他激动地表示:"待我康复踏上工作岗位后,一定要加倍努力工作,不辜负酒店领导对我的爱,用实际行动来回报酒店。"

案例来源:国家旅游局人事劳动教育司.旅游心理学[M].北京:旅游教育出版社.2008:133.

---

(4)文化管理

文化管理是 20 世纪 80 年代兴起的一种崭新的管理思想、管理学说和管理模式,是继经验管理、科学管理之后企业管理发展的一个新阶段。其本质是以人为本,以人的全面发展为目标,通过共同价值观的培育,在系统内部营造一种健康和谐的文化氛围,使全体成员的身心能够融入系统中来,变被动管理为自我约束,在实现社会价值最大化的同时,实现个人价值的最大化。

企业文化是企业在长期经营过程中形成的并得到员工信奉和遵守的价值观、信念、行为规范、传统习俗和礼仪等内容组成的有机整体。在旅游企业中,企业文化具有明显的导向功能、激励功能、约束功能、凝聚功能和管理功能,企业文化和团队精神是提高企业凝聚力、激发员工创造力的有力手段。通过企业文化建设,统一全体员工思想,集聚员工的智慧和力量,激发员工高度的工作热情和责任感。员工处在文化道德规范和行为规范的约束下,会产生自控意识,从而达到自我管理、自我约束、自觉执行规章制度。

◆ **本节相关知识链接**

海景酒店企业文化精要

服务品牌:情满海景

价值观念:真情回报社会,创造民族品牌

酒店宗旨:创造和留住每一位顾客,把每一位员工塑造成有用之才

经营理念:把客人当亲人,视客人为家人

海景精神:以情服务,用心做事

感情价值:感情常常比语言更重要,我们必须寻找隐藏在语言下面的感情,那才是真实有效信息,感情是最重要的

海景作风:反应快,行动快

质量观念:注重细节,追求完美

道德准则:宁可酒店吃亏,不让客人吃亏,宁可个人吃亏,不让酒店吃亏

生存意识:居安思危,自强不息

发展信念:只有牺牲眼前利益,才会有长远利益

忧患意识:一个无法达到顾客期望和满足顾客需求的酒店,就等于宣判了死亡的酒店

管理定位:管理零缺陷,服务零距离

管理方针:高、严、细、实

　高——高起点、高标准、高效率

　严——严密的制度、严格的管理、严明的纪律

　细——细致的思想工作、细微的服务、细密的工作计划

　实——布置工作要落实、开展工作要扎实、反映情况要真实

管理程式:表格量化走动式管理

三环节——班前准备、班中督导、班后检评

三关键——关键的时间、关键的部位、关键的问题

管理风格：严中有情、严情结合

企业成功要诀：追寻顾客的需求，追求顾客的赞誉

服务管理成功要诀：细节、细节、还是细节，检查、检查、还是检查

优质服务成功要诀：热情对待你的顾客，想在你的顾客之前，设法满足你的顾客，让顾客有一个惊喜

做事成功要诀：完整的管理工作链必须有布置、有检查、有反馈，凡事以目标结果为导向，事事追求一个好的结果，无需别人催促，主动去做应做的事而不半途而废，事业的成功，需要百折不挠、坚忍不拔的精神

服务差异观：有效服务和无效服务的差别，在于感受、诚意、态度和人际关系技巧的不同

顾客认识观：顾客不是蛋糕上的糖霜——他们是蛋糕，糖霜是由优质服务带来的良好信誉和丰厚利润

制胜法宝：用信仰塑造、锤炼、建设一个和谐的团队

四个服务：上级为下级服务，二线为一线服务，上工序为下工序服务，全员为客人服务

五个"相互"：相互尊重，相互理解，相互关心，相互协作，相互监督

六项准则：上级为下级服务，下级对上级负责；下级出错误，上级承担责任；上级可越级检查，下级不允许越级请示；下级可越级投诉，上级不允许越级指挥；上级关心下级，下级评议上级；上级考评下级，下级评议上级

海景发展三要素：好的机制、好的理念、创新行动

形象模式：品质高尚、意识超前、作风顽强、业务过硬

七项行为标准：对顾客要真诚，对企业要热爱，对员工要负责，对工作要执着，对上级要忠诚，对下级要培养，对同事要帮助

资料来源：《海景花园大酒店企业文化手册》

第三节　群体的竞争、冲突和合作

在群体活动中，由于群体成员个性差异和利益矛盾的存在，产生群体成员之间或群体与群体之间的竞争与冲突是不可避免的。在这种情况下，如何避免竞争与冲突的负性效应，如何利用群体规范和群体压力的作用保持群体的凝聚力和战斗力，便成了管理者必须回答和解决的问题。

一、群体的竞争

竞争指的是社会上个人与个人、群体与群体之间对于一个共同目标的争夺。如体育运动中运动员、运动队之间的冠军争夺,生产厂家对于同一个市场的争夺,还有人们在荣誉、成绩、权力等方面的争胜活动都是竞争。当然,竞争还有其广义的解释,即指生存竞争,这不是我们讨论的重点。我们研究的主要是狭义的竞争,即在上述各种社会活动中表现出来的竞争过程。

作为一种社会互动过程,竞争具有如下特点:

第一,竞争是人们对于同一个目标的追求,目标不同就不会形成竞争。

第二,被追求的目标一定是稀缺而难得的。也就是说,一人或一些人夺取到了目标就意味着其他人没有了得到的机会。那些数量很多、随处可得的东西一般不会成为竞争目标。

第三,竞争的目的主要在于获得目标,而不在于反对其他竞争者。虽然竞争是人与人之间的一种相互排斥、相互反对的关系,但它是一种间接的反对关系,不是直接反对关系。当然,也不排除这种间接的反对关系转化成为直接反对关系的可能,所以在竞争中遵守相应的规则就是十分必要的。

竞争活动对于社会的积极意义极为明显。可以说,没有竞争就没有在许多方面的社会进步,特别是经济的发展与竞争是密不可分的。市场竞争机制的引入,激发了我国经济的高速发展,就充分证明作为一种普遍的社会互动方式,是不会被超越和否定的。

◆ 案例驿站 13.3

"生命之桥"

一辆满载乘客的汽车滑到悬崖边才刹住,但是左前轮已经悬空,情况十分危急!有些右侧乘客企图越窗逃生。如果他们跳车,势必使汽车右侧变轻,就会车落悬崖,未跳车的人则难以生还。这构成了竞争的情景,几个人跳车就拆掉了其他人的"生命之桥"。这时,只听售票员高声叫道:"不要惊慌,不准跳车!"大家顿时镇定下来,并按售票员的安排挤向汽车右侧,打开车门,一个一个依次下车。售票员临危不惧,化竞争为合作,协调了人际关系,化险为夷。

案例来源:孙非,彭高清等.社会心理学教程[M].兰州:兰州大学出版社.1986:454.

二、群体的冲突

群体在执行分配给它的任务时,会不可避免地出现分歧和冲突。在这里,冲突一词指的是由于某种不一致或对立状况而使人们感知到彼此不相融合的差异。差异本身是否客观存在并不重要,只要群体成员感觉到差异的存在,就处于一种冲突状态。另外,冲突的定义是一个连续体,它包含两个端点——一端是微妙、间接、高度克制的抵触状态;另一端则是公开明显的活动,如罢工、骚乱和战争。

多年来,在冲突领域中逐渐发展出三种不同的观点。

第一种观点认为必须避免冲突,因为它意味着在群体内部出现了问题。我们把这种观点称为冲突的传统观点。

第二种观点是冲突的人际关系观点,认为冲突是一种自然而然出现的现象,任何群体都无法避免,但它未必一定是消极有害的,也可能成为一种潜在的有利于群体绩效的积极动力。

第三种观点是新近发展起来的,认为冲突不仅可以成为群体中的一种积极推动力,而且有些冲突对群体的有效运作是绝对必要的,我们称之为冲突的交互作用观点。交互作用的观点并不是说所有的冲突都是好的,有一些冲突被认为可以支持工作群体的目标,提高群体的业绩水平,这些是具有建设性特点的积极冲突(或称功能正常的冲突)。建设性冲突表现为,双方对实现共同目标的关心,乐于了解对方的观点和意见,大家以争论问题为中心,双方交换情况日益增加。另一些冲突则会妨碍工作群体实现目标,他们具有破坏性,称为消极冲突(或称功能失调的冲突)。破坏性冲突表现为不愿听取对方的观点或意见,双方由意见或观点的争论,转变为人身攻击,双方对赢得观点的胜利最为关心,互相交换情况减少,以致完全停止。如何进行冲突的管理,提高工作绩效,是管理者必须面对的挑战,见图 13.3。

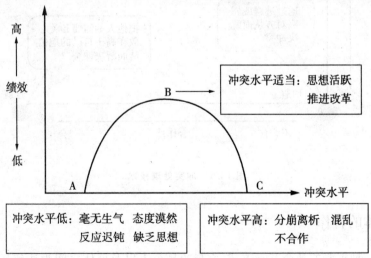

图 13.3 冲突与群体绩效

当冲突水平过高时,管理者如何降低它?用来解决群体冲突的第一类策略是冲突回避——根本不让冲突公开。第二类策略则是注意平息、缓和——使冲突中止并对牵涉各方的感情降温。第三类策略则依靠包容——允许某些冲突公开发生,但严格控制讨论哪些问题以及讨论问题的方式。第四类策略则是冲突对抗——公开讨论所有冲突问题并努力寻找一种双方满意的解决方法。

一般而言,对最合适策略的选择取决于该冲突对任务完成的关键程度以及冲突需要解决的紧急程度。如果冲突是关于一种微不足道的小事或需要迅速解决,那么群体更可能采用回避的平息策略。如果冲突是关于很重要的工作问题并且不要求迅速解决,那么包容和对抗策略就更加可能派上用场。通常可以从五种冲突处理方案中选择一种:强制、协(合)作、折中(妥协)、回避、迁就,见图 13.4。请记住,没有哪一方案是放之四海皆准的,使用哪种方案取决于管理者本身对于合作和自我肯定的意愿。

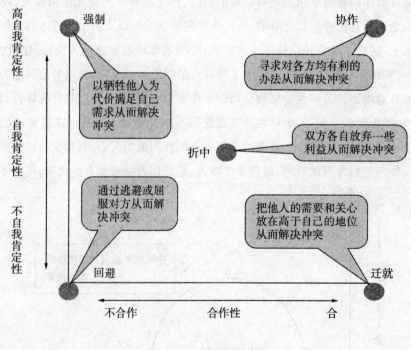

图 13.4　冲突处理技术

三、群体的合作

合作是一种重要的社会互动方式,它指的是个人以及群体之间为达到某种共同的目标而彼此相互配合的一种联合行动。人们之所以要进行合作,主要是为了实现单靠一方的行动不能实现的目标。如在自然的巨大力量面前,在某些社会敌对势力面前,都需要一些人的合作,才能够使他们生存下去。从广义上说,人类的社会生活都是建立在合作基础上的。因此,没有合作也就没有社会。

人类社会的合作不是纯粹偶然的事情,合作是需要相当的基础条件的,具体来说,合作的基础主要有如下四个方面:

第一,情感接近。人与人之间须有情感上的接近,才能使合作顺利进行。相互之间彼此憎恶是难以合作的。

第二,思想一致。思想上的一致使彼此在态度、价值观方面都比较接近,为持久的合作打下了一个坚实的基础。

第三,动作配合。只有思想和情感上的一致而没有动作的协调配合,合作同样不能实现,所以,互动者在动作上的配合是保证合作顺利进行的重要条件。

第四,相互信任。许多合作的夭折就在于合作者之间相互猜忌和怀疑,所以,在合作过程中相互信任,对于合作的成功至关重要。

合作无论是对个人还是对社会,都具有十分重要的意义。所以,对个人来说学会与他人合作,对一个社会来说,如何组织更有效的合作,都是十分现实的问题,同时也是社会学及管理者所关心的重要课题。

四、影响竞争与合作的因素

1. 明顿(Minton)实验

一个大玻璃杯中装了若干纸质的圆锥体,若干被试者手指拽一条系着圆锥体的细线,有水管连接瓶底注水。被试者分为两组,在注水的同时将圆锥体依次拉出瓶口。实验者设立了两种情景:一是竞争情境,一组被告之,在圆锥体被浸湿前拉出的为胜,受到奖励;否则,失败了则受到处罚。一是合作情境,另一组被告之,要共同设法以最快的速度拉出,才算胜利。结果,合作者的成绩远远超过竞争者。

2."囚徒困境"

两个嫌疑犯作案后被警察逮捕,分别关在不同的屋子里审讯,警察告诉他们,如果两个人都坦白,那么每个人判刑 5 年;如果两个人都抵赖,每个人判刑 2 年(或许因为证据不足);如果其中一个人坦白,另一个人抵赖的话,坦白的人释放,抵赖的人判刑 20 年。这令嫌疑犯非常棘手,难以选择。现将嫌疑犯各种可能的选择与后果的关系列表表示,见表 13.4。

表 13.4　"囚徒困境"①

不告发对方　甲犯　告发对方		
不告发对方　乙犯	2 年 2 年	释放 20 年
告发对方	20 年 释放	5 年 5 年

有些研究者模仿这种情景有设计了一种游戏。不许两个游戏者沟通,可以各自按红黑两个按钮,如果都按黑的,都得 1 分;若一方按黑钮,一方按红钮,则前者失 2 分,后者得 2 分;若都按红钮,则各失 1 分。

从实验和游戏中得出,影响竞争与合作的因素有以下几个方面:

①奖励结构。如果以共同取得的成绩为奖励基础,成员倾向于合作,所取得的成绩较佳;如果一个人取得的成绩为奖励基础,成员倾向于竞争,在活动中相互干扰,成绩大受影响。

②对对方的信任程度。信任对方则会采取合作手段;如果对对方不了解,则会用合作和竞争手段,进行试探。

③信息沟通。如果双方能够实现良好的沟通,互陈利害,彼此逐渐相互谅解,消除误会,相互信任,不断探讨合作方式,就可能减少竞争,增加合作。

④性格因素。具有多疑和贪婪性格的人,常以自己小人之心度君子之腹,很难与别人合作。

⑤文化因素。不同的文化传统和文化素养,造成人们不同的竞争与合作倾向的强度。

文化差异在冲突内容认知、对他人不相容行为的反应模式、冲突处理方式,以及判断对方采用的策略是合作还是竞争所使用的推理等方面,都起着关键作用。

五、旅游企业增强凝聚力的方法

1. 正确处理竞争与合作的关系,避免恶性竞争

竞争与合作相互依赖、相互依存,缺一不可。在竞争中,竞争者一方面要不怕强者,不怕嫉妒,敢于争强,力求争先;另一方面,又需要善于同他人协作、互助,增强群体情感和合作精神。事实上,竞争本身需要通过互助友好、信息交流、鼓励和支持,情绪安慰及

---

① 孙非,彭高清. 社会心理学教程[M]. 兰州:兰州大学出版社,1986:454.

紧张后的娱乐,在交际和协作中获取知识,增长经验,提高取得成功的能力。正是竞争激发着人们强烈的协作愿望和行动。

现实中的竞争一方面可以诱发人们的动机力量,激发人们工作的积极性,提高创造性;另一方面,也会使竞争的双方产生矛盾和敌意。失败的一方产生挫折感和自卑感,甚至产生不良的动机,采取不正当的手段去达到目标,这样会导致人际关系恶化,降低企业的凝聚力,影响企业的工作绩效。

竞争与合作是人类社会生活的两大主题,公平竞争是社会进步的源泉,合作更是人类文明的体现。所以倡导员工公平竞争的同时,更要引导员工学会合作。

2.进行有效的冲突管理,预防不良群体冲突

建设性的冲突有积极的作用,而破坏性的冲突,则不利于企业凝聚力的提高,容易造成人际关系涣散和混乱。因此,要避免破坏性冲突的发生。

①将内部冲突转为对外冲突,面对外来威胁,群体成员之间过去的分歧与纠纷不复存在,群体上下同心协力,迎接挑战。

②改善奖励机制,增大全体成员获奖的几率,缩减竞争小群体的受奖比例,注重部门之间的差异,尽量减少员工与员工之间发生冲突,避免人际关系的紧张和恶化。

③建立公平原则,在利益的分配和矛盾的化解上要公平公正,在企业内部环境中树立正气,潜移默化地建立员工正确的是非观。在工作层面上减少人际情感因素,增强原则性,营造一个公心所向的群体氛围。

④倡导沟通和交流,鼓励员工工作之中勤交换信息和意见,尽量避免由此而造成工作失误,从而导致人际冲突;倡导生活中互相帮助,增加员工之间的情商,在日常往来中增进友谊与和谐,从而减少冲突的发生。

⑤提高竞争认识,引导员工正确对待名和利,树立正确的人生价值观;培养豁达的胸怀,小事讲谦让,大事讲原则,不要把"解决问题"变成"争输赢",尽量避免在人际层面上处理事情。

◉ **本节相关知识链接**

竞争与合作的事例

1. 下过跳棋的人都知道,6个人各霸一方,互相是竞争队手。大家彼此都想先人一步,将自己的6颗玻璃球尽快移到预定地点。如果你只讲求合作,放弃竞争,一味地为别人搭桥铺路,那别人会先到达目的地,而你会落后于人,最终落得个失败的下场。相反,如果你只注意竞争,而忽视合作,一心只想拆别人的路,反而延误了你自己的正事,你还是不会获胜的。

2."商场上没有永远的朋友,也没有永远的敌人。"这蕴含哲理的名言揭示了竞争与合作的辩证关系,竞争不排斥合作。美国商界有句名言:"如果你不能战胜对手,就加入到他们中间去。"现代竞争,不再是"你死我活",而是更高层次的竞争与合作,现代企业追求的不再是"单赢",而是"双赢"和"多赢"。台湾广告界有句名言:与其被国际化,不如去国际化。

3.三国时期,曹操手下的良将张辽、乐进共守合肥。但两人素有矛盾,一次孙权发兵十万来攻,二人面对强敌,仍能互补互助,共进共退,终于大破敌军。

4.在达尔文的进化论中对竞争给出了精辟的解答:同种或异种生物为了争夺有限的资源而互相施以不利影响的现象,对于人类社会当中的竞争也可从这个角度理解,人们互相争夺的有限可能是金钱、地位、权力、机遇,还有时间等等。竞争是自然界和人类社会发展的普遍规律。物竞天择,适者生存。

5.管仲和鲍叔牙。管仲家贫,自幼刻苦好学,通"诗""书",懂礼仪,知识丰富,武艺高强。他和挚友鲍叔牙分别做公子纠和公子小白的师傅。齐襄公十二年(公元前686年),齐国动乱,公孙无知杀死齐襄王,自立为君。1年后,公孙无知又被杀,齐国一时无君。逃亡在外的公子纠和小白,都力争尽快赶回国内夺取君位。管仲为使纠当上国君,埋伏中途欲射杀小白,箭射在小白的铜制衣带钩上。小白装死,在鲍叔牙的协助下抢先回国,登上君位。他就是历史上有名的齐桓公。桓公即位,设法杀死了公子纠,也要杀死射了自己一箭的仇敌管仲。鲍叔牙极力劝阻,指出管仲乃天下奇才,要桓公为齐国强盛着想,忘掉旧怨,重用管仲。桓公接受了建议,接管仲回国,不久即拜为相,主持政事。管仲得以施展其才华。

◆ **本章小结**

1.本章结语

社会是由人组成的,人与人之间会发生各种各样的人际关系,竞争与冲突不可避免。人际关系是指人们在物质和精神交往过程中发生和建立起来的、人与人之间相互影响的心理关系。群体规范,是指由群体成员建立起来的、共同遵守的行为准则。本章的重点在于运用人际交往的理论和群体规范对群体的作用,进行有效的竞争和冲突管理,掌握密切合作、增强企业凝聚力的方法。

2. 本章知识结构图

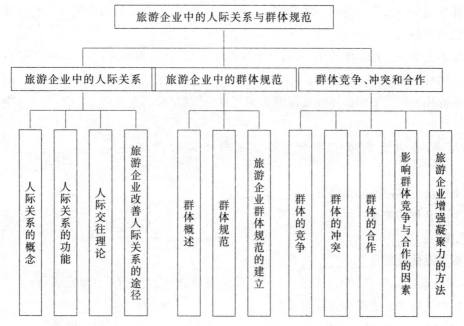

3. 本章核心概念

人际关系　群体　正式群体　非正式群体　松散群体　联合群体　集体　群体规范　群体竞争　群体合作　群体冲突

◉ **实训练习**

根据实际布置任务,组成小组研究实施方案并付诸实施。对存在的分歧和完成任务中出现的矛盾,进行调节,以最快的速度完成并对评出优秀贡献者予以表彰。重在培养学生应对人际冲突的能力和合作的能力。

◉ **延伸阅读**

戴尔·卡耐基.戴尔·卡耐基人际关系学.杨东编译.长春:吉林大学出版社,2009:4

◉ **本章试题与知识训练**

一、填空

1.人际关系的功能包括_____、_____、_____。

2.人际需要三维理论是_____提出的,他认为每一个个体在人际互动过程中,都有三种基本的需要,即_____、_____和_____。

3.美国心理学家谢里夫用"_____"实验证明了群体规范的形成过程。

4.群体规范分析法是由美国心理学家_____在20世纪60年代后期创立。群体规范分析法的内容包括_____、_____、_____。

5.不知不觉中会受到群体的压力,而使个体改变意识、判断和行为,与群体的其他成员保持一致的行为是_____行为。

6.根据群体发展水平和群体成员之间亲密程度,把群体分为_____、_____、和_____。

7.多年来,在冲突领域中逐渐发展出三种不同的观点:_____、_____、_____。

8.用来解决群体冲突的策略有_____、_____、_____、_____。

9.竞争与合作的关系:_____。

二、选择

1.人际关系的外延是_____关系。

A.心理的亲疏关系　　B.角色关系　　　　　C.人际交往　　　　D.心理关系

2.良好的人际关系表现为人际关系的_____。

A.相熟　　　　　　　B.相似　　　　　　　C.能力与专长　　　D.相互依存

3.社会交换理论是由_____提出的。

A.舒茨　　　　　　　B.霍曼斯　　　　　　C.勒温　　　　　　D.谢里夫

4."三个和尚没水喝"是群体的_____作用。

A.从众　　　　　　　B.致弱　　　　　　　C.助长　　　　　　D.制约

5.未经官方正式规定、自发形成的群体是_____群体。

A.正式群体　　　　　B.非正式群体　　　　C.松散群体

D.联合群体　　　　　E.集体

6.车间班组是_____群体。

A.正式群体　　　　　B.非正式群体　　　　C.松散群体　　　　D.联合群体

三、问答

1.旅游企业改善人际关系的途径有哪些?

2.结合实际谈谈人际关系在旅游企业中的作用。

3.群体规范的作用有哪些?

4.旅游企业如何建立群体规范?

5.旅游企业如何利用竞争、合作与冲突增强自身的凝聚力?

6.影响竞争与合作的因素有哪些?

参考文献

[1]吴正平,阎纲.旅游心理学[M].北京:旅游教育出版社,2003.

[2]黄希庭.心理学导论[M].北京:人民教育出版社,2007.

[3]吴正平,邹统钎.现代饭店人际关系学[M].广州:广东旅游出版社,1999.

[4]孙庆群.旅游心理学[M].北京:化学工业出版社,2007.

[5]李祝舜.旅游心理学[M].北京:高等教育出版社,2005.

[6]王赫男.饭店服务心理学[M].北京:电子工业出版社,2010.

[7]周丽.酒店服务心理学[M].北京:中国物资出版社,2008.

[8]张国宪.旅游心理学[M].合肥:合肥工业大学出版社,2008.

[9]花菊香.旅游心理学[M].北京:冶金工业出版社,2008.

[10]李昕.旅游心理学[M].北京:中国财政经济出版社,2007.

[11]蒋正芳.旅游心理学[M].成都:电子科技大学出版社,2007.

[12]孙喜林,荣晓华等.旅游心理学[M].大连:东北财经大学出版社,2001.

[13]甘朝有.旅游心理学[M].天津:南开大学出版社,2005.

[14]欧晓霞.旅游心理学[M].北京:对外经济贸易大学出版社,2006

[15]佟静等.旅游心理学[M].大连:辽宁师范大学出版社,1997.

[16]马建敏.旅游心理学[M].北京:中国商业出版社,2003.

[17]库珀等.旅游学——原理与实践(第3版)[M].张俐俐,蔡正平译.北京:高等教育出版社,2003.

[18]李天元.旅游学概论(第5版)[M].天津:南开大学出版社,2003.

[19]保继刚,楚义芳.旅游地理学[M].北京:高等教育出版社,1999.

[20]李长秋.旅游心理学[M].郑州:郑州大学出版社,2006.

[21]胡林.旅游心理学[M].上海:华南理工大学出版社,2005.

[22]曾力生.旅游心理学[M].长沙:中南大学出版社,2005.

[23]游旭群.旅游心理学[M].上海:华东师范大学出版社,2003.

[24]陈筱.旅游心理学[M].武汉:武汉大学出版社,2003.

[25]李昕,李晴.旅游心理学基础[M].北京:清华大学出版社,2006.

[26]阎纲.导游实操多维心理分析案例[M].广州:广东旅游出版社,2003.

[27]郑向敏.现代饭店管理学[M].天津:南开大学出版社,2004.

[28]斯蒂芬·P·罗宾斯.管理学(第7版)[M].北京:中国人民大学出版社,2003.

[29]刘晓杰.导游实务[M].北京:化学工业出版社,2008.

[30]吴金林.旅游市场营销[M].北京:高等教育出版社,2007.

[31]孙非,彭高清,等.社会心理学教程[M].兰州:兰州大学出版社,1986.

[32]娄世娣.旅游心理学[M].郑州:郑州大学出版社,2006.

[33]张谦.饭店服务管理实例评析[M].天津:南开大学出版社,2001.

[34]马建敏.旅游心理学[M].北京:中国商业出版社,2003.

[35]欧晓霞.旅游心理学[M].北京:人民出版社,2006.

[36]孙彤,许玉林.组织行为管理学[M].北京:红旗出版社,1993.

[37]范运铭.客房服务与管理案例选析[M].北京:旅游教育出版社,2005.

[38]李舟.饭店康乐中心服务案例解析[M].北京:旅游教育出版社,2007.

[39]贾静.旅游心理学[M].郑州:郑州大学出版社,2002.

[40]马莹.旅游心理学[M].北京:中国旅游出版社,2007.

[41]张文新.高等教育心理学[M].济南:山东大学出版社,2008.

[42]邹本涛.赵恒德.旅游心理学[M].北京:中国林业出版社,2008.

[43]陈筱.旅游心理学[M].武汉:武汉大学出版社,2003.

[44]卡尔森.关键时刻MOT[M].韩卉译.北京:中国人民大学出版社,2006.

[45]戴彦臻.旅游心理学[M].济南:山东大学出版社,2006.

[46]吴晓义.管理心理学[M].大连:东北财经大学出版社,2005.

[47]李天元.旅游学[M].北京:高等教育出版社,1998.

[48]颜绍梅.旅游心理学[M].北京:中央广播电视大学出版社,2007.

[49]李昕.实用旅游心理学教程[M].北京:中国财经出版社,2000.

[50]孙惠春.现代人旅游动机的心理学分析[J].辽宁工程技术大学学报(社会科学版),2003(3).

[51]韩明谟.社会学概论(修订本)[M].北京:中央广播电视大学出版社(修订本),1997.

[52]孙世全.军人心理疏导个案选[M].济南:黄河出版社,2002.

[53]蒋丁新.饭店管理概论[M].大连:东北财经大学出版社,2004.

[54]格里格,津巴多.心理学与生活[M].北京:人民邮电教育出版社,2003.

[55]张京鹏.旅游心理学[M].北京:科学出版社,2006.

[56]辽宁省旅游局编.导游服务规范[M].沈阳:辽海出版社,2005.

[57]潘玉腾.大学生心理健康教育研究[M].北京:人民出版社,2001.

[58]海因茨·韦里克,哈罗德·孔茨.管理学——全球化视角(第11版)[M].马春光译.北京:经济科学出版社,2004.

[59]杨亚芹,梁智.中美旅行社产品策略比较研究[J].黑龙江:商业经济,2008(02).

[60]倪岚.娱乐旅游产品特点浅析[J].上海:旅游科学,2002(02).

[61]田录梅.高自尊的异质性研究评述[J].心理科学进展,2006(14).

[62]翠湖春晓.怎样来排解学习、生活中遇到的不良情绪呢?[EB/OL].[2007-01-04].http://bqfc.blog.hexun.com/7182404_d.html